Die Beteiligung von Kindern und Jugendlichen an Entscheidungsprozessen der medizinischen Behandlung

Europäische Hochschulschriften Recht

European University Studies in Law

Publications Universitaires Européennes de Droit

Band/Volume **6826**

Patricia Platt

Die Beteiligung von Kindern und Jugendlichen an Entscheidungsprozessen der medizinischen Behandlung

–Mit Blick auf das Erwachsenenschutzrecht
nach der Reform durch Gesetz zur Reform des
Vormundschafts- und Betreuungsrechts vom 4.5.2021,
BGBl. I 12.5.2021, S. 882, in Kraft seit 1.1.2023–

PETER LANG
Berlin · Bruxelles · Chennai · Lausanne · New York · Oxford

Bibliografische Information der Deutschen Nationalbibliothek
Die Deutsche Nationalbibliothek verzeichnet diese Publikation in der Deutschen Nationalbibliografie; detaillierte bibliografische Daten sind im Internet über http://dnb.d-nb.de abrufbar.

Zugl.: Halle-Wittenberg, Univ., Diss., 2023

DE-3
ISSN 0531-7312
ISBN 978-3-631-93360-2 (Print)
ISBN 978-3-631-93398-5 (E-PDF)
ISBN 978-3-631-93399-2 (E-PUB)
DOI 10.3726/b22687

Verlegt durch Peter Lang GmbH, Berlin (Deutschland))
info@peterlang.com

www.peterlang.com

Für Margot Platt

Vorwort

Die vorliegende Arbeit entstand während meiner Tätigkeit als wissenschaftliche Mitarbeiterin am Lehrstuhl für Bürgerliches Recht, Arbeitsrecht und Recht der Sozialen Sicherheit von Frau Prof. Dr. Katja Nebe. Sie wurde von der Juristischen und Wirtschaftswissenschaftlichen Fakultät der Martin-Luther-Universität Halle-Wittenberg als Dissertation angenommen und im August 2024 verteidigt. Nach abschließender Überarbeitung berücksichtigt sie im Wesentlichen die Gesetzgebung, Rechtsprechung und Literatur bis zum Ende des Jahres 2024.

Herzlich bedanken möchte ich mich bei Frau Prof. Dr. Katja Nebe für die Anregung zur Anfertigung dieser Dissertation, die Übernahme der Betreuung und den regelmäßigen konstruktiven Austausch während des Promotionsverfahrens sowie meiner langjährigen Tätigkeit an ihrem Lehrstuhl. Durch diese vielfältige Unterstützung konnte sich die Arbeit kontinuierlich weiterentwickeln. Ich danke ebenfalls allen Kolleginnen und Kollegen, die mich während der gesamten Zeit begleitet und eine vertiefte fachliche Auseinandersetzung mit den sich dabei stellenden Problemen gefördert haben. Wichtige Impulse ergaben sich regelmäßig im HFC-Doktorandinnenseminar.

Dr. Claudia Beetz danke ich für ihre Bereitschaft zur Übernahme des Zweitgutachtens zu dieser Arbeit und für die wertvollen Anregungen und Gedanken, unter anderem zu freiheitsentziehenden Maßnahmen und den geführten Diskurs im Rigorosum.

Ein weiterer Dank gilt meinen Kolleginnen und Kollegen der Sozietät KMR Rechtsanwälte, die mir durch ihre Unterstützung die nötigen Freiheiten vom Kanzleialltag eingeräumt haben, um diese Arbeit für die Verteidigung und Veröffentlichung vorzubereiten.

Nicht zuletzt möchte ich mich bei meiner Familie und meinen engsten Freunden bedanken, ohne die das Gelingen dieser Arbeit nicht möglich gewesen wäre. Ihnen gilt mein besonderer Dank für ihre Geduld, ihre Zuversicht und ihre Motivation. Mein Partner Lars hatte dabei immer ein offenes Ohr und gab mir den nötigen Rückhalt für das Forschen und Schreiben an dieser Arbeit. Letztlich führte auch unser Elternwerden während des laufenden Promotionsvorhabens dazu, manche juristische Perspektive zu hinterfragen und neue Impulse zu setzen.

Inhaltsverzeichnis

Abbildungsverzeichnis

Abkürzungsverzeichnis

ABGB	Allgemeines Bürgerliches Gesetzbuch
Abs.	Absatz
AEUV	Vertrag über die Arbeitsweise der Europäischen Union
a.F.	Alter Fassung
AG	Amtsgericht
Alt.	Alternative
a.M.	am Main
AMG	Arzneimittelgesetz
Anm.	Anmerkung
Art.	Artikel
AWMF	Arbeitsgemeinschaft der Wissenschaftlichen Medizinischen Fachgesellschaften
BayObLG	Bayrisches Oberstes Landesgericht
BGB	Bürgerliches Gesetzbuch
BGH	Bundesgerichtshof
BGBl.	Bundesgesetzblatt
BMFSFJ	Bundesministerium für Familie, Senioren, Frauen und Jugend
BT-Drs.	Bundestagsdrucksache
BVerfG	Bundesverfassungsgericht
COVID-19	Coronavirus SARS-CoV-2
CRC	Committee on the Rights oft the Child
DBJR	Deutscher Bundesjugendring
DGGG	Deutsche Gesellschaft für Gerontologie und Geriatrie
DGKJ	Deutsche Gesellschaft für Kinder- und Jugendmedizin
DGN	Deutsche Gesellschaft für Neurologie
DGKCH	Deutsche Gesellschaft für Kinderchirurgie
DGPPN	Deutsche Gesellschaft für Psychiatrie und Psychotherapie, Psychosomatik und Nervenheilkunde
DGSPJ	Deutsche Gesellschaft für Sozialpädiatrie und Jugendmedizin
d.h.	das heißt
DJT	Deutscher Juristentag
DRK	Deutsches Rotes Kreuz
-E	Entwurf

EGMR	Europäischer Gerichtshof für Menschenrechte
EMRK	Europäische Menschenrechtskonvention
et al.	und andere
EU	Europäische Union
EURAT	Ethische und rechtliche Aspekte der Translationalen Medizin
e.V.	eingetragener Verein
f.	folgend
FamFG	Gesetz über das Verfahren in Familiensachen und in Angelegenheiten der freiwilligen Gerichtsbarkeit
FDP	Freie Demokratische Partei
ff.	fortfolgende
FS	Festschrift
G-BA	Gemeinsamer Bundesausschuss
GenDG	Gendiagnostikgesetz
GG	Grundgesetz
ggü.	gegenüber
HCAT	Hopkins Competency Assessment Test
IfSG	Infektionsschutzgesetz
IGeL	Individuelle Gesundheitsleistungen
i.S.d.	im Sinne der/des
i.V.m.	in Verbindung mit
Kap.	Kapitel
KErzG	Gesetz über die religiöse Kindererziehung
KJSG	Gesetz zur Stärkung von Kindern und Jugendlichen
LG	Landgericht
MacCAT-T	MacArthur Competence Assessment Tool for Treatment
Nr.	Nummer
OLG	Oberlandesgericht
RG	Reichsgericht
Rn.	Randnummer
S.	Seite
SBGG	Gesetz über die Selbstbestimmung in Bezug auf den Geschlechtseintrag
SGB	Sozialgesetzbuch
sog.	so genannt
SPD	Sozialdemokratische Partei Deutschland
StGB	Strafgesetzbuch

STIKO	Ständige Impfkommission
TPG	Transplantationsgesetz
UN-BRK	Übereinkommen über die Rechte von Menschen mit Behinderungen
UN-KRK	Übereinkommen über die Rechte des Kindes
UPD	Unabhängige Patientenberatung Deutschland
V.	Variante
v.	vom
vgl.	vergleiche
VO	Verordnung
z.T.	zum Teil

Kapitel 1: Einleitung

A) Forschungsfeld

Jedem Menschen wird durch das Grundgesetz das Recht auf freie Entfaltung seiner Persönlichkeit (Art. 2 Abs. 1 i.V.m. Art. 1 Abs. 1 GG) und der Schutz der körperlichen Integrität (Art. 2 Abs. 2 Satz 1 GG) eingeräumt. Diesen Rechten kommt im Kontext medizinischer Behandlungen ein besonderer Stellenwert zu, weil diese zwangsläufig mit einem Eingriff in diese Grundrechte verbunden sind. Die Entscheidung für oder gegen einen medizinischen Eingriff obliegt grundsätzlich den Patient*innen selbst und ist unmittelbarer Ausdruck ihres Selbstbestimmungsrechts.[1] Demnach müssen sie ordnungsgemäß über die wesentlichen Umstände der Behandlung aufgeklärt werden (vgl. §§ 630d Abs. 2, 630e Abs. 1 BGB), um auf dieser Grundlage eine Entscheidung treffen und einwilligen zu können (sog. *informed consent*).[2]

In diesem Feld der Gesundheitsversorgung nehmen sowohl Kinder und Jugendliche als auch einwilligungsunfähige Volljährige eine besondere Stellung ein. Fehlt es den Patient*innen aufgrund ihres Entwicklungsstandes, einer Krankheit oder Behinderung an der nötigen Einwilligungsfähigkeit[3] zur Entscheidung über die Behandlung, tritt mindestens eine dritte Person in den Entscheidungsprozess und das besondere Vertrauensverhältnis zwischen Behandelnden und Patient*in ein (vgl. § 630d Abs. 1 Satz 2 BGB). Durch dieses Handeln der Sorgeberechtigten, Vormünder, Betreuer*innen, Vorsorgebevollmächtigten oder Ehegatten[4] als Stellvertreter*innen können sich Fremd- und Selbstbestimmung in einem nicht unerheblichen Maße berühren. Diese abstrakt beschriebene Situation spiegelt den medizinischen Alltag wider, denn nicht nur schwere Operationen,

---

1 *Di Fabio* in: Dürig/Herzog/Scholz, Art 2 Abs. 1 GG, Rn. 204; *BGH*, Urteil v. 28.11.1957, 4 StR 525/57, NJW 1958, 267 (268).

2 *Wagner* in: MüKo, § 630e BGB, Rn. 4 ff.; *Hardtung* in: MüKo: § 223 StGB, Rn. 88 ff.; *Kern* in: Laufs/Kern/Rehborn, Handbuch des Arztrechts, § 65 Rn. 1 ff.

3 Auch *Damm*, differenziert zwischen Einwilligungsfähigkeit und Einwilligungskompetenz, MedR 2015, 775 (777).

4 Vgl. § 1358 BGB als sog. Ehegattennotvertretungsrecht eingefügt durch Gesetz zur Reform des Vormundschafts- und Betreuungsrechts v. 4.5.2021, BGBl. I 12.5.2021, S. 882; BT-Drs. 19/24445, S. 12.

sondern bereits die Gabe eines Medikaments[5] oder einer Schutzimpfung[6] werden als Eingriff in die körperliche Integrität der Betroffenen gewertet und stellen die Ärzt*innen vor die Frage der Einwilligungskompetenz und der adäquaten Einbeziehung der verschiedenen Akteure, um deren Selbstbestimmungsrecht zu gewährleisten.

Die Beteiligung von Minderjährigen in ihrer Stellung als Patient*in ist rechtlich überwiegend an die Einwilligungsfähigkeit gebunden (vgl. § 630d Abs. 1 Satz 2 BGB). Die Heranwachsenden befinden sich bis zur Volljährigkeit in einem Prozess, in dem sie von der natürlichen an die freie Willensbildung herangeführt und zum selbstbestimmten Leben befähigt werden sollen (vgl. § 1626 Abs. 2 BGB). In diesem Kontext ist es komplex festzustellen, wann sie ihren freien Willen bezüglich bestimmter medizinischer Maßnahmen bilden können.

Der Gesetzgeber stellt bei mangelnder Einwilligungsfähigkeit Minderjähriger grundsätzlich auf eine stellvertretene Entscheidung der Sorgeberechtigten ab.[7] Dagegen lässt er allerdings offen, ob bei der Annahme der Fähigkeit zur freien Willensbildung die alleinige Einwilligung der minderjährigen Patient*innen wirksam ist oder kumulativ mit der Einwilligung der Eltern vorliegen muss.[8] In der Praxis stellt sich dann die Problematik der rechtfertigenden Einwilligungskompetenz u. a. bei der Gabe einer (Corona)Schutzimpfung,[9] der Entfernung von Warzen an der Hand einer 16-Jährigen durch Röntgenstrahlung,[10] bei der Einwilligung in eine Kreuzbandoperation[11] oder bei dem Abbruch der Schwangerschaft

5 Dazu *BGH*, Urteil *v.* 30.1.2019, 2 StR 325/17, NJW 2019, 3253 (3253).

6 *OLG Frankfurt am Main*, Beschluss v. 17.8.2021, 6 UF 120/21, NJW 2021, 872; näher zum medizinischen Eingriff durch Corona-Schutzimpfung: *Kraemer*, NJW 2021, 350; *BGH*, Beschluss v. 3.5.2017, XII ZB 157/16, NZFam 2017, 561.

7 *Katzenmeier* in: BeckOK, § 630d BGB, Rn. 12; *Spickhoff* in: Spickhoff Medizinrecht, § 630d BGB, Rn. 9; näher zur Stellung der Vorsorgevollmacht: *Beetz*, Stellvertretung als Instrument der Sicherung und Stärkung der Patientenautonomie, 2013.

8 BT-Drs. 17/10488, S. 23; Forderung nach einer gesetzlichen Regelung u. a. *Birck/Solscheid*, MedR 2021, 970 (976).

9 *OLG Frankfurt am Main*, Beschluss v. 17.8.2021, 6 UF 120/21, NJW 2021, 872.

10 *BGH*, Urteil v. 16.11.1971, VI ZR 67/70, NJW 1972, 335.

11 *LG München II*, Urteil v. 22.9.2020, 1 O 4890/17, RDG 2021, 36.

einer Minderjährigen.[12] Auch Schönheitsoperationen[13] und Behandlungen von Kindern mit Varianten der Geschlechtsentwicklung[14] werfen in diesem Kontext Fragen auf.[15]

Die rechtliche Ausgestaltung des unsicheren Grenzbereichs zwischen der natürlichen und freien Willensbildung wird in der vorliegenden Arbeit beleuchtet. Der sich daraus ergebende Anreiz, die Rechtstellung von Kindern und Jugendlichen im Gesetz, unabhängig vom Vorliegen der Einwilligungsfähigkeit durch Äußerungs- und Beteiligungsrechte zu stärken und deren Meinung in sie betreffenden Angelegenheiten ein angemessenes Gewicht zu geben, wird sowohl mit Blick auf Art. 12 der UN-Kinderrechtskonvention (KRK)[16] als auch die Verfassung gestützt und rückt zunehmend in den Mittelpunkt.[17]

Die Aktualität zur Diskussion über Partizipation von Kindern und Jugendlichen wurde auch im Zuge der Reform des SGB VIII durch das Gesetz zur Stärkung von Kindern und Jugendlichen (KJSG) zentral diskutiert.[18] Diese zielte u. a. darauf ab, die Heranwachsenden in der Wahrnehmung der Subjektstellung zu stärken und deren Beteiligung an Entscheidungsprozessen zu erhöhen.[19] Grundlegend wird dabei auf eine angemessene Aufklärung, Beratung und Einbeziehung

---

12 *OLG Hamm*, Beschluss v. 29.11.2019, 12 UF 236/19, NJW 2020, 1373; anders *OLG Hamburg*, Beschluss v. 5.3.2014, 10 UF 25/14, NZFam 2014, 948.

13 BT-Drs. 17/10488, S. 17; *Spickhoff*, Spickhoff Medizinrecht, § 630a BGB, Rn. 12: Schönheitsoperationen sind vom Behandlungsvertrag gemäß § 630a BGB umfasst; umfassende Darstellung zur Problematik medizinisch nicht indizierter Eingriffe bei Minderjährigen: *Henning*, Tattoos, Piercings, Schönheitsoperationen, 2011.

14 Dazu wurde § 1631e BGB eingefügt durch das Gesetz zum Schutz von Kindern mit Varianten der Geschlechtsentwicklung v. 12.5.2021 (BGBl. I 2021, S. 1082) in Kraft seit 22.5.2021; BT-Drs. 19/24686; näher zu Intersexualität und staatlichen Schutzpflichten bei geschlechtszuweisenden Operationen: *Schmidt am Busch*, AöR 2012, 442.

15 *BGH*, Urteil v. 10.10.2006, VI ZR 74/05, NJW 2007, 217: zum Vetorecht einer 14-Jährigen zur operativen Behandlung einer Adoleszenzskoliose.

16 Die UN-Kinderrechtskonvention wurde von Deutschland am 6.3.1992 ratifiziert und ist am 5.4.1992 in Kraft getreten (BGBl. II 1992, S. 990). Die Vorbehaltsrücknahme erfolgte mit BGBl. II 2011, 600 im Jahr 2010.

17 Dazu näher *Damm*, MedR 2013, 201 (207); *Rothärmel*, Einwilligung, Veto, Mitbestimmung, S. 241; *Wapler* in: Richter/Krappmann/Wapler, Kinderrechte, 101 (111); vgl. auch *BVerfG*, Beschluss v. 23.3.2011, 2 BvR 882/09, NJW 2011, 2113; *Steinhoff-Classen*, EuR 2011, 19 (30 f.); *Dethloff/Maschwitz*, FPR 2012, 190 (192); deutsche Übersetzung des General Comment No. 12, CRC/C/GC/12, Rn. 1, 86.

18 Gesetz zur Stärkung von Kindern und Jugendlichen (Kinder- und Jugendstärkungsgesetz KJSG), v. 9.6.2021, BGBl. I, S. 1444, in Kraft seit 10.6.2021.

19 BT-Drs. 19/26107, S. 6.

der Adressat*innen der Kinder- und Jugendhilfe abgestellt.[20] Durch die Erweiterung von § 2b SGB V im Zuge dieser Reform auf altersspezifische Besonderheiten bei der Leistungserbringung der Krankenkasse, wird der Fokus auf Kinder und jugendspezifische Belange auch im Rahmen von Prävention und Gesundheitsförderung gesetzt.[21] Im medizinischen Kontext offenbart die Veröffentlichung der Stellungnahme zu Handlungsempfehlungen zur Rückmeldung genetischer Zusatzbefunde an Minderjährige der EURAT im Jahr 2023, dass die Sensibilisierung bezüglich der Selbstbestimmung von Kindern und Jugendlichen ein zentrales Element im Behandlungsalltag bildet und einen verantwortungsvollen Umgangs durch die handelnden Akteur*innen voraussetzt.[22] Letztlich zeigt die anhaltende Debatte zur Notwendigkeit der Änderung des Grundgesetzes zur Konstituierung von Kinderrechten, dass diese einer vertieften Aufmerksamkeit bedürfen.[23]

B) Gang der Untersuchung

Neben dem Aufzeigen der Differenzierung des Abschlusses des Behandlungsvertrages und der diesbezüglichen rechtlichen Handlungsfähigkeit minderjähriger Patient*innen (§ 630a BGB),[24] liegt der Schwerpunkt der Untersuchung auf der Beteiligung von Kindern und Jugendlichen an Entscheidungsprozessen zur Einwilligung in die Gesundheitsversorgung (vgl. §§ 630d, 630e BGB). Die Sonderbereiche der Schwangerschaftsabbrüche und Sterilisationen[25] werden nicht behandelt. Die Beschneidung des männlichen Kindes (§ 1631d BGB) wird neben dem Arzneimittelgesetz (AMG) und dem Transplantationsgesetz (TPG) lediglich zur Eruierung gesetzgeberischer Ausgestaltungen der Einwilligungsfähigkeit und -kompetenz beleuchtet. Die Regelungsinhalte zur Behandlung von Kindern mit Varianten

20 BT-Drs. 19/26107, S. 4 ff.

21 BT-Drs. 19/26107, S. 124

22 *EURAT*, Stellungnahme zur Rückmeldung genetischer Zusatzbefunde an Minderjährige 2023, S. 12.

23 Näher u. a.: *Straßburg/Zimmer*, Deutsches Ärzteblatt 2018, A2110; *Kirchhof*, NJW 2018, 2690; *Hofmann/Donath*, Gutachten zur Verankerung der Kinderrechte im Grundgesetz nach Maßgabe der UN-Kinderrechtskonvention in Auftrag gegeben vom deutschen Kinderhilfswerk, 2017; *Hohmann-Dennhardt*, FPR 2012, 185; *Künast*, FPR 2008, 478.

24 Zum Abschluss des Behandlungsvertrages u. a. *BGH*, Urteil v. 12.5.2022, III ZR 78/21, NJW 2022, 2269.

25 Die Einwilligung in die Sterilisation ist weder für die Sorgeberechtigten noch die Minderjährigen möglich, vgl. § 1631c BGB; dazu näher *Coester* in: Staudinger, § 1631c BGB, Rn. 4.

der Geschlechtsentwicklung gemäß § 1631e BGB sind ausschließlich hinsichtlich ihrer Normierung von Beteiligungsrechten eruiert, ohne vertiefende Ausführungen zur Gesamtheit dieses Spezialgebietes vorzunehmen. Im Weiteren erfolgen keine Ausführungen zur ärztlichen Schweigepflicht und zur datenschutzrechtlichen Einwilligung, welche ebenfalls im gesundheitsrechtlichen Kontext minderjähriger Personen relevant sind.[26] Zudem werden antizipierte Einwilligungsmöglichkeiten, wie die Abfassung einer Patientenverfügung durch Heranwachsende nicht betrachtet.

In der Literatur finden sich eine Vielzahl von Ansätzen zur Feststellung der Einwilligungsfähigkeit bei Kindern und Jugendlichen zum einen und der daraus folgenden Einwilligungskompetenz in den medizinischen Eingriff zum anderen. Nach der Darstellung dieser und Positionierung eines denkbaren Konzepts legt die Arbeit den Fokus auf den unsicheren Grenzbereich, in dem die Einwilligungsfähigkeit gerade nicht mit Sicherheit bejaht oder abgelehnt werden kann und fokussiert, wie die Selbstbestimmung des Einzelnen unabhängig von der Einsichts- und Steuerungsfähigkeit auf der Basis des natürlichen Willens gestärkt werden kann. Der Ansatz, die Autonomie von Kindern und Jugendlichen durch Partizipationsrechte zu sichern, ist dabei längst in den Blick der Forschung und Rechtsprechung gerückt.[27] Diese Arbeit untersucht die rechtliche Notwendigkeit zur Etablierung von Teilnahmerechten im Entscheidungsfindungsprozess bezüglich der medizinischen Behandlung und differenziert zwischen dem innerfamiliären Kommunikationsbereich zwischen Heranwachsenden und ihren Sorgeberechtigten i.S.d. §§ 1626 Abs. 2, 1631 BGB und dem außerfamiliären Bereich bezüglich der Kommunikation mit der behandelnden Person (§§ 630a ff. BGB). Mitunter werden die verfassungs- und völkerrechtlichen Anforderungen an den Gesetzgeber für die Gewährleistung von Partizipation in Entscheidungsfindungsprozessen in diesem Rahmen aufgezeigt.

Zur Eruierung von rechtlichen Teilnahmemöglichkeiten erfolgt eine Analyse der Ansätze des Erwachsenenschutzrechts unter Berücksichtigung der umgesetzten Reform des Vormundschafts- und Betreuungsrechts, welche seit dem

---

26 Dazu näher u. a.: *Ludyga*, NZFam 2017, 1121; *Holzner* in: Holzner Datenschutz, Dokumentations- und Organisationspflichten in der ärztlichen Praxis, C XIX Rn. 143 ff.; *Spyra* in: Clausen/Schröder-Printzen, Münchener Anwaltshandbuch Medizinrecht, § 23, Rn. 27.

27 *BVerfG*, Beschluss v. 23.3.2011, 2 BvR 882/09, NJW 2011, 2113; *Damm*, MedR 2015, 775 (777); *Damm*, MedR 2013, 201 (207); *Rothärmel*, Einwilligung, Veto, Mitbestimmung, S. 241; vgl. *Wapler* in: Richter/Krappmann/Wapler, Kinderrechte, 101 (111).

1.1.2023 in Kraft ist.[28] Diese nimmt u. a. die Stärkung der Selbstbestimmung des Einzelnen unter verstärkter Verankerung der UN-Behindertenrechtskonvention[29] (UN-BRK) in den Blick.[30]

In dieser Arbeit werden die Leitbilder des Rechtsgebiets aufgezeigt, die Umsetzung der assistierten Entscheidungsfindung und die Bedeutung der Wünsche der Betreuten in sie betreffenden Angelegenheiten als Beteiligungsmöglichkeiten beleuchtet. Zudem erfolgt eine Darstellung der Relevanz des natürlichen Willens bei freiheitsentziehenden Unterbringungen/Maßnahmen und der sog. medizinischen Zwangsbehandlung.

Eine integrierte Nutzbarmachung der Normen des Familienrechts trägt dazu bei, aufzuzeigen, welche Teilnahmerechte im Entscheidungsfindungsprozess bezüglich der Personensorge ausgestaltet sind (vgl. §§ 1626, 1631 BGB) und welcher Bedeutung dem natürlichen Willen in diesem Rahmen zukommt.

Außerdem werden ebenfalls die rechtlichen Ausgestaltungen zur Vornahme freiheitsentziehender Maßnahmen und Unterbringungen sowie die medizinische Zwangsbehandlung gegenüber Kindern und Jugendlichen beleuchtet.

Abschließend wird die konkrete rechtliche Normierung von Beteiligungsrechten und deren Förderung und Integrierung in der Praxis untersucht. Das Aufzeigen von Erweiterungsmöglichkeiten bestehender G-BA Richtlinien und die Etablierung von Leitlinien und/oder Qualitätsstandards im pädiatrischen Bereich ist dabei fokussiert. Im gesamten Kontext wird die Beteiligung als Mitdenken, Mitreden und Mitentscheiden im Rahmen des Behandlungsprozesses verstanden und die Möglichkeit zur Äußerung als aktives Beteiligungsrecht untersucht.

28 Gesetz zur Reform des Vormundschafts- und Betreuungsrechts v. 4.5.2021, BGBl. I 12.5.2021, S. 882; BT-Drs. 19/24445.

29 Übereinkommen der vereinigten Nationen über die Rechte der Menschen mit Behinderung, in Kraft seit 3.5.2008, wurde mit Gesetz zur Ratifikation des „Übereinkommens über die Rechte der Menschen mit Behinderung“ v. 21.12.2008, BGBl. II 2008, S. 1419, von Deutschland ratifiziert und ist seit 26.3.2009 in Deutschland in Kraft.

30 So BT-Drs. 19/24445, S. 3.

Kapitel 2: Beteiligungsrechte des Kindes in der UN-Kinderrechtskonvention und in der Verfassung

Im folgenden Kapitel wird beleuchtet, welche völker- und verfassungsrechtlichen Anforderungen an den Staat gestellt sind, um die Rechte des Kindes nicht nur auf Schutz und Fürsorge zu gewährleisten, sondern ihre Selbstbestimmung und Beteiligung in den Sie betreffenden Angelegenheiten und Entscheidungen zu garantieren. Dabei wird zunächst die UN-Kinderrechtskonvention in den Blick genommen und anschließend werden die verfassungsrechtlichen Grundsätze untersucht. Im Gesamten ist der Fokus auf die Rechtssubjektivität Minderjähriger im medizinischen Bereich gelegt. Vorangestellt ist eine begriffliche Einordnung der Beteiligung von Kindern und Jugendlichen, um den Forschungsschwerpunkt gezielter zu setzen.

A) Der Begriff der Beteiligung

Die Beteiligung und Unterstützung von Kindern und Jugendlichen wird in einer Vielzahl von Rechtsfeldern gefordert und diskutiert. Die Partizipation von heranwachsenden Patient*innen steht im Fokus dieser wissenschaftlichen Betrachtung und unterliegt in vielen gesellschaftlichen Bereichen der Erörterung.[31]

Die reduzierte Konkretisierung der Begrifflichkeit Beteiligung ist für dieses Forschungsvorhaben somit geboten. Eine Betrachtung der wörtlichen Übersetzung von Partizipation offeriert dessen lateinische Herkunft des Wortes „*participatio*" und bedeutet teilhaben, teilnehmen, beteiligt sein.[32] *Schnurr*[33] nähert sich der Begrifflichkeit systematisch und versteht Partizipation als Ausdruck und Ausübung verfassungsrechtlicher Positionen, wie der freien Entfaltung der Persönlichkeit (vgl. Art. 2 Abs. 1 GG). In Bezug auf Entscheidungsfindungsprozesse

31 Vgl. *L.Damm/U.Habeler/W:Habeler/U.Leiss, Pädiatrie&Pädologie* 2014, S. 36; *Michel*, und Kinder 2016, S. 59; Näher zur medizinischen Behandlungspraxis: *Klein/Ruther*, Kranke Kinder haben Rechte! - Kindermedizin im deutschen Gesundheitswesen, in: Kranke Kinder haben Rechte, S. 111.

32 *Dudenredaktion*, Partizipation, Duden online; vgl. auch *Stange*, Was ist Partizipation?, S. 3.

33 *Schnurr* in: *Peyerl/Züchner*, Partizipation in der Kinder- und Jugendhilfe, S. 16.

differenziert er eine Beteiligung durch Teilnahme, um von der Begrifflichkeit der Teilhabe abzugrenzen.[34]

Ein Rückgriff auf nationales Recht, welches die Partizipation von Heranwachsenden fokussiert, differenziert weiter. In der Kinder- und Jugendhilfe normiert § 8 Abs. 1 Satz 1 SGB VIII,[35] dass Kinder und Jugendliche entsprechend ihrem Entwicklungsstand bei allen sie betreffenden Entscheidungen der öffentlichen Jugendhilfe zu beteiligen sind. Dieser Rechtsanspruch des Kindes versteht sich als Recht zur Anhörung im Verfahren zur Entscheidungsfindung und somit als ein Art Mitreden.[36] Darüber hinausgehend legt die Kinder- und Jugendhilfe als Verständnis von Beteiligung eine *„Mitwirkung, Mitsprache, Entscheidungsbeteiligung und (Mit)Entscheidung*" des Kindes zu Grunde.[37] Ein weiterer Blick in die Kinderschutzleitline,[38] welche im Kontext des Schutzes von Kindern u. a. vor sexuellem Missbrauch und Vernachlässigung entwickelt worden ist, eröffnet in seinen Handlungsempfehlungen für den medizinischen Kinderschutz, dass Partizipation von Kindern als weit gefasster Ansatz von *„Mitdenken, Mitreden, Mitplanen, Mitentscheiden, Mitgestalten und Mitverantworten*" verstanden wird.[39] Konsens sollte darüber bestehen, dass die Wahrnehmung von Beteiligung das Ermöglichen dieser bedingt.[40]

Im Fortlaufenden wird die Beteiligung von Kindern und Jugendlichen als Mitdenken, Mitreden und Mitentscheiden im Rahmen der medizinischen Behandlung und deren Entscheidungsprozesse untersucht und als Synonym für Partizipation bzw. Teilnahme verwendet.[41] Des Weiteren wird in eine aktive und passive Form der Beteiligung differenziert. Die vorliegende Untersuchung begreift

34 So *Schnurr* in: *Peyerl/Züchner*, Partizipation in der Kinder- und Jugendhilfe, S. 15; vertiefte Abgrenzung zur Teilhabe in: *Bartelheimer/Behrisch/Daßler/Dobslaw/Henke/Schäfers*, Teilhabe eine Begriffsbestimmung, S. 49.

35 In der Fassung des Gesetzes zur Stärkung von Kindern und Jugendlichen (Kinder- und Jugendstärkungsgesetz KJSG), v. 9.6.2021, BGBl. I, S. 1444, in Kraft seit 10.6.2021.

36 *Winkler* in: BeckOK Sozialrecht, § 8 SGB VIII, Rn. 6; *Tillmanns* in: MüKo, § 8 SGB VIII, Rn. 4.

37 So *Schnurr* in: *Peyerl/Züchner*, Partizipation in der Kinder- und Jugendhilfe, S. 15.

38 *DGKJ/DGKCH/DGSPJ*, S3-Leitlinie Kindesmisshandlung, -missbrauch, -vernachlässigung unter Einbindung der Jugendhilfe und Pädagogik (Kinderschutzleitlinie) zuletzt geändert am 3.1.2022 aufgrund des in Krafttretens des Gesetzes zur Stärkung von Kindern und Jugendlichen, gültig bis 31.1.2024 (derzeit in Überarbeitung).

39 *DGKJ/DGKCH/DGSPJ*, S3-Leitlinie Kindesmisshandlung, -missbrauch, -vernachlässigung unter Einbindung der Jugendhilfe und Pädagogik (Kinderschutzleitlinie), S. 52.

40 So auch *Stange*, Was ist Partizipation?, S. 25.

41 Vgl. *Pluto* in: Partizipation in den Hilfen der Erziehung, S. 16.

das Mitreden und Mitentscheiden als aktive Formen der Teilnahme.[42] Darüber hinaus wird die Beteiligung als dialogischer Prozess des Austausches zwischen Kindern und Erwachsenen unter angemessener Berücksichtigung des Geäußerten bei Entscheidungen fokussiert und verstanden.

B) Beteiligungsrechte in der UN-Kinderrechtskonvention

Neben der Europäischen Menschenrechtskonvention (EMRK), welche zwar keine ausdrücklichen Kinderrechte enthält, aber durch die Rechtsprechung des Europäischen Gerichtshofs für Menschenrechte (EGMR) diese stärkt,[43] ist die UN-Kinderrechtskonvention als wichtigster völkerrechtlicher Vertrag zu nennen und zu betrachten. Die KRK wurde am 20.11.1989 verabschiedet und trat für Deutschland nach der Ratifizierung am 5.4.1992 in Kraft.[44] Seit dem Jahr 2010 gilt sie für Deutschland ohne Beschränkung[45] und steht gemäß Art. 59 GG im Rang eines einfachen Bundesgesetzes und verpflichtet Deutschland als Mitgliedsstaat zur Beachtung der enthaltenen Rechte.[46] Daraus resultiert u.a. die Notwendigkeit der völkerrechtsfreundlichen Auslegung der Verfassung. Zudem verpflichtet Art. 4 KRK die Mitgliedsstaaten geeignete Gesetzgebungs-, Verwaltungs- und sonstige Maßnahmen zu treffen, um die Kinderrechtskonvention zu verwirklichen. Die KRK enthält neben den Schutz-, Versorgungs- und Förderungs-, auch Äußerungs- und Beteiligungsrechte für Kinder (vgl. u. a. Art. 12, 13 KRK).[47] Kind ist dabei jeder Mensch, der das achtzehnte Lebensjahr noch nicht vollendet hat (vgl. Art. 1 KRK).

---

42 Vgl. die Elemente des Beteiligungsprozesses nach *Pluto*, Partizipation in den Hilfen der Erziehung, S. 53.

43 So *Dethloff/Maschwitz*, FPR 2012, 190 (192); näher zur Rechtsprechung des EGMR bezüglich Kinder betreffender Rechte, Factsheed des Departments for the Execution of Judgments of the European Court of Human Rights.

44 Die UN-Kinderrechtskonvention wurde von Deutschland am 26.1.1990 unterzeichnet und am 6.3.1992 ratifiziert. Sie trat am 5.4.1992 in Kraft (BGBl. II 1992, S. 990).

45 Die Beschränkungen wurden am 15.7.2010 aufgehoben (BGBl. 2010 II, S. 1198 ff.).

46 *Schmahl*, KRK, Einleitung Rn. 25; *Dethloff/Maschwitz*, FPR 2012, 190 (192).

47 *Steinhoff-Classen*, EuR 2011, 19 (20); Deutsche Übersetzung des General Comment No. 12, CRC/C/GC/12, Rn. 86; *Dethloff/Maschwitz*, FPR 2012, 190 (191).

I. Beteiligung gemäß Art. 12 UN-KRK

Die Konvention zielt u. a. darauf ab, das Kind als gegenständliches Rechtssubjekt zu verdeutlichen und in Entscheidungsprozesse zu integrieren.[48] Art. 12, 13 und 17 der KRK enthalten verschiedene Partizipationsrechte, die es den Kindern ermöglichen sollen, ihre rechtliche Stellung zu sichern. Diese Partizipation wird nach dem Ausschuss für die Rechte des Kindes (*Commitee on the Rights of the Child* - CRC) nicht als einseitiges Äußern, sondern als Prozess eines Austausches zwischen Kindern und Erwachsenen verstanden, der auf einem respektvollen Dialog beruht.[49] Dieses dialogische Prinzip soll sich dabei in allen wichtigen Lebensbereichen spiegeln.[50] Dabei ist insbesondre Art. 12 KRK hervorzuheben. Abs. 1 räumt dem Kind Beteiligungsrechte hinsichtlich von Angelegenheiten, die es berührt ein, und vermittelt somit einen subjektiven Rechtsanspruch.[51] Nach dem CRC sind die Vertragsstaaten verpflichtet, den Kindern ein Mitspracherecht einzuräumen (vgl. Art. 4 KRK).[52]

Artikel 12 der Konvention ist wie folgt gefasst:

> *„(1) Die Vertragsstaaten sichern dem Kind, das fähig ist, sich eine eigene Meinung zu bilden, das Recht zu, diese Meinung in allen das Kind berührenden Angelegenheiten frei zu äußern, und berücksichtigen die Meinung des Kindes angemessen und entsprechend seinem Alter und seiner Reife.“*

1. *Freie Meinungsäußerung des Kindes*

Gemäß Art. 12 Abs. 1 KRK sollen Kinder in allen sie berührenden Angelegenheiten die Möglichkeit haben, ihre Meinung frei zu äußern. Sie sollen beteiligt werden.[53] Nach dem CRC umfasst eine freie Äußerung die Möglichkeit, ohne Druck und Einfluss von Dritten die eigene Meinung auszuführen oder gerade darauf zu

---

48 *Schmahl*, KRK, Einleitung Rn. 22; *Rothärmel/Wolflast/Fegert*, MedR 1999, 293 (293); Deutsche Übersetzung des General Comment No. 12, CRC/C/GC/12, Rn. 1; vgl. *Dethloff/Maschwitz*, FPR 2012, 190 (190).

49 Deutsche Übersetzung des General Comment No. 12, CRC/C/GC/12, Rn. 13; *Schmahl*, KRK, Art. 12, Rn. 2.

50 Deutsche Übersetzung des General Comment No. 12, CRC/C/GC/12, Rn. 13.

51 So *Wapler*, in: Richter/Krappmann/Wapler, Kinderrechte, S. 111.

52 Deutsche Übersetzung des General Comment No. 12, CRC/C/GC/12, Rn. 19; Näher dazu *Schmahl*, KRK, Art. 12, Rn. 4.

53 So *Ivanits*, NZFam 2016, 7 (8).

verzichten.[54] Zudem wird vorausgesetzt, dass das Kind über eine hinreichende Informationsgrundlage bezüglich der betreffenden Angelegenheit in Kenntnis gesetzt wird, um seine Meinung bilden zu können.[55]

2. *Meinungsbildungsfähigkeit des Kindes*

Die KRK stellt für die Fähigkeit des Kindes, sich eine Meinung zu bilden, gerade nicht auf starre Altersgrenzen, sondern auf eine individuelle Betrachtungsweise, ab.[56] Es wird keine spezielle Handlungsfähigkeit verlangt oder definiert.[57] Die Meinungsbildungsfähigkeit ist weit auszulegen.[58] Sie kann durch verschiedene Faktoren beeinflusst sein. Dabei kann das Ausmaß von individueller Unterstützung zur Erreichung der Meinungsbildungsfähigkeit neben dem Alter ein relevanter Einfluss sein.[59] Dem Grunde nach wird unterstellt, dass jedes Kind diese Fähigkeit besitzt.[60] Selbst Kleinkindern müsse durch entsprechende Methoden, wie z. B. Malen, die Möglichkeit gegeben werden, ihre Meinung kundzutun.[61]

3. *Einbeziehung der Meinungsäußerung in die Entscheidung*

Das Recht auf Meinungsäußerung des Kindes wird zweigliedrig verstanden.[62] Zum einen soll die Äußerung der Kinder gefördert werden und zum anderen muss diese angemessen im Entscheidungsprozess Berücksichtigung finden.[63] Dabei sind das Alter und die Reife zu beachten. Der Ausschuss macht deutlich, dass das Alter allein nicht ausschlaggebend für die Einschätzung sein kann, sondern jeweils eine Einzelfallprüfung vorzunehmen ist.[64] Das Kind muss in der Lage sein, die Umstände des Entscheidungsprozesses einzuordnen. Die Reife wird dabei als die Fähigkeit verstanden, die eigene Meinung in einer vernünftigen und unabhängigen Weise zu äußern.[65] Je nach Ausprägung ist die Meinung angemessen

---

54 Deutsche Übersetzung des General Comment No. 12, CRC/C/GC/12, Rn. 22.
55 Deutsche Übersetzung des General Comment No. 12, CRC/C/GC/12, Rn. 25.
56 Deutsche Übersetzung des General Comment No. 12, CRC/C/GC/12, Rn. 20 f, 101.
57 *Wapler*, in: Richter/Krappmann/Wapler, Kinderrechte, S. 112.
58 *Ivanits*, NZFam 2016, 7 (8).
59 Deutsche Übersetzung des General Comment No. 12, CRC/C/GC/12, Rn. 29.
60 Deutsche Übersetzung des General Comment No. 12, CRC/C/GC/12, Rn. 20; *Cremer* in: Anwaltschaft für Menschenrechte und Vielfalt, S. 112.
61 So *Schmahl*, KRK, Art. 12 KRK, Rn. 8.
62 *Schmahl*, KRK, Art. 12, Rn. 4.
63 *Schmahl*, KRK, Art. 12, Rn. 4.
64 Deutsche Übersetzung des General Comment No. 12, CRC/C/GC/12, Rn. 29.
65 Deutsche Übersetzung des General Comment No. 12, CRC/C/GC/12, Rn. 30.

und ernsthaft zu berücksichtigen.[66] Je bedeutender die Angelegenheit für das Leben des Kindes ist, umso stärker soll seine Äußerung einbezogen werden.[67]

II. Beteiligung des Kindes im medizinischen Bereich

Art. 12 Abs. 1 KRK räumt dem Kind Beteiligungsrechte hinsichtlich von Angelegenheiten, die es berührt, ein. Der Anwendungsbereich bezüglich dieser Sachverhalte ist dabei weit auszulegen.[68] Lediglich eine individuelle Betroffenheit des Kindes muss vorliegen.[69] Medizinische Eingriffe sind als solche Angelegenheiten zu kategorisieren.[70] Medizinische Behandlungen und auch Nichtbehandlungen oder Behandlungsabbrüche können einen Eingriff in die Rechte auf die körperliche Unversehrtheit (Art. 2 Abs. 2 i.V.m. Abs. 1 GG), die freie Entfaltung der Persönlichkeit (Art. 2 Abs. 1 GG) und die Achtung der Würde (Art. 1 Abs. 1 GG) darstellen[71] und berühren Kinder somit im höchstpersönlichen Bereich. Aus diesen Grundsätzen schlussfolgern sich Äußerungs- und Informationsrechte des Kindes im gesamten Bereich der Gesundheitsversorgung.[72] Darüber hinaus betont der Ausschuss, dass Kindern unabhängig vom Alter und der Zustimmung ihrer Eltern unter gewissen Umständen, wie Konflikten mit den Sorgeberechtigten über die Inanspruchnahme von medizinischen Leistungen, ein Beratungsanspruch zustehen sollte.[73] Der Ausschuss trennt jedoch deutlich zwischen Partizipationsrechten im Rahmen der Behandlung und der rechtfertigenden Einwilligung in eine Gesundheitsbehandlung.[74] Für diese konkrete Handlungsfähigkeit wird ebenfalls auf keine feste Altersgrenze abgestellt.[75] Darüberhinausgehende Ansätze

---

66 Deutsche Übersetzung des General Comment No. 12, CRC/C/GC/12, Rn. 28.

67 So *Schmahl*, KRK, Art. 12, Rn. 10.

68 Deutsche Übersetzung des General Comment No. 12, CRC/C/GC/12, Rn. 26 f; *Cremer* in: Anwaltschaft für Menschenrechte und Vielfalt, S. 112; *Janda/Wagner*, Diskriminierung von und wegen Kindern, S. 31, 106.

69 Deutsche Übersetzung des General Comment No. 12, CRC/C/GC/12, Rn. 27.

70 Vgl. *Klein/Ruther*, Kranke Kinder haben Rechte! - Kindermedizin im deutschen Gesundheitswesen, in: Kranke Kinder haben Rechte, S. 111.

71 Vgl. dazu *BGH*, Urteil v. 14.2.1989, VI ZR 65/88, NJW 1989, 1533 (1535); *BGH*, Urteil v. 18.3.2003, VI ZR 266/02, NJW 2003, 1862 (1863); BT-Drs. 17/10488, S. 23.

72 Vgl. Deutsche Übersetzung des General Comment No. 12, CRC/C/GC/12, Rn. 98; Näher zur medizinischen Behandlungspraxis: *Klein/Ruther*, Kranke Kinder haben Rechte! - Kindermedizin im deutschen Gesundheitswesen, in: Kranke Kinder haben Rechte, S. 111.

73 Deutsche Übersetzung des General Comment No. 12, CRC/C/GC/12, Rn. 101.

74 Deutsche Übersetzung des General Comment No. 12, CRC/C/GC/12, Rn. 101.

75 Deutsche Übersetzung des General Comment No. 12, CRC/C/GC/12, Rn. 102.

zur Kategorisierung der Einwilligungsfähigkeit oder -kompetenz werden nicht genannt.

C) Verfassungsrechtlicher Rahmen für die Beteiligung von Kindern

Im Weiteren wird betrachtet, wie die Rechte des Kindes in der Verfassung verankert sind. Bekanntlich ist die Debatte über die Notwendigkeit der Etablierung von ausdrücklichen Kinderrechten im Grundgesetz aktuell.[76] Bereits die große Koalition aus Union und SPD der 19. Legislaturperiode sah deren Einführung vor.[77] Letztlich scheiterte der Gesetzentwurf eines „*Gesetzes zur Änderung des Grundgesetzes zur ausdrücklichen Verankerung der Kinderrechte*" aufgrund mangelnder Einigung der Parteien im Bundestag.[78] Die Koalition der 20. Legislaturperiode aus SPD, Bündnis 90/Die Grünen und FDP warf die Thematik erneut auf und sah die Aufnahme der Grundrechte des Kindes in ihrem Koalitionsvertrag ausdrücklich vor.[79] Dieses Vorhabens wurde bisher nicht umgesetzt. Dies führt zugleich zur Gebotenheit eines detaillierten Blickes auf die bisherige Rechtsstellung des Kindes in der Verfassung.[80] Dazu werden sowohl die Rechte des Kindes als auch der Sorgeberechtigten aufgezeigt, um deren gegenseitige Einflussnahme betrachten zu können. Dies ist relevant, um den Rahmen für mögliche gesetzgeberische Vorschläge, zur Stärkung der Beteiligungsrechte des Kindes, untersuchen zu können.

I. Subjektstellung des Kindes in der Verfassung

Ein Blick in die Verfassung zeigt auf, dass zunächst keine eigenständigen speziellen subjektiven Rechtspositionen des Kindes gegenüber dem Staat ausdrücklich geregelt worden sind.[81] Z. T. wird vorgetragen, dass sich aus Art. 6 GG lediglich eine Rechtsobjektivität des Kindes und gerade kein eigener durchsetzbarer

---

76 U. a. *Kirchhof*, NJW 2018, 2690; *Künast*, FPR 2008, 478; *Hohmann-Dennhardt*, FPR 2012, 185.

77 BT-Drs. 19/28138.

78 BT-Plenarprotokoll v. 15.4.2021, 19/221, 27952 ff.

79 *Bündnis 90/Die Grünen, FDP*, Koalitionsvertrag 2021 bis 2025 zwischen SPD, S. 94.

80 Vertieft u. a. in *Hofmann/Donath*, Gutachten zur Verankerung der Kinderrechte im Grundgesetz nach Maßgabe der UN-Kinderrechtskonvention in Auftrag gegeben vom deutschen Kinderhilfswerk, 2017.

81 Vgl. *Benassi/Eichholz*, DVBl. 2017, 614 (615).

Rechtsanspruch ergebe.[82] Hingegen machte das *BVerfG* früh deutlich, dass Kinder unabhängig von ihrem Alter selbständige Grundrechtsträger sind und ihnen u. a. das Recht auf menschliche Würde und Entfaltung der eigenen Persönlichkeit zukommt.[83] Damit sind Kinder Rechtssubjekte im verfassungsrechtlichen Sinn.[84] Mithin steht die KRK gemäß Art. 59 GG im Rang eines einfachen Bundesgesetzes und verpflichtet Deutschland als Mitgliedsstaat zur Beachtung der enthaltenen Rechte.[85] Folglich ist die Verfassung völkerrechtsfreundlich auszulegen und stärkt die Subjektstellung des Kindes bedeutsam.

II. Beteiligungsrechte des Kindes im verfassungsrechtlichen Kontext

Nachdem festgestellt ist, dass den Minderjährigen grundsätzlich die Rechtssubjektivität nach der Verfassung eingeräumt ist, bleibt zu untersuchen, wie die Beteiligung im Grundgesetz ausgestaltet ist. Fraglich ist, ob konkrete Beteiligungsrechte vorgesehen sind und unter welchen Bedingungen diese ausgeübt werden können bzw. welche verfassungsrechtlichen Positionen der Sorgeberechtigten ebenfalls beachtet und gewährleistet sein müssen.

1. Das verfassungsrechtliche Selbstbestimmungsrecht

Aus Art. 2 Abs. 1 GG und der Achtung der Menschenwürde gemäß Art. 1 Abs. 1 GG wird das allgemeine Persönlichkeitsrecht hergeleitet.[86] Unter den Schutzbereich dieses Grundrechts fallen u. a. der Schutz der persönlichen Identität und der freien Entfaltung der Persönlichkeit.[87] Dieses Grundrecht soll den engen persönlichen Lebensbereich der einzelnen Person schützen.[88] Das darunter zusammengefasste allgemeine Persönlichkeitsrecht hat sich im Laufe der Jahre

---

82 So *Künast*, FPR 2008, 478 (478); vgl. *Hohmann-Dennhardt*, FPR 2012, 185 (187); siehe dazu auch: *Schmahl*, KRK, Einleitung Rn. 22.

83 *BVerfG*, Beschluss v. 29.7.1968, 1BvL 20/63, 31/66, 5/67, NJW 1968, 2233 (2235); vgl. *BVerfG*, Beschluss v. 27.6.2008, 1 BvR 311/08, FamRZ 2008, 1737; *BVerfG*, Beschluss v. 5.9.2022, 1 BvR 65/22, NJW 2022, 3570 (3572).

84 So u. a. *Kirchhof*, Kinderrecht und Kindermedizin-Analyse aus Sicht des Staatsrechts in: Kranke Kinder haben Rechte, S. 75; *Benassi/Eichholz*, DVBl. 2017, 614 (615); vgl. *BVerfG*, Beschluss v. 29.7.1968, 1BvL 20/63, 31/66, 5/67, NJW 1968, 2233 (2235).

85 *Schmahl*, KRK, Einleitung Rn. 25; *Dethloff/Maschwitz*, FPR 2012, 190 (192).

86 *BVerfG*, Beschluss 9.2.2000, 1 BvR 140/98, Rn. 10; *BVerfG*, Beschluss v. 3.6.1980, 1 BvR 185/77, NJW 1980, 2070 (2070); *BVerfG*, Beschluss v. 5.9.2022, 1 BvR 65/22, NJW 2022, 3570 (3572); dazu näher: *Lang* in: BeckOK GG-Komm, Art. 2 GG, Rn. 33.

87 Vertiefte Ausführungen zum Schutzbereich *Jarass* in: Jarass/Pieroth, Art. 2 GG, Rn. 43.

88 So *BVerfG*, Beschluss v. 3.6.1980, 1 BvR 185/77, NJW 1980, 2070 (2071).

zum sog. Selbstbestimmungsrecht ausdifferenziert, welches dem Einzelnen eine freie Entscheidung über die eigenen persönlichen Belange[89] bzw. ein Recht auf Beteiligung bei diesen Entscheidungen garantiert.[90]

a) Bereiche des Selbstbestimmungsrechts

Im Speziellen wird das Selbstbestimmungsrecht u. a. im Kontext des Rechts auf informationelle Selbstbestimmung thematisiert.[91] Darunter fällt der Schutz vor der Erhebung, Speicherung, Verwendung und Weitergabe persönlicher Daten, wie medizinischer Befunde.[92] Ebenso wird die Selbstbestimmung über die Entscheidung der einzelnen Person zur Geschlechtszugehörigkeit geschützt. Der Schutz des Rechts der geschlechtlichen Selbstbestimmung des Kindes stand beim Gesetzesvorhaben zum Schutz von Kindern mit Varianten der Geschlechtsentwicklung im Fokus und führte zur rechtlichen Ausgestaltung der medizinischen Behandlung die dazu erfolgen, das körperliche Erscheinungsbild an das männliche oder weibliche Geschlecht anzugleichen in § 1631e BGB.[93] Das Recht auf geschlechtliche Selbstbestimmung wurde ebenfalls im Rahmen des Gesetzesvorhabens über die Selbstbestimmung in Bezug auf den Geschlechtseintrag und zur Änderung weiterer Vorschriften betrachtet.[94] Dieses zielt darauf ab, eine Akzeptanz für alle Personen unabhängig von ihrer Geschlechtlichkeit zu realisieren, diese vor Diskriminierung zu schützen und das Transsexuellengesetz aufzuheben und trat zum 1.11.2024 in Kraft.[95]

---

89 *J. Lange/Hansen* in: jurisPK, § 823 BGB, Rn. 36; vgl. *Di Fabio* in: *Maunz/Dürig*, Art. 2 Abs. 1 GG; Rn. 204; vgl. *BVerfG*, Beschluss v. 3.6.1980, 1 BvR 185/77, NJW 1980, 2070 (2071).

90 Vgl. *BVerfG*, Beschluss v. 18.5.2009, 1 BvL 142/09. Rn. 19.

91 *BVerfG*, Urteil v. 15.12.1983, 1 BvR 209/83, NJW 1984, 419; dazu näher: *J. Lange/Hansen* in: jurisPK, § 823 BGB, Rn. 33.

92 Vgl. *BVerfG*, Urteil v. 15.12.1983, 1 BvR 209/83, NJW 1984, 419; *BVerfG*, Beschluss v. 24.06.1993, 1 BvR 689/92, NJW 1993, 2365 (2365).

93 § 1631e BGB wurde in das Bürgerliche Gesetzbuch eingefügt durch das Gesetz zum Schutz von Kindern mit Varianten der Geschlechtsentwicklung v. 12.5.2021 (BGBl. I 2021, S. 1082) in Kraft seit 22.5.2021; BT-Drs. 19/24686, S. 15, 24.

94 BR-Drs. 432/23; BT-Drs. 20/9049 Entwurf eines Gesetzes der Bundesregierung über die Selbstbestimmung in Bezug auf den Geschlechtseintrag und zur Änderung weiterer Vorschriften (SBGG) v. 1.11.2023, BGBl. I, Nr. 206, 21.6.2024, in Kraft seit 01.11.2024.

95 Beschlussempfehlung BT-Drs. 20/11004, S. 1 ff.

b) Das medizinische Selbstbestimmungsrecht

Im Weiteren sind in dieser Arbeit die Gesundheitsbehandlungen und das diesbezügliche medizinische Selbstbestimmungsrecht fokussiert. Die medizinische Behandlung kann einen Eingriff in die Rechte auf die körperliche Unversehrtheit (Art. 2 Abs. 2 i.V.m. Abs. 1 GG), die freie Entfaltung der Persönlichkeit (Art. 2 Abs. 1 GG) und die Achtung der Würde (Art. 1 Abs. 1 GG) darstellen.[96] Abgeleitet aus diesen Rechten obliegt den Patient*innen grds. das Recht, selbst über die Vornahme und Durchführung oder Ablehnung eines medizinischen Eingriffs zu entscheiden oder diesen abzulehnen.[97] Dem liegt der Gedanke zu Grunde, dass die zu behandelnde Person in der Medizin nicht als Objekt, sondern als autonomes Subjekt der Behandlung an seinen Körper verstanden wird.[98] Das allgemeine Persönlichkeitsrecht und das Recht auf Leben und körperliche Unversehrtheit sind sog. Jedermann-Grundrechte und gelten damit für die Gesamtheit aller natürlichen Personen.[99] Das *BVerfG* betont in seiner Rechtsprechung deutlich, dass Kinder Träger des allgemeinen Persönlichkeitsrechts sind und ihnen somit das Recht auf Selbstbestimmung über die eigenen Belange zur Ausübung zustehen kann.[100] Hinzukommend obliegt den Minderjährigen ebenfalls das medizinische Selbstbestimmungsrecht.[101] Im Gesamten ist fraglich, unter welchen Voraussetzungen und mit welcher Reichweite dieses von den Patient*innen ausgeübt werden kann. Unter den Stichworten Grundrechtsmündigkeit oder Fähigkeit zur Ausübung der Grundrechte wird die Möglichkeit der selbständigen Wahrnehmung der verfassungsrechtlichen Rechtspositionen thematisiert.[102] Z. T. wird vorgetragen, dass Kinder lediglich faktisch in der Lage

---

96 Vgl. *BGH*, Urteil v. 14.2.1989, VI ZR 65/88, NJW 1989, 1533 (1535); *BGH*, Urteil v. 18.3.2003, VI ZR 266/02, NJW 2003, 1862 (1863); BT-Drs. 17/10488, S. 23.

97 *Di Fabio* in: *Maunz/Dürig*, Art. 2 Abs. 1 GG, Rn. 204; *RG*, Urteil v. 31.5.1894, 1406/94, RGSt 25, 375 (382).

98 *BVerfG*, Beschluss v. 18.11.2004, 1 BvR 2315/04, MedR 2005, 91 (92); vgl. *Damm*, MedR 2002, 375 (378); vgl. *Wagner* in: MüKo, § 630e BGB, Rn. 27.

99 So *Jarass*, NJW 1989, 857 (859); vgl. auch *Jarass* in: Jarass/Pieroth, Art. 19 GG, Rn. 12 f.

100 So *BVerfG*, Beschluss v. 21. 12. 1977, 1 BvL 1/75, 1 BvR 147/75, NJW 1978, 807 (809); *BVerfG*, Beschluss v. 27.6.2008, 1 BvR 311/08, FamRZ 2008, 1737 (1739).

101 *BGH*, Urteil v. 5.12.1958, VI ZR 266/57, NJW 1959, 811 (811); dazu auch: *Sternberg-Lieben/Reichmann*, NJW 2012, 257.

102 Vgl. *Walter*, FamRZ 2001, 1 (2); *Jarass* in: Jarass/Piroth, GG Art. 19, Rn. 13; *Grabenwarter* in: Maunz/Dürig, Art. 5 GG, Rn. 25; vgl. *Wapler* in: Richter/Krappmann/Wapler, Kinderrechte, S. 71.

sein müssten, ihre grundrechtlichen Positionen wahrzunehmen.[103] Im Gegensatz zur Religionsausübungsfreiheit, welche Minderjährige ab der Vollendung des vierzehnten Lebensjahres allein in Form einer Teilmündigkeit ausüben können (vgl. § 5 KErzG), trifft der Gesetzgeber keine ausdrückliche Regelung bezüglich des medizinischen Selbstbestimmungsrechts. In diesem Kontext ist unsicher, ab wann minderjährigen Patient*innen das Selbstbestimmungsrecht über die Vornahme eines medizinischen Eingriffs obliegt und welche Reichweite dieses hat, weil es in die Sorgepflicht und das Sorgerecht der Eltern eingebettet ist, welche erst mit Erreichen der Volljährigkeit enden. Den zahlreich vorgenommenen Ansätzen in Rechtsprechung und Literatur wird in Kapitel 4 im Kontext der Einwilligungsfähigkeit und Einwilligungskompetenz[104] nachgegangen. Diesbezüglich wird im Weiteren auf das Verfassungsrecht der Sorgeberechtigten näher eingegangen, um die Grundlagen für eine umfassende Darstellung gewährleisten zu können.

2. *Das elterliche Erziehungsrecht Art. 6 Abs. 2 Satz 1 GG - Institutsgarantie*

Auf Verfassungsebene wird in dieser sich wechselseitig berührenden Beziehung zwischen Kindern und Eltern die Pflege und Erziehung durch Art. 6 Abs. 2 GG gewährleistet und geschützt.[105] Das elterliche Erziehungsrecht versteht sich dabei nicht als Herrschaftsrecht über das Kind, sondern ist vom Bedürfnis nach Schutz und Hilfe zur Entwicklung einer eigenen Persönlichkeit des Kindes getragen.[106] Zur Pflege gehören sowohl die Sorge für das körperliche als auch das geistige Wohl des Kindes.[107] Diese Personensorge umfasst dabei den Bereich der Gesundheitssorge, wie die medizinische Behandlung des Minderjährigen und die diesbezügliche Einwilligung oder Ablehnung der betreffenden Maßnahmen.[108]Dadurch wird den Eltern die Verantwortung für das Kind gegeben und zugleich ein Abwehrrecht gegen unzulässige staatliche Eingriffe in diesen Bereich eingeräumt und garantiert.[109] Die Eltern sind gegenüber dem Staat damit die vorrangigen Träger des

---

103 *Wapler* in: Richter/Krappmann/Wapler, Kinderrechte, S. 71.

104 *Damm*, differenziert deutlich zwischen Einwilligungsfähigkeit und Einwilligungskompetenz, MedR 2015, 775 (777).

105 *Badura* in: Maunz/Dürig, Art. 6 GG, Rn. 107.

106 BT-Drs. 7/2060, S. 14.

107 *Badura* in: Maunz/Dürig, Art. 6 GG, Rn. 107.

108 *Dethloff*, Familienrecht, § 13 Rn. 60; zur Ablehnung einer Impfung als Maßnahme im Rahmen des Elternrechts: *Komp/Thrun*, JA 2020, 195 (197).

109 *BVerfG*, Beschluss v. 18.4.1989, 2 BvR 1169/84, NJW 1989, 2195 (2196); *Zorn*, Das Recht der elterlichen Sorge, Rn. 274.

Erziehungsrechts.[110] Den Sorgeberechtigten wird ein großer Gestaltungsspielraum für die Erziehung und Betreuung ihrer Kinder gegeben (vgl. §§ 1666 ff. BGB).[111] Im Verhältnis dazu ergibt sich aus Art. 6 Abs. 2 GG für die Kinder zeitgleich ein Anspruch gegenüber ihren Sorgeberechtigten auf Pflege und Erziehung.[112]

a) Grenzen des elterlichen Erziehungsrechts

Damit steht das elterliche Erziehungsrecht in Wechselwirkung mit den verfassungsrechtlichen Positionen der Minderjährigen.[113] Bei der Ausübung ihres verfassungsrechtlichen Sorgerechts haben sie u. a. gemäß § 1626 Abs. 2 BGB stets die wachsenden Fähigkeiten und Bedürfnisse ihres Kindes zu beachten. Der Gesetzgeber verdeutlicht durch diese einfach gesetzliche Regelung, dass bereits Minderjährige zu eigenverantwortlichem Handeln in der Lage sein können und dies stets durch die Sorgeberechtigten gefördert werden muss, um die Grundrechtspositionen in ein angemessenes Verhältnis zu bringen.[114] Sie haben das sich entwickelnde Selbstbestimmungsrecht ihrer Kinder zu beachten und ihre Erziehung daran anzupassen.[115] Hinsichtlich der Entscheidung zur Vornahme oder Ablehnung von medizinischen Eingriffen gilt es, stets das Recht des Kindes auf körperliche Unversehrtheit (Art. 2 Abs. 2 i.V.m. Abs. 1 GG), die freie Entfaltung der Persönlichkeit (Art. 2 Abs. 1 GG) und die Achtung der Würde (Art. 1 Abs. 1 GG) in den Blick zu nehmen.[116] Als Grenze versteht sich das Kindeswohl als Leitfaden für das elterliche Handeln und löst das sog. staatliche Wächteramt aus (§ 1627 BGB).[117] Das bedeutet, dass er in die elterliche Erziehung eingreifen darf, wenn Kindeswohlinteressen betroffen sind (vgl. § 1666 BGB).[118] Aus dieser verfassungsrechtlichen Regelung ergibt sich für die Kinder obendrein ein Anspruch auf den Schutz durch den Staat und verdeutlicht ihre Rechtssubjektivität.[119]

---

110 So *BVerfG*, Beschluss v. 29.7.1968, 1BvL 20/63, 31/66, 5/67, NJW 1968, 2233 (2234); *Badura* in: Maunz/Dürig, Art. 6 GG, Rn. 107.

111 *Wellenhofer*, Familienrecht, § 32 Rn. 1.

112 So *BVerfG*, Urteil v. 1. 4. 2008, 1 BvR 1620/04, NJW 2008, 1287 (1287).

113 Vgl. BT-Drs. 7/2060, S. 16.

114 BT-Drs. 7/2060, S. 16.

115 Vgl. *Ivanits*, NZFam 2016, 7 (10).

116 *Sternberg-Lieben/Reichmann*, NJW 2012, 257 (259).

117 So *Coester*, NZFam 2016, 577 (578).

118 *BVerfG*, Urteil v. 9.2.1982, 1 BvR 845/79, NJW 1982, 1375 (1376); *Müller-Terpitz*, Spickhoff Medizinrecht, Art. 6 GG, Rn. 16.

119 *BVerfG*, Beschluss v. 5.9.2022, 1 BvR 65/22, Rn. 17; *BVerfG*, Beschluss v. 29.7.1968, 1BvL 20/63, 31/66, 5/67, NJW 1968, 2233 (2235); zu den weiteren Voraussetzungen zum Eingriff des Gerichts in die elterliche Sorge: *Dethloff*, Familienrecht, § 13 Rn. 109.

b) Verhältnis der elterlichen Sorge zur Autonomie des Kindes

Mitunter stehen zwei verfassungsrechtlich geschützte Rechte wechselseitig nebeneinander. Zum einen verdeutlicht sich das Fürsorgerecht der Eltern gegenüber ihren Kindern und zum anderen das Selbstbestimmungsrecht der Minderjährigen. Dabei wandelt das Recht auf freie Entfaltung der Persönlichkeit des Kindes das elterliche Erziehungsrecht an den Positionen, wo dieses bereits zur eigenen Handlungsfähigkeit gereift ist.[120] Das Erziehungsrecht entwickelt sich von einem Erziehen hin zu einem Beistehen und/oder Unterstützen. Im Idealfall befördert das elterliche Sorgerecht die Selbstbestimmung des Kindes bei Entscheidungsprozessen über Angelegenheiten, die es Kind berühren und es lässt sich eine kumulative Einigungskultur etablieren.[121] Entwickeln sich jedoch in der Eltern-Kind-Beziehung Interessenkonflikte stellt sich die Frage, wie die Grundrechtspositionen im Verhältnis zueinanderstehen stehen bzw. in ein angemessenes Verhältnis zueinander gesetzt werden können. Im Weiteren bleibt zu untersuchen, wie den verfassungsrechtlichen Positionen im Rahmen der medizinischen Behandlung bestmöglich Rechnung getragen werden kann.

3. Das Anhörungsrecht i.S.d. Art. 103 Abs. 1 GG

Hinsichtlich der infragestehenden Beteiligung von Kindern an sie betreffenden Angelegenheiten regelt das Grundgesetz im Verfahrensrecht ausdrücklich ein Anhörungsrecht in Art. 103 Abs. 1 GG für *„jedermann"*. Danach genießt das Kind ein Recht auf Anhörung im gerichtlichen Verfahren (§ 159 FamFG). In diesem Kontext soll die Anhörung zunächst dazu dienen, die Interessen des Kindes zu ermitteln, um auf dieser Basis eine gerichtliche Entscheidung zu treffen, die dessen Belangen gerecht wird und dem Kindswohl entspricht.[122] Das Kind soll in das Verfahren integriert werden, um seinen Bedürfnissen aus Art. 2 Abs. 1 GG und Art. 103 GG gerecht zu werden.[123] Insbesondere in Sorgerechtsverfahren macht das *BVerfG* deutlich, dass der Wille des Kindes zu beachten ist, weil die Entscheidungen erheblichen Einfluss auf die weitere Entwicklung des Kindes

---

120 Vgl. *BVerfG*, Urteil v. 9.2.1982, 1 BvR 845/79, NJW 1982, 1357

121 Zur kumulativen Entscheidung u. a. *BGH*, Urteil v. 16.11.1971, VI ZR 76/70, NJW 1972, 335.

122 *BVerfG*, Urteil v. 5.11.1980, BvR 349/80, NJW 1981, 217 (218); *Rohmann*, FPR 2013, 464 (464).

123 *Schumann* in: MüKo, § 159 FamFG, Rn. 1.

haben und seine grundrechtlichen Positionen somit schützenswert sind.[124] Die jeweilige Willensäußerung ist dabei als Ausprägung des Selbstbestimmungsrechts zu betrachten und sollte mit steigendem Alter zunehmend Berücksichtigung bei der Entscheidung finden.[125] Die Anhörungen ermöglichen daneben eine Informations- und Darlegungsoption der eigenen Belange.[126] Kinder- und Jugendliche erhalten die Möglichkeit an einer Mitgestaltung und Beteiligung des Verfahrens.[127] Dabei ist die Umsetzung der UN-KRK deutlich. Bezüglich der Anhörung im Verfahren, welche grds. gemäß § 159 FamFG einfachgesetzlich ausgestaltet ist, wird auf kein bestimmtes Alter des Kindes zur Anhörung abgestellt. Zudem normiert § 159 Abs. 4 FamFG, dass die Kinder reifeentsprechend zu informieren sind und ihnen die Gelegenheit zur Äußerung gegeben werden muss. Zudem wird die Äußerung entsprechend in die Bewertung des Kindeswohls und somit die Entscheidung einbezogen.

D) Schlussfolgerungen

Der Begriff Beteiligung verdeutlicht einen dialogischen Prozess des Austausches zwischen Kindern und Erwachsenen unter angemessener Berücksichtigung des Geäußerten bei Entscheidungen und verlangt nach einer hinreichenden Teilnahme durch Mitwissen, Mitdenken und Mitreden.

Die KRK sieht dabei in Art. 12 Abs. 1 ausdrücklich die altersunabhängige Beteiligung von Kindern und Jugendlichen in Angelegenheiten, die sie berühren vor, wobei die medizinische Behandlung als solche zu kategorisieren ist. Völkerrechtlich ist dabei gefordert, dass zunächst eine altersunabhängigen Äußerungsmöglichkeit besteht und das Geäußerte anschließend reifeentsprechend im Entscheidungsprozess gewürdigt wird.

Folglich ist die angemessene Partizipation des Kindes durch die Möglichkeit der freien Meinungsäußerung in Entscheidungsfindungs- und Informationsprozessen hinsichtlich medizinischer Behandlungen völkerrechtlich gefordert. Den minderjährigen Patient*innen muss grundsätzlich die Möglichkeit eingeräumt

---

124 *BVerfG*, Beschluss v. 27.6.2008, 1 BvR 311/08, FamRZ 2008, 1737 (1739), Rn. 31; *BVerfG*, Urteil v. 5.11.1980, BvR 349/80, NJW 1981, 217 (218).

125 *BVerfG*, Beschluss v. 27.6.2008, 1 BvR 311/08, FamRZ 2008, 1737 (1739), Rn. 40; *BVerfG*, Beschluss v. 7.12.2017, 1 BvR 1914/17- juris; Anm. *Born*, FD-FamR 2008, 269509, S. 2.

126 Vgl. *Karle/Carl/Clauss*, NZFam 2014, 875 (876); *Wapler* in: Richter/Krappmann/Wapler, Kinderrechte, S. 85.

127 *Rohmann*, FPR 2013, 464 (465).

werden, ihre Meinung auf Grundlage hinreichender Informationen durch verschiedene Möglichkeiten der Gestaltung frei zu äußern. Dabei wird die konkrete Einwilligung in die Behandlung in der KRK deutlich abgegrenzt und separat bewertet.

Die Verfassung ist ebenfalls völkerrechtsfreundlich auszulegen. Das *BVerfG* betont mithin, dass Kinder Grundrechtsträger sind und ihnen Beteiligungsrechte zustehen. Dabei rückt das Kind als Rechtssubjekt immer stärker in den Fokus. Neben dem altersunabhängigen verfahrensrechtlichen Anhörungsrecht räumt die Verfassung Kindern grundsätzlich ebenfalls altersunabhängig ein Selbstbestimmungsrecht bezüglich ihrer persönlichen Belange aus Art. Art. 2 Abs. 1 GG und der Achtung der Menschenwürde gemäß Art. 1 Abs. 1 GG ein. Dabei wird berücksichtigt, dass der Wille des Kindes bei Entscheidungen und Prozessen in eigenen persönlichen Belangen Ausdruck dessen ist und einer hinreichenden Berücksichtigung bedarf. Das sog. Selbstbestimmungsrecht gewährleistet dabei für die Minderjährigen jedenfalls ein Recht auf Beteiligung bei diesen Entschließungen. Hinsichtlich des medizinischen Selbstbestimmungsrechts, als Verfügungsrecht über den eigenen Körper, ist das Personensorgerecht der Eltern zu betrachten und die einzelnen Rechtspositionen in ein angemessenes Verhältnis zu setzten.

Kapitel 3: Rechtliche Einordnung der Einwilligung in den medizinischen Eingriff und der Abschluss des Behandlungsvertrages

Die Einwilligung von Patient*innen in den medizinischen Eingriff ist zentrales Element im gesamten Behandlungsprozess und wird im folgenden Teil näher untersucht. Der erste Abschnitt widmet sich der Darstellung der Einwilligung als selbstständige Willensäußerung und der Erörterung ihrer rechtlichen Relevanz. Diesbezüglich erfolgen Ausführungen zum sog. *informed consent.*

Anschließend gilt es, das Verhältnis zum Abschluss des Behandlungsvertrages aufzuzeigen (vgl. § 630a BGB). In diesem Kontext wird die Stellung der minderjährigen Person als mögliche Vertragspartei skizziert.

A) Rechtsnatur der wirksamen Einwilligung in den medizinischen Eingriff

Im Fokus der Betrachtung steht die Einwilligung in den medizinischen Eingriff, um sie anschließend in diesem Zusammenhang zur gesamten medizinischen Behandlung[128] einzuordnen. Die Untersuchung stützt sich dabei auf die Signifikanz der Einwilligung in der straf- und zivilrechtlichen Dogmatik und erläutert, welcher rechtliche Charakter ihr in dieser zugewiesen wird.

I. Strafrechtliche Relevanz der Einwilligung der Patient*innen

Nach strafrechtlicher Rechtsprechung[129] und Stimmen im Schrifttum[130] ist jede ärztliche, die Integrität des Körpers berührende Maßnahme tatbestandlich eine Köperverletzung im Sinne der §§ 223 ff. StGB. Dabei unterliegt der Eingriff keiner Differenzierung danach, ob er *lege artis* oder erfolgreich durchgeführt worden

---

128 Zum Begriff der Behandlung im Sinne des § 630a ff. BGB: BT-Drs. 17/10488, S. 17; *Weidenkaff* in: Grüneberg, § 630a BGB, Rn. 8.

129 *RG*, Urteil v. 31.5.1894, 1406/94, RGSt 25, 375; *BGH*, Urteil v. 28.11.1957, 4 StR 525/57, NJW 1958, 267 (267); *BGH*, Urteil v. 19.11.1997, 3 StR 271/97, NJW 1998, 1802 (1803); *BGH*, Urteil v. 30.1.2019, 2 StR 325/17, NStZ 2020, 29 (30).

130 *Knauer/Brose* in: Spickhoff Medizinrecht, § 223 StGB, Rn. 26; vgl. *Wagner* in: MüKo, § 630d BGB, Rn. 5; anders *Kühl* in: Lackner/Kühl, § 223 StGB Rn. 9; zum Meinungsstand im Einzelnen: *Sternberg-Lieben* in: Schönke/Schröder, § 223 StGB, Rn. 28 ff; *Joecks* in: MüKo, § 223 StGB, Rn. 47 ff.

ist.[131] Bereits in der Entscheidung des *Reichsgerichts* aus dem Jahr 1894 wurde hervorgehoben, dass das Recht des Einzelnen auf Selbstbestimmung über seinen Körper ihn nicht nur dazu ermächtige, ärztliche Hilfe zur Heilung in Anspruch zu nehmen, sondern auch diese zu verweigern.[132] Der *BGH* konkretisierte später, dass selbst eine aus ärztlicher Sicht betrachtet „*unverständliche*" und lebensbedrohliche Entscheidung zu Gunsten des Persönlichkeitsrechts der Patient*innen von der Ärzteschaft berücksichtigt werden müsse.[133] Dementsprechend agiert die behandelnde Person ohne die Einwilligung des Einzelnen rechtswidrig.[134]

In der Literatur wird dagegen mitunter eingewandt, dass der Heilungswille der Ärzt*innen oder ein eingetretener Heilungserfolg dadurch unberücksichtigt blieben und ein medizinisch gebotener Eingriff nach seinem Ziel keine Körperverletzungshandlung sein könne.[135] Allerdings ist aufgrund der Relevanz des Selbstbestimmungsrechts und dessen notwendiger Gewährleistung die Einwilligung in den medizinischen Eingriff nach strafrechtlicher Dogmatik als Rechtfertigungsgrund der tatbestandlichen Verletzungshandlung zu betrachten.[136] Selbst ein *lege artis* durchgeführter und medizinisch indizierter Eingriff[137] kann somit nur durch eine wirksame Einwilligung der zu behandelnden Person gerechtfertigt und somit straflos sein.[138]

131 *Joecks* in: MüKo, § 223 StGB, Rn. 46.

132 *RG*, Urteil v. 31. 5. 1894, 1406/94, RGSt 25, 375 (382).

133 *BGH*, Urteil v. 28.11.1957, 4 StR 525/57, NJW 1958, 267 (268).

134 *RG*, Urteil v. 31. 5. 1894, 1406/94, RGSt 25, 375 (382).

135 *Sternberg-Lieben* in: Schönke/Schröder, § 223 StGB, Rn. 29 ff.; *Kühl* in: Lackner/Kühl, § 223 StGB, Rn. 8; dazu auch näher *Kern* in: Laufs/Kern/Rehborn, § 6 Rn. 32; es wird sich z. T. dafür ausgesprochen einen eigenen Straftatbestand zu schaffen, Reform- und Literaturübersicht: vgl. *Kühl* in: Lackner/Kühl, § 223 StGB, Rn. 8 oder die ärztliche Tätigkeit ganz zu entkriminalisieren: *Lilie/Orben*, ZRP 2002, 154 (158).

136 So auch *BGH*, Urteil v. 30.1.2019, 2 StR 325/17, NStZ 2020, 29 (30); *Zöller/Petry* in: Leipold/Tsambikakis/Zöller, AnwaltKommentar StGB, § 223, Rn. 18.

137 Als indiziert werden dabei Maßnahmen verstanden, die aus medizinischer Beurteilung angemessen und geeignet sind das Behandlungsziel zu erreichen und auf die Behebung, Erkennung oder Linderung eines Leidens gerichtet sind: *Lipp*, MedR 2015, 762 (763); *BGH*, Urteil v. 17. 12. 1986, IV a ZR 78/85, NJW 1987, 703 (704); *Sternberg-Lieben* in: Schönke/Schröder, § 223 StGB, Rn. 24; *Kühl* in: Lackner/Kühl, § 233 StGB, Rn. 9.

138 *BGH*, Urteil v. 19.11.1997, 3 StR 271/97, NJW 1998, 1802 (1803); *Duttge* in: Prütting, MedR-Komm, § 223 StGB, Rn. 11.

II. Zivilrechtliche Relevanz der Einwilligung der Patient*innen

Die Einwilligung wird auch zivilrechtlich als Ausdruck des Selbstbestimmungsrechts der Patient*innen über ihre körperliche Unversehrtheit (Art. 2 Abs. 2 GG), die freie Entfaltung der Persönlichkeit (Art. 2 Abs. 1 GG) und Achtung der Würde (Art. 1 Abs. 1 GG) verstanden.[139] § 630d BGB statuiert die Einholung der Einwilligung zur vertraglichen Pflicht aus dem Behandlungsvertrag[140] Vertragsrechtlich liegt damit bei mangelnder Einwilligung zum medizinischen Eingriff eine Pflichtverletzung i. S. d. § 280 Abs. 1 Satz 1 BGB vor. Deliktsrechtlich ist der ärztliche Eingriff somit ebenfalls als schadenersatzauslösende rechtwidrige Körper- oder Gesundheitsverletzung zu verstehen, wenn er ohne die Einwilligung der in Behandlung befindlichen Person durchgeführt wird (§§ 823 ff. BGB).[141] Sie dient der Rechtfertigung des Eingriffs in absolut geschützte Rechtsgüter. Fraglich bleibt, wie die Willensäußerung der Einwilligung an sich zivilrechtlich einzuordnen ist.

1. *Einwilligung als rechtsgeschäftliche Willenserklärung i.S.d. §§ 104 ff. BGB*

Die Einwilligung in Gesundheitsbehandlungen wird vereinzelt als rechtsgeschäftliche Willenserklärung i.S.d. §§ 104 ff. BGB (analog) bewertet.[142] Die Einwilligung sei auf die Herbeiführung einer Rechtsfolge, die Erlaubnis der Verletzung des Rechtsgutes, gerichtet.[143] Z. T. wird sie auch als atypisches Rechtsgeschäft eingestuft und die rechtsgeschäftlichen Regelungen eingeschränkt angewendet.[144] *Klose* und *Straub* stellen darauf ab, dass die Einwilligung rechtsgestaltende Wirkung

---

139 *BGH*, Urteil v. 14.2.1989, VI ZR 65/88, NJW 1989, 1533 (1535); *BGH*, Urteil v. 18.3.2003, VI ZR 266/02, NJW 2003, 1862 (1863); BT-Drs. 17/10488, S. 23.

140 BT-Drs. 17/10488, S. 23; *Spickhoff* in: Spickhoff Medizinrecht, § 630d BGB, Rn. 1.

141 Vgl. *BGH*, Urteil v. 10.7.1954, VI ZR 45/54, NJW 1956, 1106 (1106); *BGH*, Urteil v. 14.2.1989, VI ZR 65/88, NJW 1989, 1533 (1535); *BGH*, Urteil v. 18.3.2003, VI ZR 266/02, NJW 2003, 1862 (1863); *Wagner* in: MüKo, § 630d BGB, Rn. 1.

142 *BGH*, Urteil v. 5.12.1958, VI ZR 266/57, NJW 1959, 811, als kritische Auseinandersetzung mit der Ablehnung der Einwilligung als rechtsgeschäftliche Willenserklärung i.S.d. §§ 106 ff. BGB: *Mittenzwei*, MedR 1988, 43 (43 f.); vgl. auch *Koziol*, MedR 2019, 105 (105 f.).

143 So *Koziol*, MedR 2019, 105 (106) mit Verweis auf *Kohte*, AcP 1985, 114 f, dieser setzt sich vertieft mit der rechtsgeschäftlichen Deutung der rechtfertigenden Einwilligung im Rahmen einer Inhaltsanalyse zu BGHZ 29, 33 (*BGH*, Urteil v. 05.12.1958, VI ZR 266/57) auseinander.

144 So *Klose/Straub*, MedR 2019, 714 (716).

habe.[145] Sie gebe der behandelnden Person die Eingriffsbefugnis, die den Schadenersatzanspruch wegen mangelnder Einwilligung (vgl. §§ 280 I BGB i.V.m. § 630d BGB), entfallen lasse.[146] Dagegen wird eingewendet, dass die Rechtsgeschäftslehre nur schwer auf das Institut der Einwilligung zu übertragen sei.[147] Zum Beispiel würde die *ex tunc* Wirkung der Anfechtung ein zunächst rechtmäßiges Handeln rückwirkend strafbar machen (vgl. § 142 Abs. 1 BGB).[148] Zum anderen würde durch eine analoge Anwendung der §§ 104 ff. BGB eine eigenständige Einwilligung in Gesundheitsbehandlungen einer minderjährigen Person gemäß § 107 BGB von vornherein ausgeschlossen sein, weil die Gestattung des Eingriffs durch die Beeinträchtigung der körperlichen Integrität keinen lediglich rechtlichen Vorteil darstelle.[149] Der medizinische Eingriff und dessen Rechtfertigung stellen einen starken Eingriff in die Lebensgestaltung und die höchstpersönlichen Rechtsgüter des Einzelnen dar und bedürfen damit einer anderen Wertung als die Rechtsgeschäftslehre.[150]

2. *Einwilligung als Gestattung und Ermächtigung*

Die Einwilligung zu einem Eingriff in die körperliche Integrität stellt nach überzeugender Ansicht der Rechtsprechung[151] und Literatur[152] keine rechtsgeschäftliche Willenserklärung, sondern eine rechtsgeschäftsähnliche Handlung dar. Die Relevanz liegt nicht im Abschluss eines Rechtsgeschäfts, sondern in der Gestattung zum Eingriff in höchstpersönliche Rechtsgüter.[153] Letztlich betonte der *BGH*, dass das Leben und die körperliche Unversehrtheit, wie auch die Ehre, zu den sog. Rechtsgütern gehören, die zwar Dritten gegenüber Rechtsschutz genießen,

---

145 *Klose/Straub*, MedR 2019, 714 (716).

146 *Klose/Straub*, MedR 2019, 714 (716).

147 So *Spickhoff*, AcP 2008, 345 (386); *Wagner* in: MüKo, § 630d BGB, Rn. 9; *Katzenmeier* in: BeckOK, § 630d BGB, Rn. 7 f.

148 So *Spickhoff*, Spickhoff Medizinrecht, § 630d, Rn. 4; dazu auch *Kohte*, AcP 1985, 142 f.

149 So *Nebendahl*, MedR 2009, 197 (199); zur lediglich rechtlichen Nachteiligkeit der Willenserklärung zum Abschluss des Behandlungsvertrages siehe Kapitel 3 dieser Arbeit.

150 So auch *Damm*, Bundesgesundheitsblatt 2016, 1075 (1076); *Wölk*, MedR 2001, 80 (86); *Belling*, FuR 1990, 68 (75).

151 *BGH*, Urteil v. 5.12.1958, VI ZR 266/57, NJW 1959, 811 (811); *OLG Hamm*, Beschluss v. 16.7.1998, 15 W 274-98, NJW 1998, 3424 (3424); *AG Schlüchtern*, Beschluss v. 29.4.1997, X 17/97, NJW 1998, 832 (832).

152 U. a. *Nebendahl*, MedR 2009, 197 (199); *Spickhoff*, AcP 2008, 345 (385); *Wagner* in: MüKo, § 630d BGB, Rn. 9; *Katzenmeier* in: BeckOK, § 630d BGB, Rn. 7 f.; *Weidenkaff* in: Grüneberg, § 630d BGB, Rn. 2.

153 *Spickhoff*, AcP 2008, 345 (385).

selbst aber nicht Gegenstand eines Rechts ihres Trägers sind.[154] Über sie könne der Mensch nicht verfügen wie über eine ihm gehörige Sache, ein ihm zustehendes dingliches Recht oder ein Rechtsverhältnis.[155] Folglich ist die Einwilligung eine Entscheidung über grundrechtlich geschützte Positionen und keine rechtsgeschäftliche Willenserklärung i.S.d. §§ 104 ff. BGB.[156]

3. *Einwilligung gemäß § 630d BGB*

Das Prinzip der Eigenständigkeit der Einwilligung als Gestattung oder Ermächtigung zum Eingriff in höchstpersönliche Rechtsgüter greift das Bürgerliche Gesetzbuch in den §§ 630a ff. auf. Der Gesetzgeber prägt die Einwilligung dabei ebenfalls als Ausdruck des Selbstbestimmungsrechts über Körper, Gesundheit und freie Entfaltung der Persönlichkeit aus.[157] Der Behandlungsvertrag begründet zwar ein Schuldverhältnis zwischen den Parteien und regelt die einzelnen Rechte und Pflichten aus diesem (§§ 630a bis 630g BGB), allerdings rechtfertigt er nicht die Durchführung der geplanten medizinischen Maßnahme an sich (vgl. § 630d BGB).[158] Gemäß § 630d Abs. 1 Satz 1 BGB ist die behandelnde Person vor der Durchführung einer medizinischen Maßnahme[159] verpflichtet, die Einwilligung der Patient*innen einzuholen. Ist die zu behandelnde Person einwilligungsunfähig, ist die Einwilligung eines Berechtigten einzuholen (§ 630d Abs. 1 Satz 2 BGB). Im Rahmen der gesetzlichen Normierung des Behandlungsvertrages wurde die Einholung der Einwilligung zur vertraglichen Pflicht kodifiziert und muss als eigenständige Willensäußerung neben dem Abschluss des Vertrages vorliegen.[160] Folglich sind der Abschluss des Behandlungsvertrages und die Einwilligung in die Gesundheitsbehandlung stets gesondert voneinander zu betrachten.

---

154 So *BGH*, Urteil v. 5.12.1958, VI ZR 266/57, NJW 1959, 811 (811).

155 So *BGH*, Urteil v. 5.12.1958, VI ZR 266/57, NJW 1959, 811 (811).

156 So auch *Spickhoff*, AcP 2008, 345 (385).

157 BT-Drs. 17/10488, S. 23.

158 *Lipp*, MedR 2016, 843 (844).

159 Medizinische Maßnahme in diesem Sinne bezeichnet nach dem Gesetzgeber jeden Eingriff in den Körper oder die Gesundheit der Patient*innen, aber auch alle sonstigen therapeutischen und diagnostischen Maßnahmen im Rahmen einer Behandlung, BT-Drs. 17/10488, S. 23.

160 *Katzenmeier*, NJW 2013, 817 (820); vgl. *Spickhoff* in: Spickhoff Medizinrecht, § 630d BGB, Rn. 1; vgl. zum Auseinanderfallen von Geschäfts- und Einwilligungsfähigkeit: *Lauf/Birck*, NJW 2018, 2230 (2234 f).

III. Prinzip des *informed consent*

An eine wirksame Einwilligung für die Rechtfertigung des medizinischen Eingriffs werden darüber hinaus bestimmte Anforderungen gestellt (vgl. §§ 630d, 630e BGB). Sie legitimiert die Maßnahme in die körperliche Integrität der Patient*innen u. a. nur, wenn diese vor ihrer Abgabe von der behandelnden Person hinreichend aufgeklärt worden sind.[161] Dieser Grundsatz ist in § 630d Abs. 2 BGB ebenfalls als Hauptpflicht des Behandlungsverhältnisses kodifiziert.[162] Danach können nur aufgeklärte und somit informierte Patient*innen eine wirksame Entscheidung für oder gegen eine Behandlung treffen. Dieser Regelung liegt der Gedanke zu Grunde, dass die zu behandelnde Person in der Medizin nicht mehr als bloßes Objekt, sondern als autonomes Subjekt der Behandlung verstanden wird.[163] Dieser muss nicht nur die Möglichkeit gegeben werden, in einen Eingriff einzuwilligen oder ihn abzulehnen, sondern sie kann ihre grundrechtlich geschützten Positionen nur ausüben, wenn ihr die nötigen Informationen als Entscheidungsgrundlage gegeben werden.[164] Bereits aus ethischer Sicht sei es geboten sie durch hinreichende Darlegung aller Aspekte über die Behandlung in die Lage zu versetzen, mögliche Folgen für die eigene körperliche Integrität und weitere Lebensgestaltung abzuwägen und so eine Entscheidung treffen zu können.[165] Den Ausgangspunkt für eine selbstbestimmte und freie Entscheidung bilden dabei das Bewusstsein und Informationsverständnis über die Ausmaße des medizinischen Eingriffs und der dazugehörigen Einwilligung.[166] Das Prinzip des sog. *informed consent* soll dabei das Selbstbestimmungsrecht der Patient*innen über ihren Körper und ihre Person gewährleisten.[167]

---

161 Vgl. *BGH*, 1. Elektroschockurteil v. 10.7.1954, VI ZR 45/54, NJW 1956, 1106 (1106); *BGH*, 2. Elektroschockurteil v. 9.12.1958, VI ZR 203/57, NJW 1959, 811 (814); *Wever* in: Bergmann/Pauge/Steinmeyer, § 630d BGB, Rn. 1.

162 BT-Drs. 17/10488, S. 24; *Hart*, MedR 2015, 1 (7).

163 *BVerfG*, Beschluss v. 18.11.2004, 1 BvR 2315/04, MedR 2005, 91 (92); vgl. *Damm*, MedR 2002, 375 (378); vgl. *Wagner* in: MüKo, § 630e BGB, Rn. 27.

164 *Wagner* in: MüKo, § 630e BGB, Rn. 2, 4; *Kern* in: Laufs/Kern/Rehborn, Handbuch des Arztrechts, § 6 Rn. 25.

165 So *BGH*, 1. Elektroschockurteil v. 10.7.1954, VI ZR 45/54, NJW 1956, 1106 (1107); *Hardtung* in: MüKo, § 223 StGB, Rn. 88; *Wagner* in: MüKo, § 630e BGB, Rn. 4.

166 *Hardtung* in: MüKo, § 223 StGB, Rn. 88; zu den Elementen des informed consent: *Klie/Vollmann/Pantel*, Informationsdienst Altersfragen 2014, 5 (6).

167 *Wagner* in: MüKo, § 630e BGB, Rn. 7 ff; *Joecks (Hardtung)* in: MüKo, § 223 StGB, Rn. 98; vgl. *Quaas* in: Quaas/Zuck/Clemens, Medizinrecht, § 14 Rn. 84; zur Weiterentwicklung des informed consent: *Dorneck/Gassner/Kersten/Lindner/Linoh/Nebe/Rosenau/Schmidt am Busch*, MedR 2019, 431.

IV. Einwilligungsunfähige im Prinzip des *informed consent*

Das Prinzip des *informed consent* zeigt, dass die Aufklärung über die Umstände der medizinischen Maßnahme gegenüber den zu behandelnden Personen die Basis für eine autonome und freie Entscheidung bilden soll.[168] Die Ärzt*innen-Patient*innen-Kommunikationsbeziehung wird bei der Behandlung Minderjähriger oder einwilligungsunfähiger Erwachsener um mindestens eine zusätzliche Person erweitert.[169] Liegt die Einwilligungsunfähigkeit der Patient*innen vor, ist laut Gesetz die Einwilligung einer aufgeklärten berechtigten Person einzuholen (§ 630d Abs. 1, 2 BGB). Danach wäre die zu behandelnde Person grds. vom *informed consent* Prinzip ausgeschlossen. Jedoch etablierte der Gesetzgeber 2013 nach der Beschlussempfehlung des Ausschusses für Gesundheit zum Entwurf des *„Gesetzes zur Verbesserung der Rechte von Patienten und Patientinnen"*[170] eine eingeschränkte Aufklärungspflicht gegenüber den Einwilligungsunfähigen gemäß § 630e Abs. 5 BGB, um diese verstärkt in den Behandlungsprozess einzubeziehen.[171] Danach sind diesen die wesentlichen Umstände für die Einwilligung entsprechend ihres Verständnisses zu erläutern, soweit sie aufgrund ihres Entwicklungsstandes und ihrer Verständnismöglichkeit in der Lage sind, die Erläuterungen aufzunehmen und dies ihrem Wohl nicht zuwiderläuft.[172] Die Norm des § 630e Abs. 5 BGB bildet die Rechtsprechung des *BVerfG* aus dem Jahr 2011[173] ab, um das Recht auf Selbstbestimmung der Patient*innen zu stärken.[174] Das Gericht setzte sich mit den verfassungsrechtlichen Voraussetzungen für die Zwangsbehandlung eines im Maßregelvollzug Untergebrachten auseinander. Es zeigte auf, dass ein medizinischer Eingriff unabhängig von der Einwilligungsfähigkeit des Patienten als Eingriff in dessen grundrechtliche Freiheiten zu werten ist.[175] Somit ist auch bei einsichts- und urteilsunfähigen Betroffenen die ärztliche Information über eine beabsichtigte Maßnahme nicht von vornherein entbehrlich.[176] Die zu behandelnde Person dürfe über die Rahmenbedingungen der Behandlung

---

168 *Wagner* in: MüKo, § 630e BGB, Rn. 7 ff.

169 *Wölk*, MedR 2001, 80 (80).

170 Gesetz zur Verbesserung der Rechte von Patienten und Patientinnen v. 20.2.2013, BGBl. I 2013, S. 277, in Kraft seit 26.2.2013.

171 BT-Drs. 17/11710, S. 28; *Katzenmeier* in: BeckOK, § 630e BGB, Rn. 63; *Spickhoff* in: Spickhoff Medizinrecht, § 630e BGB, Rn. 14.

172 Auszuschließen bei Säuglingen und komatösen Patient*innen, BT-Drs. 17/11710, S. 29.

173 *BVerfG*, Beschluss v. 23.3.2011, 2 BvR 882/09, NJW 2011, 2113.

174 BT-Drs. 17/11710, S. 29.

175 *BVerfG*, Beschluss v. 23.3.2011, 2 BvR 882/09, NJW 2011, 2113 (2116).

176 So auch *BVerfG*, Beschluss v. 23.3.2011, 2 BvR 882/09, NJW 2011, 2113 (2116).

nicht im Unklaren gelassen werden.[177] Damit tritt die Informationspflicht über die Behandlung gemäß § 630e Abs. 5 BGB Einwilligungsunfähiger neben die der Berechtigten und etabliert ein (passives) Teilnahmerecht dieser im Behandlungs- und Entscheidungsfindungsprozess. Damit ist eine Art der Beteiligung der Patient*innen unabhängig vom Vorliegen der freien Willensbildung normiert.[178]

V. Zwischenfazit

Die Einwilligung in die medizinische Behandlung ist unabhängig von den §§ 104 ff. BGB als Gestattung und Ermächtigung in den Eingriff in höchstpersönliche Rechtgüter zu bewerten. Sie rechtfertigt den rechtswidrigen medizinischen Eingriff in die körperliche Integrität. Zivilrechtlich ist deren Einholung als Hauptpflicht der behandelnden Person ausgestaltet (§ 630d Abs. 1 Satz 1 BGB). Zudem ist sie rechtlich im Prinzip des *informed consent* verankert, § 630d Abs. 2 BGB. Einwilligungsunfähige werden gemäß § 630e Abs. 5 BGB in den Behandlungsprozess neben den Einwilligungsberechtigten unabhängig von der Fähigkeit zur freien Willensbildung einbezogen. Das Vorliegen der Einwilligungsfähigkeit minderjähriger Patient*innen ist damit keine Bedingung für die grundsätzliche Beteiligung der Betroffenen am Aufklärungsprozess.[179]

B) Abschluss des Behandlungsvertrages gemäß § 630a BGB

Seit Inkrafttreten der Regelungen zum Behandlungsvertrag[180] im Jahr 2013 ist dieser im allgemeinen Zivilrecht in den §§ 630a bis 630h BGB als weiterer Typenvertrag normiert. Ziel des Gesetzesentwurfes war es, unter anderem die Rechte der Patienten und Patientinnen transparenter zu gestalten und Rechtsunsicherheiten zu verringern.[181] Vor der Kodifizierung des Vertragstyps waren die Patientenrechte unsystematisch in einer Vielzahl von Rechtsbereichen geregelt und hauptsächlich durch die Rechtsprechung geprägt.[182] Durch den Behandlungs-

---

177 So *BVerfG*, Beschluss v. 23.3.2011, 2 BvR 882/09, NJW 2011, 2113 (2116).

178 Kritik: *Kreße*, MedR 2015, 91 (94); *Spickhoff*, VersR 2013, 267 (275); vgl. *Deutsch/Spickhoff*, Medizinrecht, VIII Rn. 479; BT-Drs. 17/11710, S. 28; näher zur *„Entkoppelung"* von Einwilligungsfähigkeit und Einbeziehung: *Damm*, Bundesgesundheitsblatt 2016, 1075 (1082).

179 *Damm*, Bundesgesundheitsblatt 2016, 1075 (1082).

180 Gesetz zur Verbesserung der Rechte von Patienten und Patientinnen v. 20.2.2013, BGBl. I 2013, S. 277, in Kraft seit 26.2.2013.

181 BT-Drs. 17/10488, S. 1.

182 BT-Drs. 17/10488, S. 1.

vertrag, der als spezieller Dienstvertrag ausgestaltet ist, werden die Ärzt*innen u. a., zur Leistung der versprochenen Behandlung verpflichtet (vgl. § 630a Abs. 1 BGB).[183] Das Vertragsgepräge ist somit auf die medizinische Behandlung der Patient*innen ausgerichtet.[184] Neben dem Behandelnden[185] nennt § 630a Abs. 1 BGB den „*Patienten*“ als Partei des Behandlungsvertrages. Er wird als derjenige, der „*zur Gewährung der vereinbarten Vergütung verpflichtet [ist], soweit nicht ein Dritter zur Zahlung verpflichtet ist*“, legal definiert. Das Gesetz stellt in der ersten Alternative auf privatversicherte Personen ab, welche direkt zur Leistung des Honorars an die medizinischen Leistungserbringer*innen aus dem schuldrechtlichen Vertrag verpflichtet werden.[186] Bei gesetzlich Krankenversicherten hingegen schließen diese und die behandelnde Person ebenfalls einen Behandlungsvertrag, dies ermöglicht jedoch grundsätzlich keinen direkten Vergütungsanspruch gegen die Patient*innen.[187] Die Vergütung der erbachten Leistungen der Behandelnden werden über die kassenärztliche Vereinigung oder direkt mit der Krankenkasse abgerechnet (vgl. § 85 SGB V).[188] Dieses Prinzip berücksichtigt der Gesetzgeber in der zweiten Alternative des § 630a Abs. 1 BGB. Fraglich ist, ob er auch der Konstellation Rechnung trägt, dass Minderjährige Patient*innen im Sinne der Norm sein können.

Im Verhältnis zwischen Behandelnden, Minderjährigen und ihren Eltern sind dabei grds. zwei Ausgangslagen denkbar, welche im Folgenden untersucht werden.

I. Minderjährige als Vertragspartner*innen des Behandlungsvertrages

Minderjährige, die das siebente Lebensjahr vollendet haben, sind in ihrer Geschäftsfähigkeit beschränkt (vgl. § 106 BGB). Sie sollen vor rechtsgeschäftlichen Bindungen, die ihr Vermögen belasten könnten, und deren rechtlichen

183 BT-Drs. 17/10488, S. 17; *Katzenmeier*, NJW 2013, 817 (817); *Preis/Schneider*, NZS 2013, 281 (282); näher zur Abgrenzung zum Werkvertrag: *Spickhoff*, VersR 2013, 267 (268 f.).

184 BT-Drs. 17/10488, S. 18.

185 Näher zum Behandelnden: BT-Drs. 17/10488, S. 18; *Bergmann/Middendorf* in: Bergmann/Pauge/Steinmeyer, § 630a BGB, Rn. 20 ff.; *Wagner* in: MüKo, § 630a BGB, Rn. 23 ff.

186 BT-Drs. 17/10488, S. 18.

187 *Spickhoff*, VersR 2013, 267 (270).

188 Vgl. BT-Drs. 17/10488, S. 18 f.; *Deutsch/Spickhoff*, Medizinrecht, IV Rn. 107; *Katzenmeier* in: BeckOK, § 630a BGB, Rn. 83.

Folgen, die sie nicht abzusehen vermögen, geschützt werden.[189] Grds. bedürfen Minderjährige somit zum wirksamen eigenständigen Abschluss eines Behandlungsvertrages der Zustimmung ihrer gesetzlichen Vertreter*innen (vgl. §§ 107, 183, 184 BGB). Davon abweichend eröffnet der Gesetzgeber den beschränkt Geschäftsfähigen nach Maßgabe der §§ 107 bis 113 BGB die Option, eigenständig rechtsgeschäftlich voll wirksame Willenserklärungen abzugeben, um dem mit steigendem Alter wachsenden Verantwortungsbewusstsein Rechnung zu tragen und diese Personengruppe langsam und in gewissen Grenzen an die volle Geschäftsfähigkeit, mit Vollendung des achtzehnten Lebensjahres (vgl. § 2 BGB), heranzuführen.[190] Der Fokus der Erörterung liegt im Folgenden darauf, ob der selbstständige Abschluss des Behandlungsvertrages, unabhängig von der Zustimmung der gesetzlichen Vertreter*innen, gemäß §§ 106 ff. BGB möglich ist oder gar die sozialrechtliche Handlungsfähigkeit des § 36 SGB I eine partielle Geschäftsfähigkeit in diesem Bereich eröffnet.

1. Selbstständiger Abschluss des Behandlungsvertrages gemäß § 107 BGB

Die Einwilligung der gesetzlichen Vertreter*innen zum Vertragsschluss ist u. a. entbehrlich, wenn Minderjährige durch diesen einen lediglich rechtlichen Vorteil i.S.d. § 107 BGB erlangen. Für die Beurteilung der lediglich rechtlichen Vorteilhaftigkeit eines Rechtsgeschäfts ist auf die rechtlichen Folgen abzustellen.[191] Danach liegt grds. ein rechtlicher Nachteil vor, wenn der Einzelne durch das Rechtsgeschäft Verpflichtungen eingeht und/oder seine Rechte vermindert werden.[192] Als Normzweck wird die Abwendung von Gefährdungen des Vermögens und des geistigen und leiblichen Wohls der Minderjährigen genannt.[193] Mithin wird betrachtet, wie § 107 BGB im Allgemeinen auszulegen ist und ob sich danach eine lediglich rechtliche Vorteilhaftigkeit des Behandlungsvertrages anerkennen lässt.

---

189 *Völzmann-Stickelbrock* in: Prütting/Wegen/Weinreich, § 107 BGB, Rn. 1; *Spickhoff* in: MüKo, § 104 BGB, Rn. 6.

190 *Hansen* zu Gesetzgebungsmaterialien m.w.N. in: jurisPK, § 106 BGB, Rn. 2; *Wendtlandt* in: BeckOK, § 110 BGB, Rn. 1; *Spickhoff* in: MüKo, § 106 BGB, Rn. 1 ff.

191 *Wendtland* in: BeckOK, § 107 BGB, Rn. 3; *Müller* in: Erman, § 107 BGB, Rn. 3; *Hirsch*, BGB AT, § 27 Rn. 606.

192 *Müller* in: Erman, § 107 BGB, Rn. 3; *Völzmann-Stickelbrock* in: Prütting/Wegen/Weinreich, § 107 BGB, Rn. 6.

193 So *Stürner*, AcP 1973, 402 (417).

a) Allgemeine Auslegung des lediglich rechtlichen Vorteils i.S.d. § 107 BGB

Das Gesetz enthält keine Legaldefinition für den lediglich rechtlichen Vorteil. Aus dem Wortlaut kann geschlossen werden, dass wirtschaftliche Vorteile keine Relevanz für die Wirksamkeit der Abgabe der Willenserklärung haben. Nur rechtliche Einflussfaktoren können danach ausschlaggebend sein.[194] Im Weiteren ist allgemein anerkannt, dass auf einem Rechtsgeschäft beruhende Verpflichtungen oder die Verminderung von Rechten trotz wirtschaftlicher Vorteilhaftigkeit einen rechtlichen Nachteil i.S.d. § 107 BGB darstellen.[195] Dabei sind nicht nur die Haupt-, sondern auch die Nebenverpflichtungen, welche die Minderjährigen aus dem gegenseitigen Vertrag treffen, zu betrachten.[196] Zudem sind die rechtlichen Folgen, welche kraft Gesetzes entstehen, zu berücksichtigen.[197] Hingegen solle eine tatsächliche Gefahr, die von erworbenen Gegenständen ausgehen kann, keinen Einfluss auf den Abschluss des Rechtsgeschäfts haben.[198] In der Gesamtheit ist schlüssig, dass eine zu strikte Konzentration auf jegliche rechtliche Nachteile dazu führen könnte, die Anwendbarkeit des § 107 BGB auf ein Minimum zu reduzieren und dadurch die Möglichkeit der Teilnahme am Rechtsverkehr für die Minderjährigen genommen ist.[199] Demnach bedarf es einer Konkretisierung des lediglich rechtlichen Vorteils, um einerseits Rechtssicherheit zu schaffen und andererseits die Interessen des Minderjährigenschutzes zu erfüllen.

---

194 *Hansen* in: jurisPK, § 107 BGB, Rn. 13; *Spickhoff* in: MüKo, § 107 BGB, Rn. 37.

195 *Völzemann-Stickelbrock* in: Prütting/Wegen/Weinreich, § 107 BGB, Rn. 6; *Spickhoff* in: MüKo, § 107 BGB, Rn. 33; *Hirsch*, BGB AT, § 27 Rn. 606; *Stadler*, BGB AT, § 23 Rn. 9; vgl. *Hansen* in: jurisPK, § 107 BGB, Rn. 3.

196 *Ellenberger* in: Grüneberg, § 107 BGB, Rn. 2; *Hansen* in: jurisPK § 107 BGB, Rn. 13; vgl. *Spickhoff* in: MüKo, § 107 BGB, Rn. 38; *Stadler*, BGB AT, § 23 Rn. 9; *Klumpp* in: Staudinger, § 107 BGB, Rn. 8; ausführlich zur Bedeutung von Nebenpflichten im Rahmen des § 107 BGB: *Reuter*, Der Abschluss des Arztvertrages durch einen Minderjährigen Patienten, S. 179 ff.

197 *BGH*, Beschluss v. 25.11.2004, V ZB 13/04, NJW 2005, 415 (418); *Haslach*, JA 2017, 490 (492); vgl. gesetzliche Pflicht § 670 BGB: *Stadler*, BGB AT, § 23 Rn. 9; *Müller* in: Erman, § 107 BGB, Rn. 5.

198 So *Klumpp* in: Staudinger, § 107 BGB, Rn. 7; *Spickhoff*, FamRZ 2018, 412 (414).

199 *Klumpp* in: Staudinger, § 107 BGB, Rn. 10; vgl. *Spickhoff* in: MüKo, § 107 BGB, Rn. 38; *Lauf/Birck*, NJW 2018, 2230 (2231); *Hansen* in: jurisPK, § 107 BGB, 13; vgl. *Reuter*, Der Abschluss des Arztvertrages durch einen minderjährigen Patienten, S. 145.

Es gibt verschiedene Ansätze zur Präzisierung des § 107 BGB, welche nach unterschiedlichen Kriterien vorgenommen werden und im Folgenden einer näheren Betrachtung unterzogen sind.[200]

aa) Wirtschaftliche Betrachtungsweise der §§ 106 ff. BGB

Z. T. wird eine wirtschaftliche Betrachtungsweise zur Eingrenzung des § 107 BGB herangezogen.[201] Der *BGH* betont, dass der Schutzzweck der §§ 106 ff. BGB vordergründig dazu diene, dass Vermögen der Minderjährigen zu schützen.[202] Danach seien die rechtlichen Folgen des Rechtsgeschäfts auf ihr vermögengefährdendes Potenzial hin zu untersuchen.[203] Es wird allerdings deutlich betont, dass § 107 BGB nicht durch wirtschaftliche Vor- und Nachteile bemessen werden könne, sondern es einer formalen Betrachtung des lediglich rechtlichen Vorteils bedürfe, um Rechtssicherheit zu gewährleisten.[204] Allerdings seien „*Verpflichtungen, die ihrem Umfang nach begrenzt und wirtschaftlich derart unbedeutend sind, dass sie unabhängig von den Umständen des Einzelfalls eine Verweigerung der Genehmigung durch den gesetzlichen Vertreter oder durch einen Ergänzungspflegers nicht rechtfertigen könnten*“, von § 107 BGB nicht erfasst.[205] Ferner betont *Stürner*, dass kein Rechtsnachteil vorliege, wenn er ausschließlich eine Minimierung eines zu erwarteten wirtschaftlichen Zuwachses zur Folge hätte.[206] Z. T. haben sich danach einige Fallgruppen von Rechtsnachteilen herausgebildet, die nicht dem Anwendungsbereich von § 107 BGB unterfallen. Diese wurden überwiegend anhand des dinglichen Rechtsgeschäfts der Grundstücksübertragung (§§ 873, 925 BGB) in Verbindung mit einem Schenkungsvertrag (§§ 516,

200 Darstellung der verschiedenen Einschränkungskriterien auch: *Klumpp* in: Staudinger, § 107 BGB, Rn. 13 ff; *Lauf/Birck*, NJW 2018, 2230 (2232); *Hansen* in: jurisPK, § 107 BGB, Rn. 4 ff.

201 So *Stürner*, AcP 1973, 402 (417); *Spickhoff* in: MüKo, § 107 BGB, Rn. 39; *BGH*, Beschluss v. 25.11.2004, V ZB 13/04, NJW 2005, 415 (418); vgl. *Lorenz*, LMK 2005, 25 (25), Anm. zu *BGH*, 25.11.2004, V ZB 13/04; zur abstrakt-generellen wirtschaftlichen Betrachtungsweise: *Reuter*: Der Abschluss des Arztvertrages durch den minderjährigen Patienten, S. 153 f.

202 *BGH*, Beschluss v. 25.11.2004, V ZB 13/04, NJW 2005, 415 (418); so auch: *Spickhoff*, FamRZ 2018, 412 (414); *Stürner*, AcP 1972, 402 (418).

203 So *BGH*, Beschluss v. 25.11.2004, V ZB 13/04, NJW 2005, 415 (417).

204 So *BGH*, Beschluss v. 25.11.2004, V ZB 13/04, NJW 2005, 415 (418).

205 So *BGH*, Beschluss v. 25.11.2004, V ZB 13/04, NJW 2005, 415 (418).

206 Aufzählung weiterer typischerweise ungefährlicher Rechtsnachteile nach *Stürner*, AcP 1973, 402 (421, 448).

311b BGB) statuiert.[207] Danach ist u. a. die Verpflichtung der Tragung der laufenden öffentlichen Lasten aus einem schenkungsweise erlangten Grundstückserwerb nicht rechtlich nachteilig.[208] Ebenso bedürfe die Auflassungserklärung zur Eigentumsübertragung an einem mit einer Grundschuld belasteten Grundstücks keiner Zustimmung der gesetzlichen Vertreter*innen.[209]

Die Ansätze zur wirtschaftlichen Betrachtungsweise sehen sich der Kritik ausgesetzt, dass diese vorgenommenen Abwägungen einer potenziellen *„wirtschaftlich derart unbedeutend[en]"*[210] Belastung für die Minderjährigen, nach dem Willen des Gesetzgebers,[211] den gesetzlichen Vertretern*innen überlassen bleiben sollten.[212] Zudem ließe diese Einschränkung Nachteile, die sich nicht wirtschaftlich bemessen lassen, gänzlich außer Acht und berücksichtige keine weiteren rechtlichen Umstände.[213]

bb) Differenzierung nach mittelbaren und unmittelbaren Rechtsfolgen des Rechtsgeschäfts

Eine weitere Möglichkeit der Auslegung des § 107 BGB erfolgt durch das isolierte Abstellen lediglich auf die unmittelbaren Folgen eines Rechtsgeschäfts.[214] Dabei sollen mittelbare Nachteile nicht zu einem Einwilligungserfordernis der gesetzlichen Vertreter*innen führen. Dadurch werde der Anwendungsbereich, der eigenständigen rechtsgeschäftlichen Handlungsfähigkeit von Kindern und Jugendlichen zu stark eingeschränkt.[215] Diese Variante der Konkretisierung zielt im Ergebnis auf eine rechtliche Differenzierung der Vor- und Nachteile ab. Als

---

207 Übersicht: *Hirsch*, BGB AT, § 27 Rn. 623 ff.; *Spickhoff* in MüKo, § 107 BGB, Rn. 57 ff; *Haslach*, JA 2017, 490 (491 ff.); *Stürner*, AcP 1973, 402 (422 ff.); vgl. *BGH*, Beschluss v. 25.11.2004, V ZB 13/04, NJW 2005, 415 (418); so *Stürner*, AcP 1973, 402 (420).

208 So *BGH*, Beschluss v. 25.11.2004, V ZB 13/04, NJW 2005, 415 (418); Gegenansicht: *Benecke*, ZJS 2008, 217 (220, 223).

209 So *BGH*, Beschluss v. 25.11.2004, V ZB 13/04, NJW 2005, 415 (417).

210 *BGH*, Beschluss v. 25.11.2004, V ZB 13/04, NJW 2005, 415 (418).

211 Vgl. *Mudgan*, Band I, S. 425 f. Rn. 134.

212 *Hansen* in: jurisPK, § 107 BGB, Rn. 4; vgl. *Stadler*, BGB AT, § 23 Rn. 9.

213 *Lauf/Birck*, NJW 2018, 2230, 2232; *Hansen* in: jurisPK, § 107 BGB, Rn. 4; *Klumpp* in: Staudinger, § 107 BGB Rn. 19; *Benecke*, ZJS 2008, 217 (220).

214 So u. a. *Gleixner-Eberle*, Die Einwilligung in die medizinische Behandlung Minderjähriger, S. 378; *Wendtland* in: BeckOK, § 107 BGB, Rn. 3; *Nalbach* in: jurisPK, § 107 BGB, Rn. 13; *Klumpp* in: Staudinger, § 107 BGB, Rn. 20; *Lauf/Birck*, NJW 2018, 2230, 2232 f.

215 *Hansen* in: jurisPK, § 107 BGB, Rn. 13.

mittelbare Folge wäre die Rücksichtnahmepflicht aus § 241 Abs. 2 BGB zu nennen, da sie ein Dazwischentreten eines weiteren Verhaltens voraussetzt.[216]

Dieser Einschränkungsmethode wird entgegengebracht, dass die potenzielle Gefährdung durch mittelbare Folgen eines Rechtsgeschäfts nicht geringer als die aus unmittelbaren Folgen eingeschätzt werden könne.[217] Zudem lassen sich mittelbare und unmittelbare Folgen nicht immer klar abgrenzen.[218] Die Differenzierung nach der Entstehung von Nachteilen kann dem Minderjährigenschutz demnach nicht immer gerecht werden, weil sie die Folgen für diesen nicht vollumfänglich beleuchtet.[219]

b) Anwendung des § 107 BGB auf den Abschluss des Behandlungsvertrages

Die weiteren Darstellungen untersuchen die Folgen aus der Abgabe der Willenserklärung zum Abschluss des Behandlungsvertrages im Kontext des § 107 BGB und hinterfragen, inwiefern die zuvor aufgezeigten Konkretisierungsansätze dabei angewendet werden können.

aa) Der Vergütungsanspruch gemäß § 630a Abs. 1 BGB

Zunächst wird die Vergütungspflicht aus dem Behandlungsvertrag betrachtet. Bei der Reflexion der Gegenleistung zur Behandlung wird zwischen privat und gesetzlich versicherten Patient*innen differenziert. Sind die Minderjährigen privatversichert, erlangt die behandelnde Person aus einem wirksamen Behandlungsvertrag einen direkten Vergütungsanspruch gegen die Patient*innen.[220] Diese Zahlungsverpflichtung stellt einen rechtlichen Nachteil für diese dar.[221] Folglich scheidet ein selbstständiger Vertragsschluss gemäß § 107 BGB für den privatversicherten

---

216 *Klumpp* in: Staudinger, § 107 BGB, Rn. 14; vgl. *Medicus/Petersen*, BGB AT, Rn. 562.

217 *BGH*, Beschluss v. 25.11.2004, V ZB 13/04, NJW 2005, 415 (417 f.); *Benecke*, ZJS 2008, 217 (220); *Reuter*, Der Abschluss des Arztvertrages durch einen minderjährigen Patienten, S. 147 f.

218 *Benecke*, ZJS 2008, 217 (220); zur Differenzierung zur gesteigerten Sorgfaltspflicht: *Klumpp* in: Staudinger, § 107 BGB, Rn. 14 f; *Medicus/Petersen*, BGB AT, Rn. 562.

219 So im Einzelnen auch: *Benecke*, ZJS 2008, 217 (220); *Haslach*, JA 2017, 490 (492).

220 *Lauf/Birck*, NJW 2018, 2230 (2230); vgl. BT-Drs. 17/10488, S. 18; vgl. *Makowsky*, JuS 2019, 332 (333).

221 *Deutsch/Spickhoff*, Medizinrecht, IV Rn. 126; *Janda*, Medizinrecht, Kap. 4 S. 127; *Spickhoff*, VersR 2013, 267 (270); vgl. *Baldus* in: Heidel/Hüßtege/Mansel/Noack, § 107 BGB, Rn. 8; vertiefte Darstellungen zum rechtlichen Nachteil und der Privatbehandlung in: *Reuter*, Der Abschluss des Arztvertrages durch einen minderjährigen Patienten, S. 155 ff.; zur fehlenden Zahlungsverpflichtung bei der COVID-19-Impfung, *Schlereth*, FamRZ 2022, 668 (669).

Minderjährigen bereits dadurch aus.[222] Die Situation wird divergent bewertet, wenn Minderjährige gesetzlich krankenversichert sind.[223] Es ergibt sich keine direkte Zahlungspflicht, sondern die Ärzt*innen rechnen ihre Kosten mit der Kassenärztlichen Vereinigung ab, insoweit es sich nicht um Zusatzleistungen, wie individuelle Gesundheitsleistungen (sog. „IGeL"),[224] handelt.[225] Es entsteht somit kein rechtlicher Nachteil im Sinne einer Vergütungspflicht der Minderjährigen.[226] Es wird vertreten, dass diese somit gemäß § 107 BGB selbst Vertragspartner*innen des Behandlungsvertrages werden könnten, weil sie keine Gegenleistungspflicht aus dem Vertrag treffe.[227] Anders läge die Situation nur, wenn ein sog. Bestelltermin vereinbart wurde.[228] Kommt die zu behandelnde Person der Obliegenheit, diesen wahrzunehmen, nicht nach, kann ein Vergütungsanspruch gemäß § 630b BGB i.V.m. § 615 BGB direkt gegen den Minderjährigen entstehen.[229]

Bei dieser wirtschaftlichen Betrachtungsweise auf den Vergütungsanspruch als rechtlichen Nachteil scheint der eigenständige Abschluss des Behandlungsvertrages durch minderjährig gesetzlich Versicherte gemäß § 107 BGB somit möglich. Allerdings wird diese isolierte Herangehensweise dem Minderjährigenschutz nicht hinreichend gerecht und lässt die weitreichenden Folgen des Zustandekommens des Vertragsverhältnisses gemäß der §§ 630a ff. BGB außer Acht.[230] *Lauf/Birck* konstatieren überzeugend, dass der Abschluss eines Behandlungsvertrages, welcher

---

222 *BGH*, Urteil v. 5. 12.1958, VI ZR 266/57, FamRZ 1959, 200; *Spickhoff*, FamRZ 2018, 412 (415); *Klumpp* in: Staudinger, § 107 BGB, Rn. 28; anders angenommen bei der Kostenübernahme des Bundes bei der COVID-19 Impfung, *Schlereth*, FamRZ 2022, 668.

223 u. a. *Klumpp* in: Staudinger, § 107 BGB, Rn. 28; *Spickhoff*, FamRZ 2018, 412 (415).

224 Zum Begriff IGeL: *Griebau* in: Saalfrank, Handbuch des Medizin- und Gesundheitsrechts, § 5 Rn. 227 ff.

225 *Spickhoff* in: Spickhoff Medizinrecht, § 630a BGB, Rn. 33; *Janda*, Medizinrecht, Kap. 4, S. 127; *Gleixner-Eberle*, Die Einwilligung in die medizinische Behandlung Minderjähriger, S. 380.

226 *Klumpp* in: Staudinger, § 107 BGB, Rn. 28.

227 *Schröder*, Auskunftsanspruch der Eltern minderjähriger Kinder gegen den Arzt, S. 38; *Spickhoff*, FamRZ 2018, 412 (416); *Gleixner-Eberle*, Die Einwilligung in die medizinische Behandlung Minderjähriger, S. 380; *Makowsky*, JuS 2019, 332 (333).

228 *Spickhoff* in: MüKo, § 107 Rn. 67; *Lauf/Birck*, NJW 2018, 2230 (2233).

229 *BGH*, Urteil 12.5.2022, III ZR 87/21, NJW 2022, 2296 (2271); *Weidenkaff* in: Grüneberg, § 615 BGB, Rn. 2; *Spickhoff*, VersR 2013, 267 (270); *Lauf/Birck*, NJW 2018, 2230 (2233); *Spickhoff*, FamRZ 2018, 412 (416); vgl. *BGH*, Urteil v. 12.5.2022, III ZR 78/21, NJW 2022, 2269.

230 So auch *Hansen* in: jurisPK, § 107 BGB, Rn. 4; *Lipp* in: Laufs/Katzenmeier/Lipp, Arztrecht, III, 2. Rn. 19; *Lauf/Birck*, NJW 2018, 2230 (2232).

im Kontext einer Behandlung und somit im Näheverhältnis zur Beeinträchtigung verfassungsrechtlicher Rechte einer umfassenderen Wertung bedarf.[231] Der Schutz der Minderjährigen i.S.d. §§ 106 ff. BGB richtet sich nicht nur auf den Vermögensschutz, sondern grds. auf alle möglicherweise rechtlich nachteiligen Folgen auch für das geistige und leibliche Wohl bzw. Verminderungen ihrer Rechte.[232] Dies wird im Folgenden vertieft.

bb) Mitwirkung der Patient*innen gemäß § 630c Abs. 1 BGB

Eine weitere rechtliche Folge aus der Abgabe der Willenserklärung zum Abschluss des Behandlungsvertrages wird in § 630c Abs. 1 BGB mit der Mitwirkung der Vertragsparteien normiert. Danach sollen die Patient*innen zur optimalen Heilbehandlung mit den Behandelnden zusammenwirken. Die Norm zeigt den dem Gesetzesentwurf zugrundeliegenden Partnerschaftsgedanken zwischen den Parteien des Behandlungsvertrages auf.[233] Danach kann die Behandlung nur bestmöglich gelingen, wenn der Einzelne in seiner Person liegende medizinisch relevante Faktoren mitteilt und medizinische Hinweise und Anordnungen beachtet bzw. befolgt (*sog. Compliance*).[234]

(1) Wertung als lediglich rechtlich vorteilhaft

Fraglich ist, ob diese rechtliche Patientenstellung einen rechtlichen Nachteil i. S. d. § 107 BGB für die Minderjährigen konstatiert. Dies wird überwiegend abgelehnt, weil § 630c Abs. 1 BGB keine Pflicht i.S.d. § 280 Abs. 1 BGB, sondern eine bloße Obliegenheit[235] darstellt.[236] Eine Verletzung führe damit zu keiner Haftung der Patient*innen i.S.d. §§ 280 ff. BGB.[237] Die Erfüllung dieses Grundsatzes stehe somit im eigenen Interesse der Erkrankten.[238]

---

231 *Lauf/Birck*, NJW 2018, 2230 (2232).

232 So auch *Wendtland* in: BeckOK, § 106 BGB, Rn. 1; *Müller* in: Erman, § 107 BGB, Rn. 3; *Stürner*, AcP 1973, 402 (417).

233 BT-Drs. 17/10488, S. 21; *Trost* in: jurisPK, § 630c BGB, Rn. 2.

234 *Deutsch/Spickhoff*, Medizinrecht, IX Rn. 543; *Katzenmeier* in: BeckOK, § 630c BGB, Rn. 4.

235 Zum Begriff: vgl. *Wagner* in: MüKo, § 630c BGB, Rn. 6 ff.

236 *Schlereth*, FamRZ 2022, 668 (670); *Gleixner-Eberle*, Die Einwilligung in die medizinische Behandlung Minderjähriger, S. 380; *Lauf/Birck*, NJW 2018, 2230 (2232 f.); *Spickhoff*, FamRZ 2018, 412 (416).

237 *Wagner* in: MüKo, § 630c BGB, Rn. 7.

238 So *Sutschet* in: BeckOK, § 241 BGB, Rn. 24.

Dem ist entgegenzusetzen, dass die Nichteinhaltung zu einer Mitverschuldenshaftung beim Obliegenheitsinhaber und somit zu einer Kürzung eines potenziellen Schadenersatzanspruchs für die Minderjährigen führen kann (vgl. § 254 BGB).[239] Diese rechtliche Folge sei jedoch mittelbar, da sie einer weiteren Handlung der Patient*innen bedürfe und sei somit kein rechtlicher Nachteil i.S.d. § 107 BGB.[240] Damit gelte das Gleiche wie für eine Verletzung der bestehenden Rücksichtnahmepflicht gemäß § 241 Abs. 2 BGB.[241] Des Weiteren wird gegen die Wertung als rechtlich nachteilhaft vorgetragen, dass die Schadenersatzminderung aufgrund von § 254 BGB eintrete und somit unabhängig vom Abschluss des Behandlungsvertrages.[242]

Es ist zuzustimmen, dass nicht jede Nebenpflicht oder Obliegenheit als rechtlich nachteilhaft bewertet werden kann. Dies würde dem Gedanken, Minderjährigen einen gewissen rechtsgeschäftlichen Freiraum zu verschaffen, zu Wider laufen. Allerdings ist eine Kategorisierung nach unmittelbaren Folgen, wie sie in der zuvor aufgezeigten Argumentation vorgenommen wird, zu undifferenziert. Die Auswirkungen für die Minderjährigen und ihre Rechtsgüter im medizinischen Behandlungskontext werden dadurch nicht hinreichend beleuchtet.[243]

(2) Wertung als nicht lediglich rechtlich vorteilhaft

Es bedarf einer detaillierteren Betrachtung der Obliegenheit aus § 630c BGB, um ihre Relevanz im Rahmen des § 107 BGB zu beurteilen. Insbesondere der „*Compliance-Gedanke*“ setzt eine gewisse Verständnismöglichkeit der Erkrankten voraus, die je nach Alter und Reife divergieren kann.[244] Die Obliegenheit umfasst u. a. die Befolgung ärztlicher Anordnungen und Hinweise, wie z. B. die Einnahme

239 BT-Drs. 17/10488, S. 21; *Spickhoff* in: Spickhoff Medizinrecht, § 630c BGB, Rn. 5; vgl. *Wagner* in: MüKo, § 630c BGB, Rn. 8, 68.

240 *Lauf/Birck*, NJW 2018, 2230 (2233); *Gleixner-Eberle*, Die Einwilligung in die medizinische Behandlung Minderjähriger, S. 38.

241 *Lauf/Birck*, NJW 2018, 2230 (2233); *Spickhoff* in: MüKo, § 107 Rn. 43; *Spickhoff*, VersR 2013, 267 (270); *Schröder*, Auskunftsanspruch der Eltern minderjähriger Kinder gegen den Arzt, S. 34; umfassende Darstellung zum Meinungsstand über die Einordnung von Nebenpflichten als lediglich rechtlich vorteilhaft: *Reuter*, Der Abschluss des Arztvertrages durch einen minderjährigen Patienten, S. 179 ff.

242 *Reuter*, Der Abschluss des Arztvertrages durch einen minderjährigen Patienten, S. 212 ff.

243 Vgl. auch *Benecke*, ZJS 2008, 217 (220); vgl. *Haslach*, JA 2017, 490 (492).

244 Vgl. *Hegerfeld* spricht von einer Art Informationsbefolgungsfähigkeit, um die nach § 630c geschuldeten Informationen aufnehmen zu können, MedR 2019, 710 (711).

von Medikamenten.[245] Dies bedingt, dass die Patient*innen die empfangenen Informationen der Ärzteschaft verstehen, verarbeiten und befolgen können (vgl. § 630c Abs. 2 Satz 1 BGB).[246] Insbesondere bei der Verschreibung von Medikamenten, die eine exakte Einhaltung der Dosiermengen erfordern, sei mit einer größeren Aufmerksamkeit zu betrachten, ob die Heranwachsenden die Tragweite erfassen und ihr Handeln daran anpassen können.[247]

Wird in diesem Kontext zu Grunde gelegt, dass die Obliegenheit zur Mitwirkung bei Minderjährigen eine Pflicht gegen sich selbst darstellt, wird zugleich unterstellt, dass sie die nötige geistige Reife und Urteilsfähigkeit besitzen, die Notwendigkeit und den Umfang des „*Compliance-Gedankens*" zu überblicken und ihr Handeln daran zu orientieren. Diese Herangehensweise wird dem Minderjährigenschutz der §§ 106 ff. BGB, u. a. davor bewahrt zu werden, sich selbst nicht zu schädigen, nicht hinreichend gerecht.[248] Das Bestehen der nötigen geistigen Reife zur aktiven Mitwirkung am Behandlungsprozess zur Herbeiführung eines Behandlungserfolges kann nicht pauschal bei jeder minderjährigen Person angenommen werden. Ein Abstellen auf die jeweilige individuelle geistige Reife würde allerdings den Gedanken der §§ 106 ff. BGB, eine abstrakte formale Wertung vorzunehmen,[249] ebenfalls negieren. Letztlich stellt die Obliegenheit eine Verpflichtung gegen sich selbst dar, die bei der zu behandelnden Person zum Verlust eigener Rechte führen kann.[250] In der Konstellation eines Behandlungsverhältnisses mit minderjährigen Patient*innen sollte die Mitwirkungsobliegenheit gemäß § 630c Abs. 1 BGB als rechtlich nachteilig bewertet werden. Durch die Abgabe der Willenserklärung zum Abschluss des Behandlungsvertrages erlangen Minderjährige somit nicht lediglich rechtliche Vorteile. Daraus resultiert die Ablehnung der Annahme einer eigenständigen Möglichkeit des Vertragsschlusses gemäß § 107 BGB durch Minderjährige.

---

245 *Spickhoff* in: Spickhoff Medizinrecht, § 630c BGB, Rn. 4; *Kern/Rehborn* in: Laufs/Kern/Rehborn, Handbuch des Arztrechts, § 46 Rn. 13; *Makowsky*, JuS 2019, 332 (334); z. T. wird die Nebenpflicht zur Offenbarung gefährlicher und ansteckender Krankheiten durch die Patient*innen als rechtlich nachteilhaft bewertet: *Amend-Traut/Bongartz*, FamRZ 2016, 5 (10); anders *Reuter*, Der Abschluss des Arztvertrages durch einen minderjährigen Patienten, S. 205 f.

246 *Hegerfeld*, MedR 2019, 710, (713); *BGH*, Urteil v. 13.1.1970, VI ZR 121/68, NJW 1970, 511 (512).

247 So *BGH*, Urteil v. 13.1.1970, VI ZR 121/68, NJW 1970, 511 (512).

248 Vgl. *Brox/Walker*, BGB AT, § 12 Rn. 2.

249 *Nahlbach* in: jurisPK, § 107 BGB, Rn. 3; *Klumpp* in: Staudiner, § 107 BGB, Rn. 5.

250 *Toussaint* in: jurisPK, § 241 BGB, Rn. 17; vgl. *Olzen* in: Staudinger, § 241 BGB, Rn. 131.

cc) Bevorstehende Beeinträchtigung für die körperliche Integrität und das allgemeine Persönlichkeitsrecht

Bezüglich der drohenden Beeinträchtigungen, welche für die Gesundheit, den Körper und das Persönlichkeitsrecht mit der Gesundheitsbehandlung einhergehen können, wird vorgetragen, dass diese keinen rechtlichen Nachteil i.S.d. § 107 BGB darstellen.[251] Dies wird damit begründet, dass diese Rechte durch die wirksame Einwilligung und nicht durch die Willenserklärung zum Vertragsschluss berührt seien.[252] Mithin seien diese Gefahren lediglich tatsächlicher und nicht rechtlicher Natur i.S.d. § 107 BGB.[253] Zwar ist eine deutliche Differenzierung zwischen der Abgabe der Willenserklärung zum Vertragsschluss und der Willensäußerung zur Gestattung des Eingriffs in die verfassungsrechtlich geschützten Positionen der Minderjährigen vorzunehmen, allerdings stehen diese gleichwohl in einem engen Verhältnis zueinander. Die Pflicht zur Vornahme der Behandlung durch die Behandelnden,[254] welche gemäß § 630a BGB gefordert wird, steht unweit im Zusammenhang mit dem Eingriff in die körperliche Unversehrtheit (Art. 2 Abs. 2 i.V.m. Abs. 1 GG) und die freie Entfaltung der Persönlichkeit (Art. 2 Abs. 1 GG).[255] Zu verdeutlichen bleibt allerdings, dass die Annahme der Behandlung keine Verpflichtung für die Patient*innen darstellt und nicht aus dem Abschluss des Behandlungsvertrages erwächst (vgl. §§ 293 ff. BGB).[256] Den Patienten verbleibt aufgrund ihres Selbstbestimmungsrechts stets die Möglichkeit zur Ablehnung oder zum Abbruch der Behandlung. Trotz alledem steht der Abschluss des Behandlungsvertrages mit der eigentlichen Vornahme der medizinischen Behandlung häufig in einem engen Kontext. Bei der Vornahme einer Impfung beispielsweise geht das Aufklärungsgespräch und der konkludente Vertragsschluss, der Vornahme der medizinischen Maßnahme oftmals unmittelbar hervor. Somit liegt die Erforderlichkeit einer Gesamtbetrachtung der rechtlichen Nachteile durch den Abschluss des Behandlungsvertrages und der medizinischen Behandlung als Erfüllungshandlung bei diesem Vertragstypus nahe und offeriert eine rechtliche Nachteilhaftigkeit i.S.d. § 107 BGB.

---

251 So *Spickhoff*, FamRZ 2018, 412 (416).

252 So *Spickhoff*, FamRZ 2018, 412 (416); *Bender*, MedR 1997, 7 (8).

253 So *Spickhoff*, FamRZ 2018, 412 (416).

254 *Lafontaine* in: jurisPK, § 630a BGB, Rn. 199; *Spickhoff* in: Spickhoff Medizinrecht, § 630a BGB, Rn. 36.

255 Vgl. zur Vornahme einer Tätowierungshandlung: *Hauck*, NJW 2012, 2398 (2399).

256 *Reuter*, Der Abschluss des Arztvertrages durch einen Minderjährigen, S. 218.

c) *Zwischenfazit*

Weder die wirtschaftliche Betrachtungsweise noch das Abstellen auf unmittelbare Folgen des Rechtsgeschäftes konnten als Konkretisierungsansätze für die lediglich rechtliche Vorteilhaftigkeit im Kontext des Behandlungsvertrages umfänglich überzeugen. Sie sind z. T. zu unspezifisch für den Vertragstypus und beleuchten nicht die gesamten Rechtsfolgen oder legen den Schutzweck des § 107 BGB zu einseitig aus. Eine Einschränkung der abstrakten Regelung des lediglich rechtlichen Vorteils ist vor dem Gedanken, die Minderjährigen in gewissen Grenzen an den rechtsgeschäftlichen Verkehr heranzuführen, wünschenswert. Allerdings zeigen die vorherigen Darstellungen, dass sich ein allgemeingültiges Kriterium kaum finden lässt, um dem Minderjährigenschutz hinsichtlich des Vermögens, als auch des körperlichen und seelischen Wohls vollumfänglich gerecht zu werden. Insbesondere beim Abschluss des Behandlungsvertrages, welcher auf die Vornahme eines medizinischen Eingriffs abzielt, bedarf es einer Gesamtschau der rechtlichen Verpflichtungen,[257] Obliegenheiten und unmittelbar bevorstehenden Rechtsgutsbeeinträchtigungen für die minderjährigen Patient*innen.

2. *Selbstständiger Abschluss des Behandlungsvertrages durch die Minderjährigen gemäß § 110 BGB*

Gemäß § 110 BGB gilt ein durch beschränkt Geschäftsfähige geschlossener Vertrag als von Anfang an wirksam, wenn sie den Vertrag mit Mitteln bewirkt haben, die ihnen zu diesem Zweck oder zur freien Verfügung durch ihre gesetzlichen Vertreter*innen oder mit dessen Zustimmung von einem Dritten überlassen worden sind. Z. T. wird angenommen, dass ein eigenständiger Vertragsschluss zur Vornahme von Eingriffen am Körper Minderjähriger durch das Bewirken der Vergütung an die Behandelnden aus eigenen Mitteln denkbar ist.[258] Ein eigenständiger Abschluss des Rechtsgeschäfts erscheint möglich, wenn die zur Vertretung berechtigte Person den Jugendlichen die Mittel zum Abschluss des Behandlungsvertrages („*zu diesem Zweck*") überlassen hat.[259] Bei der Überlassung der Mittel zur „*freien Verfügung*" bedarf es allerdings einer vertieften Betrachtung. Danach wird nach überwiegender Ansicht nicht der Abschluss jedes Vertrages

---

257 Zur rechtlichen Nachteiligkeit des Behandlungsvertrages unabhängig vom Vergütungsanspruch auch *Bender*, MedR 1997, 7 (8).

258 Vgl. dazu: der Vertragsschluss über das Anbringen einer Tätowierung wurde bei einer 17-Jährigen gemäß § 110 BGB durch das *AG München* bejaht, Urteil v. 17.3.2011, 213 C 917/11, NJW 2012, 2452; zitiert nach *Janda*, Medizinrecht, S. 129.

259 So auch *Spickhoff* in: MüKo, § 110 BGB, Rn. 31.

durch das freie Überlassen durch die Sorgeberechtigten eröffnet.[260] Dies würde die Erziehungs- und Sorgeverantwortung der gesetzlichen Vertreter*innen außen vor lassen.[261] Mithin ist je nach konkretem Rechtsgeschäft zumindest der mutmaßliche Wille der Sorgeberechtigten durch Auslegung zu ermitteln.[262] Dabei ist auf den Empfängerhorizont der Minderjährigen abzustellen.[263] Somit sind Rechtsgeschäfte zum Abschluss ausgenommen, die nicht vom Willen bzw. vom Erziehungsgedanken der Eltern umfasst sind.[264]

Insbesondere beim Abschluss des Behandlungsvertrages lässt sich an einer allgemeinen Zustimmung der Eltern zweifeln, weil dabei grundrechtsgeschützte Positionen, wie die körperliche Unversehrtheit und das allgemeine Persönlichkeitsrecht der Minderjährigen betroffen sind.[265] An dieser Stelle sei erneut verdeutlicht, dass der Vertragsschluss an sich die Patient*innen lediglich an die Vergütungspflicht und die weiteren vertraglichen Folgen bindet (vgl. §§ 630a ff. BGB). Rechtssystematisch betrachtet, dient erst die separate Einwilligung als Gestattung zum Eingriff in die körperliche Integrität und das allgemeine Persönlichkeitsrecht und ist somit notwendige Voraussetzung für die Erfüllung (vgl. § 630d BGB). Jedoch kann dies in der Beurteilung des Willens der Eltern im Rahmen des § 110 BGB ebenfalls nicht gänzlich auseinanderfallen.[266] Die Behandlung, welche als vertragliche Leistung geschuldet wird, geht unweigerlich mit der Gefährdung

---

260 *Ellenberger* in: Grüneberg, § 110 BGB, Rn. 1; *Hirsch*, BGB AT, Rn. 612; *Klumpp* in: Staudinger, § 110 BGB, Rn. 28; *Hansen* in: jurisPK, § 110 BGB, Rn. 32; anders *AG München* (Urteil v. 17.3.2011, 213 C 917/11, NJW 2012, 2452) wertet das Überlassen zur freien Verfügung als eine Art Generaleinwilligung; z. T. zustimmend *Kalscheuer/Bünger*, JURA 2012, 874 (875); vgl. auch *Piras/Stieglmeier*, JA 2014, 893 (895).

261 *Spickhoff* in: MüKo, § 110 BGB, Rn. 29 ff.; *Baldus* in: Heidel/Hüßtege/Mansel/Noack, § 110 BGB, Rn. 21; Klumpp in: Staudinger, § 110 BGB, Rn. 28.

262 *Heinrich/Dörner* in: HK-BGB, § 110 BGB, Rn. 3; *Baldus* in: Heidel/Hüßtege/Mansel/Noack, § 110 BGB, Rn. 22 ff; *Brox/Walker*, BGB AT, § 12 Rn. 26; *Schröder*, Auskunftsanspruch der Eltern minderjähriger Kinder gegen den Arzt, S. 22, Beispiel zur Verschreibung von Kontrazeptiva an eine 13-Jährige; *Gleixner-Eberle*, Die Einwilligung in die medizinische Behandlung Minderjähriger, 382; *Hansen* in: jurisPK § 110 BGB, Rn. 32.

263 *Klumpp* in: Staudinger, § 110 BGB, Rn. 28; *Hansen* in: jurisPK, § 110 BGB, Rn. 32.

264 *Hirsch*, BGB AT, Rn. 612; vgl. *Spickhoff* in: MüKo, § 110 BGB, Rn. 30; Auflistung immanenter Beschränkungen: *Müller* in: Erman, § 110 BGB, Rn. 3.

265 *Spickhoff* in: MüKo, § 110 BGB, Rn. 31; *Hauck*, NJW 2012, 2398 (2399); für eine teleologische Reduktion von § 110 BGB bei der Betroffenheit höchstpersönlicher Rechte Minderjähriger: *Kalscheuer/Bünger*, JURA 2012, 874 (875).

266 Vgl. *Hauck*, NJW 2012, 2398 (2401).

dieser Rechtsgüter einher.[267] Folglich ist im Rahmen von § 110 BGB nur von einem selbstständigen Vertragsschluss auszugehen, wenn das Überlassen der Mittel zur freien Verfügung, nach dem Willen der Eltern, die bestimmte medizinische Maßnahme abdeckt.[268]

Darüber hinausgehend wird sich dafür ausgesprochen § 110 BGB für das Zustandekommen von Behandlungsverträgen teleologisch zu reduzieren.[269] Dazu wird vorgetragen, dass der Zweck, Minderjährige an den Rechtsverkehr heranzuführen, bei Verträgen, die mit der Verletzung höherrangiger Rechtsgüter, wie der körperlichen Unversehrtheit und dem allgemeinen Persönlichkeitsrecht, einhergehen, überschritten sei.[270] *Kalscheuer/Bünger* heben hervor, dass die Auswirkungen des Eingriffs meist dauerhaft das Wohlbefinden beeinträchtigen und somit dem Erziehungszweck und Schutzzweck widersprächen.[271] Für eine teleologische Reduktion des § 110 BGB beim Abschluss des Behandlungsvertrages spricht der Schutz der Patient*innen vor Entscheidungen zum Abschluss von Verträgen zu irreversiblen Eingriffen. Sollte der Abschluss des Vertrages nicht vom Willen der Eltern zur freien Verfügung gedeckt sein und verweigern sie ihre Genehmigung (§§ 108 Abs. 1, 184 Abs. 1 BGB), entstehen dem Minderjährigen zwar Rückgewähransprüche des geleisteten Honorars gemäß § 812 Abs. 1 Var. 1 BGB[272] und Sekundäransprüche gemäß § 311 Abs. 2 i.V.m. § 280 BGB,[273] aber die tatsächlichen Folgen für die körperliche Integrität und das allgemeine Persönlichkeitsrecht verblieben.[274]

Demgegenüber dient § 110 BGB dazu, Minderjährige im Rechtsverkehr einen gewissen Freiraum zu schaffen, um sie begleitet an die volle Geschäftsfähigkeit heranzuführen.[275] Der Abschluss eines Behandlungsvertrages gehört ebenfalls zum alltäglichen rechtsgeschäftlichen Handeln, sofern nicht auf schwere indizierte operative Eingriffe, sondern zum Beispiel die Gabe einer Reiseschutzimpfung

---

267 So auch *Hauck*, NJW 2012, 2398 (2399); vgl. *Spickhoff* in: MüKo, § 110 Rn. 31.

268 *Spickhoff* in: MüKo, § 110 BGB Rn. 31.

269 Zum gänzlichen Ausschluss des § 110 BGB auf den Abschluss von Behandlungsverträgen: *Hansen* in: jurisPK, § 110 BGB, Rn. 32; *Kalscheuer/Bünger*, JURA 2012, 874 (875); vgl. *Hauck*, NJW 2012, 2398 (2399).

270 So *Hansen* in: jurisPK, § 110 BGB, Rn. 32.

271 *Kalscheuer/Bünger*, JURA 2012, 874 (875).

272 *Spickhoff* in: MüKo, § 108 BGB, Rn. 37.f;

273 *Wendtland* in: BeckOK, § 108 BGB, Rn. 17.

274 *Kalscheuer/Bünger*, JURA 2012, 874 (875); vgl. *Hauck*, NJW 2012, 2398 (2399).

275 *Müller* in: Erman, § 110 BGB, Rn. 1; *Spickhoff* in: MüKo, § 110 BGB, Rn. 1; vgl. *Klumpp* in: Staudinger, § 110 BGB, Rn. 2.

(IGeL),[276] abgestellt wird. Minderjährige Patient*innen könnten im Rahmen ihrer zur freien Verfügung überlassenen Mittel den Vertrag zur reisemedizinischen Beratung und Impfung selbst abschließen, insofern dies vom Willen der Eltern zur Mittelüberlassung gedeckt ist. Der Minderjährige sollte auch an diese Rechtsgeschäfte, in den Grenzen des Minderjährigenschutzes und im elterlichen Erziehungsrahmen herangeführt werden können. Der § 110 BGB findet in diesem Kontext seine Beschränkung und bedarf somit keines Aufschlusses seiner Anwendung auf den Behandlungsvertrag.[277]

3. *Selbstständiger Abschluss des Behandlungsvertrages durch den Minderjährigen gemäß §§ 112, 113 BGB*

Die Zustimmung der Eltern zum Vertragsschluss ist ebenfalls entbehrlich, wenn die Voraussetzungen einer partiellen Geschäftsfähigkeit gemäß §§ 112, 113 BGB gegeben sind. Danach gelten Minderjährige als unbeschränkt geschäftsfähig für Rechtsgeschäfte, die im Rahmen eines selbstständigen Betriebes eines Erwerbsgeschäftes anfallen, zu dem sie die Ermächtigung der Sorgeberechtigten und des Familiengerichts erhalten haben (vgl. § 112 BGB). Zum anderen können sie bei der Eingehung und Aufhebung des Arbeitsverhältnisses sowie der Erfüllung von Verpflichtungen selbständig handeln, insofern diese aus dem Dienst- oder Arbeitsverhältnis anfallen, welches ebenfalls durch die gesetzlichen Vertreter*innen zugelassen wurde (vgl. § 113 BGB). In diesem Kontext wird vorgetragen, dass der selbstständige wirksame Abschluss des Behandlungsvertrages möglich sei, wenn die Behandlung der Erhaltung oder Wiederherstellung der Arbeitskraft diene.[278] Der Normzweck zielt darauf ab, den Minderjährigen im Rahmen ihrer Erwerbstätigkeit einen Gestaltungsfreiraum zu geben, um trotz der begrenzten Handlungsfähigkeit selbständig ihr Arbeitsverhältnis zu begründen, durchführen und zu beenden sowie die dafür erforderlichen Rechtsgeschäfte mit den Arbeitgeber*innen und Dritten, abschließen zu können.[279] Sie sind in diesem Rahmen zur Vornahme von Rechtsgeschäften ermächtigt, die mit dem Betrieb oder dem Arbeitsverhältnis verbunden sind und in engem sachlichem

---

276 *Kassenärztlich Bundesvereinigung*, Individuelle Gesundheitsleistungen-Checkliste/Reiseimpfungen.

277 So auch *Spickhoff* in: MüKo, § 110 BGB, Rn. 31.

278 *Kern* in: Laufs/Kern/Rehborn, Handbuch des Arztrechts, § 43 Rn. 36; Kritik *Reuter*: Abschluss des Arztvertrages durch einen minderjährigen Patienten, S. 129 ff.; gegen die Erstreckung der Geschäftsfähigkeit auf den Abschluss des Behandlungsvertrages zur Erhaltung der Arbeitskraft: *Hansen* in: jurisPK § 112 BGB, Rn. 27.

279 *Wendtland* in: BeckOK, § 113 BGB, Rn. 1; *Hansen* in: jurisPK, § 113 BGB, Rn. 18, 23.

Zusammenhang stehen.[280] Aufgrund des Eingriffs in die verfassungsrechtlichen Positionen der Patient*innen durch eine medizinische Behandlung ist eine differenzierte Betrachtung anhand von Beispielen geboten.

Der Abschluss eines Behandlungsvertrages zur Feststellung und Bescheinigung der Arbeitsunfähigkeit der Minderjährigen zum Nachweis an die Arbeitgeber*innen (vgl. § 5 Abs. 1 Entgeltfortzahlungsgesetz; § 295 Abs. 1 Nr. 1 SGB V) oder über die Gabe einer Masernimpfung, um die berufliche Tätigkeit in einer Gemeinschaftseinrichtung aufnehmen zu können (§ 20 Abs. 8 Nr. 3 IfSG)[281] oder zahlreiche Eignungs- und Vorsorgeuntersuchungen stehen in einem engen sachlichen Zusammenhang mit der Aufnahme bzw. pflichtgemäßen Ausübung des Arbeitsverhältnisses. Darüberhinausgehend kann auch der Abschluss eines Vertrages für die Durchführung einer stationären Rehabilitationsmaßname zur Wiederherstellung oder Förderung der Arbeitskraft in einem Sachzusammenhang stehen (vgl. § 15a SGB VI).[282] Diese Vielzahl an medizinischen Fallkonstellationen bedarf der Eingrenzung durch die Erziehungsziele der Sorgeberechtigten und des Minderjährigenschutzes.[283] Die Ermächtigung durch die Sorgeberechtigten im Rahmen des § 113 BGB muss für diese überschaubar sein, um ihren Willen danach ausrichten zu können und die Minderjährigen in diesen Grenzen vorbereiten und unterstützen zu können.[284] Eine umfassende Annahme der partiellen Geschäftsfähigkeit auf die Gesamtheit der Behandlungsverträge, die der Erhaltung oder Wiederherstellung der Arbeitskraft dienen, ist mit dem Normzweck des Gesetzes, den Minderjährigen eine partiellen Handlungsfähigkeit im Rahmen der Teilnahme am Arbeitsmarkt zu gewährleisten, nicht vollumfänglich vereinbar. Die aufgezeigten unzähligen Möglichkeiten der Gesundheitsversorgung und -vorsorge im Bereich der Aufnahme eines Arbeitsverhältnisses, sind untrennbar mit verfassungsrechtlichen Positionen der Minderjährigen auf Leben und körperliche Unversehrtheit verbunden. Eine umfassende partielle Handlungsfähigkeit wird nur in seltenen Fällen mit den Erziehungszielen der Sorgeberechtigten im Einklang stehen.

---

280 *Stadler*, BGB AT, § 23 Rn. 39; *Hirsch*, BGB AT, § 27 Rn. 622.

281 Vgl. Gesetz für den Schutz vor Masern und zur Stärkung der Impfprävention (Masernschutzgesetz), Gesetz v. 10.2.2020, BGBl. I 2020, S. 148 Nr. 6, in Kraft seit 1.3.2020.

282 Zur Anwendung des § 630a BGB auf stationäre Rehabilitationsmaßnahmen: *BGH*, Urt. 8.10.2020, III ZR 80/20, NJW 2021, 1392.

283 Vgl. *Hansen* in: jurisPK, § 113 BGB, Rn. 19; vertiefte Ausführungen zur Weite der Verträge zur Erhaltung der Arbeitskraft: *Reuter*: Abschluss des Arztvertrages durch einen minderjährigen Patienten, S. 141.

284 So auch *Hansen* in: jurisPK, § 113 BGB, Rn. 19.

4. *Selbstständiger Abschluss des Behandlungsvertrages gemäß § 36 SGB I*

Unabhängig von den §§ 106 ff. BGB wird z. T. aus § 36 SGB I eine partielle Geschäftsfähigkeit für gesetzlich versicherte Minderjährige zum Abschluss eines Behandlungsvertrages abgeleitet.[285] Grundsätzlich ermöglicht § 36 Abs. 1 SGB I, ab dem vollendeten fünfzehnten Lebensjahr die eigenständige Antragstellung auf Sozialleistungen, die Verfolgung und Entgegennahme von Leistungen. Zum Anwendungsbereich des § 36 SGB I sollen u. a. die ärztlichen Leistungen im Rahmen der medizinischen Behandlung zählen und der eigenständige Abschluss des Behandlungsvertrages sei von der Norm erfasst.[286] Diese Konstruktion einer übergreifenden zivilrechtlichen partiellen Geschäftsfähigkeit wird überwiegend abgelehnt.[287] Die Norm selbst steht unter dem Vorbehalt, dass die Eltern über die vorgenommenen Handlungen der Minderjährigen informiert werden sollen (§ 36 Abs. 1 Satz 2. SGB I).[288] Zudem behält sie den Gedanken des Minderjährigenschutzes bei, indem diverse Handlungen von den Sorgeberechtigten beschränkt oder gänzlich von der partiellen Handlungsfähigkeit ausgenommen werden können (§ 36 Abs. 2 Satz 1 SGB I).[289] Danach bedürfen die Rücknahme von Anträgen, der Verzicht auf Sozialleistungen und die Entgegennahme von Darlehen der Zustimmung der gesetzlichen Vertreter*innen (§ 36 Abs. 2 Satz 2 SGB I). § 36 SGB I eröffnet den Patient*innen somit zwar eine soziale Handlungsfähigkeit in bestimmten Grenzen, welche jedoch nicht über die zivilrechtlichen Regelungen der §§ 106 ff. BGB hinausgeht.[290] Dadurch würde der Minderjährigenschutz für gesetzlich Versicherte übergangen, weil der Abschluss des Behandlungsvertrages

---

285 *Lipp*, Laufs/Katzenmeier/Lipp, Arztrecht, III Rn. 18; vgl. *Kohte*, AcP 1985, 105 (148 f.): zur Teilmüdigkeit gemäß § 36 SGB I für die Inanspruchnahme ärztlicher Leistungen; *Prütting/Friedrich* in: Prütting MedR-Komm, § 630a BGB, Rn. 22; *Schröder*, Auskunftsanspruch der Eltern minderjähriger Kinder gegen den Arzt, S. 37.

286 *Lipp*, Laufs/Katzenmeier/Lipp, Arztrecht, III Rn. 17; *Kohte*, AcP 1985, 148; anderer Ansicht: *Reuter*, Der Abschluss des Arztvertrages durch einen minderjährigen Patienten, S. 169.

287 *Spickhoff*, FamRZ 2018, 412 (416 f.); *Amend-Traut/Bongartz*, FamRZ 2016, 5 (10); *Gleixner-Eberle*, Die Einwilligung in die medizinische Behandlung Minderjähriger, S. 379; *Schlereth*, FamRZ 2022, 668 (669); zur Wertung des § 36 SGB I im Rahmen der Einwilligungsproblematik in Kapitel 4: *Nebendahl*, MedR 2009, 197 (200 f.).

288 *Spickhoff*, FamRZ 2018, 412 (416).

289 *Nebendahl*, MedR 2009, 197 (200 f.).

290 *Lafontaine*, jurisPK, § 630a BGB, Rn. 100; *Spickhoff*, FamRZ 2018, 412 (417); *Lauf/Birck*, NJW 2018, 2230 (2231); *Amend-Traut/Bongartz*, FamRZ 2016, 5 (10); vgl. *Reuter*, Der Abschluss des Arztvertrages durch einen minderjährigen Patienten, S. 170 f; vgl. *Nebendahl*, MedR 2009, 197 (200 f.).

als nicht lediglich rechtlich vorteilhaft i.S.d. § 107 BGB, wie zuvor aufgezeigt, kategorisiert wurde.

5. *Zwischenfazit*

Der eigenständige Abschluss des Behandlungsvertrages stellt sowohl für privat als auch gesetzlich versicherte Minderjährige keinen lediglich rechtlichen Vorteil dar und ist nur in den aufgezeigten Ausnahmefällen der §§ 110 ff. BGB möglich. Somit bedarf die Abgabe einer Willenserklärung zu ihrer Wirksamkeit in Bezug auf den Abschluss des Behandlungsvertrages der Zustimmung der Sorgeberechtigten, um eigenständig rechtsgeschäftlich handeln zu können (vgl. §§ 107, 108 BGB). Diese kann im Rahmen des Stellvertretungsrechts dazu führen, dass die Minderjährigen selbst Vertragspartner*innen werden.[291] Damit wären sie „*Patient*" im Sinne des § 630a BGB.

II. Die Sorgeberechtigten als Vertragspartner des Behandlungsvertrages

Überwiegend wird allerdings angenommen, dass die Zustimmung der Sorgeberechtigten zum Abschluss des Behandlungsvertrages als eigene Willenserklärung zum Vertragsschluss zwischen der behandelnden Person und ihnen auszulegen ist.[292] Desgleichen stellt der *BGH* in seiner jüngsten Rechtsprechung ebenfalls darauf ab, dass bei der Vorstellung des Kindes in einer Arztpraxis ein eigener Vertrag zu Gunsten Dritter, aus dem den Minderjährigen eigene Rechte zustehen, entstehe (§ 630a BGB i.V.m. § 328 BGB).[293] Dadurch kämen die Vertreter*innen ihrer Pflicht zur elterlichen Sorge, ihrem Kind eine medizinische Behandlung zu verschaffen, nach.[294] Bei dieser Annahme entsteht keine Zahlungspflicht für die minderjährigen Patient*innen, andererseits haben sie einen eigenständigen Schadenersatzanspruch bei Pflichtverletzungen aus dem Behandlungsvertrag.[295]

---

291 *Hebecker/Lutzi*, MedR 2015, 17 (18).

292 *Bergmann* in: Bergmann/Pauge/Steinmeyer, § 107 BGB, Rn. 3; *Griebau* in: Ratzel/Luxenburger, Handbuch Medizinrecht, 10 Rn. 5; vgl. *Weidenkaff* in: Grüneberg, § 630a BGB, Rn. 5; *Deutsch/Spickhoff*, Medizinrecht, IV Rn. 127; vgl. *BGH*, Urteil v. 28.4.2005, III ZR 351/04, JuS 2005, 942, 943; anders *Bender*, MedR 1997, 7 (9).

293 *BGH*, Urteil v. 12.5.2022, III ZR 78/21, NJW 2022, 2269.

294 So *BGH*, Urteil v. 12.5.2022, III ZR 78/21, NJW 2022, 2269 (2270); *Bergmann* in: Bergmann/Pauge/Steinmeyer, § 107 BGB, Rn. 4.

295 *Katzenmeier* in: BeckOK, § 630a BGB, Rn. 88 f; *BGH*, Urteil v. 12.5.2022, III ZR 78/21, NJW 2022, 2269 (2270).

Vergütungsschuldner wären somit direkt die Eltern bzw. die Krankenkasse als Dritter. Wird auf diese Konstellation abgestellt, sind die Sorgeberechtigten nach der Legaldefinition des § 630a BGB „*Patient*" im rechtlichen Sinn.[296] Die zuvor aufgeworfene Frage, ob die gesetzliche Definierung von Patient, als der Teil, der zur Gewährung der vereinbarten Vergütung verpflichtet ist (§ 630a Abs. 1 BGB), die Minderjährigen-Eltern-Konstellationen hinreichend abdeckt, ist somit zu verneinen. Der Gesetzgeber sah allerdings keine Notwendigkeit, die Norm für diesen Umstand zu erweitern, weil sie die Vertragsparteien benenne, „*die typischerweise einen Behandlungsvertrag abschließen*".[297] Dies bedeute nicht, dass dadurch Verträge zwischen gesetzlichen Vertretern*innen und der behandelnden Person von der Anwendung der Vorschriften des Behandlungsvertrages ausgeschlossen seien.[298]

Unabhängig von der Abbildung der rechtlichen Begrifflichkeiten ist es allerdings vorzugswürdig, bei beschränkt geschäftsfähigen Minderjährigen, bei denen die Eltern dem Vertragsschluss zustimmen, unter gewissen Umständen von einer stellvertretenen Zustimmung der Sorgeberechtigten zum Vertragsschluss gemäß §§ 107, 108 Abs. 1 BGB auszugehen.[299] Insbesondere mit steigendem Alter und wachsenden geistigen Fähigkeiten ist die Stellung der Minderjährigen als eigenständige Vertragspartner*innen vorzugswürdig (vgl. § 1626 Abs. 2 BGB).[300] Es ist individuell darauf abzustellen, ob die gesetzlichen Vertreter*innen im Rahmen ihres Sorge- und Erziehungsrechts eine Abwägung bezüglich der geistigen Fähigkeiten ihrer Kinder vorgenommen haben und so der Schutzfunktion des Minderjährigenrechts hinreichend Rechnung getragen wurde.[301]

---

296 *Griebau* in: Ratzel/Luxenburger, Handbuch Medizinrecht, 10 Rn. 5; *Hebecker/Lutzi*, MedR 2015, 17 (19).

297 Stellungnahme des Bundesrates, BT-Drs. 17/10488, S. 37; zur Auflösung des bestehenden Widerspruchs der Gesetzesauslegung: *Hebecker/Lutzi*, MedR 2015, 17 (20 f.). Gegenäußerung des Bundestages zur Stellungnahme des Bundesrates, BT-Drs. 17/10488, S. 52.

298 Gegenäußerung des Bundestages zur Stellungnahme des Bundesrates, BT-Drs. 17/10488, S. 52.

299 *Bender*, MedR 1997, 7 (9); *Janda*, Medizinrecht, S. 129; *Kern/Rehborn* in: Laufs/Kern/Rehborn, Handbuch des Arztrechts, § 43 Rn. 35: geht von einem Vertragsschluss im Namen des Kindes nur in „*besonderen Situationen*" aus.

300 So auch *Janda*, Medizinrecht, S. 129.

301 Vgl. *Janda*, Medizinrecht, S. 129.

C) Schlussfolgerungen

Die Einwilligung in die Gesundheitsbehandlung gemäß § 630d BGB stellt eine eigenständige Willensäußerung zur Gestattung des Eingriffs in höchstpersönliche Rechte dar und ist von der rechtsgeschäftlichen Einwilligung i.S.d. § 183 Satz 1 BGB abzugrenzen. Sie wird als Ausdruck des Selbstbestimmungsrechts der Patient*innen über ihre körperliche Unversehrtheit (Art. 2 Abs. 2 GG), die freie Entfaltung der Persönlichkeit (Art. 2 Abs. 1 GG) und Achtung der Würde (Art. 1 Abs. 1 GG), verstanden. Die Willenserklärung zum Abschluss des Behandlungsvertrages i.S.d. § 630a BGB ist davon getrennt zu betrachten. Die Möglichkeit des eigenständigen Vertragsschlusses durch minderjährige Patient*innen wird als nicht lediglich rechtlich vorteilhaft i.S.d. § 107 BGB bewertet. Die Obliegenheitsverpflichtung gemäß § 630c Abs. 1 BGB konstruiert ungeprüft, dass minderjährige Patient*innen die nötige geistige Reife und Urteilsfähigkeit besitzen, die Notwendigkeit und den Umfang des „*Compliance-Gedankens*" zu überblicken und ihr Handeln daran anzupassen. Diese Herangehensweise wird dem Minderjährigenschutz der §§ 106 ff. BGB, u. a. davor bewahrt zu werden, sich selbst weder im Vermögen oder am geistigen oder leiblichen Wohl zu schädigen, nicht hinreichend gerecht. Der Eintritt einer Obliegenheitsverletzung i. S. d. § 630c Abs. 1 BGB erscheint bei mangelnder geistiger Reife und ohne die Unterstützung der Sorgeberechtigten bei der Mitwirkung am Behandlungsprozess wahrscheinlicher und ermöglicht den Eintritt einer Mitverschuldenshaftung gemäß § 254 BGB. Die Willenserklärung zum Abschluss des Behandlungsvertrages stellt für die minderjährigen Patient*innen zudem keinen lediglich rechtlichen Vorteil dar, weil die körperliche Unversehrtheit (Art. 2 Abs. 2 i.V.m. Abs. 1 GG) und die freie Entfaltung der Persönlichkeit (Art. 2 Abs. 1 GG) durch den bevorstehenden medizinischen Eingriff unmittelbar bedroht sind. Trotz der jeweils gesondert zu betrachtenden Willensäußerungen zur Einwilligung und zum Abschluss des Behandlungsvertrages bedarf es einer Gesamtwürdigung, um dem Minderjährigenschutz im Kontext der medizinischen Behandlung gerecht zu werden. Eine teleologische Reduktion des § 110 BGB zum Ausschluss der Anwendung auf den Abschluss des Behandlungsvertrages ist nicht geboten, da er seine Grenzen bereits im Erziehungsrecht der Eltern und dem Schutzgedanken der §§ 106 ff. BGB findet.

Es wird hervorgehoben, dass der eigenständige Abschluss des Behandlungsvertrages ohne eine Zustimmung der Sorgeberechtigten i.S.d. §§ 107, 108 Abs. 1 BGB grds. weder durch den privat noch die gesetzlich versicherten Minderjährigen nach den Maßstäben der Rechtsgeschäftslehre möglich ist. Den aufgezeigten Sonderkonstellationen im Rahmen der §§ 110 ff. BGB obliegt Ausnahmecharakter. Ein eigenständiger Abschluss des Behandlungsvertrages durch die Minderjährigen ist mit der Zustimmung der gesetzlichen Vertreter*innen möglich (§§ 107, 108 BGB). Die Annahme, dass die Einwilligung der gesetzlichen Vertreter*innen in den Vertragsschluss überwiegend auf den Abschluss eines eigenen Vertrages zu Gunsten Dritter (§ 630a BGB i.V.m. § 328 BGB) abzielt, ist nicht in allen Situationen überzeugend. Insbesondere mit steigendem Alter und wachsenden geistigen Fähigkeiten ist die Stellung der Minderjährigen als eigenständige Vertragspartner vorzugswürdig und entspricht den Grundgedanken des § 1626 Abs. 2 BGB. Gemäß § 630e Abs. 5 BGB tritt die Pflicht zur Aufklärung des Einwilligungsunfähigen neben die der Berechtigten. Damit ist eine Art der Einbeziehung und Beteiligung der minderjährigen Patient*innen unabhängig vom Vorliegen der freien Willensbildung gesetzlich etabliert.

Kapitel 4: Einwilligungsfähigkeit und Einwilligungskompetenz minderjähriger Patient*innen

Die Einwilligung in den medizinischen Eingriff bildet ein zentrales juristisches und ethisches Element der Gesundheitsbehandlung und ist in § 630d BGB normiert. Der Gesetzgeber prägt die Einwilligung dabei als Ausdruck des Selbstbestimmungsrechts über Körper, Gesundheit und freie Entfaltung der Persönlichkeit (Art. 2 Abs. 1 i.V.m. 1 Abs. 1 GG und Art. 2 Abs. 2 GG) aus.[302] Dieses, dem Medizinrecht zugrundeliegende Einwilligungskonzept, verlangt für seine Wirksamkeit nicht nur nach der vorherigen Aufklärung der Patient*innen (*informed consent*), sondern wirft auch die Fragen nach der Einwilligungsfähigkeit und Einwilligungskompetenz auf.[303]

Nach dem reinen Gesetzeswortlaut des § 630d BGB obliegt Einwilligungsfähigen die Einwilligungskompetenz in den Eingriff. Divergent davon werden Patient*innengruppen betrachtet, denen aufgrund des Entwicklungsstandes, einer Krankheit oder Beeinträchtigung die nötige Einsichts- und Steuerungsfähigkeit zur Entscheidungsfindung und -durchsetzung (sog. freier Wille)[304] fehlen kann. Der Gesetzgeber differenziert mitunter nach sog. einwilligungsunfähigen Patient*innen (vgl. § 630d Abs. 1 Satz 2 BGB). Darunter lassen sich zum einen volljährige Betroffene, die zu keiner natürlichen Willensbildung bezüglich der medizinischen Behandlung fähig sind, weil sich z.B. im Zustand der Bewusstlosigkeit, wie dem Wachkoma befinden, fassen (vgl. §§ 1821, 1827 BGB).[305] Zum anderen verweist der Gesetzgeber bei Kindern und Jugendlichen darauf, dass die Einwilligungsfähigkeit nicht indiziert, sondern anhand der behandlungsspezifischen Einsichtsfähigkeit zu prüfen sei.[306] Mitunter lässt er entgegen dem Gesetzeswortlaut

302 BT-Drs. 17/10488, S. 23.

303 Dazu auch *Birnbacher*, Stellungnahme der Zentralen Ethikkommission bei der Bundesärztekammer zu „Entscheidungsfähigkeit und Entscheidungsassistenz in der Medizin", Deutsches Ärzteblatt, 2016, S. A 1; *Damm*, differenziert ebenfalls deutlich zwischen Einwilligungsfähigkeit und Einwilligungskompetenz, MedR 2015, 775 (777).

304 Vgl. *BGH*, Beschluss v. 16.3.2016, XII ZB 455/15, NJW-RR 2016, 643; BT-Drs. 15/2494, S. 28; zum natürlichen Willen innerhalb der medizinischen Zwangsbehandlung: *Schneider* in: MüKo, § 1906a BGB, Rn. 14.

305 Näher: Spickhoff in: Spickhoff Medizinrecht, § 1827 BGB, Rn. 24.

306 BT-Drs. 17/10488, S. 23.

für die Einwilligungskompetenz bei minderjährigen Patient*innen offen, ob die Sorgeberechtigten als gesetzliche Vertreter*innen, die Minderjährigen allein oder beide Parteien kumulativ einwilligen müssen, um den Eingriff zu rechtfertigen.[307]

Dadurch ergeben sich in der rechtlichen Praxis nicht nur Fragestellungen bezüglich der Feststellung der Einwilligungsfähigkeit, sondern auch der daraus folgenden Einwilligungskompetenz bei Minderjährigen. Dabei wird in diesem Kapitel untersucht, nach welchen Kriterien die sog. Einwilligungsfähigkeit bemessen wird, welche Einwilligungskompetenz sich daraus ergeben kann und welche Berücksichtigung das Selbstbestimmungsrecht der Heranwachsenden dabei findet. Dazu werden normative Betrachtungen im Recht des Behandlungsvertrages, Familienrecht und medizinischen Spezialgesetzen vorgenommen. Mithin wurden in der Literatur über Jahrzehnte eine Vielzahl von Lösungsansätzen diesbezüglich vorgebracht und diskutiert.[308] In diesem Kontext wird zudem die Entwicklung der zivilrechtlichen Rechtsprechung hinsichtlich der Einwilligung in medizinische Eingriffe außerhalb von Schwangerschaftsabbrüchen und Sterilisationen i.S.d. § 1631c BGB skizziert. Abschließend werden verschiedene Gesetzesentwürfe zum Rechtskreis medizinisch (indizierter) Eingriffe betrachtet, um den aktuellen Forschungsstand aufzuzeigen.

A) Definition der Einwilligungsfähigkeit im Gesetz in medizinischen Zusammenhängen

Es wird konstatiert, welche Kriterien die gesetzlichen Regelungen zur Definition und Feststellung der Einwilligungsfähigkeit minderjähriger Patient*innen im Rahmen medizinischer Behandlung und Forschung ansetzen.

I. Einwilligungsfähigkeit bei medizinischen Maßnahmen gemäß § 630d BGB

Die Regelungen zum Behandlungsvertrag der §§ 630a bis 630h BGB enthalten keine spezielle Regelung für die medizinische Behandlung von Minderjährigen. In § 630d Abs. 1 Satz 2 BGB ist lediglich von einwilligungsunfähigen Patient*innen die Rede. Dabei enthält der Wortlaut der Norm keine Legaldefinition der

307 BT-Drs. 17/10488, S. 23.

308 U. a. *Kohte*, AcP 1985, 105 (143 ff.); *Kern*, NJW 1994, 753; *Rothärmel/Wolfslast/Fegert*, MedR 1999, 293; *Taupitz*, Gutachten A zum 63. DJT, A 9; *Wölk*, MedR 2001, 80; *Nebendahl*, MedR 2009, 197; *Kaeding/Schwenke*, MedR 2016, 935; *Lorenz*, NZFam 2017, 782.

Einwilligungsfähigkeit.[309] Nach der Gesetzesbegründung wird sie als die „*natürliche Willensfähigkeit*“ verstanden.[310] Dazu müssten „*das Einsichtsvermögen und die Urteilskraft des Patienten [...] ausreichen, um die vorherige Aufklärung zu verstehen, den Nutzen einer Behandlung gegen deren Risiken abzuwägen und um schließlich eine eigenverantwortliche Entscheidung zu treffen*“.[311] Es wird verlangt, dass der Einzelne einsichts- und steuerungsfähig ist.[312] Der Gesetzgeber regelt nicht spezieller, nach welchen Maßstäben diese Einsichts- und Steuerungsfähigkeit zu beurteilen ist. Er verzichtet in seiner Gesetzesbegründung jedoch ausdrücklich darauf, eine starre Altersgrenze für die Urteils- und Einsichtsfähigkeit zu ziehen und verweist bei Kindern und Jugendlichen auf eine Prüfung der Umstände im Einzelfall.[313]

II. Einwilligungsfähigkeit bei der Entscheidung über die Beschneidung des männlichen Kindes gemäß § 1631d BGB

Die Regelung des § 1631d BGB wurde im Jahr 2012 in das Familienrecht eingefügt.[314] Der Gesetzgeber reagierte damit auf das Urteil des *Landgerichts (LG) Köln* aus dem Jahr 2012, welches die medizinisch nicht indizierte Beschneidung eines Jungen mit Einwilligung der Sorgeberechtigten als strafbare Köperverletzungshandlung einstufte.[315] Der Gesetzgeber reagierte auf die daraus entstandene Rechtsunsicherheit mit einer gesetzlichen Lösung, die materiell rechtliche Anforderungen an die medizinisch nicht indizierte Beschneidung stellt.[316] In § 1631d BGB wurde verankert, dass die elterliche Sorge grundsätzlich auch das Recht umfasst, in eine medizinisch nicht erforderliche Beschneidung des nicht einsichts- und urteilsfähigen männlichen Kindes einzuwilligen, wenn diese nach den ärztlichen Regeln der Kunst und ohne die Gefährdung des Kindeswohls durchgeführt wird. Dabei ist die Einwilligungsfähigkeit in dieser Norm ausdrücklich als Einsichts- und Urteilsfähigkeit bezeichnet. Die Gesetzesbegründung

309 *Nebe* in: FS Höland, 2015, 685 (695).
310 BT-Drs. 17/10488, S. 23.
311 So BT-Drs. 17/10488, S. 23.
312 BT-Drs. 17/10488, S. 23.
313 BT-Drs. 17/10488, S. 23.
314 Gesetz über den Umfang der Personensorge bei einer Beschneidung des männlichen Kindes v. 20.12.2012, BGBl. I 2012, S. 2749, in Kraft seit 27.12.2012; Kritik: *Dethloff*, Familienrecht, § 13 Rn. 64.
315 *LG Köln*, Urteil v. 7.5.2012, 151 Ns 169/11, NJW 2012, 2128; so auch *OLG Hamm*, Urteil v. 21.11.2017, 5 RVs 125/17, FamRZ 2018, 722; *Dethloff*, Familienrecht, § 13 Rn. 64.
316 BT-Drs. 17/11430, S. 2; BT-Drs. 17/11295, S. 1.

konkretisiert diese Formel als die Fähigkeit „*[…] Wesen, Bedeutung und Tragweite des mit der Beschneidung verbundenen Eingriffs in die körperliche Unversehrtheit zu erfassen*".[317] Der Gesetzesentwurf verzichtete jedoch ebenfalls auf die Festlegung einer starren Altersgrenze und stellt allein auf die abstrakte Formulierung der Einsichts- und Urteilsfähigkeit des Kindes ab, ohne weitere Ausführungen zu dessen Feststellung zu gestalten.[318] Die bisherige Rechtsprechung hält zumindest einen Sechsjährigen in diesem Kontext für nicht einwilligungsfähig,[319] verweist jedoch darauf, dass bereits bei einem deutlich unter 14-Jährigen eine Beurteilung der Urteils- und Einsichtsfähigkeit vorgenommen werden solle.[320] Insgesamt wird eine Einzelfallentscheidung bei jedem Minderjährigen bevorzugt.[321] Dabei kann das Alter allerdings als eine Orientierung herangezogen werden.[322]

III. Einwilligungsfähigkeit im Arzneimittelgesetz

Das Arzneimittelgesetz (AMG) regelt in § 40b[323] u. a. die besonderen Voraussetzungen für die Teilnahme an einer klinischen Prüfung für Minderjährige. Die Norm ergänzt die Regelungen bezüglich der Einwilligung und Aufklärung in Art. 29 und 32 der EU-Verordnung (VO) Nr. 536/2014 mit Geltung seit 27.1.2022.[324] Die VO konkretisiert „*Minderjährige*" in Art. 2 Abs. 2 Nr. 18 als Personen, die gemäß dem Recht des betroffenen Mitgliedstaates noch nicht alt genug sind,

---

317 So BT-Drs. 17/11295, S. 18.

318 BT-Drs. 17/11295, S. 1.

319 *LG Frankenthal*, Urteil v. 14.9.2004, 4 O 11/02, MedR 2005, 243; Verneinung der Einwilligungsfähigkeit für einen Sechsjährigen; *OLG Hamm*, Beschluss v. 30.8.2013, 3 UF 133/13, NJW 2013, 3662 (3663).

320 *OLG Hamm*, Beschluss v. 30.8.2013, 3 UF 133/13, NJW 2013, 3662 (3663).

321 So *Huber* in: MüKo § 1631d BGB, Rn. 6.

322 *Rixen*, NJW 2013, 257 (259) stellt als Orientierungsgröße auf das vierzehnte Lebensjahr bei der Zustimmung zur Beschneidung und auf das zwölfte Lebensjahr für eine Ablehnung ab.

323 Eingefügt mit 4. Gesetz zur Änderung arzneimittelrechtlicher und anderer Vorschriften v. 20.12.2016 (BGBl. I, S. 3048 Nr. 63) in Kraft seit 27.1.2022 zur Anpassung an die Verordnung Nr. 536/2014 des Europäischen Parlaments und des Rates v. 16.4.2014 über die klinische Prüfung mit Humanarzneimitteln und zur Aufhebung der Richtlinie 2001/20/EG.

324 Zuletzt geändert mit Wirkung zum 1.1.2023 (BGBl. I, S. 959, Nr. 22).

um eine Einwilligung nach Aufklärung zu erteilen.[325] Nr. 19 definiert „*nicht einwilligungsfähige Personen*" als solche, die aus anderen als aus Altersgründen gemäß dem Recht des betroffenen Mitgliedstaates nicht in der Lage sind, eine Einwilligung nach Aufklärung zu erteilen. Z. T. wird konstatiert, dass nach dem Wortlaut der VO auf das Vorhandensein von Altersgrenzen zur Einwilligungsfähigkeit im jeweiligen Mitgliedsstaat abgestellt werden könne.[326] Die nationale Gesetzgebung legt für das Vorliegen der Einwilligungsfähigkeit minderjähriger Teilnehmer*innen allerdings die Einwilligungsfähigkeit als natürliche Einsichts- und Urteilsfähigkeit zugrunde.[327] Diese wird dabei, wie in der vorherigen Regelung ´des § 40 AMG ausdrücklich in § 40b Abs. 3 Satz 1 AMG normiert. Danach ist diese zu bejahen, wenn die minderjährige Person „*[…] in der Lage ist, das Wesen, die Bedeutung und die Tragweite der klinischen Prüfung zu erkennen und seinen Willen hiernach auszurichten*[…]".[328] Folglich müssen Patient*innen einerseits die Informationen erfassen und zusätzlich die Erkenntnisse als Grundlage für ihre Entscheidung heranziehen können.[329] Der Gesetzgeber verweist, dass die Einwilligungsfähigkeit in der Regel ab der Vollendung des sechzehnten Lebensjahres gegeben sein könne, hält Ausnahmen jedoch für möglich.[330] Diese „*Annahme*" kann ein Indiz bei der Feststellung aber keine feste Altersgrenze sein und erübrige eine Einzelprüfung der Einwilligungsfähigkeit nicht.[331]

IV. Einwilligungsfähigkeit im Transplantationsgesetz

Das Transplantationsgesetz (TPG) regelt die Spende und Entnahme von menschlichen Organen oder Geweben zum Zwecke der Übertragung sowie für die

---

325 Zur unterschiedlichen Definition des Minderjährigenbegriffs nach der VO und nationalem deutschen Recht: *Koyuncu* in: Kügel/Müller/Hofmann, § 40b AMG, Rn. 21 f; *Ahlers* stellt u. a. nach systematischer Auslegung der VO fest, dass diese die Minderjährigkeit sowohl an alters- als auch an der in ihrem Alter begründeten Entwicklung begründet, PharmR 2023, 7 (8 f.).

326 So *Ahlers*, PharmR 2023, 7; *Jansen*, MedR 2016, 417 (419).

327 BT-Drs. 15/2109, S. 31; *Listl-Nörr* in: Spickhoff Medizinrecht, § 40b AMG, Rn. 10.

328 Auch das Gendiagnostikgesetz (GenDG) definiert die Einwilligungsfähigkeit gleichwertig, vgl. § 14 Abs. 1 GenDG.

329 So *Taupitz*, MedR 2012, 583 (584).

330 BT-Drs. 15/2109, S. 31; *Rehmann* in: Rehmann/Greve, Arzneimittelgesetz, § 40 AMG, Rn. 5: geht regelmäßig ab der Vollendung des vierzehnten Lebensjahres von der nötigen Einsichtsfähigkeit aus.

331 *Wachenhausen* in: Kügel/Müller/Hoffmann, § 40 AMG Rn. 112; *List* in: Spickhoff Medizinrecht, § 40 AMG, Rn. 39.

Übertragung der Organe oder der Gewebe einschließlich der Vorbereitung dieser Maßnahmen (§ 1 Abs. 2 Satz 2 TPG). Die Transplantation ist zwangsläufig mit einem medizinischen Eingriff verbunden und stellt ebenfalls für eine wirksame Einwilligung im Grundsatz auf die Einwilligungsfähigkeit ab (vgl. § 8 Abs. 1 Satz 1 Nr. 1 a TPG). Im Gegensatz zum allgemeinen Medizinrecht des BGB beinhaltet auch dieses Gesetz spezielle Regelungen für Minderjährige. In der folgenden Untersuchung ist der Fokus auf die Übertragung von Organen zu Lebzeiten gelegt, um der Forschungsfrage konkreter nachzugehen. Das TPG regelt zwar ebenfalls die Einwilligung zur postmortalen Spendemöglichkeit für Minderjährige gemäß § 2 Abs. 2 TPG, allerdings rechtfertigt diese lediglich den Eingriff in das postmortale Persönlichkeitsrecht (Art. 1 Abs. 1 GG) und bezieht sich nicht auf die Beeinträchtigung der körperlichen Integrität und Selbstbestimmung zu Lebzeiten.[332]

Die Entnahme von Organen oder Gewebe von Lebenden wird in § 8 Abs. 1 Satz 1 Nr. 1a TPG grundsätzlich auf einwilligungsfähige Volljährige beschränkt und ist für minderjährige Spender*innen nur in bestimmten Grenzen gemäß §§ 8a bis 8c TPG möglich. § 8b TPG beinhaltet eine Ausnahme für die Entnahme von Organen und Geweben in besonderen Fällen und stellt dabei nicht auf die Volljährigkeit, sondern lediglich auf die Einwilligungsfähigkeit ab (§ 8b Abs. 1 Satz 1 TPG).[333] Diese Norm findet Anwendung, wenn lebenden Personen im Rahmen einer medizinischen Behandlung Organe oder Gewebe nicht unmittelbar zur Übertragung für andere Menschen entnommen wurden (z. B. Plazenta nach der Geburt).[334] § 8c TPG regelt die Organ- und Gewebeentnahme zur Rückübertragung und knüpft ebenfalls nur an die Einwilligungsfähigkeit und nicht die Volljährigkeit an (§ 8c Abs. 1 Nr. 1 a TPG). Diese Norm findet z. B. bei der Eigenhautentnahme und Transplantation von Verbrennungsopfern Anwendung.[335] Die Einwilligungsfähigkeit wird in diesen Bereichen, abweichend von § 8 TPG, von der Volljährigkeit entkoppelt. Die Gesetzesbegründung vertieft keine weiteren Kriterien für die Beurteilung der Einwilligungsfähigkeit im Rahmen der § 8b und § 8c TPG.[336] Z. T. wird in der Literatur eine starre Altersgrenze ab der Vollendung des sechzehnten Lebensjahres gezogen.[337]

In § 8a TPG ist zudem eine ausdrückliche Ausnahme für die Entnahme von Knochenmark bei Minderjährigen vorgesehen. § 8a Satz 1 Nr. 5 TPG regelt dabei die

---

332 Vgl. *Schroth* in: *Schroth/König/Gutmann/Oduncu, § 2 C. II. TPG, Rn. 3.*

333 BT-Drs. 16/3146, S. 29.

334 BT-Drs. 16/3146, S. 29.

335 BT-Drs. 16/3146, S. 30.

336 BT-Drs. 16/3146, S. 29 ff.

337 *Tag* in: MüKo, § 8b TPG, Rn. 3.

Einwilligungsfähigkeit Minderjähriger wörtlich als die Fähigkeit „*Wesen, Bedeutung und Tragweite der Entnahme zu erkennen und ihren Willen hiernach auszurichten*". In der Gesetzesbegründung wird, wie beim AMG, darauf verwiesen, dass die Einwilligungsfähigkeit in der Regel ab dem sechzehnten Lebensjahr gegeben sein könne und stellt somit auf eine Einzelfallentscheidung mit Indizwirkung ab.[338]

V. Zusammenfassung zur Einwilligungsfähigkeit im Gesetz

Verhält sich der Gesetzgeber im allgemeinen Medizinrecht und im Familienrecht des BGB noch zurückhaltend mit der ausdrücklichen Definition der Einwilligungsfähigkeit, indem er sie lediglich in der Gesetzesbegründung als Einsichts- und Urteilsfähigkeit beschreibt, wird er in den betrachteten Spezialgesetzen konkreter. Die Urteils- und Einsichtsfähigkeit wird in diesen Normtexten als die „*Fähigkeit Wesen, Bedeutung und Tragweite der medizinischen Maßnahme zu erkennen und den eigenen Willen danach ausrichten zu können*", näher bestimmt. Soweit der Gesetzgeber in den Gesetzesmotiven zum AMG und TPG – und nicht im Gesetzestext – ab der Vollendung des sechzehnten Lebensjahres als „*Regel*" für das Vorliegen der Einwilligungsfähigkeit spricht,[339] wird dies als Indiz und nicht als fester Maßstab gewertet.[340] Darüberhinausgehende Kriterien zur Beurteilung der Einwilligungsfähigkeit lassen sich auch aus den speziellen Regelungen nicht entnehmen.

B) Lösungsansätze zur Feststellung und Förderung der Einwilligungsfähigkeit

Zur Konkretisierung des Vorliegens der Einwilligungsfähigkeit und Implementierung von Kriterien im Gesetz gibt es in der Literatur eine Vielzahl von Ansätzen.[341]

---

338 BT-Drs. 16/3146, S. 29.

339 BT-Drs. 16/3146, S. 29; BT-Drs. 15/2109, S. 31.

340 *Wachenhausen* in: Kügel/Müller/Hoffmann, § 40 AMG, Rn. 112; z. T wird auf das zwölfte vollendete Lebensjahr als Orientierung abgestellt: *Deutsch/Spickhoff*, Medizinrecht, Rn. 1716.

341 Einige Autoren befürworten die Einführung eines gerichtlichen Verfahrens zur Feststellung der Einwilligungsfähigkeit, um eine formelle Lösung des Konflikts herbeiführen zu können: Jüngst *Gleixner-Eberle*, Die Einwilligung in die medizinische Behandlung Minderjähriger, S. 457; auch *Belling/Eberl/Michlik*, Das Selbstbestimmungsrecht Minderjähriger bei medizinischen Eingriffen, S. 137 f., in Analogie zu § 1628 BGB. Leitlinien zur Beurteilung der Einwilligungsfähigkeit sind bisher lediglich für Menschen mit Demenz vorgesehen: S2k-AWMF-Leitlinie 1108-001 „Einwilligung von Menschen mit Demenz in medizinische Maßnahmen", 2019; dazu näher in Kapitel 5.

Im Folgenden werden einige dieser Grundgedanken dargestellt, um anschließend die eigene Position darzulegen.

I. Orientierung an Altersgrenzen

Es wird z. T. in der Literatur vertreten, dass feste Altersgrenzen die Unsicherheiten bei der Feststellung der Einwilligungsfähigkeit für alle Beteiligten am besten beseitigen könnten.[342] Diese Überlegungen sind insoweit nachvollziehbar, als dass der Gesetzgeber die rechtliche Handlungsfähigkeit der Minderjährigen häufig an feste Altersgrenzen, sog. Teilmündigkeiten, knüpft.[343] Danach ist ein Kind ab der Vollendung des vierzehnten Lebensjahres schuldfähig im strafrechtlichen Sinn (§ 19 StGB) und kann die Entscheidung darüber, zu welchem religiösen Bekenntnis es sich halten will, selbst treffen (§ 5 KErzG). Im Gesetz über die Selbstbestimmung in Bezug auf den Geschlechtseintrag und zur Änderung weiterer Vorschriften ist in § 3 SBGG vorgesehen, dass ein Kind, welches das vierzehnte Lebensjahr vollendet hat, selbst eine Erklärung zur Geschlechtsangabe und Vornamensführung mit Zustimmung der gesetzlichen Vertreter*innen abgegeben darf.[344] Auch das Familienrecht nutzt die Grenze der Vollendung des vierzehnten Lebensjahres, um dem Kind eigene Rechte einzuräumen. Danach steht den Minderjährigen nach § 1617c Abs. 1 Satz 2 BGB das Recht zu selbst eine Erklärung zur Namensänderung der Eltern ggü. dem Standesamt abzugeben oder gemäß § 1746 Abs. 2 BGB die Einwilligung zur Adoption ggü. Dem Familiengericht widerrufen. Den Jugendlichen wird zudem im Sozialrecht gemäß § 36 SGB I ab dem vollendeten fünfzehnten Lebensjahr eine eigenständige rechtliche Handlungsfähigkeit bezüglich der Antragstellung, Verfolgung und Entgegennahme von

342 U. a. *Rouka*, Das Selbstbestimmungsrecht des Minderjährigen bei ärztlichen Eingriffen, S. 132, 143; *Reipschläger*, Die Einwilligung Minderjähriger in ärztliche Heileingriffe und die elterliche Personensorge, S. 205.

343 Vgl. Überblick zu wichtigen Altersstufen im Recht nach *Wellenhofer*, Familienrecht, § 30 Rn. 11; weitere Auflistung: *Gernhuber/Coester-Waltjen*, Familienrecht, § 58, Rn. 38.

344 BT-Drs. 20/9049.

Sozialleistungen zugesprochen. Zudem knüpft das Erbrecht die Testierfähigkeit an die Vollendung des sechzehnten Lebensjahres (§ 2229 Abs. 1 BGB) an.[345]

1. *Anknüpfung an bestehende gesetzliche Teilmündigkeiten*

Der vertretene Ansatz § 107 BGB für die Einwilligung in Gesundheitsbehandlungen (analog) heranzuziehen,[346] wird von der überwiegenden Literatur abgelehnt.[347] Eine direkte Anwendung ist bereits wegen der Rechtsnatur der Einwilligung zu verneinen, weil diese keine rechtsgeschäftliche Willenserklärung, sondern eine Gestattung zum Eingriff in die körperliche Integrität darstellt.[348] Die Herleitung einer Teilmündigkeit zur Einwilligung über § 36 Abs. 1 SGB I wird vereinzelt aufgezeigt.[349] Die Ablehnung dieser Annahme rechtfertigt sich ebenfalls durch die beschränkte Zielsetzung der sozialrechtlichen Handlungsfähigkeit auf die eigenständige Antragstellung von Sozialleistungen, die Verfolgung und Entgegennahme von Leistungen unter Berücksichtigung diverser Informations- und Zustimmungsrechte der Sorgeberechtigten (vgl. Kapitel 3).

---

345 Mit dem Gesetz zur Bekämpfung von Kinderehen v. 17.7.2017, BGBl. I 2017, S. 2429, in Kraft seit 22.7.2017 wurde die Ehemündigkeit ausnahmslos auf das vollendete achtzehnte Lebensjahr beschränkt. Nach § 1303 BGB vorheriger Fassung begann die Ehemündigkeit grundsätzlich ebenfalls ab dem achtzehnten Lebensjahr (Abs. 1). Jedoch konnte das Familiengericht auf Antrag Befreiung von dieser Vorschrift erteilen, wenn der Antragsteller das sechzehnte Lebensjahr vollendet hat und sein künftiger Ehegatte volljährig war (Abs. 2). Zur Begründung der Novellierung des § 1303 BGB wird u. a. angeführt, dass eine Ehe vor der Vollendung des achtzehnten Lebensjahres das Wohl der Minderjährigen und ihre Entwicklungschancen minimieren könne, BT-Drs. 18/12377, S. 1.

346 *Wendtlandt* in: BeckOK, § 107 BGB, Rn. 2; *Gernhuber/Coester-Waltjen*, Familienrecht, § 58 Rn. 39; *BGH*, Urteil v. 5.12.1958, VI ZR 266/57, NJW 1959, 811, als kritische Auseinandersetzung mit der Ablehnung der Einwilligung als rechtsgeschäftliche Willenserklärung i.S.d. §§ 106 ff. BGB: *Mittenzwei*, MedR 1988, 43 (43 f.); vgl. auch *Koziol*, MedR 2019, 105 (105 f.).

347 *Wölk*, MedR 2001, 80 (82 f.); *Diederichsen*, FS Hirsch, 355 (356); *Kaeding/Schwenke*, MedR 2016, 935 (936); *Wagner* in: MüKo, § 630d BGB, Rn. 36; *Nebendahl*, MedR 2009, 197 (200).

348 *Kern*, NJW 1994, 753 (755); *Taupitz*, Gutachten zum 63. DJT, A 58; *Spickhoff*, AcP 2008, 345 (385); *Coester-Waltjen*, MedR 2012, 553 (556); *Damm*, MedR 2015, 775 (776).

349 *Kern/Rehborn* in: Laufs/Kern/Rehborn, Handbuch des Arztrechts, § 44 Rn. 3; vgl. *Kohte*, AcP 1985, 148 f.

Eine darüberhinausgehende zivilrechtliche selbständige Handlungsfähigkeit für die Einwilligung widerspricht den Wertungen des Minderjährigenschutzes.[350]

2. Einführung von starren Altersgrenzen bei der Gesundheitsbehandlung

Im Weiteren wird die Einführung starrer Altersgrenzen bei der Festlegung der Einwilligungsfähigkeit, losgelöst von den vorhandenen gesetzlichen Regelungen, diskutiert.[351] Diese führten u. a. für die Ärzt*innen zu einer rechtlichen Sicherheit bei der Beurteilung und es bedürfte keiner Absicherung durch eine zusätzliche Einholung der Einwilligung der Eltern in Zweifelsfällen zu Ungunsten des Kindes.[352]

Gegen starre Altersgrenzen spricht mitunter, dass das Vorliegen der Einwilligungsfähigkeit nicht als Grenze, die ab einem Zeitpunkt unveränderlich erreicht ist, verstanden werden kann.[353] Im selben Alter kann bezüglich einer medizinischen Maßnahme das nötige Verständnis vorliegen und hinsichtlich einer anderen, aufgrund von Unsicherheit, Unerfahrenheit oder Angst, fehlen.[354] Des Weiteren können z. B. Kinder mit chronischen Beeinträchtigungen ein viel weiteres Verständnis für die Umstände ihrer Erkrankung haben.[355] Mithin sei vorgebracht, dass die Entwicklungsprägungen bei Jungen und Mädchen im selben Alter deutlich auseinanderfallen können.[356] So könnten starre Altersgrenzen auch zu einer ungerechtfertigten Fremdbestimmung gegenüber potenziellen Einwilligungsfähigen, die die Altersgrenze noch nicht erreicht haben, führen.[357]

---

350 *Nebendahl*, MedR 2009, 197.

351 U. a. *Rouka*, Das Selbstbestimmungsrecht des Minderjährigen bei ärztlichen Eingriffen, S. 132, 143, die eine unwiderlegbare gesetzliche Vermutung der Einwilligungsfähigkeit ab dem sechzehnten Lebensjahr vorschlägt; *Reipschläger*, Die Einwilligung Minderjähriger in ärztliche Heileingriffe und die elterliche Personensorge, S. 205: stellt auf eine normative Regelung der Einwilligungsfähigkeit ab dem vierzehnten Lebensjahr ab.

352 *Reipschläger*, Die Einwilligung Minderjähriger in ärztliche Heileingriffe und die elterliche Personensorge, S. 205, vgl. *Rouka*, Das Selbstbestimmungsrecht des Minderjährigen bei ärztlichen Eingriffen, S. 132, 139, 145: hält eine Altersgrenze ab der Vollendung des sechzehnten Lebensjahres als absolute Regelung für sachgerecht.

353 So auch *Damm*, MedR 2015, 775 (777).

354 *Diederichsen*, FS Hirsch, 354 (358); *Rothärmel*, Einwilligung, Veto, Mitbestimmung, S. 163; *Dorneck/Gassner/Kersten/Lindner/Linoh/Nebe/Rosenau/Schmidt am Busch*, MedR 2019, 431 (433).

355 *Diederichsen*, FS Hirsch, 354 (358).

356 *Keading/Schwenke*, MedR 2016, 935 (936).

357 *Wölk*, MedR 2001, 80 (86).

Das Alter der Heranwachsenden kann jedoch Anhaltspunkte im Rahmen einer Einzelfallentscheidung liefern.[358]

3. *Altersgrenzen als widerlegbare Vermutungen*

In der Literatur finden sich Ansätze, die zwar keine starren Altersgrenzen vorsehen, diese jedoch als Kriterium zur Orientierung heranziehen bzw. widerlegbare Vermutungen aufstellen.[359] Dabei wird häufig auf die Vollendung des vierzehnten Lebensjahres abgestellt.[360] Die verschiedenen Teilmündigkeitsregelungen in anderen Gesetzen und die Erkenntnisse der Kinder- und Jugendpsychiatrie würden zeigen, dass eine Einwilligungsfähigkeit ab der Vollendung des vierzehnten Lebensjahres zugesprochen werden könne.[361] Dieses Alter sei als Bezugsgröße für die Feststellung der Einwilligungsfähigkeit bzw. als widerlegbare Vermutung heranzuziehen.[362] Für die Einführung einer Vermutungsregelung wird häufig auf die österreichische Regelung des § 173[363] Allgemeines Bürgerliches Gesetzbuch (ABGB) verwiesen (zuvor § 146c ABGB[364]).[365] Danach wird die Einwilligungsfähigkeit ab dem vollendeten vierzehnten Lebensjahr vermutet.[366] Die Einführung einer Vermutungsregelung

358 So auch *Lippert*, Probleme der Einwilligungsfähigkeit Minderjähriger in ärztlichen Behandlungen, S. 177; *Damm*, Bundesgesundheitsblatt 2016, 1076 (1078).

359 *Taupitz*, Gutachten zum 63. DJT, A 60 f; *Taupitz*, MedR 2012, 583 (585); *Brückner*, Das medizinische Selbstbestimmungsrecht Minderjähriger, S. 66 f; *Gleixner-Eberle*, Die Einwilligung in die medizinische Behandlung Minderjähriger, S. 456; *Genske*, Gesundheit und Selbstbestimmung, S. 216.

360 *Taupitz*, Gutachten zum 63. DJT, A 60 f; *Taupitz*, MedR 2012, 583 (585); *Brückner*, Das medizinische Selbstbestimmungsrecht Minderjähriger, S. 66 f; *Gleixner-Eberle*, Die Einwilligung in die medizinische Behandlung Minderjähriger, S. 456; *Katzenmeier* in: Laufs/Katzenmeier/Lipp, Arztrecht, V Rn. 52.

361 *Taupitz*, Gutachten zum 63. DJT, A 60 f; *Taupitz*, MedR 2012, 583 (585); *Brückner*, Das medizinische Selbstbestimmungsrecht des Minderjährigen, S. 68.

362 *Taupitz*, Gutachten zum 63. DJT, A 60 f; *Taupitz*, MedR 2012, 583 (585); *Gleixner-Eberle*, Die Einwilligung in die medizinische Behandlung Minderjähriger, S. 456; *Brückner*, Das medizinische Selbstbestimmungsrecht des Minderjährigen, S. 67, spricht von einer sog. Regel mit Ausnahmevorbehalt.

363 Zuletzt geändert durch BGBl. I 59/2017, in Kraft seit 1.7.2018.

364 In der Fassung, 135. BGBl. I 2000, S. 1329, zum Kindschaftsrechtsänderungsgesetz 2001 (KindRÄG).

365 *Taupitz*, Gutachten zum 63. DJT, A 61; *Gleixner-Eberle*, Die Einwilligung in die medizinische Behandlung Minderjähriger, S. 456.

366 *Gleixner-Eberle*, Die Einwilligung in die medizinische Behandlung Minderjähriger, S. 36.

führe u. a. zu mehr Rechtssicherheit für die Behandelnden und lasse trotzdem eine Einzelfallprüfung der Einwilligungsfähigkeit zu.[367] Die positive Annahme der Einwilligungsfähigkeit vor dem vierzehnten Lebensjahr sei somit ebenfalls möglich.[368]

Altersgrenzen als Orientierungshilfen heranzuziehen, erscheint insbesondere anhand entwicklungspsychologischer Forschungen hilfreich. Diese als widerlegbare Vermutungen aufzustellen, um den Ärzt*innen mehr Rechtssicherheit einzuräumen, bedarf einer Abwägung der weiteren betroffenen Interessen. Die Einsichts- und Urteilsfähigkeit kann im selben Alter für einen Eingriff vorliegen, hinsichtlich eines anderen jedoch begrenzt sein, weil sie nicht nur vom Entwicklungsstand, sondern auch von äußeren Faktoren beeinflusst wird.[369] Die Vermutungsregelung könnte zu pauschalen Ergebnissen führen und den individuellen schützenswerten persönlichen Rechtsgütern der Kinder und Jugendlichen eher entgegenstehen. Befürworter*innen der Vermutungsregelungen betonen eigens, dass eine Einzelfallentscheidung, ob die zu behandelnde Person hinter dem Entwicklungsstand der jeweiligen Altersgrenze zurückbleibt, unerlässlich bleibe.[370] Insbesondere vor diesem Ansatz ist der Mehrwert einer solchen Vermutungsregelung wenig nachzuvollziehen.

II. Einzelfallentscheidung nach konkreter medizinischer Maßnahme und nach Patient*in

Überwiegend wird in der Literatur vorgebracht, dass eine jeweilige Einzelfallentscheidung über die Einwilligungsfähigkeit den Interessen der minderjährigen Patient*innen am gerechtesten wird.[371] Altersgrenzen vermögen der Individualität des Einzelnen und der Maßnahme nicht zu entsprechen, weil sie nur einen Faktor, der die Einwilligungsfähigkeit beeinflusst, bilden. Es bedarf einer höheren Sensibilität und Aufmerksamkeit auf den Einzelfall, um die Selbstbestimmung

367 *Brückner*, Das medizinische Selbstbestimmungsrecht des Minderjährigen, 67; *Gleixner-Eberle*, Die Einwilligung in die medizinische Behandlung Minderjähriger, S. 456.

368 *Brückner*, Das medizinische Selbstbestimmungsrecht des Minderjährigen, S. 67.

369 *Belling*, FuR 1990, 68 (75).

370 *Taupitz*, Gutachten zum 63. DJT, A 60 f.

371 *Rothärmel*, Einwilligung, Veto, Mitbestimmung, S. 163; *Kreße*, MedR 2015, 91 (92); *Belling*, FuR 1990, 68 (75); *Belling/Eberl/Michlik*, Das Selbstbestimmungsrecht Minderjähriger bei medizinischen Eingriffen, S. 135; *Lippert*, Probleme der Einwilligungsfähigkeit Minderjähriger in ärztlichen Behandlungen, S. 175; *Coester-Waltjen*, MedR 2012, 553 (558).

bestmöglich zu gewährleisten.[372] Die Urteilsfähigkeit sollte bei Minderjährigen u. a. anhand des konkreten Eingriffs, der jeweiligen Vorerfahrung bei wiederholter Erkrankung[373] und des Krankheitsverlaufs beurteilt werden.[374] Zudem ist es erforderlich die Einwilligungsfähigkeit als flexible Größe zu verstehen, die situationsspezifisch für einen Eingriff vorliegen kann und für einen anderen gerade nicht.[375] Welche weiteren Kriterien der Ärzteschaft bei der Beurteilung der Einwilligungsfähigkeit helfen könnten, um für sie mehr Rechtssicherheit zu schaffen, ohne die individuellen Interessen der weiteren Beteiligten im Behandlungsprozess zu beeinträchtigen bzw. diese zu stärken, wird auf verschiedenste Weise vorgebracht.

1. *Orientierung der Einzelfallentscheidung nach Intensität des Eingriffs*

Z. T. wird argumentiert, dass sich die freie Willensbildung an der Schwere des Eingriffs messen lassen müsse.[376] So stiegen die Anforderungen an die Einsichts- und Urteilsfähigkeit progressiv mit der Intensität des Eingriffs.[377] Bei der Prüfung der Einsichtsfähigkeit sei somit auf Art, Umfang und Risiken der geplanten Maßnahme abzustellen.[378] Als Schwere des Eingriff könnten nach *Wölk* die damit verbundenen objektiven Gefahren verstanden werden, die eine umfangreichere Aufklärung über Folgen und Risiken voraussetzen oder das subjektive Empfinden des Jugendlichen selbst.[379] Dieser Gedanke ist dahingehend nachvollziehbar, dass der Gesetzgeber im Erwachsenenschutzrecht die Einwilligung in die Gesundheitsbehandlung bei schweren Eingriffen ebenfalls an weitere Voraussetzungen bindet, um bei Entscheidungen einer gewissen Intensität für die Betroffenen mit besonderer Sorgfalt und Rücksicht auf ihr Selbstbestimmungsrecht vorzugehen

---

372 So auch das *AG Schlüchtern* zur Einwilligungsfähigkeit einer 16-Jährigen in einen Schwangerschaftsabbruch, Beschluss v. 29.4.1997, X17/97, NJW 1998, 832 (833).

373 *Kreße*, MedR 2015, 91 (92).

374 *Kölch/Fegert*, FPR 2007, 76.

375 *Damm*, MedR 2015, 775 (777); *Dorneck/Gassner/Kersten/Lindner/Linoh/Nebe/Rosenau/Schmidt am Busch*, MedR 2019, 431 (433).

376 *Kern*, NJW 1994, 753 (755); *Diederichsen* in: FS Hirsch, 355 (358); *Veit* in: BeckOK, § 1626 BGB, Rn. 49; *Huber* in: MüKo, § 1626 BGB, Rn. 42; kritisch *Spickhoff*, FamRZ 2018, 412 (419).

377 So *Diederichsen* in: FS Hirsch, 355 (358).

378 *Kern*, NJW 1994, 753 (755); *Laufs/Kern*, Arzthaftungsrecht, § 139 Rn. 43.

379 *Wölk*, MedR 2001, 80 (87).

(vgl. § 1829 BGB).[380] Erfolgt allerdings lediglich das Aufgreifen des Ansatzes zur Schwere des Eingriffs, könnte z. B. bei der Gabe einer Impfung an einen Eingriff mit geringer Intensität gedacht werden. Obgleich wird die Gabe einer Corona-Schutzimpfung als ein nicht geringfügiger medizinischer Eingriff gewertet.[381] Zudem betont der *BGH*, dass eine allgemeine Schutzimpfung für ein Kind eine Angelegenheit von erheblicher Bedeutung ist, auch wenn sie eine Routineimpfung darstellt.[382] Dabei bezieht es sowohl die möglichen objektiven Impfschäden als auch die subjektive Erheblichkeit bei der Entscheidungsfindung mit ein.[383] Daran ist zu erkennen, dass die objektiven Gefahren und das subjektive Empfinden kumulativ Einfluss auf die Einwilligungsfähigkeit haben können. Folglich sollten bereits kleinere Eingriffe, wie die Gabe eines Medikaments oder eine Impfung nicht pauschal als Eingriffe mit geringer Intensität eingestuft werden, ohne sich weiterer Faktoren zu vergewissern. Spezielle Ängste bezüglich eines Eingriffs, aufgrund negativer Erfahrungen blieben, trotz geringer Intensität dessen, dabei außen vor.[384] Die Einordnung der Schwere des Eingriffs kann jedoch in die Gesamtbeurteilung mit einbezogen werden.[385]

2. *Orientierung der Einzelfallentscheidung nach Dringlichkeit des Eingriffs*

Fraglich ist, inwieweit die Dringlichkeit des Eingriffs ein Kriterium zur Ermittlung der Einwilligungsfähigkeit sein kann. Die Rechtsprechung zieht dieses z. T. heran.[386] So könne Minderjährigen die Einwilligungsfähigkeit bereits zugesprochen werden, wenn sie in der Lage sind *„[…] das Für und Wider verständig gegeneinander abzuwägen und die Tragweite seiner Einwilligung zu erkennen, wenn es um die sofortige Notwendigkeit eines lebensrettenden Eingriffs geht.“*.[387] Dieses

---

380 *Spickhoff* in: Spickhoff Medizinrecht, § 1904 BGB, Rn. 1; vertiefte Ausführungen zu § 1829 BGB sind in Kapitel 5 dieser Arbeit vorgenommen.

381 *OLG Frankfurt am Main*, Beschluss v. 17.8.2021, 6 UF 120/21, NJW 2021, 872.

382 Das Gericht bewertete die Impfung des Kindes als Angelegenheit der elterlichen Sorge, deren Regelung für das Kind von erheblicher Bedeutung ist i.S.d. § 1628 Satz 1 BGB: *BGH*, Beschluss 3.5.2017, XII ZB 157/16, NZFam 2017, 561.

383 *BGH*, Beschluss v. 3.5.2017, XII ZB 157/16, NZFam 2017, 561 (563).

384 Vgl. *Diederichsen* in: FS Hirsch, 354 (358).

385 *Gleixner-Eberle*, Die Einwilligung in die medizinische Behandlung Minderjähriger, S. 294.

386 *BGH*, Urteil v. 10.2.1959, 5 Str 533/58, NJW 1959, 825; *BGH*, Urteil v. 16.11.1971, VI ZR 76/70, NJW 1972, 335.

387 So *BGH*, Urteil v. 10.2.1959, 5 Str 533/58, NJW 1959, 825 (825).

Attribut der Dringlichkeit geht unweigerlich mit der Möglichkeit weitreichender Folgen für die eigene Lebensgestaltung einher und vermittelt eher hohe Anforderungen an die Urteils- und Einsichtsfähigkeit.[388] Insbesondere der Zeitdruck, eine Entscheidung herbeizuführen, erleichtert nicht die Abwägung über eine Einwilligung oder Ablehnung des Eingriffs und kann als ein die Einwilligungsfähigkeit beeinflussendes Kriterium betrachtet werden.[389]

III. Kriterienorientierte Einzelfallentscheidung

Es wurde festgestellt, dass das Alter, die Schwere des Eingriffs und die Dringlichkeit der Maßnahme lediglich Indizien bei der Beurteilung der Einwilligungsfähigkeit darstellen können. Mithin werden weitere Anhaltspunkte zur Bestimmung der Einwilligungsfähigkeit in der Literatur vorgebracht, wie

- *das Verständnis der Erkrankung bzw. der relevanten Faktoren,*
- *die Vorausschau möglicher Folgen,*
- *das Erkennen der Einwilligungssituation,*
- *Wertung und Verarbeitung von Vorteilen und Risiken,*
- *die Steuerungsfähigkeit,*

um die Einzelfallprüfung auszugestalten.[390] Dabei wird stets betont, dass die Fähigkeit immer situationsspezifisch im Rahmen der Entscheidungsumstände zu eruieren ist, um der eigenen Verfassung und der Komplexität des Eingriffs Rechnung zu tragen.[391] Letztlich lässt sich konstatieren, dass eine Vielzahl von Faktoren für die Beurteilung der Einwilligungsfähigkeit zu betrachten ist. Auch die familiäre und soziale Einbindung bzw. Unterstützung können einen Einfluss auf die rechtliche Handlungsfähigkeit, in der konkreten Behandlungssituation haben. Leitlinien zur Ermittlung der Einwilligungsfähigkeit, wie sie für die Behandlung Demenzerkrankter geschaffen wurden, liegen für die Behandlung Minderjähriger bisher nicht vor, obwohl deren Entwicklung bereits früh für fördernd

---

388 Dazu *Reipschläger*, Die Einwilligung Minderjähriger in ärztliche Heileingriffe und die elterliche Personensorge, S. 68 f.

389 So auch *Diederichsen* in: FS Hirsch, 355 (358 f.).

390 *Amelung*, ZStW 1992, 525 (558); *Vollmann*, Aufklärung und Einwilligung in der Psychiatrie, S. 56; *Rothärmel*, Einwilligung, Veto, Mitbestimmung, S. 150; *Damm*, Bundesgesundheitsblatt 2016, 1076 (1078); *Klie/Vollmann/Pantel*, Informationsdienst Altersfragen 2014, 5 (10).

391 *Damm*, Bundesgesundheitsblatt 2016, 1075 (1078); *Rothärmel*, Einwilligung, Veto, Mitbestimmung, S. 117; *Klie/Vollmann/Pantel*, Informationsdienst Altersfragen 2014, 5 (10).

erachtet wurde.[392] Die interdisziplinäre S2k-Leitlinie für die medizinische Praxis der Arbeitsgemeinschaft der Wissenschaftlichen Medizinischen Fachgesellschaften (AWMF) mit Stand 31.10.2019 dient als Handreichung bei der Sicherung der Handlungsfähigkeit von Menschen mit Demenz.[393] Die Leitlinie zielt darauf ab, die Autonomie der Patient*innen zu stärken und die ethische und rechtliche Qualität der Entscheidungen bezüglich der Einwilligung in den medizinischen Eingriff fördern.[394]

IV. Zusammenfassung

Letztlich stellt die Einwilligungsfähigkeit eine rechtliche Größe der Handlungsfähigkeit im medizinischen Bereich dar.[395] Es überzeugt, diese individuell für die minderjährigen Patient*innen in der konkreten Situation, losgelöst von Altersgrenzen oder Vermutungsregelungen zu beurteilen. Sie ist jeweils im Einzelfall für die konkrete medizinische Maßnahme durch die Behandelnden mit Betrachtung verschiedener Faktoren zu bestimmen. Eine Etablierung fester entscheidender Kriterien im Hinblick auf die Individualität der Patient*innen und das weite Spektrum möglicher behandlungsbegleitender Umstände ist nicht empfehlenswert. Diese Kriterien, können zur Bemessung neben weiteren Einflussfaktoren, wie Angst oder Unsicherheiten bei den Patient*innen mit einfließen. Als Orientierungshilfen zur Entwicklung von Leitlinien oder als alternative Kriterien zur Beurteilung der Einwilligungsfähigkeit sollten die verschiedenen Ansätze demnach Beachtung finden.

---

392 *Rothärmel*, Einwilligung, Veto, Mitbestimmung, S. 158; näher dazu *Damm*, Zeitschrift für Rechtssoziologie 2017, 337 (354).

393 *DGGG/DGPPN/DGN*, S2k-AWMF-Leitlinie 108-001 „*Einwilligung von Menschen mit Demenz in medizinische Maßnahmen*", 2019, gültig bis 30.10.2024, S. 11; Wunsch nach einer generalisierenden Leitlinie zur Frage der Einwilligungsfähigkeit unabhängig vom Krankheitsbild: *Klasen/Klasen*, jM 2020, 398 (404).

394 *DGGG/DGPPN/DGN*, S2k-AWMF-Leitlinie 108-001 „*Einwilligung von Menschen mit Demenz in medizinische Maßnahmen*", 2019, S. 11; näher Kriterien bestehender Leitlinien: *Genske*, Gesundheit und Selbstbestimmung, S. 194.

395 *Damm*, Bundesgesundheitsblatt 2016, 1075 (1076).

C) Einwilligungsfähigkeit und Einwilligungskompetenz in der Rechtsprechung

Die Rechtsprechung erkennt grundsätzlich an, dass Minderjährige die nötige Einwilligungsfähigkeit bezüglich eines medizinischen Eingriffs haben können.[396] Im Folgenden wird zum einen betrachtet, welche Kriterien zur Beurteilung und Feststellung der Einwilligungsfähigkeit von der Rechtsprechung herangezogen werden. Zum anderen lässt der Gesetzgeber offen, welche Auswirkungen das Vorliegen der Einwilligungsfähigkeit auf die Einwilligungskompetenz der minderjährigen Patient*innen hat. Es ist fraglich, ob die Sorgeberechtigten als gesetzliche Vertreter*innen der Kinder und Jugendlichen allein oder beide Parteien kumulativ einwilligen müssen, um den Eingriff zu rechtfertigen.[397] Diesbezüglich werden relevante Entscheidungen beleuchtet, um einen Überblick zu gewährleisten und die Entwicklung der Rechtsprechung im Kontext dieses Problemkreises aufzuzeigen.

I. Rechtsprechung des Bundesgerichtshofs zum Alleinentscheidungsrecht minderjähriger einwilligungsfähiger Patient*innen

Der *BGH* hatte im Jahr 1958 zu entscheiden, ob die alleinige Einwilligung eines Minderjährigen einen medizinisch Eingriff rechtfertigen kann.[398] Auf Bitten des Klägers nahm der Beklagte als Chefarzt der behandelnden Klinik davon Abstand, einen operativen Eingriff wegen einer Schilddrüsenerkrankung von der Einwilligung der gesetzlichen Vertreter*innen abhängig zu machen. Er ließ die Einwilligung des damals 20-Jährigen[399] als Rechtfertigung des Eingriffs genügen. Der Kläger hatte die Befürchtung, dass seine in der sowjetischen Besatzungszone lebenden Eltern Benachteiligungen erfahren könnten, wenn bekannt werde, dass er als Sohn geflüchtet sei. Anschließend machte der Kläger Schadenersatzansprüche wegen Behandlungsfehlern und einer fehlenden Einwilligung seiner Sorgeberechtigten geltend. Das Gericht urteilte, dass der Kläger in die Vornahme

---

396 *BGH*, Urteil v. 5.12.1958, VI ZR 266/57, NJW 1959, 811; *BGH*, Urteil v. 10.2.1959, 5 StR 533/58, NJW 1959, 825.

397 BT-Drs. 17/10488, S. 23.

398 *BGH*, Urteil v. 5.12.1958, VI ZR 266/57, NJW 1959, 811.

399 Herabsetzung des Alters der Volljährigkeit von der Vollendung des einundzwanzigsten Lebensjahres auf das achtzehnte Lebensjahr in § 2 BGB durch das Gesetz zur Neuregelung des Volljährigkeitsalters, v. 31.7.1974, BGBl. I 1974, S. 1713, in Kraft seit 1.1.1975; BT-Drs. 7/17.

der Operation an der Schilddrüse aufgrund vorliegender Einwilligungsfähigkeit allein wirksam einwilligen konnte und die Zustimmung seiner gesetzlichen Vertreter*innen nicht erforderlich gewesen sei.[400] Als Kriterium für die nötige Einwilligungsfähigkeit verlangte der *BGH* nach dem *„[Vermögen der] geistigen und sittlichen Reife die Bedeutung und Tragweite des Eingriffs und seiner Gestattung zu ermessen.“*[401] Dem Kläger stehe ein Alleinentscheidungsrecht zu, da er kurz vor der Volljährigkeit stehe und die Einholung der elterlichen Zustimmungen nicht möglich gewesen sei.[402]

Diese Entscheidung hat zwei Leitsätze geprägt:

> *„1. Die Einwilligung des Minderjährigen zu einem Eingriff in seine körperliche Unversehrtheit ist rechtswirksam, wenn er nach seiner geistigen und sittlichen Reife die Bedeutung und Tragweite des Eingriffs und seiner Gestattung zu ermessen vermag.*[403]
>
> *2. Das elterliche Recht der Personensorge steht der Einwilligung jedenfalls dann nicht entgegen, wenn die elterliche Zustimmung aus besonderen Gründen nicht zu erlangen ist.“*[404]

Damit rückte der *BGH* von der bisherigen Rechtsprechung des Reichsgerichts ab, welches die Einwilligung Minderjähriger, trotz vorhandener „*Verstandesreife*“ für die Rechtfertigung eines Eingriffs grundsätzlich nicht genügen ließ.[405] Dieses betonte bisher, dass das Recht der Eltern und des Vormundes eine Einwilligung dieser gesetzlichen Vertreter*innen nicht entbehren ließe.[406] Das Selbstbestimmungsrecht der Jugendlichen und ihre Autonomie in der medizinischen Behandlung wurden durch das Urteil des *BGH* in den Fokus gerückt. Jedoch ist die Anerkennung der alleinigen Einwilligungskompetenz minderjähriger einwilligungsfähiger Patient*innen an enge Bedingungen, wie die besonderen Umstände

---

400 *BGH*, Urteil v. 5.12.1958, VI ZR 266/57, NJW 1959, 811 (811); ebenfalls zur rechtswirksamen alleinigen Einwilligung eines urteils- und einsichtsfähigen 19-jährigen Minderjährigen, *OLG München*, Urteil v. 7.12.1956, 3 U 1285/54, NJW 1958, 633; rechtswirksame alleinige Einwilligung einer urteils- und einsichtsfähigen 17-Jährigen in einen medizinisch nicht indizierten Eingriff (Tätowierung), *AG München*, Urteil v. 17.3.2011, 213 C 917/11, NJW 2012, 2452.

401 *BGH*, Urteil v. 5.12.1958, VI ZR 266/57, NJW 1959, 811 (811).

402 *BGH*, Urteil v. 5.12.1958, VI ZR 266/57, NJW 1959, 811 (811).

403 *BGH*, Urteil v. 5.12.1958, VI ZR 266/57, NJW 1959, 811.

404 *BGH*, Urteil v. 5.12.1958, VI ZR 266/57, NJW 1959, 811.

405 *RG*, Urteil v. 30.6.1911, 470/10 III, JW 1911, 748 (748).

406 *RG*, Urteil v. 30.6.1911, 470/10 III, JW 1911, 748 (748).

zur Erschwerung der Einholung der elterlichen Zustimmung, geknüpft. Die Entscheidung hat somit eher eine Sonderstellung.[407]

II. Kumulatives Einwilligungserfordernis von Sorgeberechtigten und einwilligungsfähigen Minderjährigen

Im Jahr 1971 widmete sich der *BGH* erneut der Einwilligung Minderjähriger in Gesundheitsbehandlungen.[408] Die damals 16-jährige Klägerin litt unter vier Warzen an der linken Hand. Der beklagte Hautarzt entfernte diese durch Röntgenstrahlen unter Verwendung der Chaoul´schen Nahstrahlapparatur. Die Klägerin begehrte anschließend Schadenersatz wegen schmerzhafter Blasen-, Geschwür- und Narbenbildung als Behandlungsfolgen. Fraglich war u. a., ob die Einwilligung der Klägerin, ohne die vorherige Unterrichtung und Aufklärung der Erziehungsberechtigten in den Eingriff, wirksam war. Der *BGH* grenzte sich in diesem Urteil von seiner zuvor aufgezeigten Entscheidung aus dem Jahr 1958 ab.[409] Zwar könne die Einwilligung Minderjähriger, welche die entsprechende geistige Entwicklung und sittliche Reife mitbringen, grundsätzlich die Rechtswidrigkeit eines kunstgerechten Eingriffs entfallen lassen, jedoch sei die ergangene Entscheidung in ihrem besonderen Kontext zu betrachten.[410] Er hebt ausdrücklich die Spezialität des Einzelfalls des damals kurz vor der Vollendung des einundzwanzigsten Lebensjahres stehenden Klägers und die Schwierigkeit der Einholung der Einwilligung der Eltern hervor.[411] Es sei im vorliegenden aktuellen Sachverhalt davon auszugehen, dass Minderjährige im Alter der Klägerin bei wichtigen Entscheidungen auch außerhalb des rechtsgeschäftlichen Bereichs der Unterstützung durch die Eltern oder gesetzlichen Vertreter*innen bedürfen.[412] Die Einwilligung der Jugendlichen könne aufgrund einer nur an sie gerichteten Aufklärung in dieser Konstellation

---

407 *BGH*, Urteil v. 16.11.1971, VI ZR 76/70, NJW 1972, 335 (337); so auch *Nebe* in: FS Höland, 2015, 685 (698); kritisch zur elterlichen Zustimmung bei vorliegender Einwilligungsfähigkeit: *Böhmer*, Anm. zu *BGH*, Urteil v. 5.12.1958, VI ZR 266/57, MDR 1959, 705 (707).

408 *BGH*, Urteil v. 16.11.1971, VI ZR 76/70, NJW 1972, 335.

409 *BGH*, Urteil v. 16.11.1971, VI ZR 76/70, NJW 1972, 335 (337).

410 So *BGH*, Urteil v. 16.11.1971, VI ZR 76/70, NJW 1972, 335 (337).

411 So *BGH*, Urteil v. 16.11.1971, VI ZR 76/70, NJW 1972, 335 (337).

412 So *BGH*, Urteil v. 16.11.1971, VI ZR 76/70, NJW 1972, 335 (337).

nicht genügen.[413] Zudem könne bei einer 16-Jährigen nicht die nötige kritische Auseinandersetzung mit den Folgen eines kosmetischen Eingriffs unterstellt werden.[414] Das Gericht betonte den Schutzcharakter des Personensorgerechts der Eltern, welches bis zur Vollendung des achtzehnten Lebensjahres bestehe und spricht von einem Recht der Minderjährigen, diese Hilfe zu beanspruchen.[415] Zudem sei die Zustimmung der Eltern erforderlich, da es sich um einen nicht banalen Eingriff handele.[416]

Es wurde ein Leitsatz aus der Entscheidung geprägt:

> *„Bei einer einerseits nicht unwichtigen, andererseits nicht dringlichen Entscheidung über einen ärztlichen Eingriff (hier: Entfernung gemeiner Warzen im Chaoul'schen Nahstrahlverfahren im Jahre 1953) ist in der Regel die Einwilligung einer 16jährigen Patientin allein nicht genügend."*[417]

Der *BGH* hebt in dieser Entscheidung deutlich das Personensorgerecht der Eltern mit schützendem Charakter hervor und stellt für die Beurteilung der Einwilligungsfähigkeit auf die Dringlichkeit und Intensität des Eingriffs ab und verlangt zusätzlich die Einwilligung der Sorgeberechtigten.[418] Indessen legt er dabei zu Grunde, dass die Klägerin hinsichtlich der operativen Maßnahme ihre Entscheidung nicht hinreichend auf *„kritische Bedenken gestützt"* habe und sie in ihrem Alter bei Entscheidungen dieser Art der Unterstützung ihrer Eltern bedürfe.[419] Er grenzt von einem Alleinentscheidungsrecht der Minderjährigen ab und betont dessen eingeschränkten Anwendungsbereich im Urteil des *BGH*, v. 5.12.1958.[420]

Deutlicher zum kumulativen Einwilligungserfordernis (bei Vorliegen der Einwilligungsfähigkeit) wird der *BGH* bei der Beurteilung der Rechtfertigung der

---

413 So *BGH*, Urteil v. 16.11.1971, VI ZR 76/70, NJW 1972, 335 (337); vgl. auch *BGH*, Urteil v. 16.4.1991, VI ZR 176/90, NJW 1991, 2344: zur gleichwertigen Relevanz der (hypothetischen) Einwilligung eines fast 18-Jährigen in eine Operation einer Aortenisthmusstenose neben der der Erziehungsberechtigten; *BGH*, Urteil v. 10.2.1959, 5 StR 533/58, NJW 1959, 825: zur gemeinsamen Entscheidung eines verständigen Minderjährigen (17-Jährige) mit den gesetzlichen Vertretern bei einem nicht ungefährlichen, nicht nötigem Eingriff (Entfernung eines zurzeit nicht entzündeten Wurmfortsatzes).

414 So *BGH*, Urteil v. 16.11.1971, VI ZR 76/70, NJW 1972, 335 (337).

415 *BGH*, Urteil v. 16.11.1971, VI ZR 76/70, NJW 1972, 335 (337).

416 So *BGH*, Urteil v. 16.11.1971, VI ZR 76/70, NJW 1972, 335 (337 f.).

417 *BGH*, Urteil v. 16.11.1971, VI ZR 76/70, NJW 1972, 335.

418 *BGH*, Urteil v. 16.11.1971, VI ZR 76/70, NJW 1972, 335 (337).

419 *BGH*, Urteil v. 16.11.1971, VI ZR 76/70, NJW 1972, 335 (337 f.); *Kreße*, Anm. zu Urteil *OLG Frankfurt a. M.*, 16.7.2019, 8 U 228/17, MedR 2020, 387 (387).

420 *BGH*, Urteil v. 16.11.1971, VI ZR 76/70, NJW 1972, 335 (337).

Operation einer Aortenisthmusstenose bei einem 17 ½-Jährigen.[421] Er betont, dass es für die relevante (hypothetische) Einwilligung ebenfalls auf den Willen des Minderjährigen neben seinen Sorgeberechtigten ankomme.[422]

Ausdrückliche Erwähnung findet der sog. Co-Konsens in der Entscheidung des *OLG Frankfurt am Main* v. 16.7.2019 bezüglich einer radikalen indizierten Zirkumzision aufgrund einer Phimose.[423] Zunächst konkretisiert das Gericht die Feststellung der Einwilligungsfähigkeit und differenziert diese in ein kognitives und ein voluntatives Element. Ersteres läge vor, wenn Patient *„nach seiner geistigen und sittlichen Reife die Bedeutung und Tragweite des Eingriffs und seiner Gestattung zu ermessen vermag"*.[424] Zudem müsse er allerdings in der Lage sein, sein Verhalten nach dieser Grundlage auszurichten.[425] Da es sich bei diesem Eingriff nicht lediglich um einen geringfügigen handele, bedürfe es der Einwilligung beider Elternteile neben der des einwilligungsfähigen 16-Jährigen.[426] Dieselbe Argumentation greift das *OLG Frankfurt am Main* zur Einwilligung eines 15-Jährigen zur Gabe der Corona-Schutzimpfung mit Beschluss v. 17.8.2021 auf.[427]

III. Vetorecht des Minderjährigen bei relativ indizierten Eingriffen

Als prägende Rechtsprechung des *BGH* ist die Entscheidung aus dem Jahr 2006 zu nennen. Sie statuiert ein Vetorecht für die Minderjährigen bei relativ indizierten Eingriffen.[428] Zentral betrachtet die Entscheidung Fragen der Aufklärung.[429] Die 15½-jährige Klägerin wurde wegen ihrer Adoleszenzskoliose operiert. Dieser Eingriff führte zu einer Querschnittslähmung der Patientin. Die Klägerin machte daraufhin u. a. geltend, dass die Aufklärung bezüglich der Operation unzureichend gewesen sei. Zur Aufklärung hätte an ihre Eltern gerichtet werden müssen und nicht an sie selbst. Der *BGH* verdeutlichte, dass die Ärzteschaft grundsätzlich darauf vertrauen könne, dass die Aufklärung und Einwilligung der Eltern

---

421 *BGH*, Urteil v. 16.4.1991, VI ZR 176/90, NJW 1991, 2344 (2345); anders *Kreße*, Anm. zu Urteil *OLG Frankfurt a. M.*, 16.7.2019, 8 U 228/17, MedR 2020, 387 (388).

422 *BGH*, Urteil v. 16.04.1991, VI ZR 176/90, NJW 1991, 2344 (2345).

423 *OLG* Frankfurt a. M., Urteil v. 16.7.2019, 8 U 228/17, BeckRS 2019, 20043; Anm. *Kreße*, MedR 2020, 387.

424 So *OLG* Frankfurt a. M., Urteil v. 16.7.2019, 8 U 228/17, BeckRS 2019, 20043, Rn. 45.

425 So *OLG* Frankfurt a. M., Urteil v. 16.7.2019, 8 U 228/17, BeckRS 2019, 20043, Rn. 45.

426 So *OLG* Frankfurt a. M., Urteil v. 16.7.2019, 8 U 228/17, BeckRS 2019, 20043 Rn. 49.

427 *OLG Frankfurt am Main* Beschluss v. 17.8.2021, 6 UF 120/21, NJW 2021, 872.

428 *BGH*, Urteil v. 10.10.2006, VI ZR 74/05, NJW 2007, 217; *LG München II*, Urteil v. 22.9.2020, 1 O 4890/17, RDG 2021, 36.

429 *Lipp*, Anm. zu *BGH*, Urteil v. 10.10.2006, VI ZR 74/05, MedR 2008, 289 (293).

genüge.[430] Jedoch billigte das Gericht der Minderjährigen in bestimmten Fällen, bei ausreichender Urteilsfähigkeit, ein Vetorecht gegen die Fremdbestimmung durch die Personensorgeberechtigten zu.[431] Zudem seien auch minderjährige Patient*innen aufzuklären, um von ihrem Vetorecht Gebrauch machen zu können.[432] Die Entscheidung hat folgenden Leitsatz vorgebracht:

> „*Minderjährigen Patienten kann bei einem nur relativ indizierten Eingriff mit der Möglichkeit erheblicher Folgen für ihre künftige Lebensgestaltung ein Vetorecht gegen die Einwilligung durch den gesetzlichen Vertreter zustehen, wenn sie über eine ausreichende Urteilsfähigkeit verfügen.*“[433]

Bezüglich der in Frage stehenden Einwilligungskompetenz stellt der *BGH* auf die Sorgeberechtigten ab.[434] Er betont lediglich ein Vetorecht für die Minderjährigen gegen die Einwilligung der Eltern in einem eingeschränkten Rahmen bei ausreichender Fähigkeit zur freien Willensbildung ohne konkrete Rechtsfolgen aufzuzeigen.[435]

IV. Jüngste landgerichtliche Rechtsprechung zum Alleinentscheidungsrecht minderjähriger einwilligungsfähiger Patient*innen

Im Jahr 2020 hatte das *LG München II* über Schadenersatzansprüche wegen einer fehlgeschlagenen Kreuzbandoperation einer minderjährigen Patientin zu entscheiden.[436] Die Klägerin machte geltend, dass ein Behandlungsfehler vorgelegen habe, weil die vorgenommene medizinische Maßnahme nicht indiziert gewesen sei und die Durchführung nicht den medizinischen Standards entsprochen habe. Daraus hätten die Folgeoperation und u. a. eine eingeschränkte Belastbarkeit sowie Schmerzen resultiert. Das *LG* setzte sich in diesem Kontext mit den Fragen zur Einwilligungsfähigkeit und Einwilligungskompetenz minderjähriger

---

430 *BGH*, Urteil v. 10.10.2006, VI ZR 74/05, NJW 2007, 217 (220); Kritik: *Kern*, Anm. zu *BGH*, Urteil v. 10.10.2006, VI ZR 74/05, LMK 2007, 220412.

431 *BGH*, Urteil v. 10.10.2006, VI ZR 74/05, NJW 2007, 217 (218).

432 *BGH*, Urteil v. 10.10.2006, VI ZR 74/05, NJW 2007, 217 (218).

433 *BGH*, Urteil v. 10.10.2006, VI ZR 74/05, NJW 2007, 217 (217).

434 *Nebe* in: FS Höland, 2015, 685 (695); *Lipp*, Anm. zu *BGH*, Urteil v. 10.10.2006, VI ZR 74/05, MedR 2008, 289 (293), kritisch dazu *Kern*, Anm. zu *BGH*, Urteil v. 10.10.2006, VI ZR 74/05, LMK 2007, 220412.

435 *Nebe* in: FS Höland, 2015, 685 (695); *Kern*, Anm. zu *BGH*, Urteil v. 10.10.2006, VI ZR 74/05, LMK 2007, 220412.

436 *LG München II*, Urteil v. 22.9.2020, 1 O 4890/17, RDG 2021, 36.

Patient*innen auseinander.[437] Zur Beurteilung der Urteils- und Einsichtsfähigkeit stellte es fest, dass bei Jugendlichen gelte: *„Je schwerwiegender, je weniger dringlich, je unübersehbarer in seinen Risiken und Folgen der Eingriff und je jünger der Patient ist, desto eher fehlt die Einwilligungsfähigkeit“*.[438] In diesem Rahmen bejahte es die Einwilligungsfähigkeit der 16 ½-Jährigen bezüglich der Kreuzbandoperation.[439] Hinsichtlich der Einwilligungskompetenz zeigte es zunächst die Entscheidung des *BGH* zum Vetorecht[440] beim Vorliegen einer gewissen Urteilsfähigkeit auf.[441] Anschließend hob es hervor, dass sich das Selbstbestimmungsrecht über die körperliche Integrität der einwilligungsfähigen Patient*innen als das gewichtigere Rechtsgut im Vergleich zum Elternrecht aus Art. 6 GG darstelle.[442] Somit habe die Klägerin bei festgestellter Einwilligungsfähigkeit das Recht, in den Eingriff einzuwilligen oder diesen abzulehnen.[443] Die Einwilligungskompetenz stehe somit allein der Klägerin zu.[444]

V. Zusammenfassung der Rechtsprechung

Hinsichtlich der Einwilligungsfähigkeit orientiert sich die Rechtsprechung einheitlich an der natürlichen Urteils- und Einsichtsfähigkeit als Maßstab und nimmt stets eine Einzelfallprüfung vor. Diese setzt voraus, dass die Patient*innen in der Lage sind, Wesen, Bedeutung und Tragweite der medizinischen Maßnahme zu erfassen und ihren Willen danach auszurichten.[445] Zur Konkretisierung wird z. T. deutlich zwischen dem kognitiven und dem voluntativen Element differenziert und das positive Vorliegen beider gefordert. Als Kriterien zur Beurteilung werden sowohl die

437 *LG München II*, Urteil v. 22.9.2020, 1 O 4890/17, RDG 2021, 36 (37).
438 *LG München II*, Urteil v. 22.9.2020, 1 O 4890/17, RDG 2021, 36 (37).
439 *LG München II*, Urteil v. 22.9.2020, 1 O 4890/17, RDG 2021, 36 (37).
440 *BGH*, Urteil v. 10.10.2006, VI ZR 74/05, NJW 2007, 217.
441 *Wever*, Anm. zu *LG München II*, Urteil v. 22.9.2020, 1 O 4890/17, MedR 2021, 98 (98).
442 *LG München II*, Urteil v. 22.9.2020, 1 O 4890/17, RDG 2021, 36 (37).
443 *LG München II*, Urteil v. 22.9.2020, 1 O 4890/17, RDG 2021, 36 (37).
444 *LG München II*, Urteil v. 22.9.2020, 1 O 4890/17, RDG 2021, 36 (37); *Wever*, Anm. zu Urteil des *LG München II*, Urteil v. 22.9.2020, 1 O 4890/17, MedR 2021, 98; *OLG Hamm*, Beschluss v. 29.11.2019, 12 UF 236/19, NJW 2020, 1373, eine Minderjährige bedarf zum Schwangerschaftsabbruch nicht der Zustimmung ihrer gesetzlichen Vertreter*innen, wenn sie einwilligungsfähig ist; anders *OLG Hamburg*, Beschluss v. 5.3.2014, 10 UF 25/14, NZFam 2014, 948 fordert die Zustimmung der sorgeberechtigten Eltern zum Schwangerschaftsabbruch trotz vorliegender Einwilligungsfähigkeit.
445 *LG München II*, Urteil v. 22.9.2020, 1 O 4890/17, RDG 2021, 36 (37); *OLG Hamm*, Beschluss v. 29.11.2019, 12 UF 236/19, NJW 2020, 1373 (1374).

- *Intensität und die Dringlichkeit des Eingriffs,*
- *das Alter der Patient*innen,*
- *die kritische Auseinandersetzung mit den Folgen und*
- *die Überschaubarkeit der Risiken und Folgen genannt.*

Die Einwilligungskompetenz bei Vorliegen der freien Willensbildung zur Rechtfertigung des indizierten Eingriffs wird bis dato hingegen differenziert bewertet. Die höchstrichterliche Rechtsprechung sieht ein Alleinentscheidungsrecht der einwilligungsfähigen Minderjährigen nur in eng begrenzten Ausnahmekonstellationen, wie der erschwerten Einholungsmöglichkeit der Zustimmung der Sorgeberechtigten vor.[446] Darüber hinaus versteht der *BGH* die Kompetenz bei den Eltern.[447] Wogegen die unteren Instanzen der zivilrechtlichen Judikatur jüngst eine selbstständige Einwilligungskompetenz bei der Zustimmung zu medizinischen Maßnahmen anerkennen[448] oder ebenfalls das Erfordernis der Co-Entscheidung aufgreifen.[449] Diese Uneinheitlichkeit führe zu Unklarheiten in der Praxis.[450] Einigkeit besteht in der Rechtsprechung bisher als Mindestkonsens, dass die Ausübung des Selbstbestimmungsrechts der Minderjährigen bei relativ indizierten Eingriffen mit der Möglichkeit erheblicher Folgen für die künftige Lebensgestaltung, bei Vorhandensein einer gewissen Urteilsfähigkeit, durch das Vetorecht gegen die Entscheidung der Eltern, gewährleistet werden kann.[451]

D) Die gesetzliche Regelung der Einwilligungskompetenz in medizinischen Zusammenhängen

Nachdem die Lösungsansätze zur Einwilligungsfähigkeit und die Rechtsprechung im Rahmen der Einwilligung Minderjähriger in Gesundheitsbehandlungen

---

446 *BGH*, Urteil v. 5.12.1958, VI ZR 266/57, NJW 1959, 811.

447 *BGH*, Urteil v. 10.10.2006, VI ZR 74/05, NJW 2007, 217; *Nebe* in: FS Höland, 685 (696); *Gleixner-Eberle*, Die Einwilligung in die medizinische Behandlung Minderjähriger, S. 333.

448 *LG München II*, Urteil v. 22.9.2020, 1 O 4890/17, RDG 2021, 36.

449 So *OLG Frankfurt am Main* zur Einwilligung eines 15-Jährigen zur Gabe der Corona-Schutzimpfung, Beschluss v. 17.8.2021, 6 UF 120/21, NJW 2021, 872; *OLG* Frankfurt a. M., Urteil v. 16.7.2019, 8 U 228/17, BeckRS 2019, 20043 Rn. 49; Anm. *Götz*, FamRZ 2020, 336 (339).

450 So *Oldenburger*, Anm. zu Urteil *LG München II*, v. 22.9.2020, 1 O 4890/17, NZFam 2020, 1123 (1123).

451 *LG München II*, Urteil v. 22.9.2020, 1 O 4890/17, RDG 2021, 36 (37); *Gleixner-Eberle*, Die Einwilligung in die medizinische Behandlung Minderjähriger, S. 333.

untersucht wurden, erfolgt eine exemplarische Darstellung gesetzlicher Regelungen, die im Kontext medizinischer Behandlungen von Kindern und Jugendlichen stehen. Es wird ferner überprüft, inwieweit eine Beteiligung losgelöst von der freien Willensbildung dabei berücksichtigt wird.

I. Einwilligungskompetenz der Minderjährigen gemäß § 630d BGB

Dem Grunde nach sind Patient*innen gemäß § 630d Abs. 1 Satz 1 BGB zur Einwilligung über einen Eingriff in ihren Körper selbst berechtigt.[452] Satz zwei der Vorschrift regelt den Fall, dass diese selbst nicht die nötige Einsichts- und Urteilsfähigkeit für eine wirksame Einwilligung besitzen. Danach ist bei Einwilligungsunfähigen die Einwilligung einer berechtigten Person einzuholen. Berechtigt in diesem Sinne sind bei Volljährigen gerichtlich bestellte Betreuer*innen oder Vorsorgebevollmächtigte (vgl. § 1814 Abs. 1, 3 Nr. 1 BGB).[453] Für volljährige Einwilligungsunfähige besteht zudem die Möglichkeit, eine antizipierte Entscheidung durch eine Patientenverfügung selbstbestimmt zu treffen (vgl. § 1827 Abs. 1 BGB).[454] Berechtigte anstelle minderjähriger einwilligungsunfähiger Patient*innen sind grds. die Sorgeberechtigten gemäß §§ 1626, 1629 BGB.[455] Steht den Eltern das Sorgerecht gemeinsam zu, ist grds. die Einwilligung beider Elternteile in den medizinischen Eingriff notwendig.[456] Der reine Wortlaut der Norm des § 630d Abs. 1 BGB könnte den Schluss zulassen, dass ein einsichts- und urteilsfähiger Minderjähriger hingegen selbst in die Gesundheitsbehandlung einwilligen kann. Wie bereits dargelegt, lässt die Gesetzesbegründung keinen deutlichen Rückschluss auf die Einwilligungskompetenz zu.[457] Dies führt, ebenso wie die divergente Rechtsprechung, zu Unsicherheiten der Beteiligten im Behandlungsprozess. Zur Untersuchung gesetzlicher Regelungen im Bereich der Gesundheitsversorgung werden wiederum weitere Gesetze beleuchtet, die die Einwilligungskompetenz von Kindern und Jugendlichen betreffen.

---

452 *Deutsch/Spickhoff*, Medizinrecht, Rn. 430.

453 *Kreße*, MedR 2015, 91 (91).

454 *Weidenkaff* in: Grüneberg, § 630d BGB, Rn. 3.

455 *Weidenkaff* in: Grüneberg, § 630d BGB, Rn. 3.

456 Abstufungen zu diesem Grundsatz: *BGH*, Urteil v. 28.6.1988, VI ZR 288/87, NJW 1988, 2946 (2947); *OLG* Frankfurt a. M., Urteil v. 16.7.2019, 8 U 228/17, BeckRS 2019, 20043.

457 BT-Drs. 17/10488, S. 23.

II. Einwilligungskompetenz bei der Entscheidung über die Beschneidung des männlichen Kindes gemäß § 1631d BGB

Nach dem Wortlaut des § 1631d Satz 1 BGB umfasst die elterliche Personensorge das Recht der Eltern, in eine medizinisch nicht indizierte Beschneidung einzuwilligen, insoweit der Junge nicht einwilligungsfähig ist. Den Sorgeberechtigten steht somit bis zum Vorliegen der Urteils- und Einsichtsfähigkeit die alleinige Einwilligungsbefugnis nach dem Wortlaut der Norm zu.[458] Ist die Einwilligungsfähigkeit positiv festgestellt worden, findet § 1631d BGB keine Anwendung.[459] Eine alleinige Einwilligung der Sorgeberechtigten wäre unwirksam und die Ablehnung der Beschneidung durch den Heranwachsenden nach der Rechtsprechung zwingend zu beachten.[460] Dem Kind wird somit ein Vetorecht in den Konstellationen zugesprochen, in denen Sie eine Beschneidung ablehnen.[461] Fraglich bleibt, ob den Minderjährigen ab der Einwilligungsfähigkeit auch das Alleinentscheidungsrecht bezüglich der Zustimmung zum Eingriff zusteht. Dies wird in der Literatur z. T. als Umkehrschluss angenommen.[462] In der Gesetzesbegründung bleibt diese Frage unbeantwortet. Zwar ist die diesbezügliche Entscheidungskompetenz der minderjährigen Patient*innen in diesem Behandlungsfeld nicht eindeutig geregelt, allerdings zeigen sowohl Rechtsprechung als auch Gesetzgeber eine Fokussierung auf die Beteiligung. Unabhängig vom Vorliegen der Fähigkeit zur freien Willensbildung wird verdeutlicht, dass die Wünsche und Neigungen des Kindes zu beachten sind und eine einvernehmliche Lösung in Anlehnung an §§ 1626 Abs. 2, 1631 Abs. 2 BGB anzustreben sei.[463] Sowohl die Sorgeberechtigten als auch die Behandelnden müssten stets versuchen, den Patienten in kindgerechter Weise in die Behandlungsentscheidung einzubeziehen.[464] Zudem müssten sich die Sorgeberechtigten mit einer Ablehnung des Kindes gegen die Beschneidung ernsthaft auseinandersetzen.[465] Dies verdeutlicht, dass die Beteiligung der Minderjährigen zur Umsetzung ihres Selbstbestimmungsrechts im Entscheidungsprozess deutlich gefordert wird und § 1626 Abs. 2 BGB bei der Anwendung der Norm zu hineinzulesen ist und die Ansätze nach Art. 12 Abs. 1 UN-KRK auf eine altersunabhängige

---

458 BT-Drs. 17/11295, S. 17.

459 BT-Drs. 17/11295, S. 17.

460 *OLG Hamm*, Beschluss v. 30.8.2013, 3 UF 133/13, NJW 2013, 3662 (3663).

461 Vgl. BT-Drs. 17/11295, S. 17.

462 *Rixen*, NJW 2013, 257 (260).

463 *OLG Hamm*, Beschluss v. 30.8.2013, 3 UF 133/13, NJW 2013, 3662 (3663); *OLG Hamm*, Urteil v. 21.11.2017, 5 RVs 125/17, FamRZ 2018, 722.

464 *OLG Hamm*, Beschluss v. 30.8.2013, 3 UF 133/13, NJW 2013, 3662 (3663).

465 BT-Drs. 17/11295, S. 18.

Einbeziehung in den Entscheidungsprozess durch die Möglichkeit zur Äußerung bedacht werden müssen.

III. Einwilligungskompetenz im Arzneimittelgesetz

Das AMG verfolgt in § 40b Abs. 3 AMG ausdrücklich einen kumulativen Ansatz zur Einwilligung in die klinische Prüfung.[466] Damit hält der Gesetzgeber auch nach den Änderungen aufgrund der VO (EU) 536/2014 an den bisherigen Regelungen des § 40 Abs. 4 Nr. 3 Satz 4 AMG fest.[467] Liegt bei Minderjährigen die Einwilligungsfähigkeit vor, ist ihre und die Einwilligung der gesetzlichen Vertreter*innen zur Rechtfertigung der Maßnahme maßgebend. Zudem sieht § 40b Abs. 3 Satz 2 AMG vor, dass eine klinische Prüfung bei Minderjährigen, die nicht in der Lage sind, Wesen, Bedeutung und Tragweite der klinischen Prüfung zu erkennen und ihren Willen hiernach auszurichten, erklären oder in sonstiger Weise zum Ausdruck bringen nicht an der klinischen Prüfung teilnehmen zu wollen, nicht durchgeführt werden darf. Dies gilt als ausdrücklicher Wunsch i.S.d. Artikel 31 Absatz 1 c der VO, der die Beachtung der Ablehnung der klinischen Prüfung unabhängig vom freien Willen normiert. Es geht nicht deutlich hervor, ob die Ablehnung einer unmittelbaren Umsetzung einer Entscheidung gegen die Vornahme der klinischen Prüfung entspricht oder lediglich altersentsprechend mit in den Entscheidungsprozess einfließt. Die weiteren Voraussetzungen zur Prüfungsteilnahme Minderjähriger regelt Art. 32 VO und normiert, dass die minderjährigen Teilnehmer*innen durch eine Person, welche im Umgang mit Minderjährigen erfahren oder entsprechend ausgebildet ist, alters- und reifeentsprechend aufgeklärt werden müssen (Abs. 1b). Zudem sollen die Teilnehmer*innen unabhängig von der Einwilligungsfähigkeit entsprechend ihrem Alter und ihrer geistigen Reife in den Entscheidungsprozess zur Einwilligung nach Aufklärung einbezogen werden (Abs. 2). Damit ist eine Beteiligung unabhängig von der freien Willensbildung etabliert. Allerdings lässt sich nicht feststellen inwiefern den Jugendlichen ein unmittelbares Äußerungsrecht eingeräumt ist.

IV. Einwilligungskompetenz im Transplantationsgesetz

Grundsätzlich stellt das TPG in § 8 Abs. 1 a auf volljährige und einwilligungsfähige Personen als Spender*innen ab. Ausnahmen für die Spendemöglichkeiten

466 *Wölk*, MedR 2001, 80 (83).

467 BT-Drs. 18/8034, S. 46; vgl. Art. 29 Abs. 8 Verordnung (EU) 536/2014.

durch Minderjährige werden in den §§ 8a bis 8c TPG vorgesehen und bereits oben aufgezeigt. Dabei ist sowohl ein kumulativer Ansatz als auch eine Alleinentscheidungskompetenz der minderjährigen Einsichts- und Urteilsfähigen geregelt. § 8 a TPG normiert die Entnahme von Knochenmark bei Minderjährigen unter engen Voraussetzungen.[468] Grundsätzlich bedarf es gemäß § 8a Satz 1 Nr. 4 TPG der Einwilligung und Aufklärung der Sorgeberechtigten. Daneben ist der Minderjährige jedoch stets adressatengerecht durch die Behandelnden aufzuklären und § 1627 BGB zu beachten.[469] Zudem stellt auch das TPG auf die Beachtung eines Vetos der Minderjährigen gegen die Entnahme oder Verwendung ab, um den Willen je nach geistiger Reife zu beachten.[470] Liegt hingegen die nötige Urteils- und Einsichtsfähigkeit vor, ist die Einwilligung der minderjährigen Patient*innen neben Zustimmung der gesetzlichen Vertreter*innen als Co-Konsens einzuholen (§ 8a Satz 1 Nr. 5 TPG).[471] Gemäß § 8b Abs. 1 Satz 1 und § 8c Abs. 1 Nr. 1a TPG stellt der Gesetzgeber bei der Entnahme von Gewebe und Organen in besonderen Fällen und zur Rückübertragung lediglich auf die Einwilligungsfähigkeit und somit die Möglichkeit einer Alleinentscheidungskompetenz der Minderjährigen ab.[472] § 8c Abs. 2 TPG verweist zudem darauf, dass bei der Entscheidung durch die Sorgeberechtigten § 1627 BGB zu beachten ist. Obliegt die Einwilligungskompetenz zur Entnahme von Geweben oder Organen zur Rückübertragung bei fehlender Einwilligungsfähigkeit den Eltern, haben diese das Wohl des Kindes zu beachten.[473]

V. Zusammenfassung

Simultan zur Einwilligungsfähigkeit wird der Gesetzgeber in den Regelungen der §§ 630a ff. BGB hinsichtlich der Einwilligungskompetenz nicht konkret. Vielmehr lässt er für die Praxis offen, wessen Einwilligung beim Vorliegen der Einwilligungsfähigkeit der minderjährigen Patient*innen zur Rechtfertigung des Eingriffs maßgebend ist.[474] Der Blick in Spezialgesetze, die medizinische Eingriffe betreffen, offenbart, dass ebenfalls verschiedene Kompetenzmodelle

468 BT-Drs. 16/3146, S. 30; *Scholz/Middel* in: Spickhoff Medizinrecht, §§ 8a-8c TPG, Rn. 2.

469 *Schmidt-Recla*, GesR 2009, 566 (569).

470 BT-Drs. 16/3146, S. 30; *Schmidt-Recla*, GesR 2009, 566 (569).

471 BT-Drs. 16/3146, S. 30; vgl. *Deuring*, Jus 2020, 637 (639); kritisch zum Co-Konsens: *Schmidt-Recla*, GesR 2009, 566 (569 f.).

472 BT-Drs. 16/3146, S. 29 f.; *Coester-Waltjen*, MedR 2012, 553 (556).

473 *Coester-Waltjen*, MedR 2012, 553 (556).

474 BT-Drs. 17/10488, S. 23.

herangezogen werden.[475] Bei medizinischen Eingriffen, wie der Transplantation von Knochenmark, stellt der Gesetzgeber auf eine kumulative Entscheidungsfindung ab (§ 8a Satz 1 Nr. 5 TPG). In besonderen Fällen der Gewebe- und Organentnahme oder Rückübertragung kommt es zur Alleinentscheidungsbefugnis der minderjährigen Patient*innen. Bei der Beschneidung eines männlichen Kindes ordnet er lediglich den Ausschluss der Einwilligungskompetenz der Eltern an, ohne eine selbstständige Einwilligungsmöglichkeit des einsichts- und urteilsfähigen Jungen konkret aufzuzeigen.

Einheitlichkeit besteht dahingehend, dass der Beachtung des natürlichen Willens durch Beteiligung in den Gesetzen und der Rechtsprechung für spezielle medizinische Maßnahmen verstärkt Ausdruck verliehen wird. Dem Kind werden unterhalb der Schwelle der Einwilligungsfähigkeit Äußerungsrechte gegen die Vornahme bestimmter Maßnahmen eingeräumt (vgl. § 40b Abs. 3 Satz 2 AMG; § 8a Satz 1 Nr. 4 TPG)[476] Allerdings ist deren mittelbare oder unmittelbare Wirkung auf den Entscheidungsprozess nicht ausdrücklich normiert. Weitere Beteiligungsmöglichkeiten werden durch die Erfordernisse einer adressatengerechten Aufklärung oder einer alters- und reifeentsprechenden Einbeziehung in den Entscheidungsprozess für die Minderjährigen unabhängig vom Vorliegen der freien Willensbildungsmöglichkeit vorgesehen.[477] Auch die Beachtung der Normen des Familienrechts zur Orientierung am Kindeswohl werden verdeutlicht (vgl. § 1627 BGB i.V.m. § 8a Satz 1 Nr. 4 TPG, § 8c Abs. 2 TPG). Mithin wird eine Beachtung der Wünsche und dessen Ermittlung durch einen entsprechenden Diskurs fokussiert, um der Selbstbestimmung Rechnung zu tragen. Dabei wird der Rückgriff auf § 1626 Abs. 2 BGB statuiert und eine partizipative Entscheidungsfindung fokussiert. Allerdings wird auch in den Spezialgesetzen kein ausdrückliches Äußerungsrecht, unabhängig von der Ablehnung, normiert.

E) Lösungsansätze zur Einwilligungskompetenz in der Literatur

Im Folgenden werden die verschiedenen Lösungsansätze in der Literatur zur Einwilligungskompetenz dargestellt und untersucht.

---

475 Dazu vertiefende Übersicht: *Nebe* in: FS Höland, 685 (700).

476 Beachtung des natürlichen Willens bei der Beschneidung eines einwilligungsunfähigen Jungen: *OLG Hamm*, Beschluss v. 30.8.2013, 3 UF 133/13, NJW 2013, 3662 (3663).

477 Vgl. *Damm*, MedR 2015, 775 (779).

I. Alleinentscheidungsrecht der minderjährigen Patient*innen

In der Literatur finden sich zahlreiche Stimmen, die ein Alleinentscheidungsrecht der einwilligungsfähigen Minderjährigen in den medizinischen Eingriff für geboten halten.[478] Dabei soll die Einwilligungskompetenz dem Grunde nach an die Fähigkeit zur freien Willensbildung gebunden sein.

1. *Zielsetzung des Alleinentscheidungsrechts*

Zielsetzung der Etablierung eines Alleinentscheidungsrechts sei es, dem Bestehen des medizinisch verfassungsrechtlich gesicherten Selbstbestimmungsrechts unbegrenzte Durchsetzung einzuräumen.[479] Selbst bei objektiv unvernünftigen Entscheidungen sei die Autonomie Einwilligungsfähiger nicht grds. zu begrenzen.[480] Das elterliche Erziehungsrecht müsse in diesem Fall hinter das Recht der Minderjährigen zurücktreten[481] bzw. finde seine Grenze bei Vorliegen der freien Willensbildung.[482] Denn das Erziehungsrecht sei gehalten, progressiv zur wachsenden Selbstständigkeit des Kindes in einem angemessenen Verhältnis zurückzuweichen (vgl. § 1626 Abs. 2 BGB).[483] Z. T. wird auf eine vermeintliche Ungleichbehandlung zwischen dem Recht der minderjährigen Patient*innen und dem Erwachsenenschutzrecht verwiesen, wenn ihnen kein Alleinentscheidungsrecht eingeräumt werde.[484]

---

478 U. a. *Schlereth*, FamRZ 2022, 668 (673); *Götz*, Anm. zu *OLG Frankfurt a.M.*, Urteil v. 16.7.2019, 8 U 228/17, FamRZ 2020, 336 (339); *Deuring*, JuS 2020, 637 (639); *Wagner* in: MüKo, § 630d BGB, Rn. 37; *Bichler*, GesR 2014, 208 (212); *Rouka*, Das Selbstbestimmungsrecht des Minderjährigen bei ärztlichen Eingriffen, S. 119; *Wölk*, MedR 2001, 80 (84 f.); *Kohte*, AcP 1985, 105 (146 ff.); *Duttge* in: Patientenautonomie, 77 (80); *Belling*, FuR 1990, 68 (76); *Lippert*, Probleme der Einwilligungsfähigkeit Minderjähriger in ärztlichen Behandlungen, S. 176, 178; vgl. *Spickhoff* in: Spickhoff Medizinrecht, § 630d BGB, Rn. 8; *Brückner*, Das medizinische Selbstbestimmungsrecht des Minderjährigen, S. 76; *Belling/Eberl/Michlik*, Das Selbstbestimmungsrecht Minderjähriger bei medizinischen Eingriffen, S. 135 ff; vgl. *Schwerdtner* zu Schwangerschaftsabbrüchen, NJW 1999, 1525.

479 *Wölk*, MedR 2001, 80 (84); *Spickhoff* in: Spickhoff Medizinrecht, § 630d BGB, Rn. 8; *Deuring*, JuS 2020, 637 (639).

480 So *Brückner*, Das medizinische Selbstbestimmungsrecht des Minderjährigen, S. 76.

481 *Wölk*, MedR 2001, 80 (84); vgl. *Deuring*, JuS 2020, 637 (639).

482 *Rouka*, Das Selbstbestimmungsrecht des Minderjährigen bei ärztlichen Eingriffen, S. 119; *Spickhoff*, FamRZ 2ß18, 412 (423).

483 *Kohte*, AcP 1985, 105 (146 f.); *Kern*, NJW 1994, 753 (755).

484 *Spickhoff*, AcP 2008, 345 (389); *Gleixner-Eberle*, Die Einwilligung in die medizinische Behandlung Minderjähriger, S. 452; vgl. *Taupitz*, Gutachten zum 63. DJT, A 64; vgl. *Bichler*, GesR 2014, 208 (212).

2. Relativierende Ansätze zum Alleinentscheidungsrecht

Diese strikte Trennung zwischen Selbstbestimmungsrecht der Minderjährigen und Personensorgerecht der Eltern wird durch verschiedene Ansätze relativiert. Im Rahmen einer Alleinentscheidungskompetenz müssten an die Feststellung der Einwilligungsfähigkeit besondere Anforderungen gestellt werden, weil sie als Trennlinie zur vollständigen selbständigen Einwilligungskompetenz fungiere.[485] Es wird z. T. vorgetragen, dass die Prüfung strenger zu erfolgen habe, je weniger indiziert der Eingriff sei.[486] Auch die Schwere und die Dringlichkeit des Eingriffs seien maßgebliche Indikatoren für die Bewertung der Einwilligungsfähigkeit.[487]

Für aufschiebbare medizinische Maßnahmen solle die freie Willensbildung grds. verneint werden.[488] Partiell wird argumentiert, dass die behandelnde Person trotz der alleinigen Einwilligungskompetenz der Jugendlichen unter Umständen eine Informations- und Aufklärungspflicht gegenüber den Eltern haben solle, wenn es das Wohl des Kindes fordere, da das Personensorgerecht nicht gänzlich verdrängt werde.[489] Im sog. Regel-Ausnahme-Modell wird von *Zahn* neben dem Vorliegen der Einwilligungsfähigkeit ein *„berechtigtes Interesse"* der Minderjährigen an dem medizinischen Eingriff gefordert.[490] Dieses liege vor, wenn die Entscheidung dokumentiere, dass die zu behandelnde Person keines gesteigerten Schutzes mehr bedürfe, weil sie z. B. nicht von sachfremden Erwägungen geleitet werde.[491] Zudem müsse es für die Ärzteschaft nachvollziehbar sein, dass die Jugendlichen selbst die Entscheidung abgeben oder abgelehnt haben, ohne in einer Konfliktsituation, z. B. zu den Eltern, zu stehen.[492]

3. Konsequenzen des Alleinentscheidungsrechts

Ein uneingeschränktes Alleinentscheidungsrecht der einwilligungsfähigen Minderjährigen erscheint im Verhältnis zum Abschluss des Behandlungsvertrages

485 So *Spickhoff* in: Spickhoff Medizinrecht, § 630d BGB, Rn. 8.

486 *Deuring*, JuS 2020, 637 (639).

487 So *Wagner* in: MüKo, § 630d BGB, Rn. 61.

488 So *Wagner* in: MüKo, § 630d BGB, Rn. 61.

489 *Bichler*, GesR 2014, 208 (2012); *Spickhoff*, FamRZ 2018, 412 (423); näher: *Belling/Eberl/Michlik*, Das Selbstbestimmungsrecht Minderjähriger bei medizinischen Eingriffen, S. 136 f.; *Wölk*, MedR 2001, 80 (84); *Kohte*, AcP 1985, 105 (149); *Belling*, FuR 1990, 68 (76).

490 So *Zahn*, Der Einwilligungsunfähige in der Medizin, 77 f, 203.

491 So *Zahn*, Der Einwilligungsunfähige in der Medizin, 77 f, 203.

492 So *Zahn*, Der Einwilligungsunfähige in der Medizin, 77 f. 203.

unstimmig.[493] Die Minderjährigen wären zur Einwilligung in die medizinische Behandlung berechtigt, jedoch könnten sie den dazugehörigen Vertrag nicht ohne die Zustimmung der Sorgeberechtigten abschließen (vgl. Kapitel 3). Zudem zeigen die Unsicherheiten bei der Feststellung der Einwilligungsfähigkeit, dass diese strikte Trennung zwischen den grundrechtlichen Positionen der Beteiligten kein zufriedenstellendes Ergebnis für die Praxis darstellen kann.[494] Insoweit bei den relativierenden Ansätzen zum Alleinentscheidungsrecht wiederum weitere „*strenge*" Anforderungen an die Einwilligungsfähigkeit gestellt werden, vermag das die Unsicherheiten für die behandelnden Akteur*innen zusätzlich erhöhen. Im Zweifel wird der Ärzteschaft sogar angeraten, die Einwilligung der Eltern einzuholen, um sich haftungsrechtlich abzusichern.[495] Mit diesen aufkommenden Unwägbarkeiten erscheint die Stärkung der Autonomie der minderjährigen Patient*innen in der Praxis durch ein Alleinentscheidungsrecht schwierig. Insoweit auf eine Ungleichbehandlung im Vergleich zu volljährigen einwilligungsfähigen Patient*innen hingewiesen wird, kann dies nicht überzeugen. Es fehlt bereits an der Vergleichbarkeit der Personengruppen. Im Gegensatz zu gesetzlichen Betreuer*innen obliegt den Eltern die Ausübung der Personensorge, welche verfassungsrechtlich geschützt ist.[496] Zudem haben Volljährige unter rechtlicher Betreuung stehende Patient*innen häufig ein ausgeprägtes Wertesystem für sich entwickelt, welches sie zur Grundlage ihrer Entscheidung machen können.[497] Minderjährige sollen an diese Eigenständigkeit zunächst herangeführt werden (vgl. § 1626 Abs. 2 BGB) und können sich diese Basis häufig noch nicht zu eigen machen.[498]

---

493 So auch *Diederichsen*, FS Hirsch, 355 (361); *Nebendahl*, MedR 2009, 197 (201); anders *Taupitz*, Gutachten zum 63. DJT, A65.

494 *Oldenburger*, Anm. zu Urteil *LG München II*, v. 22.9.2020, 1 O 4890/17, NZFam 2020, 1123 (1123).

495 *Oldenburger*, Anm. zu Urteil *LG München II*, v. 22.9.2020, 1 O 4890/17, NZFam 2020, 1123 (1123); Wagner in: MüKo, § 630d BGB, Rn. 44.

496 *Taupitz*, Gutachten zum 63. DJT, A77.

497 *Diederichsen*, FS Hirsch, 354 (358).

498 *Lorenz*, NZFam 2017, 782 (785); *Diederichsen*, FS Hirsch, 354 (358).

II. Vetorecht der minderjährigen Patient*innen

Z. T. wird Minderjährigen in der Literatur ebenfalls ein sog. Vetorecht zugesprochen.[499] Dieses Recht ergebe sich aus dem Persönlichkeitsrecht der Minderjährigen und gebiete es das Personensorgerecht der Eltern einzuschränken.[500] Zudem lasse sich die Berücksichtigung des Willens des Kindes auf § 1626 Abs. 2 und § 1631 Abs. 2 BGB stützen.[501] Das Vetorecht wird u. a. bei Behandlungen gegen den Willen einwilligungsfähiger Minderjähriger zugestanden, da dies eine Zwangsbehandlung darstelle, die gegen das verfassungsrechtliche Selbstbestimmungsrecht verstoße.[502] Das Einlegen des Vetos gegen die Entscheidung der Eltern könnte somit die Durchführung des Eingriffs verhindern, aber keine eigenständige Einwilligungskompetenz statuieren.[503]

1. *Einwände gegen ein Vetorecht Einwilligungsfähiger*

Gegen dieses Vetorecht der minderjährigen einwilligungsfähigen Patient*innen wird vorgetragen, dass dieses ohne Begründung zwischen einer Ablehnungs- und Zustimmungsmöglichkeit differenziere und z. T., wie in der Rechtsprechung auf relativ indizierte Eingriffe beschränkt sei.[504] Darin wird eine unzulässige Beschränkung des Selbstbestimmungsrechts der Einwilligungsfähigen gesehen.[505] Mithin habe der Gesetzgeber Vetorechte in anderen Gesetzen, wie dem AMG, ausdrücklich geregelt und ein solches im Rahmen der §§ 630a ff. BGB bewusst nicht vorgesehen.[506]

---

499 *Opitz*, NZFam 2021, 767 (768); *Wagner* in: MüKo, § 630d BGB, Rn. 41; *Wellenhofer*, Familienrecht, § 33 Rn. 1; vgl. *Spickhoff* in: Spickhoff Medizinrecht, § 630d BGB, Rn. 7; *Lipp*, Anm. zu *BGH*, Urteil v. 10.10.2006, VI ZR 74/05, MedR 2008, 289 (293); *Lettmaier* in: Staudinger, § 1626 BGB, Rn. 293.

500 So *Lipp*, Anm. zu BGH, Urteil v. 10.10.2006, VI ZR 74/05, MedR 2008, 289 (293).

501 So *Rothärmel*, Einwilligung, Veto, Mitbestimmung, S. 180.

502 *Wagner* in: MüKo, § 630d BGB, Rn. 42; *Lorenz*, NZFam 2017, 782 (787).

503 *Lorenz*, NZFam, 2017, 782 (787).

504 *Deuring*, JuS 2020, 637 (639); *Nebendahl*, MedR 2009, 197 (204); vgl. *Gleixner-Eberle*, Die Einwilligung in die medizinische Behandlung Minderjähriger, S. 333.

505 *Keading/Schwenke*, MedR 2016, 935 (937).

506 So *Kreße*, MedR 2015, 91 (94).

2. *Eigenständige Vetofähigkeit*

Z. T. wird für die Handlungsfähigkeit bereits auf eine sog. Vetofähigkeit abgestellt, die unterhalb der Grenze zur Einsichts- und Urteilsfähigkeit liegt.[507] Diese wird dahingehend konkretisiert, dass die Möglichkeit, den natürlichen Willen zu bilden besteht und darüber hinaus eine gewisse Ernsthaftigkeit, Kontinuität und Nachvollziehbarkeit der Entscheidung aus Sicht der Patient*innen gegeben sei.[508] Dem wird entgegengehalten, dass diese Handlungsfähigkeit erneute Unwägbarkeiten und Abgrenzungsprobleme hervorbringe und deren Reichweite unklar sei.[509] Zumindest müsse sich dieses Vetorecht auf eine Wirkung im Innenverhältnis der Sorgerechtsbeziehung begrenzen lassen, weil die Patient*innen zu keiner vollständigen freien Willensbildung befähigt sind.[510] Eine Über- oder Unterschreitung der Sorgerechtsbefugnisse der Eltern unterläge wiederum der gerichtlichen Entscheidung gemäß § 1666 Abs. 1 BGB und könne die Rechte des Kindes sichern.[511] Die Statuierung eines Vetorechts kann die Beteiligung Minderjähriger am Entscheidungsfindungsprozess stärken und den innerfamiliären Diskurs anregen.

Allerdings fokussiert es lediglich den Prozess der Ablehnung eines Eingriffs gegen die Zustimmung der Eltern zur Durchsetzung des freien Willens, ohne ein Recht bezüglich einer Zustimmung zu betrachten.

III. Einwilligung der Minderjährigen und der Eltern als Co-Konsens

Entgegen dem Alleinentscheidungsrecht und dem Vetorecht wird bei Vorliegen der Einwilligungsfähigkeit die Etablierung eines kumulativen Einwilligungskonzeptes

---

507 Zur Annahme des Vetorechts bei nicht dringlichen Maßnahmen: *Spickhoff* in: Spickhoff Medizinrecht, § 630d BGB, Rn. 7; kritisch zur sog. Vetofähigkeit: *Wagner* in: MüKo, § 630d BGB, Rn. 42; *Rothärmel*, Einwilligung, Veto, Mitbestimmung, S. 196; *Gleixner-Eberle*, Die Einwilligung in die medizinische Behandlung Minderjähriger, S. 322; vgl. Vetorecht einwilligungsunfähiger Minderjähriger gemäß § 40b Abs. 3 Satz 2 AMG.

508 So *Spickhoff* in: Spickhoff Medizinrecht, § 630d BGB, Rn. 7.

509 So *Gleixner-Eberle*, Die Einwilligung in die medizinische Behandlung Minderjähriger, S. 322.

510 *Rothärmel*, Einwilligung, Veto, Mitbestimmung, S. 195; *Spickhoff* in: Spickhoff Medizinrecht, § 630d BGB, Rn. 7; *Gleixner-Eberle*, Die Einwilligung in die medizinische Behandlung Minderjähriger, S. 324.

511 *Lorenz*, NZFam 2017, 782 (787).

betrachtet.[512] Dafür spricht zunächst das grundrechtlich geschützte Personensorgerecht der Eltern, welches das Kind vor der Beeinträchtigung oder Gefahren für seine Rechtsgüter schützen und nur in einem angemessenen Verhältnis zur wachsenden Selbständigkeit des Kindes zurücktreten soll.[513] Der kumulative Ansatz gibt sowohl dem Sorgerecht als auch dem Selbstbestimmungsrecht der minderjährigen Patient*innen zunächst eine Berechtigung und versucht diese in ein angemessenes Verhältnis zu setzten.[514] Dabei wird der steigenden Autonomie der minderjährigen Patient*innen bereits vor der Volljährigkeit eine Relevanz und dem Personensorgerecht der Eltern im Rahmen einer gemeinsamen Entscheidungsfindung Raum gegeben.[515] Potenzielle Meinungsverschiedenheiten sollten im Sinne des § 1626 Abs. 2 BGB besprochen werden.[516] Dieses familienrechtliche Leitbild des Diskurses zielt auf eine einvernehmliche Entscheidungsfindungs- und gegenseitige Unterstützungskultur ab.[517] Durch das kumulative Einwilligungserfordernis werden beide Parteien in den Behandlungs- und dessen Entscheidungsfindungsprozess einbezogen und beteiligt. Den Grundgedanken des Familienrechts gemäß §§ 1626 Abs. 2, 1631 BGB wird im Außenverhältnis damit Ausdruck verliehen.

1. Praktische Auswirkungen

In der praktischen Umsetzung müsste die Ablehnung eines Eingriffs gegen den Willen der Eltern akzeptiert und die Behandlung zunächst abgebrochen werden.[518] Eine Einwilligung in den Eingriff gegen die Entscheidung der Erziehungsberechtigten bliebe den Minderjährigen hingegen grds. verwehrt.[519] Dies lässt zunächst die Annahme zu, dass ein kumulatives Einwilligungserfordernis lediglich einem verdeckten Vetorecht der Minderjährigen gleichkommt und

---

512 U. a. *Dorneck/Gassner/Kersten/Lindner/Linoh/Nebe/Rosenau/Schmidt am Busch*, MedR 2019, 431 (434); *Schmidt*, NJW 2021, 2688; *Lorenz*, NZFam 2017, 782 (788); *Reipschläger*, Die Einwilligung Minderjähriger in ärztliche Heileingriffe und die elterliche Personensorge, S. 205 f; *Diederichsen*, FS Hirsch, 355 (361); vgl. *Götz*, FamRZ 2020, 336 (340); *Nebe* in: FS Höland, S. 685 (706); *Nebendahl*, MedR 2009, 197.

513 *Nebendahl*, MedR 2009, 197 (199).

514 *Keading/Schwenke*, MedR 2016, 935 (939).

515 *Reipschläger*, Die Einwilligung Minderjähriger in ärztliche Heileingriffe und die elterliche Personensorge, S. 206.

516 *Keading/Schwenke*, MedR 2016, 935 (939).

517 *Nebendahl*, MedR 2009, 197 (200).

518 *Nebendahl*, MedR 2009, 197 (200).

519 *Lorenz*, NZFam 2017, 782 (786).

das Persönlichkeitsrecht unverhältnismäßig beschränkt.[520] Eine Stärkung von Selbstbestimmung ermöglicht sich allerdings nicht lediglich durch vollständige Berechtigung zur Autonomie. Der Co-Konsens fördert die Gleichstellung der Parteien im Behandlungsverhältnis, die Rechtsstellung der Minderjährigen und erhebt sie neben ihren Sorgeberechtigten zum zusätzlichen Entscheidungsträger auch bei Zustimmungsentscheidungen. Die Sorgeberechtigten können ihr Kind bei der Entscheidungsfindung unterstützen und so deren rechtliche Handlungsfähigkeit fördern.[521] Durch diese Beteiligung in Form von Mitentscheidung wird die Selbstbestimmung gestärkt. Insoweit aufgezeigt wird, dass das Erfordernis des Co-Konsenses in Familien, in denen die Gesprächskultur konfliktbehaftet oder nicht ausgeprägt ist, zweifelhaft sei, offeriert dies die Notwendigkeit einer genaueren Betrachtung diskursfördernder und beratender Ansätze.[522] In kindeswohlgefährdenden Konfliktsituationen hinsichtlich der Ablehnung der Eltern zum Eingriff verbliebe zumindest die gerichtliche Entscheidungskompetenz gemäß §§ 1666 ff. BGB.[523]

2. Diskursfördernde und beratende Ansätze

Neben der gerichtlichen Lösung potenzieller innerfamiliärer Konflikte werden in der Literatur verschiedenen weitere Ansätze durch Beteiligung Dritter aufgezeigt, die Uneinigkeiten und Unsicherheiten beseitigen bzw. offenbaren können. Der Ausschuss für die Rechte des Kindes betont, dass diesen auf Basis der KRK unter gewissen Umständen, wie Konflikten mit den Sorgeberechtigten über die Inanspruchnahme von medizinischen Leistungen, ein Beratungsanspruch zustehen sollte.[524] Z. T. wird die Kommunikationsförderung durch die behandelnde Person als neutraler Dritter im Rahmen der Aufklärung genannt, um den Gesprächsprozess im Sinne des § 1626 Abs. 2 BGB zu fördern und eine Einigung herbeizuführen.[525] Mithin wird vorgetragen in Konfliktsituationen über die Entscheidung zur Einwilligung oder Ablehnung in den Eingriff zwischen den Sorgeberechtigten und den minderjährigen Patient*innen eine Ethikkommission

---

520 *Lorenz*, NZFam 2017, 782 (786).

521 Dazu auch *Dorneck/Gassner/Kersten/Lindner/Linoh/Nebe/Rosenau/Schmidt am Busch*, MedR 2019, 431 (433 f.).

522 Vgl. *Spickhoff*, FamRZ 2018, 412 (423).

523 *Nebendahl*, MedR 2009, 197 (202); *Kaedling/Schwenke*, MedR 2016, 935 (940).

524 Deutsche Übersetzung des General Comment No. 12, CRC/C/GC/12, Rn. 101.

525 *Nebe* in: FS Höland, S. 685 (707); *Nebendahl*, MedR 2009, 197 (203).

hinzuzuziehen.[526] Insbesondere im klinischen Bereich gibt es neben den Behandelnden mehrere Akteur*innen, die eine beratende Funktion einnehmen könnten. Neben Psycholog*innen und weiteren Ärzt*innen, ist an eine krankenhausinterne Ethikberatung[527] und Patientenfürsprecher*innen[528] zu denken. Ebenfalls kann das Pflegepersonal bei entsprechender Einbeziehung und Begleitung des Behandlungsprozesses als Signalgeber und Ansprechpartner*innen bei Problemstellungen in der Patient*innen-Sorgeberechtige-Behandler*innen-Kommunikation fungieren. Die Notwendigkeit entsprechender Schulungen und der Sensibilisierung des Personals ist diesbezüglich inkludiert. Zudem könnte der krankenhausinterne Sozialdienst Beratungsmöglichkeiten für die Kinder und Jugendlichen und deren Angehörigen vermitteln.[529] Auch darüberhinausgehende Beratungsmöglichkeiten im gesamten sozialrechtlichen Leistungsdreieck (vgl. § 14 SGB I) könnten in diesem Kontext betrachtet werden und den Beteiligten zur Verfügung stehen.[530] Dabei sollte den Betroffenen eine Information über bestehende Angebote durch die Behandelnden aufgezeigt und die nötige Beratungszeit eingeräumt werden.[531]

IV. Kriterienorientierte und stufenweise angelegte Einwilligungskompetenz

Z. T. wird in der Literatur eine Differenzierung der Kompetenz je nach Intensität, ärztlicher Beurteilung oder Dringlichkeit des medizinischen Eingriffs vorgenommen.[532] *Kaeding/Schwenke*[533] schlagen eine gestaffelte gesetzliche Regelung für medizinisch indizierte Eingriffe vor und orientieren sich dabei u. a. an der

---

526 *Kaeding/Schwenke* zur Hinzuziehung der zentralen Ethikkommission der Bundesärztekammer als Entscheidungsassistent, MedR 2016, 935 (940).

527 Näher zu den Standards für Ethikberatung im Gesundheitswesen, *Akademie für Ethik in der Medizin e.V.*, Ethik in der Medizin 2023, 313.

528 Zur Entscheidungsassistenz durch Patientenfürsprecher*innen im Erwachsenenschutzrecht: *Bühler/Stolz*, BtPrax 2017, 167; die Einrichtung von ehrenamtlichen Patientenfürsprecher*innen erfolgt in Sachsen-Anhalt gemäß § 15 Krankenhausgesetz LSA (KHG LSA).

529 Vgl. dazu § 16 Abs. 3 Nr. 4 KHG LSA und § 26 SächsKHG.

530 *Nebe* in: FS Höland, S. 685 (707).

531 Näher zur zeitlich gestreckten Einwilligung: *Dorneck/Gassner/Kersten/Lindner/Linoh/Nebe/Rosenau/Schmidt am Busch*, MedR 2019, 431 (433 f.).

532 *Genske*, Gesundheit und Selbstbestimmung, S. 343; *Kaedling/Schwenke*, MedR 2016, 935 (939).

533 *Kaedling/Schwenke*, MedR 2016, 935 (939).

österreichischen Regelung des § 173 ABGB.[534] Der Vorschlag basiert auf einer Regelung zur kumulativen Einwilligung der Minderjährigen und Sorgeberechtigten ab dem vollendeten dreizehnten Lebensjahr.[535] Die freie Willensbildung wird ab dieser Altersgrenze unterstellt. Dabei orientieren sie sich an entwicklungspsychologischen Studien, wonach sich das Entwicklungsalter zwischen Jungen und Mädchen mit dreizehn Jahren bis zu sechs Jahren unterscheiden könne.[536] Folglich könnte die Einwilligungsfähigkeit bereits vorliegen oder gerade noch nicht.[537] Als Positiv zeigt sich an dieser Herangehensweise, dass die Minderjährigen auch unabhängig vom Vorliegen der positiv festgestellten freien Willensbildung in den Entscheidungsprozess einbezogen werden und die Sorgeberechtigten ebenfalls im Entschlussverfahren stehen. Allerdings ist ein eingeräumtes Mitentscheidungsrecht ab der starren Altersgrenze trotz eventuell fehlender Einwilligungsfähigkeit kritikwürdig. Diese daraus resultierende Verweigerungskompetenz der potenziell einwilligungsunfähigen zu behandelnden Person beschränkt das elterliche Personensorgerecht in einem erheblichen Maße. Mit vergleichendem Ausblick auf das Betreuungsrecht sei aufgezeigt, dass es einer Regelung zur Möglichkeit der Überwindung des natürlichen Willens bedürfe, um einen erheblichen drohenden gesundheitlichen Schaden abzuwenden (vgl. § 1832 BGB). Um das Beispiel von *Keading/Schwenke* aufzugreifen, erscheint die wirksame Ablehnung einer Chemotherapie einer einwilligungsunfähigen 13-Jährigen gegen die Einwilligung ihrer Eltern verfassungsrechtlich bedenklich. Insoweit die uneingeschränkte Einwilligungsfähigkeit der Minderjährigen positiv festgestellt ist, solle es bei medizinisch indizierten Eingriffen sogar allein auf deren Entscheidung ankommen.[538]

F) Bisherige Gesetzesentwürfe und Reformpläne

Neben den Versuchen des Gesetzgebers spezielle Regelungen im strafrechtlichen Bereich hinsichtlich der Einwilligung Minderjähriger in den Abbruch

534 Zuvor § 146c ABGB und zuletzt geändert durch BGBl. I 59/2017, in Kraft seit 1.7.2018.

535 *Kaedling/Schwenke*, MedR 2016, 935 (939).

536 *Kaedling/Schwenke*, MedR 2016, 935 (939).

537 *Kaedling/Schwenke*, MedR 2016, 935 (939).

538 *Kaedling/Schwenke*, MedR 2016, 935 (940).

einer Schwangerschaft oder freiwilligen Sterilisation zu schaffen,[539] gab es auch zivilrechtliche Ansätze, die medizinische Eingriffe in den Blick nahmen, jedoch letztlich nicht in Kraft traten.

I. Gesetzesentwurf zur Neuregelung des Rechts der elterlichen Sorge gemäß § 1626a BGB-E

Ziel des Gesetzesentwurfs der Bundesregierung zur Neuregelung des Rechts der elterlichen Sorge aus dem Jahr 1974 war es, den Minderjährigen die Möglichkeit einzuräumen, stärker an elterlichen Sorgemaßnahmen mitzuwirken, um nicht bloßes Objekt der Fremdbestimmung zu sein.[540] Hinsichtlich der Personensorge erblickte der Gesetzesentwurf die Regelungsbedürftigkeit der Einwilligung in Gesundheitsbehandlungen aufgrund der widerstreitenden Auffassungen in Rechtsprechung und Literatur und sah die Einführung eines § 1626a BGB-E vor.[541]

1. Gesetzesentwurf § 1626a BGB

*„**§ 1626a** Die Einwilligung in eine Heilbehandlung kann, soweit gesetzlich nichts anderes bestimmt ist, das Kind nach Vollendung des 14. Lebensjahres selbst erteilen, wenn es fähig ist, Grund und Bedeutung der Heilbehandlung einzusehen und seinen Willen hiernach zu bestimmen; die Befugnis der Eltern, in eine Heilbehandlung des Kindes einzuwilligen, bleibt unberührt.“*[542]

2. Vollendung des vierzehnten Lebensjahres als Möglichkeit der Einwilligungskompetenz

Der Entwurf zog in der geplanten Regelung des § 1626a BGB-E eine Altersgrenze von 14 Jahren, welche überschritten werden müsse, um ein Entscheidungsrecht ausüben zu können.[543] Davor fände der Wille des Kindes lediglich im Rahmen

---

539 Entwurf eines fünften Gesetzes zur Reform des Strafrechts, v. 15.5.1972, BT-Drs. 6/3434, als kumulative Einwilligung der unter 16-jährigen Schwangeren und ihren Sorgeberechtigten zum Abbruch der Schwangerschaft gemäß § 219e Abs. 4 StGB-E und eines Co-Konsenses zwischen Minderjährigen und Eltern bei der Vornahme einer Sterilisation gemäß § 226b Abs. 5 StGB-E; vgl. auch BT-Drs. 7/1982 zu § 219d StGB-E und § 226b StGB-E.

540 Gesetzesentwurfs der Bundesregierung zur Neureglung des Rechts der elterlichen Sorge, v. 2.5.1974, BT-Drs. 7/2060, S. 1.

541 BT-Drs. 7/2060, S. 17 f.

542 BT-Drs. 7/2060, S. 4.

543 BT-Drs. 7/2060, S. 19.

des § 1626 Abs. 2 BGB Beachtung. Der Entwurf wies auf, dass diese Regelung für Einwilligungsfähige unter 14 Jahren eine unbillige Härte darstellte, rechtfertigte dies jedoch mit dem Bedürfnis nach Rechtssicherheit für die praktizierende Ärzteschaft.[544] Der Wortlaut des § 1626a BGB-E lies die Annahme zu, dass es für die Rechtfertigung des Eingriffs ab der gesetzten Altersgrenze stets einer gemeinsamen Zustimmung oder Ablehnung der Parteien bedürfe. In der Entwurfsbegründung wurde allerdings konkretisiert, dass es bei einer Ablehnung der Patient*innen zu einem notwendigen Eingriff allein auf die Einwilligung der Eltern ankomme.[545] Lehnen diese hingegen einen medizinisch notwendigen Eingriff ab, könne das Kind ab der Vollendung des vierzehnten Lebensjahres und bei vorhandener Einwilligungsfähigkeit allein die Entscheidung treffen.[546]

3. *Stellungnahmen*

Wie sich bereits aus den Darstellungen zu starren Altersgrenzen in der Literatur ergibt, ist die Festlegung des vierzehnten Lebensjahres als Grenze für die Möglichkeit zur Ausübung der Selbstbestimmung nicht unproblematisch und wird den unterschiedlichen Entwicklungstendenzen der Jugendlichen nicht gerecht. Mithin erfordert jede Heilbehandlung einen anderen Maßstab für die Urteils- und Einsichtsfähigkeit.[547] Folglich kann die nötige Urteils- und Einsichtsfähigkeit bereits vor der Vollendung des vierzehnten Lebensjahres vorliegen. Insbesondere wenn die geistige Entwicklung des Kindes aufgrund äußerer Umstände, wie langer oder chronischer Erkrankung in den Blick genommen wird. Mithin ist die Rechtfertigung über das Argument der Rechtssicherheit für den Eingriff in das Selbstbestimmungsrecht der unter 14-Jährigen nicht überzeugend.

Hauptkritikpunkt gegen die Regelung war zudem, dass zwar einsichts- und urteilsfähigen 14-Jährigen eine Selbstbestimmung eingeräumt wird, wenn die Sorgeberechtigten eine medizinisch indizierte Behandlung ablehnen, allerdings könne ein eigenes Interesse auf Ablehnung einer Behandlung nicht wirksam durchgesetzt werden.[548] Dabei wird angenommen, dass die Rechtfertigung dieser Widersprüchlichkeit in der Zielsetzung des Gesetzgebers liege, das objektive

544 BT-Drs. 7/2060, S. 19.

545 BT-Drs. 7/2060, S. 18.

546 BT-Drs. 7/2060, S. 18; *Gleixner-Eberle*, Die Einwilligung in die medizinische Behandlung Minderjähriger, S. 243.

547 Dazu auch *Kuntze*, JR 1973, 273 (274).

548 *Knöpfel*, FamRZ 1977, 600 (608); vgl. *Becker* in: FS Bosch, 37 (60); *Rouka*, Das Selbstbestimmungsrecht des Minderjährigen bei ärztlichen Eingriffen, S. 130.

Wohl des Kindes zu betrachten.[549] Die Gewährleistung und Berücksichtigung des Persönlichkeitsrechts erfasst jedoch dem Grunde nach auch Entscheidungen, die sich gegen das objektive verstandene Wohl richten und den Wünschen der Patient*innen entsprechen.[550] Letztlich wurde der Entwurf des § 1626a BGB zurückgezogen, weil er die Verantwortlichkeit der Sorgeberechtigten für die Kinder zu sehr eingeschränkt habe.[551]

II. Änderungsantrag 3 Artikel 1 Nr. 4 (§ 630d BGB Einwilligung) im Rahmen des Gesetzesentwurfs zur Verbesserung der Rechte von Patienten und Patientinnen aus dem Jahr 2012

Im Rahmen des Gesetzesentwurfes zur Verbesserung der Rechte von Patienten und Patientinnen aus dem Jahr 2012[552] gab es einen Änderungsantrag der Fraktion Bündnis 90/Die Grünen, wobei § 630d BGB um den Absatz 4 ergänzt werden sollte:

> *„Minderjährige können bei sie betreffenden medizinischen Eingriffen, deren Tragweite sie nach Aufklärung und Beratung erfassen können, selbst in einen sie betreffenden Eingriff einwilligen, soweit sie einwilligungs- und urteilsfähig sind.“*[553]

Zielsetzung war es bei der Feststellung der nötigen Einsichts- und Urteilsfähigkeit der Minderjährigen, eine eigene Entscheidungskompetenz für diese einzuräumen.[554] Zusätzlich wurde sich für die Notwendigkeit einer hinreichenden Aufklärung, Beratung und Information gegenüber den minderjährigen Patient*innen ausgesprochen, um ihr Recht wahrnehmen zu können.[555] Dieser Antrag wurde schließlich ohne weitere Begründung abgelehnt.[556] In diesem Kontext zeigt sich die Forderung nach dem Hinzutreten von einer weiteren Wissensvermittlung und einem Austausch, um eine potenzielle Handlungsfähigkeit zu fördern.

---

549 *Rouka*, Das Selbstbestimmungsrecht des Minderjährigen bei ärztlichen Eingriffen, S. 130.

550 *Rouka*, Das Selbstbestimmungsrecht des Minderjährigen bei ärztlichen Eingriffen, S. 130; vgl. *BVerfG*, Beschluss v. 23.3.1998, 2 BvR 2270–96, NJW 1998, 1774 (1774).

551 So BT-Drs. 8/2788, S. 45.

552 Entwurf eines Gesetzes zur Verbesserung der Rechte von Patienten und Patientinnen, BT-Drs. 17/10488, Gesetz in Kraft seit 26.2.2013.

553 BT-Drs. 17/11710, S. 25.

554 BT-Drs. 17/11710, S. 25.

555 BT-Drs. 17/11710, S. 25.

556 BT-Drs. 17/11710, S. 27.

G) Schlussfolgerungen und Aufzeigen der weiteren Forschungsschwerpunkte

Die verschiedenen Lösungsansätze in der Literatur und Rechtsprechung sowohl zur Feststellung der Einwilligungsfähigkeit als auch der daraus folgenden Kompetenz, zeigen die hohe Rechtsunsicherheit dieses Themenfeldes. Auch der Gesetzgeber hat sich im Rahmen der Einführung der Regelungen zum Behandlungsvertrag gemäß §§ 630a ff. BGB zurückgehalten, diesen Fragen im Bereich der allgemeinen Gesundheitsversorgung normative Antworten entgegenzusetzen.[557]

Festzuhalten gilt, dass die Beurteilung der freien Willensbildung auf einer jeweiligen Einzelfallentscheidung durch die behandelnde Person basieren muss. Die in der Literatur und Rechtsprechung herausgebildeten Kriterien können eine Orientierung bei Beurteilung der Handlungsfähigkeit darstellen. Eine am Alter orientierte Vermutungsregelung oder starre Altersgrenzen können der Individualität der medizinischen Maßnahme, der Ausprägung der geistigen Entwicklung der Patient*innen und den emotionalen und umweltbezogenen Einflussfaktoren, wie Angst, Unsicherheit, Erfahrung oder Unterstützung nicht gerecht werden. Eine Leitlinie zur Ermittlung der Einwilligungsfähigkeit in der konkreten Behandlungssituation, wie sie für die Behandlung Demenzerkrankter geschaffen wurde, um die ethische und rechtliche Qualität der Entscheidungen bezüglich der Einwilligung in den medizinischen Eingriff zu fördern und den beteiligten Akteurinnen Handlungsempfehlungen zu geben, könnte diese inkludieren.[558]

Diese Arbeit folgt der kumulativen Entscheidungsfindung und -kompetenz als überzeugendes Rechtskonzept und der Förderung eines dialogischen Prozesses zwischen den Beteiligten der Gesundheitsversorgung. Die verfassungsrechtlichen Positionen der Patient*innen und Sorgeberechtigten werden dadurch in ein angemessenes Verhältnis zueinander gesetzt. Die Hinzuziehung Dritter, um den innerfamiliären Diskurs zu begleiten oder zu fördern, wurde aufgezeigt.

Die betrachteten Konzepte zur rechtfertigenden Einwilligung setzen überwiegend die Einwilligungsfähigkeit als entscheidendes Kriterium für rechtliche Lösungen zur Stärkung der Autonomie Minderjähriger voraus.[559] Obwohl die Unwägbarkeiten bei der Feststellung dieser in der Praxis zeigen, dass sie nicht

557 Näher zum Gesetzgeberischen Handlungsbedarf: *Lorenz*, NZFam 2017, 782 (787).

558 Vgl. *DGGG/DGPPN/DGN*, S2k-AWMF-Leitlinie 108-001 „*Einwilligung von Menschen mit Demenz in medizinische Maßnahmen*", 2019, gültig bis 30.10.2024, S. 11; Wunsch nach einer generalisierenden Leitlinie zur Frage der Einwilligungsfähigkeit unabhängig vom Krankheitsbild: *Klasen/Klasen*, jM 2020, 398 (404).

559 Zusammenfassend *Rixen* in: Krappmann, Kinderrechte, Kap. 10, S. 341.

die einzige Schnittstelle für die Gewährleistung von Selbstbestimmung und Beteiligung sein kann, wird die Handlungsfähigkeit bei den Rechtskonzepten als Trennlinie für die Entscheidungskompetenz angelegt. In der Literatur und Rechtsprechung wird daher die Notwendigkeit betont, verfassungsrechtliche Positionen unabhängig vom Vorliegen der Einwilligungsfähigkeit aufzuzeigen, Teilnahme rechtlich zu begründen und der Einwilligungsfähigkeit ihre „*scharfe Trennlinie*" zu nehmen.[560] Bereits *Rothärmel* zeigt in ihrer Arbeit aus 2004 auf, dass die Steigerung der Selbstbestimmung unabhängig vom Vorliegen der Einwilligungsfähigkeit durch die Etablierung von „*Partizipationsrechten*" erreicht werden könne.[561] Z. T. lassen sich den medizinischen Spezialgesetzen gewinnbringende Ansätze zur altersunabhängigen Beteiligung in Anlehnung an die familienrechtlichen Normen und Art. 12 Abs. 2 UN-KRK entnehmen.

Es bleibt darzustellen und zu untersuchen, wie eine verstärkte Beteiligung der Heranwachsenden am Behandlungs- und Entscheidungsprozess basierend auf dem natürlichen Willen in Umsetzung der UN-KRK rechtlich erreicht werden kann.[562] Das Loslösen der Einwilligungsfähigkeit von der Möglichkeit der Teilnahme der Minderjährigen stellt bereits vielfach auf das Recht der Aufklärung und Information ab.[563] Partizipation setzt zudem, neben einem Mitwissen und Mitdenken, an einem Mitreden an.[564] Es wird im Weiteren untersucht, welche Relevanz die Äußerung des natürlichen Willens der minderjährigen Patient*innen im Behandlungs- und Entscheidungsprozess haben kann. Mithin wird der innerfamiliäre Kommunikationsprozess nach den Leitbildern des Familienrechts (§§ 1626 Abs. 2, 1631 BGB) näher beleuchtet, um die bestehende rechtliche Ausgestaltung aufzuzeigen und regelungsbedürftige Areale zu eruieren. In diesem Kontext lassen sich handlungsfähigkeitssteigernde Assistenz- und Besprechungsmöglichkeiten und deren mögliche praktische Umsetzung beleuchten.

---

560 *BVerfG*, Beschluss v. 23.3.2011, 2 BvR 882/09, NJW 2011, 2113; *Damm*, MedR 2013, 201 (207); *Damm*, Zeitschrift für Rechtssoziologie 2017, 337 (342); *Rothärmel*, Einwilligung, Veto, Mitbestimmung, S. 241; vgl. *Wapler* in: Richter/Krappmann/Wapler, Kinderrechte, 101 (111).

561 *Rothärmel*, Einwilligung, Veto, Mitbestimmung, S. 241; dazu auch *Damm*, MedR 2013, 201 (207).

562 Vgl. dazu *Damm*, MedR 2015, 775 (777).

563 U. a. *Rothärmel*, Einwilligung, Veto, Mitbestimmung, S. 199 ff.; *Genske*, Gesundheit und Selbstbestimmung, S. 289; *Damm*, MedR 2013, 201 (207).

564 Dazu auch *Rothärmel*, Einwilligung, Veto, Mitbestimmung, S. 232.

Im Folgenden setzen sich die Ausführungen mit dem Betreuungsrecht und den Neuerungen nach der Reform des Vormundschafts- und Betreuungsrechts[565] auseinander, um die aktuellen rechtlichen Entwicklungen zur Partizipation aufzuzeigen.

Es wird untersucht, wie die Gewährleistung des Selbstbestimmungsrechts und der Teilnahme der Patient*innen unabhängig von der freien Willensbildung in diesem Rechtsfeld umgesetzt ist, um anschließend fundierte Aussagen für minderjährige Patient*innen treffen zu können. Darüber hinaus zeigt diese Arbeit konkrete Handlungsempfehlungen für die Praxis zur Etablierung von Teilnahme im pädiatrischen Behandlungsalltag, um für die Kinder und Jugendlichen Selbstbestimmung zu fördern und Rechtssicherheit für die weiteren Akteur*innen zu schaffen.

565 Gesetz zur Reform des Vormundschafts- und Betreuungsrechts v. 4.5.2021, BGBl. I 12.5.2021, S. 882, in Kraft seit 1.1.2023; BT-Drs. 19/24445.

Kapitel 5: Gewährleistung des Selbstbestimmungsrechts durch Beteiligung im Betreuungsrecht

Die folgende Abhandlung beleuchtet, wie das Selbstbestimmungsrecht der einzelnen Personen durch Beteiligung im Betreuungsrecht gewährleistet wird. Die Untersuchung dieses Rechtsgebiets ist veranlasst, weil es Patient*innen, die einen Unterstützungsbedarf bei der rechtlichen Besorgung ihrer Angelegenheiten haben, eine gerichtlich angeordnete Person als Betreuer*in[566] zur Unterstützung an die Seite stellt (vgl. §§ 1814, 1816 BGB). Dadurch entsteht ebenfalls eine Konstellation, in der Selbst- und Fremdbestimmung in einem erheblichen Maß aufeinandertreffen können.[567]

Zunächst werden die Leitbilder und Grundsätze des Betreuungsrechts herausgearbeitet, um die Entscheidungsfindung im Rahmen des Innen- und Außenverhältnisses der rechtlichen Betreuung zur Einwilligung oder Ablehnung in medizinische Maßnahmen zentral betrachten zu können. Es findet keine Subsumtion der Konstellation eines Behandlungsverhältnisses zwischen Minderjährigen, ihren Sorgeberechtigten und Behandelnden unter das Erwachsenenschutzrecht, sondern eine vergleichende Analyse der rechtlichen Regelungen statt. Es wird ermittelt, welche partizipationsfördernden Ansätze zur Gewährleistung und Stärkung des Selbstbestimmungsrechts im Erwachsenenschutzrecht rechtlich umgesetzt sind. Dabei werden die Besprechungspflichten unabhängig vom freien Willen, die Beachtung der Wünsche im Betreuungsverhältnis, die Assistenz zur eigenen Entscheidungsfindung und die Ausgestaltung dieser Grundsätze im Rahmen der Gestattung eines Eingriffs in die körperliche Integrität i.S.d. § 630d Abs. 1 BGB untersucht. Ziel der Bearbeitung ist es, zu ermitteln, ob diese rechtlichen Ansätze aus dem Erwachsenenschutzrecht zur Autonomiestärkung Minderjähriger in Gesundheitsbehandlungen herangezogen werden können. Insgesamt wird das Reformvorhaben des Betreuungs- und Vormundschaftsrecht, welches zum

566 Zur Reduzierung auf den Vergleichsaspekt wird lediglich die rechtliche Stellung der gesetzlichen Betreuer*innen erörtert. Die Regelungen für Vorsorgebevollmächtigte werden nicht gesondert untersucht.

567 Vgl. *Spickhoff* in: Spickhoff Medizinrecht, § 1814 BGB, Rn. 1 ff. zu verfassungsrechtlichen Vorgaben.

1.1.2023 in Kraft getreten ist, in die Untersuchung einbezogen.[568] Die Darstellungen der spezialgesetzlichen Regelungen zur freiheitsentziehenden Unterbringung und medizinischen Zwangsbehandlung (§§ 1831, 1832 BGB) ermöglichen im weiteren Gang der Untersuchung einen vergleichenden Blick auf die Regelungen dieser Maßnahmen gegenüber Kindern und Jugendlichen.

A) Orientierungsansätze des Betreuungsrechts

Das Betreuungsrecht für Volljährige ist in den §§ 1814 ff. BGB geregelt und seit der Ablösung der Vormundschaft durch die rechtliche Betreuung im Jahr 1992[569] in den letzten 30 Jahren stets im Wandel. Bisher zeigten die drei Betreuungsrechtsänderungsgesetze von 1999,[570] 2005,[571] 2009[572] und die rechtlichen Umgestaltungen der Grundsätze zur Regelung ärztlicher Zwangsmaßnahmen der Jahre 2013[573] und 2017[574] die Dynamik dieses Rechtsgebiets. Aus den Ergebnissen der zwei Forschungsvorhaben zur „*Qualität in der Betreuung*“[575] und „*Umsetzung des Erforderlichkeitsgrundsatzes in der betreuungsrechtlichen Praxis im Hinblick auf andere vorgelagerte andere Hilfen*“,[576] die von 2015 bis 2017 durch das Bundesministerium für Justiz und Verbraucherschutz in Auftrag gegeben wurden, ließ sich

568 Reform durch Gesetz zur Reform des Vormundschafts- und Betreuungsrechts v. 4.5.2021, BGBl. I 12.5.2021, S. 882, in Kraft seit 1.1.2023, BT-Drs. 19/24445.

569 Gesetz zur Reform des Rechts der Vormundschaft und Pflegschaft für Volljährige (Betreuungsgesetz-BtG), BGBl. I 1990, S. 2002, in Kraft seit 1.1.1992.

570 Gesetz zur Änderung des Betreuungsrechts sowie weiterer Vorschriften (1. BtÄndG), BGBl. I 1998, S. 1580, in Kraft seit 1.1.1999.

571 Zweites Gesetz zur Änderung des Betreuungsrechts (2. BtÄndG), BGBl. I 2005, S. 1073, in Kraft seit 1.7.2005.

572 Drittes Gesetz zur Änderung des Betreuungsrechts, BGBl. I 2009, S. 2289, in Kraft seit 1.9.2009.

573 Gesetz zur Regelung der betreuungsrechtlichen Einwilligung in eine ärztliche Zwangsmaßnahme, BGBl. I 2013, S. 266, in Kraft seit 26.2.2013.

574 Gesetz zur Änderung der materiellen Zulässigkeitsvoraussetzungen von ärztlichen Zwangsmaßnahmen und Stärkung des Selbstbestimmungsrechts von Betreuten, BGBl. I 2017, S. 2426, in Kraft seit 21.7.2017.

575 *Matta/Engels/Köller/Schmitz/Maur/Brosey/Kosuch/Engel*, Abschlussbericht v. 28.11.2017 zur Qualität in der Betreuung, herausgegeben vom Bundesministerium für Justiz und Verbraucherschutz, 2018.

576 *Nolting/Zich/Tisch/Braeseke*, Abschlussberichte Band I, II zur Umsetzung des Erforderlichkeitsgrundsatzes in der betreuungsrechtlichen Praxis im Hinblick auf vorgelagerte „andere Hilfen“, herausgegeben vom Bundesministerium für Justiz und Verbraucherschutz, 2018.

abermals Anpassungsbedarf erkennen. Dieser führte letztlich zum Inkrafttreten des Gesetzes zur Reform des Betreuungs- und Vormundschaftsrechts zum 1.1.2023.[577] Die Notwendigkeit der fortwährenden Anpassung des Rechts begründet sich u. a. durch die Umsetzung der Anforderungen der UN-BRK[578] und die Unverzichtbarkeit der stetigen Qualitätsverbesserung der rechtlichen Betreuung.[579] Die Zahl der Betreuungsverfahren im gesamten Bundesgebiet belief sich Ende des Jahres 2016 auf 1.048.631.[580]

I. Reformansätze

Die Reform im Jahr 1992, welche das Recht der Vormundschaft und Gebrechlichkeitspflegschaft für Volljährige im Familienrecht des BGB abgelöst hat, statuierte erstmalig das Rechtsinstitut der rechtlichen Betreuung.[581] Dem zuvor geltenden Recht lag der Hauptgedanke zugrunde, den Personenkreis der Betreuten rechtlich deutlich abzugrenzen, um Sicherheit für den Rechtsverkehr zu schaffen.[582] Dies wurde neben der Pflegschaft insbesondere im Institut der sog. Vormundschaft ersichtlich. Rechtsfolge dieser Vormundschaft über Volljährige war, dass diese entmündigt wurden.[583] Dieses undifferenzierte Vorgehen ließ die verbliebenen Fähigkeiten der Einzelnen unberücksichtigt und führte zu einem gravierenden Eingriff in die Rechte der betreuten Personen.[584]

---

577 Reform durch Gesetz zur Reform des Vormundschafts- und Betreuungsrechts vom 4.5.2021, BGBl. I 12.5.2021, S. 882, in Kraft seit 1.1.2023

578 Übereinkommen der vereinigten Nationen über die Rechte der Menschen mit Behinderung, in Kraft seit 3.5.2008, wurde mit Gesetz zur Ratifikation des „Übereinkommens über die Rechte der Menschen mit Behinderung" v. 21.12.2008, BGBl. II 2008, S. 1419, von Deutschland ratifiziert und ist seit 26.3.2009 in Deutschland in Kraft.

579 BT-Drs. 19/24445, S. 1; *Schnellenbach*, BtPrax 2017, 3 (3).

580 Betreuungszahlen 2016 ohne Bayern, Bremen, Saarland: *Deinert*, BtPrax 2018, 14 (15).

581 BT-Drs. 11/4528, S. 1; *Spickhoff* in: Spickhoff Medizinrecht, § 1814 BGB, Rn. 2.

582 *Leutheusser-Schnarrenberger*, BtPrax 1992, 3 (3).

583 § 6 BGB a.F. [Entmündigung], *entmündigt werden konnte, wer infolge von Geisteskrankheit oder Geistesschwäche seine Angelegenheiten nicht zu besorgen vermag, wer durch Verschwendung sich oder seine Familie der Gefahr des Notstandes aussetzt, wer infolge von Trunksucht oder Rauschgiftsucht seine Angelegenheiten nicht zu besorgen vermag oder sich oder seine Familie der Gefahr des Notstandes aussetzt oder die Sicherheit anderer gefährdet.*; aufgehoben durch das Gesetz zur Reform des Rechts der Vormundschaft und Pflegschaft für Volljährige, BGBl. I 1990, S. 2002, in Kraft seit 1.1.1992; BT-Drs. 11/4528, S. 38.

584 BT-Drs. 11/4528, S. 49.

Hinter der Einführung des Betreuungsgesetzes stand somit nicht zuletzt der Gedanke, dass niemand nach einem Leben in eigener Verantwortung unnötig zum Objekt staatlicher Handlungen gemacht werden sollte.[585] Die Stärkung und Verbesserung der Durchsetzung und der Erhalt von Autonomie waren bereits beim damaligen Entwurf des Betreuungsgesetzes die zentralen Themen.[586] Die Anordnung der Betreuung führt seither nicht dazu, dass der betreuten Person die rechtliche Handlungsfähigkeit schematisch genommen oder abgesprochen wird.[587] Eine Einschränkung ist nach dem geltenden Recht in nur sehr eng begrenzten Ausnahmefällen, als sog. Einwilligungsvorbehalt, möglich vgl. § 1825 BGB.[588] Die jüngste Reform sah neben den Neustrukturierungen und Anpassungen des veralteten Vormundschaftsrechts für Minderjährige eine weitere Modernisierung im Betreuungsrecht zur erneuten Stärkung des Selbstbestimmungsrechts mit einer gesteigerten Orientierung an Art. 12 UN-BRK vor.[589]

II. Leitbilder und Grundsätze des reformierten Betreuungsrechts

Die rechtliche Betreuung soll Volljährige,[590] die ihre Angelegenheiten aufgrund einer Krankheit oder Behinderung ganz oder teilweise rechtlich nicht besorgen können, unterstützen (vgl. § 1814 Abs. 1 BGB).[591] Der Staat nimmt durch dieses Rechtsinstitut seinen ihm obliegenden Schutzauftrag aus Art. 2 Abs. 2 Satz 1 und 2 GG wahr.[592] Als Kehrseite kann eine Betreuung immer eine Beschränkung der Grundrechte des Einzelnen darstellen (vgl. Art. 2 Abs. 1 GG; Art. 2 Abs. 1 i.V.m. Art. 1 Abs. 1 GG).[593] Die rechtliche Betreuung steht mithin im Spannungsfeld zwischen staatlicher Fremdbestimmung und dem Selbstbestimmungsrecht des

---

585 *Leutheusser-Schnarrenberger*, BtPrax 1992, 3 (3).

586 BT-Drs. 11/4528, S. 1; *Spickhoff* in: Spickhoff Medizinrecht, § 1814 BGB, Rn. 2.

587 BT-Drs. 11/4528, S. 49; *Kern*, MedR 1991, 66 (67); *Spickhoff*, AcP 2008, 345 (361).

588 *Klasen* in: jurisPK, § 1823 BGB, Rn. 10 f; die Einwilligung in die Gesundheitsbehandlung selbst stellt, wie bereits dargelegt, keine rechtsgeschäftliche Willenserklärung dar und unterliegt somit nicht der Regelung des § 1823 BGB: *Kieß* in: Jurgeleit BtR, § 1823 BGB, Rn. 26; *Brosey* in: Jürgens BtR, § 1823 BGB, Rn. 11.

589 BT-Drs. 19/24445, S. 3; näher zum Reformvorhaben im Lichte von Art. 12 UN-BRK: *Beetz*, RP-Reha 2021, 5.

590 Gemäß § 2 BGB tritt die Volljährigkeit mit der Vollendung des achtzehnten Lebensjahres ein.

591 BT-Drs. 19/24445, S. 3; *BVerfG*, Beschluss v. 26.7.2016, 1 BvL 8/15, NJW 2017, 53 (55).

592 *BVerfG*, Urteil v. 08.06.2021, 2 BvR 1866/17 - 2 BvR 1314/18; *Schnellenbach*, BtPrax 2017, 3; *BVerfG*, Beschluss v. 26.7.2016, 1 BvL 8/15, NJW 2017, 53.

593 *BVerfG*, Beschluss v. 2.8.2001, 1 BvR 618/93, NJW 2002, 206 (206); *BVerfG*, Beschluss v. 2.7.2010, 1 BvR 2579/08, NJW 2010, 3360 (3360).

Individuums.[594] Um diese Beschränkung der Freiheitsphäre der Betroffenen verhältnismäßig zu gestalten, wird das gesamte Betreuungsrecht nach der Zielvorstellung des Gesetzgebers, von den Leitbildern der Erforderlichkeit, der persönlichen Betreuung und Assistenz geprägt.[595] Überdies sollen die Wünsche der betreuten Personen im gesamten Betreuungsverfahren vorrangig Beachtung finden und als zentrales Element dienen.[596] Dies zielt letztlich auf die Wahrung und Umsetzung der Anforderungen der UN-BRK ab.[597]

1. Gleiche Anerkennung vor dem Recht und Assistenz gemäß Art. 12 UN-BRK

Die UN-BRK wurde 2008 von Deutschland ratifiziert und ist seit 2009 in Kraft.[598] Gemäß Art. 12 UN-BRK verpflichten sich die Mitgliedsstaaten, dass Menschen mit Behinderung in allen Lebensbereichen gleichberechtigt Rechts- und Handlungsfähigkeit gegenüber anderen haben und als Rechtssubjekt anerkannt werden (Art. 12 Abs. 1, 2 UN-BRK).[599] Dabei binden sie sich, Maßnahmen zu treffen, um Menschen mit Behinderungen Zugang zu der Unterstützung zu verschaffen, die sie bei der Ausübung ihrer Rechts- und Handlungsfähigkeit gegebenenfalls benötigen (Abs. 3).[600] Mithin muss gewährleistet sein, dass bei den Maßnahmen die Rechte, der Wille und die Präferenzen der einzelnen Person geachtet werden und es nicht

---

594 *Spickhoff* in: Spickhoff Medizinrecht, § 1814 BGB, Rn. 1 ff. zu verfassungsrechtlichen Vorgaben; *Schneider* in: MüKo, § 1814 BGB, Rn 72.

595 BT-Drs. 19/24445, S. 3; BT-Drs. 11/4528, S. 58f., 68; BT-Drs. 15/2494, S. 13 f; BT-Drs. 19/24445, S. 3 f; *Brosey* in: Jürgens Betreuungsrecht, Vorb. §§ 1814-1834 BGB, Rn. 1 ff.

596 BT-Drs. 11/4528, S. 67; BT-Drs. 19/24445, S. 3.

597 BT-Drs. 19/24445, S. 2 f.

598 Gesetz zur Ratifikation des „Übereinkommens über die Rechte der Menschen mit Behinderung v. 21.12.2008, BGBl. II 2008, S. 1419, von Deutschland ratifiziert und ist seit 26.3.2009 in Deutschland in Kraft; näher zum Verhältnis des Erwachsenschutzrechts und der UN-BRK: Beetz, RP-Reha, 2021, 5; *Lipp*, FamRZ 2017, 4; *Schnellenbach*, BtPrax 2017, 3; *Brosey*, BtPrax 2014, 211; *BVerfG*, Beschluss v. 26.7.2016, BvL 8/15, NJW 2017, 53.

599 UN-Fachausschuss für die Rechte von Menschen mit Behinderung, General Comment Nr. 1, Art. 12 UN-BRK, 2014, S. 1.

600 Näher zur Vereinbarkeit des Erwachsenschutzrechts und der UN-BRK: *Lipp*, FamRZ 2017, 4; *Schnellenbach*, BtPrax 2017, 3; *Brosey*, BtPrax 2014, 211; *Bundesrepublik Deutschland*, zweiter und dritter Staatenbericht zum Übereinkommen der vereinigten Nationen über Rechte von Menschen mit Behinderungen, 2019; Abschließende Bemerkungen des *UN-Fachausschusses für die Rechte von Menschen mit Behinderung* zur Prüfung des 2. und 3. deutschen Staatenberichts v. 8.9.2023.

zu Interessenkonflikten und missbräuchlicher Einflussnahme führt (Abs. 4). Zentraler Ansatzpunkt ist dabei die Assistenz zur eigenen Rechtsausübung und Entscheidungsfindung.[601] Ziel des Reformvorhabens war die Verdeutlichung der vorrangigen Unterstützung der Betreuer*innen bei der eigenständigen Besorgung der rechtlichen Angelegenheiten durch die Betreuten (vgl. §§ 1821 Abs. 1, 1823 BGB).[602] Die rechtliche Vertretung soll lediglich im Fall der Erforderlichkeit greifen und verankert den Grundgedanken „*Assistent vor Vertretung*" als Handlungsform.[603] Durch das Gesetz zur Reform des Vormundschafts- und Betreuungsrechts geht aus § 1823 BGB ausdrücklich hervor, dass die zur Betreuung bestellte Person den Betreuten gerichtlich und außergerichtlich vertreten „*kann*".[604] Der Gesetzgeber versucht im Gesamten eine verstärkte Orientierung an den Anforderungen der UN-BRK zu gewährleisten, indem er verdeutlicht, dass die stellvertretende Entscheidungsfindung subsidiär zu anderen Unterstützungsprozessen der Betroffenen steht.[605] Dabei versteht er die Stellvertretung als eine Form der Unterstützung, um der Entscheidung des Einzelnen Rechtskraft gegenüber Dritten zu verleihen.[606]

2. *Erforderlichkeitsgrundsatz*

Der Erforderlichkeitsgrundsatz ist Ausdruck des verfassungsrechtlichen Verhältnismäßigkeitsgebots und findet seine Ausprägung im gesamten Betreuungsrecht.[607] Der Verhältnismäßigkeitsgrundsatz soll die Fremdbestimmung durch die Anordnung einer Betreuung sachgerecht begrenzen und die grundrechtlichen Positionen bestmöglich bewahren.[608] In diesem Kontext beansprucht § 1814 Abs. 3 BGB ausdrücklich, dass eine Betreuung nur angeordnet werden soll, wenn sie erforderlich ist. Dies ist nach dem Gesetz nicht gegeben, soweit die Ange-

---

601 *Aichele/Degener*, Das Menschenrecht auf gleiche Anerkennung vor dem Recht, S. 38; näher zur Entscheidungsassistenz, *Birnbacher*, Deutsches Ärzteblatt 2016, A1.

602 BT-Drs. 19/24445, S. 2.; *Bundesrepublik Deutschland*, zweiter und dritter Staatenbericht zum Übereinkommen der Vereinigten Nationen über die Rechte von Menschen mit Behinderungen, 2019, S. 23, 34.

603 BT-Drs. 19/24445, S. 2, 251; *Loer* in: Jürgens Betreuungsrecht § 1821 BGB, Rn. 2.

604 BT-Drs. 19/24445, S. 258.

605 BT-Drs. 19/24445, S. 251.

606 BT-Drs. 19/24445, S. 251.

607 BT-Drs. 19/24445, S. 2; BT-Drs. 11/4528, S. 128; *BayOLG*, Beschluss v. 25.7.1994, 3Z BR 97/94, BtPrax 1994, 209 (210); *Bienwald* in: Bienwald/Sonnenfeld/Harm BtR, § 1814 BGB, Rn. 47.

608 *Spickhoff*, AcP 2008, 345 (354); *Müller-Engels*, BeckOK, § 1814 BGB, Rn. 23 f.

legenheiten durch Bevollmächtigte[609] oder durch andere Hilfen, bei denen keine gesetzliche Vertretung bestellt wird, besorgt werden können. Das Betreuungsrecht soll ausdrücklich erst greifen, wenn keine anderweitigen tatsächlichen und formellen Hilfen, die auf *„sozialen Rechten oder anderen Vorschriften beruh[en]"*, zur Unterstützung der Betroffenen in Betracht kommen.[610] Durch die Reform wurde die Erforderlichkeitsschwelle in § 1814 Abs. 3 Satz 2 Nr. 2 BGB mit dieser Konkretisierung formeller Unterstützungsformen erneut verdeutlicht. Um die Erforderlichkeit zu statuieren, muss mithin ein konkreter Betreuungs- und Unterstützungsbedarf beim Einzelnen vorliegen.[611] Insofern bedarf es der Feststellung, dass die zu betreuende Person gewisse Angelegenheiten rechtlich nicht selbst besorgen kann und dies auf einer Krankheit oder Behinderung beruht (§ 1814 Abs. 1 BGB).[612] Die Beurteilung der Aufgabenkreise erfolgt schließlich aufgrund der konkreten, gegenwärtigen Lebenssituation des jeweiligen Menschen.[613] Die Feststellung dieser Zonen kann in der praktischen Umsetzung schwierig sein.[614] Das Verfahren soll jedoch darauf abzielen, die noch vorhandene eigene Kompetenz aufrecht zu erhalten und nur die Betreuung zukommen zu lassen, die in der aktuellen Lage benötigt wird, um das Selbstbestimmungsrecht bestmöglich zu gewährleisten.[615] Letztlich greift der Erforderlichkeitsgrundsatz ebenfalls bei der Ausübung der Betreuung, da die zur Betreuung bestellte Person im angeordneten Aufgabenkreis lediglich dort handeln darf, wo der konkrete Bedarf besteht.[616]

---

609 Bevollmächtigter der nicht zu den in § 1816 Abs. 6 BGB bezeichneten Personen gehört; vgl. Vorsorgevollmacht, § 1820 Abs. 1 BGB

610 BT-Drs. 19/24445, S. 233, 473; im Rahmen der Reform des Vormundschafts- und Betreuungsrechts wurde zudem Absatz 4 in § 17 SGB I eingefügt.

611 *BGH*, Beschluss v. 21.1.2015, XII ZB 324/14, NJW-RR 2015, 449 (449); *BGH*, Beschluss v. 18.11.2015, XII ZB 16/15, NJW-RR 2016, 387 (387); *Bienwald* in: Bienwald/Sonnenfeld/Harm BtR, § 1814 BGB, Rn. 91; *Beetz*, RP-Reha 2021, 5 (6).

612 *Spickhoff* in: Spickhoff Medizinrecht, § 1814 BGB, Rn. 5 ff; *Brosey* in: Jürgens Betreuungsrecht, § 1814 BGB, Rn. 9; zur diskriminierungsfreien Bezeichnung, BT-Drs. 19/24445, S. 483.

613 *BGH*, Beschluss v. 22.3.2017, XII ZB 260/16, NJW-RR 2017, 641, danach genüge es, wenn ein Handlungsbedarf jederzeit auftreten kann; *Dodegge*, NJW 2019, 2665 (2668).

614 Durch Krankheitsschübe können bestimmte Fähigkeiten situationsbedingt fehlen oder vorhanden sein, so *Spickhoff*, AcP 2008, 345 (364); Durchführung persönlicher Anhörung der Betroffenen (§ 278 FamFG) und Einholung Sachverständigengutachten (§ 280 FamFG) erforderlich.

615 *Leutheusser-Schnarrenberger*, BtPrax 1992, 3 (3); *Schnellenbach*, BtPrax 2017, 3 (4).

616 *Roth* in: Erman, § 1821 BGB, Rn. 20; *Taupitz*, Gutachten zum 63. DJT, A 62.

Dabei ist der Aufgabenkreis der Gesundheitssorge und Aufenthaltsbestimmung in den weiteren Ausführungen der zentrale Ausgangspunkt der Untersuchung.

3. *Persönliche Betreuung*

Im Vordergrund des Betreuungsverhältnisses soll der persönliche Kontakt, insbesondere das persönliche Gespräch zwischen den Beteiligten stehen, um sich über die jeweiligen Lebensumstände, Wünsche und Vorstellungen zu informieren, die Betroffenen als Menschen in den Fokus zu setzen und dadurch die Autonomie bei der Ausübung der Betreuung zu wahren.[617] Die Förderung dieses Prinzips war zentraler Gedanke der aktuellen Reform und führte u. a. zur Erweiterung der Besprechungspflicht im Betreuungsverhältnis vor der Erledigung aller Angelegenheiten § 1821 Abs. 5 BGB.[618] Von der Begrenzung auf *„wichtige Angelegenheiten"* wurde somit Abstand genommen.[619] Zum anderen ist die Möglichkeit der Umsetzung der persönlichen Betreuung bereits als Eignungsvoraussetzung der Betreuer*innen etabliert (§ 1816 Abs. 1 BGB).[620] Danach muss die betreuende Person geeignet sein, den zur Aufgabenwahrnehmung erforderlichen persönlichen Kontakt zu den Betroffenen zu halten. Um dem Leitbild der persönlichen und bedürfnisorientierten Betreuung zu entsprechen, gehören auch die Maßnahmen zur Interessenserkundung, zur Ermittlung von Wünschen und dem Aufbau und Erhalt eines Vertrauensverhältnisses zum Aufgabenbereich.[621]

4. *Beachtung des freien und natürlichen Willens*

Im Betreuungsrecht wird, wie im Medizinrecht zwischen dem freien und dem natürlichen Willen unterschieden.[622] Der freie Wille setzt zwei Elemente voraus.[623] Die einzelne Person muss Einsichtsfähigkeit besitzen und diese zur Grundlage

---

617 BT-Drs. 11/4528, S. 68; *Hoffmann*, BtPrax 2008, 95 (95); *Loer* in: Jürgens Betreuungsrecht, § 1821 BGB, Rn. 5; das Betreuungsgericht überwacht die Einhaltung des persönlichen Kontakts im Betreuungsverhältnis, § 1862 Abs. 1 BGB.

618 BT-Drs. 19/24445, S. 256.

619 Zu diesen sog. *„wichtigen Angelegenheiten"* zählten unter anderem die in den §§ 1829 bis 1832 BGB geregelten Maßnahmen: *Kieß* in: Jurgeleit BtR, § 1821 BGB, Rn. 9; *Damrau/Zimmermann*, BtR, § 1821 BGB, Rn. 74.

620 *Schneider* in: MüKo, Vor. § 1814 BGB, Rn. 12.

621 BT-Drs. 13/7158, S. 33.

622 *BGH*, Beschluss v. 16.3.2016, XII ZB 455/15, NJW-RR 2016, 643 (643); BT-Drs. 15/2494, S. 28; *Schneider* in: MüKo, § 1832 BGB, Rn. 13: zum natürlichen Willen innerhalb der medizinischen Zwangsbehandlung.

623 BT-Drs. 15/2494, S. 28; *Bieg* in: jurisPK, § 1814 BGB, Rn. 41.

ihrer Entscheidungen machen können.[624] Dabei ist die Feststellung des freien Willens unabhängig vom Vorliegen der Geschäftsfähigkeit zu beurteilen.[625] Der freie Wille findet im Betreuungsrecht uneingeschränkt Beachtung, wie sich in der Struktur des Gesetzes deutlich zeigt. Gemäß § 1814 Abs. 2 BGB darf keine Betreuung gegen den freien Willen angeordnet werden.[626] Das Recht auf Selbstbestimmung berechtig jeden Einzelnen grundsätzlich dazu, das Leben nach eigenen Vorstellungen und Plänen zu gestalten, soweit nicht die Rechte Dritter oder andere Verfassungsgüter beeinträchtigt werden.[627] Die Betreuungsanordnung hingegen stelle unablässig eine Einschränkung der allgemeinen Handlungsfreiheit aus Art. 2 Abs. 1 GG dar und bedürfe somit stets einer gesetzlichen Ermächtigung und Verhältnismäßigkeitsabwägung.[628]

> Das *BVerfG* hebt ausdrücklich hervor, dass *„der Staat […] von Verfassungswegen nicht das Recht [hat], seine erwachsenen und zur freien Willensbestimmung fähigen Bürger in ihrer Freiheit zu beschränken, ohne dass sie sich selbst oder andere gefährden. Die Bestellung eines Betreuers gegen den Willen des Betroffenen, ohne dass hinreichende Tatsachen für eine Beeinträchtigung des freien Willens vorliegen, verletzt deshalb das Grundrecht des Betroffenen aus Art. 2 I GG.“*[629]

Ist der Einzelne aufgrund seiner Erkrankung nicht in der Lage, den freien Willen zu bilden, verbleibt ihm der natürliche Wille.[630] Der Gesetzgeber konkretisiert diesen als Umkehrschluss. Danach ist er die bewusste Äußerung des Willens einer Person, die nicht einsichtsfähig ist oder die nicht in der Lage ist, nach einer bestehenden Einsicht zu handeln.[631] Die Äußerung des natürlichen Willens und dessen

---

624 *BGH*, Beschluss v. 22.1.2014, XII ZB 632/12, NJW-RR 2014, 772 (772); *BGH*, Beschluss v. 15.6.2016 – XII ZB 581/15, NJW 2016, 2745 (2746).

625 *Bieg* in: jurisPK, § 1814 BGB, Rn. 41; die Rechtsprechung vergleicht den freien Willen im Sinne des § 1814 Abs. 2 BGB im Kern mit dem freien Willen des § 104 Nr. 2 BGB: *BGH*, Beschluss v. 26.2.2014, XII ZB 577/13, NJW-RR 2014, 770 (771); der Gesetzgeber erwähnt, dass die freie Willensbildung *„nicht einen gänzlich anderen Sinngehalt“* als § 104 Nr. 2 BGB haben kann, BT-Drs. 15/2494, S. 28.

626 Eingefügt durch das Zweite Gesetz zur Änderung des Betreuungsrechts (2. BtÄndG), BGBl. I 2005, S. 1073, in Kraft seit 1.7.2005.

627 *BGH*, Beschluss v. 26.2.2014, XII ZB 577/13, NJW-RR 2014, 770 (771); BT-Drs. 15/2494, S. 28.

628 *So BVerfG*, Beschluss v. 20.1.2015, 1BvR 665/14, NJW 2015, 1666 (1666); *BVerfG*, Beschluss v. 2.7.2010, 1 BvR 2579/08, NJW 2010, 3360 (3361).

629 *BVerfG*, Beschluss v. 20.1.2015, 1BvR 665/14, NJW 2015, 1666 (1666); *BVerfG*, Beschluss v. 2.7.2010, 1 BvR 2579/08, NJW 2010, 3360 (3361).

630 BT-Drs. 15/2494, S. 28.

631 BT-Drs. 15/2494, S. 28.

Beachtung haben durch das Gesetz zur Reform des Betreuungs- und Vormundschaftsrechts erneut eine verstärkte Betonung erfahren. Neben der ausdrücklichen Verankerung in § 1832 Abs. 1 Satz 1 BGB im Kontext medizinischer Zwangsbehandlungen wird er u. a. im Rahmen der freiheitsentziehenden Unterbringung (§ 1831 BGB) und der Beachtung von Wünschen der Betreuten im Rahmen der Entscheidungsfindung maßgeblich (§§ 1821 Abs. 2 Satz 1, 1827 Abs. 2 BGB).[632] Die Wünsche inkludieren sowohl Äußerungen aufgrund des freien als auch des natürlichen Willens.[633] Danach hat die Betreuungsperson den Wünschen des Einzelnen bei seinem Handeln grds. zu entsprechen und bei deren Umsetzung rechtlich zu unterstützen (vgl. § 1821 Abs. 3 BGB).[634] Das aktuelle Gesetz versteht die Etablierung der Wünsche als zentralen Maßstab des Betreuungsverfahrens und als Mechanismus zur erneuten Stärkung des Selbstbestimmungsrechts.[635] Die Gewährleistung dessen wird im Rahmen von Gesundheitsbehandlungen im Folgenden erörtert.

5. *Zwischenfazit*

Im Erwachsenenschutzrecht wird im Gegensatz zur Minderjährigenkonstellation zunächst unterstellt, dass die Betroffenen ihr Selbstbestimmungsrecht in vollem Umfang innehaben und befähigt sind, dieses auszuüben.[636] Der Erforderlichkeitsgrundsatz regelt, dass die Unterstützung durch rechtliche Betreuung nur in den Bereichen angeordnet und ausgeübt wird, in welchen die Besorgung der eigenen rechtlichen Angelegenheiten nicht mehr selbstständig umgesetzt werden kann und keine anderen vorrangigen Hilfen greifen. Dabei berücksichtigt das Recht, dass die Person zuvor häufig ein autonomes Leben nach eigenen Wünschen und Vorstellungen geführt hat und gewährleistet, dass die gerichtliche Anordnung der Betreuung nicht zur Entmündigung oder Stigmatisierung mangelnder rechtlicher Handlungsfähigkeit im Aufgabenkreis führt.[637] Die Orientierung an den Wünschen der Betroffenen beim Handeln der Betreuungsperson ist zentraler Maßstab und vermittelt dem natürlichen Willen grds. Beachtung und Umsetzung. Die Wünsche und Vorstellungen sollen durch den Grundsatz einer persönlichen

---

632 *Brosey*, BtPrax 2010, 16 (18).

633 BT-Drs. 19/24445, S. 250.

634 BT-Drs. 17/11513, S. 6; dazu näher, *Brosey*, BtPrax 2010, 16; *Thar*, Anm. zu *BGH*, Urteil v. 22.7.2009, XI ZR 77/06, BtPrax 2010, 12.

635 BT-Drs. 19/24445, S. 3.

636 BT-Drs. 17/10488, S. 23; *Damm*, MedR 2015, 775 (778); *Taupitz*, Gutachten zum 63. DJT 2000, A 62 f.

637 *Taupitz*, Gutachten zum 63. DJT 2000, A 62 f; *Spickhoff*, FamRZ 2018, 412 (420).

Betreuung ermittelt und im Rahmen von Assistenz vorrangig selbst besorgt werden. Eine konventionskonforme Umsetzung des Rechts erfordert dabei, dass die rechtliche Handlungsfähigkeit des Einzelnen gefördert und durch Unterstützung gewährleistet wird.

B) Assistierte Entscheidungsfindung im Rahmen der rechtlichen Betreuung bei Gesundheitsbehandlungen

Die folgenden Ausführungen fokussieren im Kern, wie das Selbstbestimmungsrecht durch Beteiligung im Innen- und Außenverhältnis bei der Einwilligung oder Ablehnung zur Vornahme von Gesundheitsbehandlungen gemäß § 630d Abs. 1 BGB gesichert und gefördert werden. Ob und wie das Erwachsenenschutzrecht dabei die Anforderungen der assistierten Entscheidungsfindung i.S.d. Art. 12 UN-BRK umsetzt, wird ebenfalls betrachtet.

I. Zu untersuchende Ausgangssituation

Bei der Vornahme ärztlicher Behandlungen können sich für die Ärzt*innen im Rahmen der Einwilligung gemäß § 630d BGB verschiedene Ausgangssituationen ergeben.[638] *Kern* unterscheidet, ob für die Patient*innen bereits eine gerichtliche Betreuung angeordnet wurde oder sich eine Bestellung während der Behandlung als notwendig erweist.[639] Die Konstellation, dass die zu behandelnde Person in keinem Betreuungsverhältnis steht, wird im Weiteren nicht beleuchtet. Ausgangspunkt der Betrachtungen ist eine spezielle medizinische Maßnahme, welche im Aufgabenbereich der Gesundheitssorge und Aufenthaltsbestimmung der zur rechtlichen Betreuung bestellten Person liegt. Zudem ist keine Patientenverfügung durch den Einzelnen verfasst worden (§ 1827 BGB). Es kann somit die Analyse zum Verhältnis zwischen Ärzt*innen, Minderjährigen und Sorgeberechtigten exakter vorgenommen werden. Die Differenzierung zwischen dem Abschluss des Behandlungsvertrages (§ 630a BGB) und der rechtfertigenden Einwilligung (§ 630d BGB) in den medizinischen Eingriff wird konsequent verfolgt und nur Zweiteres im Weiteren dargelegt.

---

638 *Kern*, MedR 1993, 245 (247); *Kern*, MedR 1991, 66 (68).

639 *Kern*, MedR 1991, 66 (68).

II. Einsichts- und Urteilsfähigkeit bei Volljährigen

In der Praxis obliegt die Feststellung der Einwilligungsfähigkeit ab der Vollendung des achtzehnten Lebensjahres ebenfalls allein den Behandelnden.[640] Da bei Erwachsenen, im Gegensatz zu Minderjährigen, die Fähigkeit einen freien Willen bilden zu können grundsätzlich unterstellt wird, muss die fehlende Einwilligungsfähigkeit ermittelt werden.[641] Schließlich willigt auch die betreute einwilligungsfähige Person als Ausfluss ihres allgemeinen Persönlichkeitsrechts und dem Recht am eigenen Körper selbst in den medizinischen Eingriff ein und kann diesen dadurch gestatten (§ 630d Abs. 1 Satz 1 BGB).[642] Darauf basierend bildet die Einwilligungsfähigkeit wiederum den Kompetenzmaßstab für diese Einwilligung.

Der Wortlaut des § 630d BGB enthält keine Konkretisierung der Einwilligungsfähigkeit.[643] Die Gesetzesbegründung sowie die überwiegende Literatur stellen auf eine Einzelfallentscheidung ab und legen als Maßstab fest, dass sich die behandelnde Person davon überzeugen müsse, ob der Einzelne die Art, Bedeutung, Tragweite und Risiken der medizinischen Maßnahme im Großen und Ganzen erfassen und den Willen hiernach ausrichten kann.[644] Dabei wird betont, dass die Patient*innen in der Lage sein müssen, die vorherige Aufklärung, im Sinne des *informed consent*, zu verstehen, zu erfassen und danach entscheiden zu können.[645] Im Zuge dessen soll die Beurteilung jeweils im Kontext der konkreten geplanten medizinischen Maßnahme erfolgen.[646] Die Beschreibung fester objektiver Ansätze zur Beurteilung der Einwilligungsfähigkeit gestaltet sich komplex, da selbst eine aus objektiver Bewertung unvernünftige Ablehnung einer Behandlung dem freien Willen entsprechen und somit die Autonomie des Individuums

640 *Janda*, Medizinrecht, S. 137; *Marschner* in: Jürgens BtR § 1829 BGB, Rn. 4; näher zur Feststellungskompetenz: *Damm*, MedR 2015, 775 (782).

641 BT-Drs. 17/10488, S. 23; *Damm*, MedR 2015, 775 (778); *Taupitz*, MedR 2012, 583 (584).

642 *Müller* in: BeckOK, § 1904 BGB, Rn. 8; *Maschner* in: Jürgens BtR, § 1829 Rn. 2.

643 Darstellung von Formulierungsversuchen der Einwilligungsfähigkeit in der Literatur: *Bühler/Stolz*, BtPrax 2017, 167; weitere Konkretisierungsansätze: *Bienwald* in: Bienwald/Sonnenfeld/Harm BtR, § 1829 BGB, Rn. 29 f.

644 BT-Drs. 17/10488, S. 23; *Spickhoff*, AcP 2008, 345 (385); *Kreße*, MedR 2015, 91 (92); Darstellung von Formulierungsversuchen der Einwilligungsfähigkeit in der Literatur: *Bühler/Stolz*, BtPrax 2017, 167 (168 f.); zur Ablehnung von festen Altersgrenzen bei Volljährigen, *Coester-Waltjen*, MedR 2012, 553 (558); *Taupitz*, MedR 2012, 583 (585).

645 BT-Drs. 17/10488, S. 23; *Kieß* in: Jurgeleit BtR, § 1829 BGB, Rn. 22 ff.

646 *Schneider* in: MüKo, § 1829 BGB, Rn. 16; *Bühler/Stolz*, BtPrax 2017, 167 (167).

widerspiegeln kann.[647] Zu verdeutlichen ist, dass die Anordnung der Betreuung nicht unmittelbares Indiz für die Einwilligungsunfähigkeit ist.[648] Im Gegensatz zur Feststellung der Einwilligungsfähigkeit bei Kindern und Jugendlichen werden z. T. standardisierte Verfahren, wie das MacArthur Competence Assessment Tool for Treatment (MacCAT-T) oder der Hopkins Competency Assessment Test (HCAT) bei Erwachsenen angewendet.[649] Zudem wurde mit der S2k-AWMF-Leitlinie 2019 eine Handreichung bei der Feststellung der Einwilligungsfähigkeit von Menschen mit Demenz gesetzt.[650] Diese beinhaltet Kriterien zur Orientierung im Rahmen der Feststellung, zeigt Handlungsempfehlungen und mögliche Fragestellungen auf.[651] Zudem erörtert sie Möglichkeiten der Assistenz u. a. bei Unsicherheiten bezüglich der Feststellung des freien Willens.[652]

Der Assistenzgedanke wird im Zusammenhang mit der Feststellung der Einwilligungsfähigkeit zunehmend erörtert.[653] Dazu wird mitunter vorgetragen, dass Entscheidungsassistenzen bei der Mobilisierung vorhandener Ressourcen der Handlungsfähigkeit hilfreich sein können.[654] Dabei wird betont, dass eine Begleitung oder Beratung z. B. durch Vertrauenspersonen beim eigenen Informationsverständnis unterstützen kann.[655] Im Zuge dessen ist die Assistenz weiter

---

647 *Marschner* in: Jürgens BtR, § 1829 BGB, Rn. 12; *BVerfG*, Beschluss v. 23.3.1998, 2 BvR 2270–96, NJW 1998, 1774; *Bühler/Stolz*, BtPrax 2017, 167.

648 So auch: *Marschner* in: Jürgens BtR, § 1829 BGB, Rn. 12; *Kieß* in: Jurgeleit BtR, § 1829 BGB, Rn. 22 ff; anders dazu: *Bienwald* in: Staudinger, § 1904 BGB, Rn. 22.

649 *Damm*, Bundesgesundheitsblatt 2016, 1075 (1080); *Haberstroh/Tesky/Pantel*, Zeitschrift für Gerontologie und Geriatrie 2021, 167 (171).

650 *DGGG/DGPPN/DGN*, S2k-AWMF-Leitlinie 108-001 „Einwilligung von Menschen mit Demenz in medizinische Maßnahme“, 2019; näher zur juristisch-medizinischen Praxisbetrachtung der Leitlinie: *Klasen/Klasen*, jM 2020, 398.

651 *DGGG/DGPPN/DGN*, S2k-AWMF-Leitlinie 108-001 „Einwilligung von Menschen mit Demenz in medizinische Maßnahme“, 2019, 15 ff.

652 *DGGG/DGPPN/DGN*, S2k-AWMF-Leitlinie 108-001 „Einwilligung von Menschen mit Demenz in medizinische Maßnahme“, 2019, S, 19.

653 *Birnbacher*, Stellungnahme der Zentralen Ethikkommission bei der Bundesärztekammer zu „Entscheidungsfähigkeit und Entscheidungsassistenz in der Medizin“, Deutsches Ärzteblatt, 2016, S. A 1; *Haberstroh/Tesky/Pantel*, Zeitschrift für Gerontologie und Geriatrie 2021, 167 (169); *Damm*, MedR 2015, 775 (785)).

654 *Birnbacher*, Stellungnahme der Zentralen Ethikkommission bei der Bundesärztekammer zu „Entscheidungsfähigkeit und Entscheidungsassistenz in der Medizin“, Deutsches Ärzteblatt, 2016, S. A 1; *Haberstroh/Tesky/Pantel*, Zeitschrift für Gerontologie und Geriatrie 2021, 167 (169).

655 So *Haberstroh/Tesky/Pantel*, Zeitschrift für Gerontologie und Geriatrie 2021, 167 (169, 171); vgl. Interdisziplinäre S2k Leitlinie für die medizinische Praxis, S. 70, 74.

als das reine *informed consent Prinzip* gefasst.[656] Es wird nicht lediglich an eine Gewährleistung der Selbstbestimmung durch Information und Aufklärung, sondern auch durch eine darüberhinausgehende Beteiligung angesetzt.[657] Dabei werden u. a. das Einräumen einer Bedenkzeit und die Beratungsmöglichkeit mit anderen Personen als kommunikative Hilfestellungen genannt.[658]

III. Entscheidungsfindung und Umsetzung im Betreuungsverhältnis bei der Einwilligung gemäß § 630d BGB

Fraglich ist, wie eine konkrete Entscheidungsfindung zur Einwilligung in die medizinische Maßnahme innerhalb der angeordneten Betreuung ausgestaltet ist und welche Relevanz die Einwilligungsfähigkeit hinsichtlich der Einwilligungskompetenz im Außenverhältnis aufweist.

1. Ausgestaltung der Betreuung im Innen- und Außenverhältnis

Es sei erneut vorangestellt, dass im Unterschied zur rechtlichen Beziehung zwischen Eltern und ihren Kindern das Innenverhältnis der Betreuung im konkreten Aufgabenbereich keine vollumfängliche Fürsorge darstellt.[659] Die Begrenzung auf die Besorgung der rechtlichen Angelegenheiten und die für deren Umsetzung notwendigen faktischen Aufgaben ist ausdrücklich normiert (§ 1821 Abs. 1 BGB).[660] Im Folgenden wird u. a. anhand der geschilderten Ausgangssituation die rechtliche Ausgestaltung der Entscheidungsfindung zur Einwilligung oder Ablehnung einer konkreten medizinischen Maßnahme i.S.d. § 630d BGB im Innenverhältnis der rechtlichen Betreuung beschrieben. Zudem wird betrachtet, welche partizipativen

---

656 So auch *Birnbacher*, Stellungnahme der Zentralen Ethikkommission bei der Bundesärztekammer zu „Entscheidungsfähigkeit und Entscheidungsassistenz in der Medizin", Deutsches Ärzteblatt, 2016, S. A 1; zu den Grenzen des informed consent: *Dorneck/Gassner/Kersten/Lindner/Linoh/Nebe/Rosenau/Schmidt am Busch*, MedR 2019, 431 (431 f.).

657 *Birnbacher*, Stellungnahme der Zentralen Ethikkommission bei der Bundesärztekammer zu „Entscheidungsfähigkeit und Entscheidungsassistenz in der Medizin", Deutsches Ärzteblatt, 2016, S. A 1 (A 2).

658 *Birnbacher*, Stellungnahme der Zentralen Ethikkommission bei der Bundesärztekammer zu „Entscheidungsfähigkeit und Entscheidungsassistenz in der Medizin", Deutsches Ärzteblatt, 2016, S. A1 (A 3).

659 BT-Drs. 13/7158, S. 33.

660 BT-Drs. 13/7158, S. 33.

Möglichkeiten für die Betroffenen unabhängig von der freien Willensbildung im Betreuungsverhältnis und gegenüber den Behandler*innen rechtlich gesetzt sind.

a) *Einwilligungsfähige Patient*innen*

Ist der Betreuungsperson der Aufgabenkreis der Gesundheitssorge übertragen und unterliegt die geplante Maßnahme diesem, bleibt zu prüfen, ob die betreute Person hinsichtlich der Einwilligung in die konkrete medizinische Maßnahme den freien Willen selbst bilden kann.[661] Demnach bleibt der Einzelne im Fall der Einwilligungsfähigkeit allein entscheidungsbefugt und Adressat*in der gebotenen Aufklärung (§§ 630d Abs. 2 Alt. 1, 630e Abs. 1, 2 BGB).[662] Die zur rechtlichen Betreuung bestellte Person soll in diesem Kontext lediglich bei der Entscheidungsfindung assistieren, wenn der Einzelne es wünsche.[663] Dies konstatiert § 1821 Abs. 1 Satz 2 BGB nach der Reform dahingehend, dass er die Unterstützung bei der eigenständigen Besorgung der rechtlichen Angelegenheiten als vorrangige Pflicht der Betreuer*innen normiert. Eine weitere Konkretisierung des Assistenzgedanken bilden das Gesetz und die Gesetzesbegründung hingegen nicht ab.[664] *Aichele/Degener* beschreiben Unterstützung als die *„konkrete, personenzentrierte Assistenzleistung"*, welche die Betroffenen jederzeit in Anspruch nehmen können.[665] Nach *Brosey* umfasst sie im Praktischen u. a das Informieren über die Umstände der Entscheidung, die Begleitung der Entscheidungsfindung und -äußerung und das Repräsentieren der Entscheidung.[666] Auch *Bühler/Stolz* verdeutlichen exemplarisch, dass Betreuer*innen auch bei der Durchsetzung (tatsächlicher Art) der eigenständig getroffenen Entscheidung gegenüber anderen Hilfe leisten könnten.[667] Primär obliegt der Betreuungsperson in der vorliegenden Konstellation der Einwilligungsfähigkeit die Rolle einer möglichen Mitwirkungspartei bei Ersuchen der Patient*innen.

b) *Einwilligungsunfähige Patient*innen*

Stellt die behandelnde Person fest, dass die Patient*innen keinen freien Willen im Rahmen der geplanten medizinischen Maßnahme bilden können, ist ausgehend von § 630d Abs. 1 Satz 2 BGB die Einwilligung der Berechtigten maßgebend, wenn,

661 *Müller-Engels* in: BeckOK, § 1829 BGB, Rn. 9 ff.; *Spickhoff*, FamRZ 2018, 412 (420).
662 *Kern*, MedR 1993, 245 (248); *Bühler/Stolz*, BtPrax 2017, 167.
663 So *Schneider* in: MüKo, § 1828 BGB, Rn. 8.
664 BT-Drs. 19/24445, S. 251.
665 *Aichele/Degener*, Das Menschenrecht auf gleiche Anerkennung vor dem Recht, S. 49.
666 *Brosey*, BtPrax 2014, 211.
667 *Bühler/Stolz*, BtPrax 2017, 167.

wie in der zu untersuchenden Ausgangssituation, keine wirksame Patientenverfügung i.S.v. § 1827 BGB vorliegt. Im vorliegenden Kontext der festgestellten Einwilligungsunfähigkeit ergeben sich zusätzlich spezielle Aufklärungserfordernisse, wonach für die Wirksamkeit einer Einwilligung in die geplante Maßnahme nach Maßgabe der § 630e Abs. 1 bis 4 BGB die zur Betreuung bestellte Person aufzuklären ist (§ 630d Abs. 2 Alt. 2 BGB). Allerdings sind den Patient*innen die Umstände durch die Ärzt*innen ebenfalls adressatenkonform zu erläutern (vgl. § 630e Abs. 5 BGB). Damit ist eine passive Beteiligung unabhängig von der freien Willensbildung, wie bei einwilligungsunfähigen Heranwachsenden, im Verhältnis zu den behandelnden Personen vorgesehen. Zudem sind die Behandler*innen verpflichtet, die Patient*innen vor Beginn der Behandlung über deren wesentlichen Abläufe zu informieren (§ 630c Abs. 2 Satz 1 BGB).[668]

aa) Orientierung an den Wünschen der Betreuten gemäß § 1821 BGB

Im Rahmen einer Entscheidungsfindung bilden die Wünsche der betreuten Person das zentrale Element zur Orientierung des Handelns der Betreuer*innen.[669] § 1821 Abs. 2 Satz 1 BGB normiert ausdrücklich, dass die Betreuungsperson die Angelegenheiten so zu besorgen hat, dass die betreute Person die Möglichkeit hat, ihr Leben nach eigenen Wünschen zu gestalten. Sie hat diese festzustellen, hat ihnen zu entsprechen und ist somit grds. beim Handeln an sie gebunden. Dabei sind die Wünsche unabhängig vom Vorliegen des freien Willes zu ermitteln.[670] Sie sind damit als direkter Ausdruck des Selbstbestimmungsrechts zu verstehen, sofern sie nicht bloße Zweckmäßigkeitserwägung oder unmittelbare Ausprägung der Erkrankung seien.[671] Die Wünsche bezüglich der Vornahme des medizinischen Eingriffs können sowohl mündlich, schriftlich als auch nonverbal z. B. durch einfaches Nicken, geäußert werden.[672] Bei deren Feststellung setzt der Gesetzgeber vorrangig auf eine adressatengerechte Kommunikation mit der betreuten Person und erst nachrangig auf eine Befragung nahestehender Personen

668 *Lipp* in: Laufs/Katzenmeier/Lipp, Arztrecht, VI, Rn. 123.

669 BT-Drs. 19/24445, S. 250; *BGH*, Beschluss v. 17.9.2014, XII ZB 202/13, NJW 2014, 3572 (3576); BT-Drs. 17/11513, S. 6; *Brosey*, BtPrax 2020, 161 (162); *Schwab*, FamRZ 2023, 1 (4).

670 *Schneider*, MüKo, § 1821 BGB, Rn. 19; *Müller-Engels* in: BeckOK, § 1821 BGB, Rn. 10; *Locher*, FamRB 2010, 56 (59); BT-Drs. 19/24445, S. 250.

671 So *BGH*, Urteil v. 22.7. 2009, XII ZR 77/06, BtPrax 2009, 290 (290); *Schneider* in: MüKo, § 1821 BGB, Rn. 17 ff.; BT-Drs. 19/24445, S. 253.

672 *Beckmann*, FPR 2010, 278 (279); *Beetz*, Stellvertretung als Instrument der Sicherung und Stärkung der Patientenautonomie, S. 49.

(§ 1821 Abs. 2 Satz 1 BGB).[673] Dabei sind bei Bedarf nötige Hilfen zur Gesprächsunterstützung, wie weitere Personen, hinzuzuziehen.[674] In diesem Kontext kann auch an das Verbildlichen durch Zeichnungen oder digitale Visualisierungen für das bessere Verständnis gedacht werden. Ist die betroffene Person aktuell nicht in der Lage ihre Wünsche zu äußern, kann grds. auf solche, die antizipiert geäußert wurden, zurückgegriffen werden (vgl. §§ 1827 Abs. 2, 1816 Abs. 2 Satz 4 BGB). Eine Orientierung am objektiven Wohl der Patient*innen zur Entscheidungsfindung ist hingegen nicht maßgebend.[675]

(1) Streichung des Begriffs „*Wohl*" durch das Gesetz zur Reform des Vormundschafts- und Betreuungsrechts

§ 1901 Abs. 2 Satz 1 BGB a.F. normierte bis zum Inkrafttreten des Gesetzes zur Reform des Vormundschafts- und Betreuungsrechts, dass die zur Betreuung bestellte Person die Angelegenheiten des Einzelnen so zu besorgen hat, wie es dessen „*Wohl*" entspricht.[676] Bereits vor der Novellierung wurde dieses zwar nicht als objektiver Maßstab verstanden („*best interest*"),[677] sondern an individuellen Interessen der Betreuten bemessen.[678] Trotz der Auslegung des Begriffs an subjektiven Maßstäben sah die Reform eine Streichung des Terminus vor, um der Gefahr eines Handelns der Vertreter*innen anhand eines objektiven Maßstabes, wie ihn die UN-BRK ablehnt, vorzugreifen.[679] Danach ist eine Betreuung, welche die Präferenzen und den Willen der Menschen mit Behinderung nicht als Richtschnur konstatiert, mit der Konvention nicht vereinbar (vgl. Art. 12 Abs. 4 UN-BRK).[680]

---

673 BT-Drs. 19/24445, S. 252.

674 BT-Drs. 19/24445, S. 252; *Loer* in: Jürgens Betreuungsrecht, § 1821 BGB, Rn. 24.

675 BT-Drs. 11/4528, S. 67; *BGH*, Urteil v. 22. 7. 2009, XII ZR 77/06, BtPrax 2009, 290 (290); *Schwab*, FamRZ 2023, 1 (3).

676 § 1901 BGB a.F. in Kraft bis 1.1.2023, ersetzt durch § 1821 BGB, BT-Drs. 19/24445, 249.

677 *Brosey*, BtPrax 2014, 211 (211); *Lipp*, FamRZ 2017, 4 (6).

678 BT-Drs. 11/4528, S. 67; *Bienwald* in: Bienwald/Sonnenfeld/Harm BtR, § 1821 BGB, Rn. 7; *Kieß* in: Jurgeleit BtR, § 1821 BGB, Rn. 30; *Loer* in: Jürgens Betreuungsrecht, § 1821 BGB, Rn. 1; *BGH*, Urteil v. 22. 7. 2009, XII ZR 77/06, BtPrax 2009, 290 (290); *Schwab*, FamRZ 2023, 1 (3).

679 BT-Drs. 19/24445, S. 252.

680 BT-Drs. 19/24445, S. 249; UN- Fachausschuss für die Rechte von Menschen mit Behinderung, General Comment No. 1, Art. 12 Abs. 3 UN-BRK, S. 5.

(2) Grenzen der Wunschbefolgungspflicht § 1821 Abs. 3 BGB

Die ermittelten Wünsche sollen nicht grenzenlos zur Entscheidungsfindung herangezogen werden, sondern stehen nach dem Gesetz aufgrund der Schutzpflicht des Staates unter doppelten Vorbehalt gemäß § 1821 Abs. 3 BGB.[681] Sie finden danach nur so weit Berücksichtigung, wie die betreute Person oder dessen Vermögen nicht erheblich gefährdet werden und der Einzelne dies aufgrund der Krankheit oder Behinderung nicht erkennen und nach dieser Einsicht handeln kann (§ 1821 Abs. 3 Nr. 1 BGB). Die Umsetzung der Wünsche ist ebenfalls ausgeschlossen, wenn dies der Betreuungsperson nicht zuzumuten ist (§ 1821 Abs. 3 Nr. 2 BGB). Erstere Schranke liege vor, wenn höherrangige Rechtsgüter der Betroffenen gefährdet oder die gesamte Lebens- und Versorgungssituation dadurch erheblich verschlechtert werden würde.[682] Problematisch ist dabei, wann dieses Maß erlangt und somit der Wille einzuschränken ist.[683] Denn eine gewisse Selbstgefährdung insbesondere im Gesundheitsbereich kann gerade den Ausdruck des Selbstbestimmungsrechts auf eigene Lebensgestaltung darstellen und somit den Wünschen entsprechen.[684] Denn auch dem Betreuten wird von Verfassungswegen grundsätzlich ein Recht auf Freiheit zur Krankheit zugesprochen.[685] Folglich kann z. B. das Ablehnen einer indizierten Grippeschutzimpfung eines 70-Jährigen, an Demenz erkrankten einwilligungsunfähigen Pflegeheimbewohners, trotz prognostizierter schwererer Krankheitsverläufe bei Erkrankung, seiner Autonomie entsprechen, wenn sich aus den Umständen ergibt, dass er eine Impfung in der Vergangenheit immer missbilligt hat und dies auch aktuell mit natürlichem Willen bestätigt.[686]

---

681 *Bienwald* in: Bienwald/Sonnenfeldt/Herm BtR § 1821 BGB, Rn. 19 f; *Spickhoff* in: Spickhoff Medizinrecht, § 1821 BGB, Rn. 2; BT-Drs. 19/24445, S. 252.

682 *BGH*, Urteil v. 22.7.2009, XII ZR 77/06, BtPrax 2009, 290 (294); BT-Drs. 19/24445, S. 252; kritisch dazu *Brosey*, BtPrax 2009, 290.

683 *Schneider* in: MüKo, § 1821 BGB, Rn. 27; BT-Drs. 15/2494, S. 28; *BVerfG*, Beschluss v. 2.8.2001, 1 BvR 618/93, NJW 2002, 206 (207): zur Berücksichtigung des religiös motivierten Wunsches, auf eine Bluttransfusion zu verzichten.

684 *Kieß* in: Jurgeleit BtR, § 1821 BGB, Rn. 43.

685 *BVerfG*, Beschluss v. 23.3.1998, 2 BvR 2270–96, NJW 1998, 1774 (1774); *BVerfG*, Urt. v. 08.06.2021, 2 BvR 1866/17 - 2 BvR 1314/18.

686 Vgl. *Robert-Koch-Institut*, Beschluss und wissenschaftliche Begründung der Ständigen Impfkommission (STIKO) für die Aktualisierung der Influenza-Impfempfehlung für Personen im Alter von ≥60 Jahren, in: Epidemiologisches Bulletin, 1/2024, S. 6; so auch zur Corona-Schutzimpfung bei Hochbetagten: *Kraemer*, NJW 2021, 350 (351).

bb) Besprechungspflicht gemäß § 1821 Abs. 5 BGB

Um die Wünsche entsprechend ermitteln zu können, liegt dem Betreuungsverhältnis u. a. die Besprechungspflicht zu Grunde. Gemäß § 1821 Abs. 5 BGB hat die Betreuungsperson den erforderlichen persönlichen Kontakt zu halten, sich regelmäßig einen Eindruck zu verschaffen und die Angelegenheiten der Betroffenen mit diesen zu besprechen, um letztlich eine persönliche Betreuung umzusetzen. Vor der Reform durch das Gesetz zur Änderung des Vormundschafts- und Betreuungsrechts war im Innenverhältnis lediglich eine Besprechungspflicht für *„wichtige Angelegenheiten"* vorgesehen. Zu diesen zählten für die Angelegenheiten der Personensorge, die in den §§ 1829 bis 1832 BGB geregelten Sachverhalte, ohne eine jeweilige Einzelfallbetrachtung aus Sicht der betreuten Person ausschließen zu wollen.[687] Nunmehr ist die Betreuungsperson stets verpflichtet den Dialog über die Vornahme oder Ablehnung jedweder medizinischen Maßnahme zu suchen. Dabei ist die Reform insbesondere in diesem Kontext als autonomiestärkend zu bewerten, weil sie eine umfassende aktive Teilnahme durch ein Äußerungsrecht im Innenverhältnis der Betreuung gewährleistet. Schließlich erfordert eine Besprechung die Auseinandersetzung der Parteien mit dem Für und Wider einer geplanten Maßnahme und ermöglicht einen Diskurs.[688] Z. T. wird die Besprechungspflicht als *„aktivierend"* bewertet, da sie motivieren könne, eigene Angelegenheiten verstärkter selbstständig wahrzunehmen.[689] Letztlich erhält die betreute Person im Innenverhältnis einen Anspruch gegenüber den Betreuer*innen auf Information und Äußerung.[690]

cc) Ermittlung des mutmaßlichen Willens gemäß § 1821 Abs. 4 BGB

Gemäß § 1821 Abs. 4 Satz 1 BGB hat die Betreuungsperson den mutmaßlichen Willen des Einzelnen aufgrund konkreter Anhaltspunkte zu ermitteln und ihm Geltung zu verschaffen, wenn sie die Wünsche nicht feststellen kann oder ihnen nach den Grenzen des Abs. 3 Nr. 1 BGB nicht entsprechen darf. Dies soll verdeutlichen, dass auf den mutmaßlichen Willen nur abgestellt werden soll, wenn der tatsächliche (natürliche) Wille der betreuten Person nicht festgestellt werden kann.[691] Bei der Ermittlung sind insbesondere frühere Äußerungen, ethische

687 BT-Drs. 11/4528, S. 134; *Bieg* in: jurisPK, § 1821 BGB, Rn. 27; BT-Drs. 19/24445, S. 255 f.

688 So *Bienwald* in: Bienwald/Sonnenfeldt/Herm BtR, § 1821 BGB, Rn. 25 f.

689 So *Bienwald* in: Bienwald/Sonnenfeldt/Herm BtR, § 1821 BGB, Rn. 25f.

690 *Roth* in: Erman, § 1821 BGB, Rn. 14.

691 BT-Drs. 19/24445, 254; *Schneider* in: MüKo, § 1827 BGB, Rn. 47.

oder religiöse Überzeugungen und sonstige persönliche Wertvorstellungen des Betreuten zu berücksichtigen (§ 1821 Abs. 4 Satz 2 BGB). Bei der Feststellung des mutmaßlichen Willens soll nahen Angehörigen und sonstigen Vertrauenspersonen der Betreuten Gelegenheit zur Äußerung gegeben werden, um u. a. dessen Biografie miteinbeziehen zu können.[692] Sie werden dabei als eine weitere Informationsquelle zur Feststellung des Willens der Patient*innen verstanden.[693]

dd) Konkretisierung der Entscheidungsfindung in Gesundheitsangelegenheiten gemäß §§ 1827, 1828 BGB

Für die Einwilligung oder Ablehnung einer Untersuchung des Gesundheitszustandes, eine Heilbehandlung oder einen ärztlichen Eingriff konkretisiert der Gesetzgeber weitere Anforderungen zur Feststellung des Willens der Patient*innen. Die Ermittlung des Willens und die Aufgaben der einzelnen Akteur*innen im Rahmen der Entscheidungsfindung im Falle der Einwilligungsunfähigkeit sind neben § 1821 BGB zusätzlich in den §§ 1827, 1828 BGB normiert.[694] Dem Entscheidungsfindungsprozess ist gemäß § 1828 BGB, wie in der zu untersuchenden Ausgangssituation, vorangestellt, dass die Behandler*innen prüfen, welche medizinische Maßnahme in der konkreten Behandlungssituation indiziert ist. Danach soll die behandelnde Person diese Maßnahme unter Berücksichtigung des Patientenwillens mit der zur Betreuung bestellten Person erörtern, um diesen zur Grundlage einer Entscheidung nach den Grundsätzen des § 1827 BGB zu machen.[695] Dabei sei es vorrangige Aufgabe der Betreuer*innen, die Wünsche und Vorstellungen des Einzelnen in das Gespräch einzubringen.[696] In diesem dialogischen Prozess des Informations- und Wissensaustausches sind die ermittelten Grundsätze der § 1821 BGB, § 630e Abs. 5 und § 630c Abs. 2 Satz 1 BGB ebenfalls zu beachten und eine Beteiligung der betreuten Person zu gewährleisten. Rein rechtlich betrachtet obliegt ihnen die aktive Beteiligung durch ein Recht zur Äußerung im Innenverhältnis der Betreuung als auch ein passives Teilnahmerecht auf Aufklärung und Information gegenüber den Behandler*innen. Der assistierende Ansatz offeriert, dass die zur Betreuung bestellte Person versuchen

---

692 Vgl. BT-Drs. 19/24445, 254.

693 Näher dazu: *Brauer/Lipp*, MedR 2016, 231 (234); *Lipp*, MedR 2016, 843 (850).

694 BT-Drs. 16/13314, S. 20; *Beetz*, Stellvertretung als Instrument der Sicherung und Stärkung der Privatautonomie, S. 61; zur Feststellung von Behandlungswünschen und mutmaßlichem Willen im Pflege- und Betreuungsalltag: *Riedel*, BtPrax 2013, 9.

695 *Kraemer*, NJW 2021, 350 (352); dazu näher *Schneider* in: MüKo, § 1828 BGB, Rn. 4 ff.; *Roth* in: Erman, § 1828 BGB, Rn. 2.

696 So *Roth* in: Erman, § 1828 BGB, Rn. 2.

sollte, dem Betroffenen bei den aufgezeigten dialogischen Prozessen bestmöglich zu assistieren, indem beispielsweise das Aufklärungsgespräch zwischen Ärzt*in und zu behandelnder Person begleitet und/oder zusätzlich in adressatengerechte Sprache übersetzt wird.[697] Daneben soll nahen Angehörigen und sonstigen Vertrauenspersonen Gelegenheit zur Äußerung gegeben werden (§ 1828 Abs. 2 BGB). § 1827 BGB konkretisiert die Reihenfolge der Relevanz einzelner Willensäußerungen der Patient*innen für das Betreuerhandeln.[698] Liegt eine wirksame, auf die aktuelle Lebens- und Behandlungssituation passende Patientenverfügung vor, ist die gerichtlich bestellte Betreuungsperson an die antizipierte, auf freiem Willen basierende Entscheidung gebunden und hat diese lediglich rechtlich nach außen umzusetzen (§ 1827 Abs. 1 BGB).[699] Liegt keine Patientenverfügung, wie in der zu untersuchenden Ausgangssituation, vor, oder passt diese nicht auf die jeweilige Lebens- oder Behandlungssituation, hat die zur Betreuung bestellte Person die Behandlungswünsche nach zuvor dargelegten Grundsätzen i.S.d. § 1821 BGB festzustellen und auf dieser Grundlage zu entscheiden, ob sie in die ärztliche Maßnahme einwilligt.[700] Damit enthält § 1827 BGB eine zusätzliche Klarstellung des Prinzips zur Beachtung der Wünsche.[701] Wünsche in diesem Sinne sind auf die konkrete Behandlungssituation bezogene schriftliche oder mündliche Willensäußerungen.[702] Ihre Verbindlichkeit entbehrt sich lediglich, wenn sie unmittelbarer Ausdruck der Erkrankung sind und die Person erheblich gefährden würden (vgl. § 1821 Abs. 3 BGB).[703] Insofern die betreute Person nicht äußerungsfähig ist oder keine Behandlungswünsche vorliegen, wird wiederum der mutmaßliche Wille maßgebend und Entscheidungsgrundlage der Betreuer*innen.[704]

---

697 Vgl. Fallbeispiel 2 von *Bühler/Stolz*, BtPrax 2017, 167.

698 *Spickhoff* in: Spickhoff Medizinrecht, § 1827 BGB, Rn. 1; *Müller-Engels* in: BeckOK; § 1827 BGB, Rn. 37.

699 *Schneider* in: MüKo, § 1828 BGB, Rn. 4 ff.; BT-Drs. 16/13314, S. 22; *BGH*, Beschluss v. 6.7.2016, XII ZB 61/16, mit Anm. Renner, DNotZ 2017, 199 (208); *BGH*, Beschluss v. 8.2.2017, XII ZB 604/15, NJW 2017, 1737.

700 *Roth* in: Erman, § 1827 BGB, Rn. 10; *Schneider* in: MüKo, § 1827 BGB, Rn. 40 ff.; näher: *Beckmann*, FPR 2010, 278; *Lipp*, FamRZ 2017, 4 (9).

701 BT-Drs. 16/13314, S. 20.

702 *Schneider* in: MüKo, § 1827 BGB, Rn. 44; *Beckmann*, FPR 2010, 278 (278, 281); BT-Drs. 16/13314, S. 20.

703 Dazu: *Beetz*, Stellvertretung als Instrument der Sicherung und Stärkung der Privatautonomie, S. 68 f.

704 *Müller-Engels* in: BeckOK, § 1827 BGB, Rn. 38.

ee) Primat der vorrangigen Unterstützung gemäß §§ 1821 Abs. 1, 1823 BGB

Im gesamten Entscheidungsfindungsprozess ist das sog. Primat der vorrangigen Unterstützung durch die Betreuungsperson zu beachten.[705] Dieses ist in § 1821 Abs. 1 BGB verankert. Damit zielt der Gesetzgeber im Hinblick auf Art. 12 UN-BRK auf eine vorrangig assistierte Entscheidungsfindung und -umsetzung ab.[706] Hinsichtlich der medizinischen Entscheidungsfindung bedeutet dies, nicht nur die Wünsche bezüglich der Behandlung durch Assistenz zu ermitteln, sondern die eigene Einwilligungsfähigkeit der Betroffenen zur Einwilligung zu fördern.[707] Erst wenn die Urteils- und Steuerungsfähigkeit wie in der Ausgangsituation eindeutig ausgeschlossen ist, hat die Betreuungsperson die vorrangige Aufgabe, die Patient*innen bei der rechtlichen Umsetzung der ermittelten Wünsche zu unterstützen und diesen rechtliche Wirkung nach außen zu verleihen (§§ 1821 Abs. 1, 1823 BGB).[708]

c) Zweifel bei der Feststellung der Einwilligungsfähigkeit

In Zweifelsfällen an der Einwilligungsfähigkeit der volljährigen Patient*innen ergibt sich wiederum ein unsicherer Grenzbereich für die Entscheidungskompetenz in Gesundheitsbehandlungen. Es wird vorgetragen, dass in dieser Situation die Einwilligung der Betreuungsperson maßgebend bzw. eine kumulative Gestattung geboten sei.[709] Dadurch werde die behandelnde Person rechtlich abgesichert.[710] Denkbar sei im Weiteren trotz Unsicherheiten die Entscheidungsbefugnis bei der zu behandelnden Person zu belassen, um ihrer Autonomie uneingeschränkt Vorrang zu geben.[711]

Mit Blick auf das Unterstützungsprimat sollte stets der Ansatz einer vorrangigen, assistierten Entscheidungsfindung, auch im unsicheren Grenzbereich,

---

705 BT-Drs. 19/24445, S. 136; Näher dazu: *Der Deutsche Verein für öffentliche und private Vorsorge e.V.*, Stellungnahme des Deutschen Vereins zum Gesetzentwurf der Bundesregierung eines Gesetzes zur Reform des Vormundschafts- und Betreuungsrechts v. 25.9.2020, S. 15.

706 BT-Drs. 19/24445, S. 251; *Bühler/Stolz*, BtPrax 2017, 167 (170).

707 BT-Drs. 19/24445, S. 249.

708 *Bühler/Stolz*, BtPrax 2017, 167; *Loer* in: Jürgens Betreuungsrecht § 1821 BGB, Rn. 1; *Lipp*, FamRZ 2017, 4 (4); *Dieckmann*, BtPrax 2010, 53 (55).

709 So *Bienwald* in: Staudinger, § 1904 BGB, Rn. 21; *Damrau/Zimmermann*, BtR, § 1829 BGB, Rn. 10 f.; *Kern*, MedR 1993, 245 (248); BT-Drs. 19/24445, S. 251.

710 Dazu *Damrau/Zimmermann*, BtR, § 1829 BGB, Rn. 10.

711 *Roth* in: Erman, § 1829 BGB, Rn. 4.

greifen.[712] Danach müsste bei Zweifeln an der Einwilligungsfähigkeit zunächst durch die Betreuungsperson versucht werden, die eigene rechtliche Handlungsfähigkeit und eine eigene Entscheidung der Betroffenen durch Unterstützung zu fördern.[713] Dieser Ansatz ist in Hinblick darauf, dass die Einwilligungsunfähigkeit als ein konkreter und situationsbezogener Zustand verstanden wird, überzeugend.[714] Er setzt nicht nur an das Vorliegen der freien Willensbildung, sondern an deren möglichem Hervorbringen als Befähigung zur Selbstbestimmung für die konkrete medizinische Maßnahme an.[715] Eine adäquate Förderung bei der Erreichung und Ausübung der eigenen Handlungsfähigkeit könne durch die Begleitung und Übersetzung der Aufklärung in leichter Sprache erfolgen.[716] Auch das Einräumen der Möglichkeit einer Bedenkzeit oder die Rücksprache über das Verständnis der Aufklärung werden im Zusammenwirken mit den behandelnden Ärzt*innen darunter erfasst.[717] Die S2k-AWMF-Leitlinie empfiehlt bei Zweifeln an der freien Willensbildungsfähigkeit nach der ersten Untersuchung eine weitere Untersuchung ggf. unter erneuter Assistenz.[718] Damit soll dieser vorangegangene Prozess der assistierten Entscheidungsfindung eine bessere Einschätzung der Einwilligungsfähigkeit gewährleisten.[719] Dieser Gedanke ist tragfähig, da die verschiedenen Kommunikationsprozesse innerhalb und außerhalb des Betreuungsverhältnisses den persönlichen Eindruck vom Einzelnen erweitern können. Erst nach Ausschöpfung dieser Möglichkeiten soll die zur Betreuung bestellte Person eine Entscheidung basierend auf den Behandlungswünschen treffen bzw. die

712 BT-Drs. 19/24445, S. 251; *Bühler/Stolz*, BtPrax 2017, 167 (170).

713 Praktisches Beispiel zur Entscheidungsfindung eines 72-jährigen Schlaganfallspatienten zur Einwilligung der Anlage einer PEG-Sonde: *Bühler/Stolz*, BtPrax 2017, 167.

714 zur situationsspezifischen Einwilligungsfähigkeit: *Damm*, MedR 2015, 775 (777).

715 *Damm*, MedR 2012, 775 (783); *Birnbacher*, Stellungnahme der Zentralen Ethikkommission bei der Bundesärztekammer zu „Entscheidungsfähigkeit und Entscheidungsassistenz in der Medizin", Deutsches Ärzteblatt, 2016, S. A 1.

716 So *Bühler/Stolz*, BtPrax 2017, 167.

717 So und weitere Darstellung von Anwendungsgebieten der Entscheidungsassistenz: *Birnbacher*, Stellungnahme der Zentralen Ethikkommission bei der Bundesärztekammer zu „Entscheidungsfähigkeit und Entscheidungsassistenz in der Medizin", Deutsches Ärzteblatt, 2016, S. A 1.

718 *DGGG/DGPPN/DGN*, S2k-AWMF-Leitlinie 108-001 *„Einwilligung von Menschen mit Demenz in medizinische Maßnahme"*, 2019, S. 19.

719 *Birnbacher*, Stellungnahme der Zentralen Ethikkommission bei der Bundesärztekammer zu „Entscheidungsfähigkeit und Entscheidungsassistenz in der Medizin", Deutsches Ärzteblatt, 2016, S. A 1.

Entscheidung der Betroffenen rechtlich mit Wirkung gegenüber Dritten umsetzen (vgl. §§ 1821 Abs. 1, 2, 1823 BGB).[720]

2. Durchsetzbarkeit der Beteiligungsmöglichkeiten im Betreuungsverhältnis

Der Betreuungsperson steht im Außenverhältnis, wie den Sorgeberechtigten, grds. eine unbeschränkte Vertretungsmacht zu.[721] Allerdings wird diese Rechtsmacht im Innenverhältnis durch die Orientierung an den Wünschen der Betreuten begrenzt und soll den Willen nach außen repräsentieren.[722] Verstößt die Betreuungsperson beim Handeln im Innenverhältnis gegen den Grundsatz der Beachtung der Wünsche, hat dies grds. keine direkte Auswirkung auf die wirksame Abgabe der Erklärungen im Namen der Betroffenen.[723] Lediglich beim Missbrauch der Vertretungsmacht z. B. beim bewussten Zusammenwirken mit einem Dritten sind Ausnahmen zu sehen.[724] Verstöße gegen die Pflichten aus § 1821 BGB wirken sich im Innenverhältnis der Betreuung aus.[725] Die Betreuer*innen haften den Betroffenen gegenüber für daraus entstandene Schäden (§ 1826 BGB). Gleichwohl kann das Betreuungsgericht durch geeignete Gebote und Verbote gegen Pflichtwidrigkeiten einschreiten (§ 1862 BGB). Weiter kann eine mögliche Entlassung der Betreuer und Betreuerinnen vom Betreuungsgericht vorgenommen werden (§ 1868 Abs. 1 BGB). Es überwacht, ob er die Eignung zur Besorgung der Angelegenheiten aufweist oder andere verhaltensbezogene Entlassungsründe vorliegen.[726] Hält die zur Betreuung bestellte Person den persönlichen Kontakt zu den Betroffenen nicht ein, liegt ein ausdrücklich normierter Entlassungsgrund gemäß § 1868 Abs. 1 BGB vor. Dies rechtfertigt sich, weil das Betreuungsverhältnis vom Prinzip der persönlichen Betreuung getragen wird und nur in diesem Kontext der Wille der Patient*innen ermittelt werden kann (vgl. § 1868 Abs. 1 BGB).[727] Die Umsetzung dieser Grundsätze, ist in der Praxis jedoch auf Anzeigen bzw. Meldungen beim

720 *Bühler/Stolz*, BtPrax 2017, 167.

721 *Jürgens* in: Jürgens Betreuungsrecht § 1823 BGB, Rn. 4.

722 *Brosey*, BtPrax 2014, 211; zur Abgrenzung zur ersetzenden Entscheidung („*substitute decision-making regime*") im Sinne der UN-BRK *Lipp*, FamRZ 2017, 4 (9).

723 *Loer* in: Jürgens Betreuungsrecht, § 1821 BGB, Rn. 14; *Brosey* in: Jürgens Betreuungsrecht, § 1823 BGB, Rn. 2; *Kieß* in: Jurgeleit BtR, § 1823 BGB, Rn. 44.

724 *Kieß* in: Jurgeleit BtR, § 1823 BGB, Rn. 45 f.

725 *Brosey*, BtPrax 2010, 16 (16).

726 *Pammler-Klein* in: jurisPK, § 1868 BGB, Rn. 19 f.

727 *Pammler-Klein* in: jurisPK, § 1868 BGB, Rn. 37 f; BT-Drs. 17/3617, 8.

Betreuungsgericht seitens der betreuten Person, Angehöriger oder weiterer mit der Gesundheitsversorgung beteiligter Akteur*innen angewiesen.

IV. Zwischenfazit

Im Vergleich zur Minderjährigenkonstellation stellt sich ebenfalls die Frage des Vorliegens der Fähigkeit zur freien Willensbildung im Entscheidungsprozess der Behandlung, aber die daraus resultierende Einwilligungskompetenz ist deutlich geregelt und weist eine Art Handlungsempfehlung im dreistufigen Modell auf. Liegt die Einwilligungsfähigkeit bei den Patient*innen bezüglich einer konkreten medizinischen Maßnahme vor, ist allein deren Einwilligung oder Ablehnung auf Grundlage einer gebotenen Aufklärung maßgebend für die Rechtfertigung des Eingriffs.

Für den unsicheren Grenzbereich, indem der Kompetenzmaßstab Einwilligungsfähigkeit nicht ohne Zweifel festgestellt werden kann, ergeben sich, wie dargelegt, zunächst rechtliche Unsicherheiten für die Akteur*innen. Dabei etabliert das Prinzip der vorrangigen assistierten eigenen Entscheidungsfindung einen Ansatz zur Gewährleistung von Partizipation und Förderung der rechtlichen Handlungsfähigkeit durch Einbeziehung in den Behandlungsprozess unabhängig von der harten Trennlinie der Einwilligungsfähigkeit.[728] Betreuer*innen sind im Innenverhältnis der Betreuung gehalten, bei einer Entscheidungsfindung zu unterstützen, um auf der Grundlage von Wünschen der zu behandelnden Person eine Entscheidung herbeizuführen und deren Beteiligung am Entscheidungsprozess bestmöglich zu gewährleisten (vgl. § 1821 BGB). Dabei fördern die Besprechungspflicht (§ 1821 Abs. 5 BGB) und die Bindungswirkung der Wünsche für das Handeln der Betreuungsperson die aktive Beteiligung des Einzelnen am Entscheidungsprozess im Innenverhältnis der Betreuung. Vorrangig und im Idealfall vermögen sie die Betroffenen in die Lage versetzen, einen eigenen Entschluss im Rahmen des § 630d BGB zu treffen und diesen mit Außenwirkung selbstständig umzusetzen. Daneben gewährleistet § 630e Abs. 5 BGB die passive Beteiligung der betreuten Person unabhängig von der Einwilligungsfähigkeit am Entscheidungs- und Gesprächsprozess mit den Ärzt*innen durch adressatengerechte Aufklärung (vgl. § 630 Abs. 5 BGB).[729]

---

728 Dazu auch *Damm*, MedR 2012, 775 (783); *Birnbacher*, Stellungnahme der Zentralen Ethikkommission bei der Bundesärztekammer zu „Entscheidungsfähigkeit und Entscheidungsassistenz in der Medizin", Deutsches Ärzteblatt, 2016, S. A 1.

729 Dazu auch *Damm*, Bundesgesundheitsblatt 2016, 1075 (1079).

Ermöglicht die Erkrankung oder Behinderung der zu behandelnden Person ebenfalls nicht, trotz Unterstützung, einen eigenen Entschluss zu fassen, müssen deren Behandlungswünsche oder deren mutmaßlicher Wille zur Grundlage der durch die Betreuer*innen zu treffenden Entscheidung werden (§§ 1821 Abs. 2, 4, 1827, 1828 BGB).[730]

C) Assistierte Entscheidungen und Überwindung des natürlichen Willens in Gesundheitsangelegenheiten und Angelegenheiten der Aufenthaltsbestimmung

Das Betreuungsrecht zeichnet sich dadurch aus, dass die persönlichen Angelegenheiten der Betroffenen hinsichtlich der Gesundheitssorge und Aufenthaltsbestimmung in den §§ 1827 bis 1832 BGB speziell geregelt werden und das Handeln der Betreuer*innen und Bevollmächtigten an weitere besondere Voraussetzungen gebunden wird. Die Normen kodifizieren z. T. Ausnahmebereiche, in denen Entscheidungen der Betreuer*innen durch das Betreuungsgericht genehmigt werden müssen. Inwiefern die Beteiligung der Betroffenen in diesem Kontext umgesetzt und das Selbstbestimmungsrecht gewährleistet wird, zeigt die weitere Untersuchung. Die Erörterungen widmen sich zunächst der genehmigungspflichtigen Einwilligung oder Ablehnung von ärztlichen Maßnahmen gemäß § 1829 BGB. Um schließlich das gesamte Ausmaß einer möglichen Fremdbestimmung im Betreuungsverhältnis zu analysieren, fokussieren die weiteren Abhandlungen Maßnahmen, die gegen den natürlichen Willen der Betroffenen vorgenommen werden können. Dabei liegt das Augenmerk auf freiheitsentziehenden Unterbringungen und Maßnahmen (§ 1831 BGB), um einen Vergleich zu entsprechenden Regelungen für Heranwachsende vornehmen zu können. Letztlich erfahren ärztliche Zwangsmaßnahmen eine nähere Betrachtung (§ 1832 BGB).

I. Genehmigung des Betreuungsgerichts bei ärztlichen Maßnahmen gemäß § 1829 BGB

Im Erwachsenenschutzrecht wird gemäß § 1829 BGB[731] geregelt, dass die Einwilligung einer zur rechtlichen Betreuung berechtigten Person in Untersuchungen des

730 BT-Drs. 19/24445, 254; *Schneider* in: MüKo, § 1827 BGB, Rn. 40.

731 Durch Gesetz zur Reform des Vormundschafts- und Betreuungsrechts wurden bis auf eine Änderung der Verweisungen keine inhaltlichen Änderungen des § 1904 a.F. BGB vorgesehen und in § 1829 BGB übernommen, BT-Drs. 19/24445, S. 260.

Gesundheitszustandes, in Heilbehandlungen oder einen medizinischen Eingriff[732] einer gerichtlichen Genehmigung bedarf, wenn die begründete Gefahr besteht, dass die betreute Person aufgrund der Maßnahme stirbt oder einen schweren und länger dauernden gesundheitlichen Schaden erleidet. Dasselbe Erfordernis liegt vor, wenn die Maßnahme medizinisch angezeigt ist, die Betreuungsperson die Einwilligung widerruft oder eine Nichteinwilligung vorliegt und die zuvor bezeichnete Gefahr aufgrund des Unterbleibens oder Abbruchs der Behandlung eintritt (§ 1829 Abs. 2 BGB).[733] Das Vorliegen einer begründeten Gefahr müsse sich objektiv abzeichnen und solle im Einzelfall bei konkreter und naheliegender Möglichkeit des Schadenseintritts gegeben sein.[734] Im Rahmen der zweiten Alternative wird das kumulative Vorliegen von Schaden und längerer Dauer verlangt, um das Genehmigungserfordernis auf gravierende Beeinträchtigungen für die Patient*innen zu beschränken.[735]

1. *Das gerichtliche Genehmigungserfordernis an einem Praxisbeispiel*

Die praktische Anwendung des gerichtlichen Genehmigungsvorbehalts wird anhand der aufgezeigten Ausgangssituation (vgl. Kapitel 5 B) I.) dargestellt. Dabei ist die geplante indizierte medizinische Maßnahme vom Aufgabenbereich der angeordneten Betreuung für die Gesundheitssorge gedeckt. Zudem liegt keine wirksame Patientenverfügung, welche die konkrete Lebens- und Behandlungssituation abbildet (§ 1827 BGB) und das Genehmigungserfordernis entbehrlich machen würde, vor.[736] Der Patient ist herzkrank und es ist eine Operation

---

732 Medizinische Eingriffe werden dabei als Maßnahmen gewertet, die nicht der Wiederherstellung des Gesundheitszustandes dienen, z. B. Schönheitsoperationen, *Kieß* in: Jurgeleit, BtR, § 1829 BGB, Rn. 33 ff.; zur weiteren Konkretisierung der Begriffe Untersuchung des Gesundheitszustandes, Heilbehandlung und medizinischer Eingriff u. a.: *Roth* in: Erman, § 1829 BGB, Rn. 13 ff.

733 Eingefügt durch Drittes Gesetz zur Änderung des Betreuungsrechts, BGBl. I 2009, S. 2289, in Kraft seit 1.9.2009; gemäß § 1829 Abs. 5 BGB gelten dieselben Erfordernisse für die Einwilligung, Ablehnung oder den Widerruf der Einwilligung für einen Bevollmächtigten.

734 BT-Drs. 11/4528, S. 140; *Kern*, MedR 1993, 245 (248); *Marschner* in: Jürgens Betreuungsrecht, § 1829 BGB, Rn. 7.

735 BT-Drs. 11/4528, S. 140; zur Konkretisierung eines schwereren und länger dauernden gesundheitlichen Schadens u. a.: BT-Drs. 11/4528, S. 140; *Roth* in: Erman, § 1829 BGB, Rn. 10 ff; *Platt*, RP-Reha 2021, 34; *LG Stuttgart*, 30.8.2021, 10 T 173/21, FamRZ 2021, 1746.

736 Vgl. § 1829 Abs. 4 BGB; BT-Drs. 11/4528, S. 141; BT-Drs. 16/8442, S. 19; *BGH*, Beschluss v. 17. 9. 2014, XII ZB 202/13, FamRZ 2014, 1909.

geplant, welche eine begründete Gefahr für das Leben oder die länger dauernde Verschlechterung des Gesundheitszustandes i.S.d. § 1829 Abs. 1 BGB darstellt.[737] Bezüglich dieser konkreten medizinischen Maßnahme ist die Einwilligungsunfähigkeit durch die behandelnde Person festgestellt. Konnte die eigenständige Entscheidungsfindung und rechtliche Handlungsfähigkeit des Einzelnen durch Assistenz nicht gefördert werden, hat die Betreuungsperson eine Entscheidung über die Einwilligung oder Ablehnung dieses Eingriffs auf Grundlage der Behandlungswünsche, der zur freien Willensbildung nicht fähigen Person, zu treffen (§ 630d Abs. 1 Satz 2 BGB i.V.m. §§ 1821 Abs. 1, 2, 1827, 1828 BGB).[738] Daneben ist die adressatengerechte Einbeziehung des Patienten durch die Behandler*in und Betreuungsperson unerlässlich (§§ 630e Abs. 5, 630c Abs. 2 Satz 1, § 1821 Abs. 5 BGB). Damit greifen die grundlegenden Prinzipien der Unterstützung, Teilnahme und persönlichen Betreuung. Die nach diesen Grundsätzen getroffene Entscheidung bedarf gemäß § 1829 Abs. 1 BGB im Weiteren einer gerichtlichen Genehmigung. Das Gericht ersetzt dabei nicht die Entscheidung der Betreuer*innen, sondern genehmigt diese, wenn sie dem Willen des Einzelnen entspricht.[739] Bei der Entscheidung ist es somit ebenfalls an den Willen des erkrankten Patienten gebunden (§ 1829 Abs. 3 BGB).[740] Lässt sich der freie Wille nicht aus einer wirksamen Patientenverfügung ermitteln, sind die Wünsche und der mutmaßliche Wille maßgebend.[741] Zur Ermittlung dessen wird dem Patienten im gerichtlichen Verfahren die Möglichkeit zur Äußerung durch Anhörung gegeben (§ 298 Abs. 1 FamFG). Die gerichtliche Genehmigung ist im Weiteren nur entbehrlich, wenn mit dem Aufschub der Entscheidung für die Maßnahme eine Gefahr verbunden wäre (§ 1829 Abs. 1 Satz 2 BGB). Es müsste eine erhebliche gesundheitliche Beeinträchtigung durch die Verzögerung zu erwarten sein.[742] Dies wird u. a. bei einer akuten Behandlungsindikation somatischer Beschwerden bejaht.[743] Die Genehmigung bedarf in diesem Fall auch keiner Nachholung.[744]

---

737 BT-Drs. 11/4528, S. 140; *Schneider* in: MüKo, § 1829 BGB, Rn. 32.

738 *Roth*, Dodegge/Roth, BT-Praxiskommentar, Teil E, I, Rn. 24.

739 *Marschner* in: Jürgens Betreuungsrecht, § 1829 BGB, Rn. 13 ff.

740 Vgl. *Roth* in: Erman, § 1829 BGB, Rn. 29.

741 *Marschner* in: Jürgens Betreuungsrecht, § 1829 BGB, Rn. 15.

742 *Kieß* in Jurgeleit BtR, § 1829 BGB, Rn. 51; vgl. *Bienwald* in: Bienwald/Sonnenfeld/Harm BtR, § 1829 BGB, Rn. 68.

743 *Marschner* in: Jürgens Betreuungsrecht, § 1829 BGB, Rn. 20.

744 BT-Drs. 11/4528, S. 141.

2. *Schlussfolgerungen zur Partizipation*

§ 1829 BGB erweitert somit die Voraussetzungen für das Vorliegen einer wirksamen Einwilligung in die Vornahme oder den Abbruch von medizinischen Behandlungen und ermöglicht eine zusätzliche Stärkung der Selbstbestimmung in Gesundheitsangelegenheiten, welche mit gefährlichen Eingriffen für Leib und Leben verbunden sind.[745] Der Genehmigungsvorbehalt schafft eine zusätzliche gerichtliche Kontrollmöglichkeit bei Gesundheitsbehandlungen mit einem erheblichen Gefährdungspotenzial für die körperliche Unversehrtheit, ob dem Willen der erkrankten Person durch die Entscheidung der Betreuer*innen hinreichend Rechnung getragen wurde und die Entscheidungsfindung auf den betreuungsrechtlichen Leitbildern basiert.[746] Mithin ist ein weiteres Verfahren, in Form eines Genehmigungsvorbehaltes, etabliert, in welchem geprüft werden kann, ob der wirkliche oder mutmaßliche Wille umfassend ermittelt worden ist und die betroffene Person hinreichend bei der Entscheidungsfindung beteiligt wurde.[747] In diesem verfahrensrechtlichen Kontext wird die aktive Beteiligung der Betroffenen unabhängig von der freien Willensbildung durch die Anhörung gewährleistet. Dadurch ist im Außenverhältnis der Betreuung eine zusätzliche Äußerungsmöglichkeit gesetzt und die Selbstbestimmung gestärkt.

II. Entscheidungsfindung bei freiheitsentziehender Unterbringung und freiheitsentziehenden Maßnahmen gemäß § 1831 BGB

Ein gerichtliches Genehmigungserfordernis ist gemäß § 1831 BGB[748] ebenfalls bei einer geplanten Unterbringung oder Maßnahme gegenüber einer betreuten Person gegen oder ohne deren natürlichen Willen, die mit Freiheitsentzug verbunden ist, vorgesehen.[749] Für die Untersuchung von Gewährleistung von Beteiligung im Bereich der Gesundheitsversorgung ist diese Regelungen ebenfalls zu untersuchen, weil die erfassten Maßnahmen häufig mit der Vornahme medizi-

745 BT-Drs. 11/4528, S. 72; *Kieß* in: Jurgeleit BtR, § 1829 BGB, Rn. 4, 6; *Spickhoff* in: Spickhoff Medizinrecht, § 1829 BGB, Rn. 1.

746 *BGH*, Beschluss v. 17. 3. 2003, XII ZB 2/03, NJW 2003, 1588 (1592); BT-Drs. 16/8442, S. 19.

747 *BGH*, Beschluss v. 17. 3. 2003, XII ZB 2/03, NJW 2003, 1588 (1593).

748 Durch Gesetz zur Reform des Betreuungs- und Vormundschaftsrechts wurde in § 1831 BGB der Begriff des „*Wohls*" ebenfalls gestrichen und entspricht im Übrigen dem § 1906 Abs. 1 bis 4 BGB a.F. näher: BT-Drs. 19/24445, S. 138, 261.

749 *BVerfG*, Beschluss v. 23.3.2011, 2BvR 882/09, NJW 2011, 2113 (2114, 2118 f.); *BGH*, Beschluss v. 23.1.2008, XII ZB 185/07, NJOZ 2008, 1890 (1894).

nischer Eingriffe in Verbindung stehen (vgl. § 1831 Abs. 1 Nr. 2 BGB). Die freiheitsentziehende Maßnahme oder Unterbringung ist gemäß § 1831 Abs. 1 Nr. 1 BGB nur zulässig, solange sie erforderlich ist, weil aufgrund einer psychischen Krankheit oder geistigen oder seelischen Behinderung die Gefahr besteht, dass sich die betroffene Person selbst tötet oder erheblichen gesundheitlichen Schaden zufügt.[750] Alternativ kann sie zur Vornahme einer medizinischen Maßnahme geboten sein, wenn diese ohne eine Unterbringung nicht durchgeführt werden kann und die betreute Person aufgrund ihrer psychischen Krankheit oder geistigen oder seelischen Behinderung die Notwendigkeit der Unterbringung nicht erkennen oder nach dieser Einsicht handeln kann (§ 1831 Abs. 1 Nr. 2 BGB). Die Erörterungen fokussieren im Folgenden die zweite Alternative, um dem Untersuchungsgegenstand im Rahmen der Gesundheitsbehandlungen Rechnung zu tragen. Im Näheren werden der Prozess und die Grenzen der Entscheidungsfindung beleuchtet. Als Rahmenbedingung muss eine Betreuung für den Bereich freiheitsentziehender Maßnahmen angeordnet sein und die geplante Maßnahme decken.[751] Zu den angeordneten Aufgabenbereichen dieser zählen nach der Rechtsprechung die „*Gesundheitssorge*“, „*Aufenthaltsbestimmung*“ oder „*Befugnis zur Unterbringung*“.[752]

1. *Enger Unterbringungsbegriff*

Bei der betreuungsrechtlichen freiheitsentziehenden Unterbringung wird ein enger Unterbringungsbegriff angelegt.[753] Dieser fordert eine gewisse Dauer und dass die betroffene Person gegen oder ohne ihren Willen am Verlassen eines bestimmten räumlichen Bereichs gehindert ist.[754] Allerdings sind bestimmte Maßnahmen der Unterbringung gleichgestellt.[755] Die Vorschriften finden mithin Anwendung, wenn sich die betreute Person in einem Krankenhaus, einem

---

750 Zur Notwendigkeit der Feststellung konkreter Tatsachen: *BVerfG*, Beschluss v. 26.5.2020, 2 BvR 1529/19, 2 BvR 1625/19, NJW 2020, 2790.

751 *BGH*, Beschluss v. 21.10.2020, XII ZB 183/20, NJW-RR 2021, 3; *BGH*, Beschluss v. 14.8.2013, XII ZB 614/11, FGPrax 2013, 283.

752 *BGH*, Beschluss v. 14.8.2013, XII ZB 614/11, FGPrax 2013, 283.

753 BT-Drs. 11/4528, S. 146; zur zwangsweisen Zuführung zur regelmäßigen kurzen Medikamentengabe: *BGH*, Beschluss v. 11.10.2000, XII ZB 69/00, NJW 2001, 888 (889).

754 *Damrau/Zimmermann*, BtR, § 1831 BGB, Rn. 27 f.; BT-Drs. 11/4528, S. 146; Vertiefung zur ärztlichen Zwangsbehandlung für immobile Betreute: *Platt/Schimank*, RP Reha 2017, 34.

755 BT-Drs. 11/4528, S. 146.

Heim oder einer sonstigen Einrichtung aufhält und ihr durch mechanische Vorrichtungen, Medikamente oder auf andere Weise über einen längeren Zeitraum oder regelmäßig die Freiheit entzogen werden soll (*freiheitsentziehende Maßnahmen* i.S.d. § 1831 Abs. 4 BGB).[756] Davon sind u. a. das Anbringen von Bettgittern,[757] die körperliche Fixierung[758] oder das Befestigen eines Tischens am Rollstuhl[759] erfasst.

2. *Entscheidungsfindungsprozess*

Die Beachtung und Ermittlung des Willens der betreuten Person sind maßgebliche Kriterien bei der Anwendung des § 1831 BGB. Eine Freiheitsentziehung liegt vor, wenn die Person gegen oder ohne ihren Willen am Verlassen eines räumlichen Bereichs gehindert wird.[760] Dabei ist die Einwilligung in den Freiheitsentzug ebenfalls als Gestattung bzw. Ermächtigung in einen Rechtsguteingriff zu bewerten.[761] Ein gerichtliches Genehmigungserfordernis zur freiheitsentziehenden Unterbringung ist danach nicht angezeigt, wenn die Betroffenen der Unterbringung oder Maßnahme zustimmen.[762] Für die Maßgeblichkeit des Willens der betreuten Person ist relevant, dass diese einen natürlichen Willen bilden und die Reichweite der bevorstehenden Beeinträchtigung des Freiheitsrechts erfassen kann.[763]

a) Das „Recht zur Krankheit"

Die Betreuer*innen können eine freiheitsentziehende Unterbringung gemäß § 1831 Abs. 1 Nr. 2 BGB veranlassen, wenn eine Untersuchung des Gesundheits-

---

756 BT-Drs. 11/4528, S. 145; zum regelmäßigen Verschließen der Eingangstür zu einer Wohngruppe zur Nachtzeit: *BGH*, Beschluss v. 7.1.2015, XII ZB 395/14, FamRZ 2015, 567.

757 *OLG Hamm*, Beschluss v. 22.6.1993, 15 W 145/93-juris.

758 BT-Drs. 11/4528, S. 146; zum Grundrechtseingriff durch Fixierung: *BVerfG*, Urteil v. 24.7.2018, 2 BvR 309/15, 2 BvR 502/16, NJW 2018, 2619.

759 *Gietl*, NZFam 2020, 959 (963).

760 *Marschner* in: Jürgens Betreuungsrecht, § 1831 BGB, Rn. 9; *Spickhoff* in: Spickhoff Medizinrecht § 1831 BGB, Rn. 4.

761 *BGH*, Urteil v. 2.12.1963, III ZR 222/62, NJW 1964, 1177.

762 *Schneider* in: MüKo, § 1831 BGB, Rn. 19; *BayObLG*, Beschluss v. 14.2.1996, 3 Z BR 15/96, FamRZ 1996, 1375.

763 *Götz* in: Grüneberg, § 1831 BGB, Rn. 6; *BayObLG*, Beschluss v. 14.2.1996, 3 Z BR 15/96, FamRZ 1996, 1375. BT-Drs. 11/4528, S. 147; anders *Schneider* in: MüKo, § 1829 BGB, Rn. 20.

zustandes,[764] eine Heilbehandlung oder ein ärztlicher Eingriff zur Abwendung eines drohenden erheblichen gesundheitlichen Schadens für den Einzelnen notwendig ist. Dabei bedarf es einer konkreten Gefahr.[765] Diese setzt ein hohes Maß an die Schädigung an, welche die Lebensqualität gewichtig beeinträchtigen muss.[766] Diese Grenze soll die Verhältnismäßigkeit dahingehend wahren, dass jedem ein gewisses Recht zur Krankheit, welches verfassungsrechtlich über Art. 2 Abs. 2 Satz 2 GG anerkannt ist, zusteht.[767] Dabei konstatiert der Gesetzgeber, dass die Einschränkung dieses Freiheitsrechts als ultima ratio nur aus gewichtigem Grund erfolgen dürfe.[768] Zudem ist die Unterbringung nicht gerechtfertigt, wenn die medizinische Maßnahme ohne eine Unterbringung durchgeführt werden kann.[769] Dies liegt vor, wenn weniger einschneidende Maßnahmen, wie z. B. eine freiwillige stationäre Behandlung, in Betracht kommen.[770]

b) Assistenz zur eigenen Entscheidungsfindung

Hält die Betreuungsperson eine freiheitsentziehende Unterbringung z. B. zur Vornahme einer Heilbehandlung zur Versorgung von Wunden[771] für erforderlich, hat sie sich bei der Entscheidungsfindung ebenfalls am Willen und den Wünschen der Betroffenen zu orientieren und die Maßnahme zuvor mit diesen zu besprechen gemäß § 1821 Abs. 5 BGB.[772] Dabei haben die Betreuer*innen zu versuchen, dem Einzelnen die Notwendigkeit der Maßnahme adressatengerecht zu erörtern und eine eigenständige Entscheidung für die Unterbringung durch Assistenz zu befördern und diese lediglich mit Außenwirkung umzusetzen, wenn

764 Näher zu den medizinischen Maßnahmen: *Lipp/Güttler*, BtPrax 2017, 94.

765 *Marschner* in: Aichele, Das Menschenrecht auf gleiche Anerkennung vor dem Recht, S. 213.

766 BT-Drs. 17/11513, S. 7; *Schneider* in: MüKo, § 1831 BGB, Rn. 33; *Marschner* in: Marschner/Lesting/Stahmann, Freiheitsentziehung und Unterbringung, S. 260.

767 BT-Drs. 17/11513, S. 6; *Marschner* in: Marschner/Lesting/Stahmann, Freiheitsentziehung und Unterbringung, S. 260; *Lipp/Güttler*, BtPrax 2017, 94; vgl. *BVerfG*, Beschluss v. 23. 3. 1998, 2 BvR 2270–96, NJW 1998, 1774; *BVerfG*, Urt. v. 08.06.2021, 2 BvR 1866/17 - 2 BvR 1314/18.

768 BT-Drs. 17/11513, S. 6; *Marschner* in: Marschner/Lesting/Stahmann, Freiheitsentziehung und Unterbringung, S. 263; *Bienwald* in: Bienwald/Sonnenfeld/Harm BtR, § 1831 BGB, Rn. 82.

769 *Marschner* in: Marschner/Lesting/Stahmann, Freiheitsentziehung und Unterbringung, S. 263.

770 *Marschner* in: Jürgens Betreuungsrecht, § 1831 BGB, Rn. 25.

771 *Klasen* in: jurisPK, § 1831 BGB, Rn. 77.

772 BT-Drs. 17/11513, S. 6; *Lipp/Güttler*, BtPrax 2017, 94.

die eigene rechtliche Handlungsfähigkeit nicht hervorgebracht werden kann.[773] Lehnt die betreute Person die Unterbringung mit natürlichem Willen ab, muss die Betreuungsperson anhand vorheriger geäußerter Wünsche und anderer subjektiver Anhaltspunkte ermitteln, ob der Einzelne im Zustand freier Willensbildung dieser freiheitsentziehenden Maßnahme zugestimmt hätte (vgl. § 1821 Abs. 2, 4 BGB).[774] Aufgabe des Betreuungsverhältnisses ist es in diesem Kontext, die individuellen Interessen zur Gesundheitssorge bestmöglich umzusetzen und zu gewährleisten, denn eine Unterbringung durch die Betreuer*innen im Interesse der Allgemeinheit oder Dritter ist nicht zulässig.[775]

*c) Behandlungsbereitschaft der Patient*innen*

Die Unterbringung ist zudem nur zulässig, wenn die im Rahmen der Unterbringung geplante medizinische Maßnahme an sich zulässig ist.[776] Mithin müsse für eine genehmigungsfähige Unterbringung nach § 1831 Abs. 1 Nr. 2 BGB die Bereitschaft der Patient*innen vorliegen, den medizinischen Eingriff vornehmen zu lassen.[777] Davon könne solange ausgegangen werden, bis sich die Weigerung zur Vornahme der Behandlung manifestiert habe.[778] Steht der natürliche Wille des Einzelnen der Vornahme der medizinischen Maßnahme entgegen, müsse diese zumindest im Rahmen der Voraussetzungen einer medizinischen Zwangsmaßnahme gemäß § 1832 BGB zulässig sein.[779] Ist die betreute Person bezüglich des konkreten medizinischen Eingriffs hingegen einwilligungsfähig und lehnt diese ab, ist die Unterbringung nicht genehmigungsfähig.[780] Im Rahmen des § 1831 BGB kommt der Erforderlichkeitsgrundsatz des Erwachsenschutzrechts damit deutlich zum Tragen.[781]

---

773 BT-Drs. 17/11513, S. 6; BT-Drs. 19/24445, S. 251.

774 *Lipp*, FamRZ 2013, 913 (919).

775 *Lipp*, FamRZ 2013, 913 (919); *Marschner* in: Marschner/Lesting/Stahmann, Freiheitsentziehung und Unterbringung, S. 256; *Bienwald* in: Bienwald/Sonnenfeld/Harm BtR, § 1832 BGB, Rn. 32; *Kieß* in: Jurgeleit BtR, § 1831 BGB, Rn. 13.

776 *BGH*, Beschluss v. 17.1.2018, XII ZB 398/17, NJW 2018, 1086; *Marschner* in: Marschner/Lesting/Stahmann, Freiheitsentziehung und Unterbringung, S. 261.

777 *BGH*, Beschluss v. 31.5.2017, XII ZB 342/16, BtPrax 2017, 197; *BGH*, Beschluss v. 17.1.2018, XII ZB 398/17, NJW 2018, 1086; *Diekmann*, BtPrax 2018, S. 23.

778 So *BGH*, Beschluss v. 14. 8. 2013, XII ZB 614/11, NJW 2013, 3781 (3783).

779 So *BGH*, Beschluss v. 31.5.2017, XII ZB 342/16, BtPrax 2017, 197; *BGH*, Beschluss v. 17.1.2018, XII ZB 398/17, NJW 2018, 1086.

780 *Marschner* in: Marschner/Lesting/Stahmann, Freiheitsentziehung und Unterbringung, S. 263.

781 BT-Drs. 11/4528, S. 146.

3. *Schutzzweck des gerichtlichen Genehmigungsvorbehaltes gemäß § 1831 Abs. 2 BGB*

Die gerichtliche Genehmigung einer Einwilligung in eine freiheitsentziehende Unterbringung dient vorrangig dem Schutz der körperlichen Freiheit der Person.[782] In Anlehnung an die UN-BRK stehen allen Menschen unabhängig von ihrer Behinderung oder Erkrankung nicht nur die gleiche Rechts- und Handlungsfähigkeit, sondern auch dieselben Freiheitsrechte zu.[783] Mitunter verletzt eine freiheitsentziehende Unterbringung oder Maßnahme die Betroffenen in ihrer Freiheit der Person gemäß Art. 2 Abs. 2 Satz 2 GG i.V.m. Art. 104 Abs. 1, 2 GG.[784] Dieser gravierende Eingriff in das Freiheitsrecht des Einzelnen bedarf gemäß der formellen Voraussetzungen des Art. 104 Abs. 2 GG einer gerichtlichen Entscheidung.[785] Das Gesetz normiert in § 1831 Abs. 2, 4 BGB ebenfalls die gerichtliche Kontrolle der Entscheidung über die Einwilligung in eine freiheitsentziehende Unterbringung oder Maßnahme durch die Betreuer*innen und schließt dieses Erfordernis leidglich aus, wenn mit dem Aufschub eine Gefahr verbunden ist. Die Genehmigung ist jedoch unverzüglich nachzuholen. Zu betonen gilt, dass der gerichtliche Genehmigungsvorbehalt in diesem Kontext ebenfalls nicht die Entscheidung der Betreuungsperson ersetzt. Sie dient als Kontrolle, ob die Einwilligung in die Freiheitsentziehung im Interesse der Patient*innen erfolgt und deren Selbstbestimmungsrecht diesbezüglich hinreichend gewahrt wurde.[786] Mitunter prüft das Gericht, ob die weiteren materiellen Zulässigkeitsvoraussetzungen gegeben sind.[787] Erst die gerichtliche Genehmigung der Einwilligung in die Freiheitsentziehung führt schließlich zur Rechtfertigung des Eingriffs in das Freiheitsrecht.[788]

---

782 *BVerfG*, Beschluss v. 10.2.1960, 1 BvR 526/53, 29/58, NJW 1960, 811 (811).

783 *Lipp/Güttler*, BtPrax 2017, 94; zum Unterbringungsrecht im Kontext der UN-BRK: *Marschner* in: Aichele, Das Menschenrecht auf gleiche Anerkennung, S. 212.

784 *BVerfG*, Urteil v. 24.7.2018, 2 BvR 309/15, 2 BvR 502/16, NJW 2018, 2619 (2620).

785 *BVerfG*, Beschluss v. 10.2.1960, 1 BvR 526/53, 29/58, NJW 1960, 811 (811); *BVerfG*, Beschluss v. 4.8.2020, 2 BvR 1692/19, FGPrax 2020, 274.

786 *Dodegge/Roth* in: Dodegge/Roth, Praxiskommentar, G, I, 1, Rn. 1; vgl. *Lipp/Güttler*, BtPrax 2017, 94.

787 *BGH*, Beschluss v. 14.8.2013, XII ZB 614/11, NJW 2013, 3781 (3783).

788 *Schneider* in: MüKo, § 1831 BGB, Rn. 38; vgl. *Roth* in: Erman, § 1829 BGB, Rn. 34.

4. *Schlussfolgerungen zur Partizipation*

Die Regelungen zur freiheitsentziehenden Unterbringung zeigen erneut, dass die Differenzierung zwischen dem Vorliegen der freien und der natürlichen Willensbildung eine gravierende Relevanz für die Betroffenen auch im Bereich der Aufenthaltsbestimmung hat. Der freie Wille versteht sich dabei als Grenze der Unterbringungsmöglichkeit und bildet unmittelbar das Recht auf Krankheit der einzelnen Person ab. D. h. wenn der freie Wille vorliegt, bestehen nach den zivilrechtlichen Unterbringungsregelungen keine Möglichkeiten zur Unterbringung.

Allerding wird ebenfalls deutlich, dass dem natürlichen Willen eine verstärkte Beachtung und Umsetzung zuteilwird. Zum einen löst erst der entgegenstehende natürliche Wille das Genehmigungserfordernis aus und zum anderen spiegelt er sich in der Beachtung der Wünsche und Vorstellungen im Rahmen der Entscheidungsfindung. Die Besprechungspflicht des § 1821 Abs. 5 BGB sichert zudem den Zugang zum Dialog und der Umsetzung der persönlichen Betreuung. Dieser Diskurs im Innenverhältnis der Betreuung zur Entscheidung über die Beschränkung des Freiheitsrechts ermöglicht ein Mitwissen, Mitdenken und Mitreden als Form von Beteiligung und Förderung der eigenen Handlungsfähigkeit und geht über ein bloßes Aufklären und Informieren weit hinaus.

Letztlich sichert das gerichtliche Genehmigungserfordernis die Beachtung der Selbstbestimmung im Rahmen der Entscheidungsfindung ab und ermöglicht eine weitere Äußerungsmöglichkeit und dadurch die Partizipation der Betroffenen im gerichtlichen Verfahren. Durch das Anhörungserfordernis soll ihnen neben der Äußerungsmöglichkeit im Betreuungsverhältnis die Chance eingeräumt werden, persönliche Vorstellungen und Wünsche zu äußern und sich rechtliches Gehör zu verschaffen und gewährleistet eine zusätzliche aktive Beteiligungsmöglichkeit im Außenverhältnis der Betreuung (vgl. § 319 FamFG).[789] Zugleich soll sich das Gericht einen persönlichen Eindruck von der betreuten Person verschaffen, um eine sachgerechte Entscheidung über den Eingriff in die Rechte treffen zu können.[790] Ein Verstoß gegen das Anhörungsrecht führt dazu, dass die gesamte

---

789 *BGH*, Beschluss v. 24.6.2009, FamRZ 2009, 1664 (1665); *Schmidt-Recla*, Anm. zu *BGH*, Beschluss v. 29.1.2014, XII ZB 330/13, FamRZ 2014, 649 (651).

790 *BVerfG*, Beschluss v. 4.8.2020, 2 BvR 1692/19, FGPrax 2020, 274 (275); *Jox/Fröschle*, Praxiskommentar Betreuung- und Unterbringungsverfahren, § 319 FamFG, Rn. 3; *Schmidt-Recla*, Anm. zu *BGH*, Beschluss v. 29.1.2014, XII ZB 330/13, FamRZ 2014, 649 (651).

Unterbringungsmaßnahme als Grundrechtsverletzung der persönlichen Freiheit gewertet wird.[791]

III. Entscheidungsfindung bei ärztlichen Zwangsmaßnahmen gemäß § 1832 BGB

Um den Vergleich zwischen Erwachsenenschutzrecht und Minderjährigenrecht im Spektrum der Entscheidungsfindungsprozesse im Rahmen der Gesundheitsversorgung umfänglich abzubilden, wird im Folgenden die medizinische Behandlung gegen den natürlichen Willen der Patient*innen gemäß § 1832 BGB betrachtet.[792] Dazu haben sich nicht zuletzt im Rahmen der Corona-Pandemie und der damit verbundenen Gabe von Impfungen an betreute Personen erneut Fragen der Beachtung von Selbstbestimmung gestellt.[793] Eine ärztliche Zwangsmaßnahme liegt vor, wenn eine medizinisch gebotene Untersuchung des Gesundheitszustandes, eine Heilbehandlung oder ein ärztlicher Eingriff dem natürlichen Willen der Betroffenen widerspricht und diese die Maßnahme ablehnen (vgl. § 1832 BGB). Der Autonomie des Einzelnen zur Krankheit (Art. 2 Abs. 2 Satz 2 GG) steht in diesem Augenblick die staatliche Pflicht zum Schutz der betreuten Person gemäß Art. 2 Abs. 2 Satz GG vor erheblichen gesundheitlichen Schäden gegenüber.[794] Aus verfassungsrechtlicher Perspektive ist durch die Anwendung einer medizinischen Maßnahme entgegen der Ablehnung der Betroffenen das Recht der Selbstbestimmung über die körperliche Integrität und das Recht auf Freiheit verletzt.[795] Indes überwiegt der staatliche Schutzauftrag als ultima ratio nur, wenn die zu behandelnde Person nicht zur Einsicht in die konkrete Notwendigkeit der Maßnahme fähig ist, selbst nicht in der Lage ist, Gefährdungen für Leib und Leben abzuwenden und weniger einschneidende Maßnahmen nicht in

---

791 *BVerfG*, Beschluss v. 4.8.2020, 2 BvR 1692/19, FGPrax 2020, 274; *Jox/Fröschle*, Praxiskommentar Betreuung- und Unterbringungsverfahren, § 319 FamFG, Rn. 3.

792 § 1823 BGB entspricht im Wesentlichen § 1906a a.F. allerdings wurde ebenfalls die Begrifflichkeit zur Orientierung am „*Wohl*“ der Betreuten gestrichen, BT-Drs. 19/24445, S. 261.

793 *Kraemer*, NJW 2021, 350 (353).

794 BT-Drs. 18/11240, S. 12; *BVerfG*, Beschluss v. 26.7.2016, 1 BvL 8/15, NJW 2017, 53; *BVerfG*, Beschluss v. 23.3.1998, 2 BvR 2270–96, NJW 1998, 1774.

795 *BVerfG*, Beschluss v. 23.3.2011, 2 BvR 882/09, NJW 2011, 2113; BT-Drs. 18/11240, S. 18; *BVerfG*, Beschluss v. 8.6.2021, 2 BvR 1866/17, 2 BvR 1314/18, NStZ-RR 2021, 356.

Betracht kommen.[796] Im Folgenden gilt es zu betrachten, welche Partizipationsmöglichkeiten den Betroffenen bei der Entscheidungsfindung eingeräumt sind. Bei der Erörterung der materiell rechtlichen Voraussetzungen des § 1832 Abs. 1 BGB liegt der Fokus auf der Konkretisierung des antizipierten freien Willens, der Relevanz des natürlichen Willens und dem geforderten sog. Überzeugungsversuch, welcher in § 1832 Abs. 1 Satz 1 Nr. 4 BGB, vorausgesetzt ist.

1. Entscheidungsfindungsprozess zur Einwilligung in die medizinische Maßnahme

Ausgangspunkt der Darstellung ist die Situation, dass eine Person, die unter rechtlicher Betreuung steht und keine Patientenverfügung aufgesetzt hat, eine Entscheidung zur Vornahme oder Ablehnung einer medizinischen Maßnahme treffen soll (vgl. Kapitel 5 B) I.). Im Rahmen der Durchführung der ärztlichen Maßnahme tritt hinzu, dass die mangelnde Einwilligungsfähigkeit als Ausdruck der freien Willensbildung durch die Behandler*innen festgestellt ist. § 1832 Abs. 1 Satz 1 Nr. 2 BGB konkretisiert dahingehend, dass die betreute Person aufgrund einer psychischen Krankheit oder geistigen oder seelischen Behinderung die Notwendigkeit der ärztlichen Maßnahme nicht erkennen oder nicht nach dieser Einsicht handeln kann. Dabei muss sich die freie Willensbildung wiederum auf die konkrete medizinische Maßnahme beziehen und das Nichtvorliegen positiv festgestellt werden.[797] Demnach verbleibt der zu behandelnden Person allerdings der natürliche Wille. Mit dem diesem äußert sie, dass Sie die indizierte Behandlung ablehnt. Diese Situation ist im Rahmen des § 1832 BGB, der die Möglichkeit der ärztlichen Zwangsbehandlung regelt zu betrachten.

Der entgegenstehende natürliche Wille, findet danach unmittelbar Beachtung und führt zum Erfordernis einer gerichtlichen Genehmigung des Eingriffs (§ 1832 Abs. 2 BGB; §§ 312 ff. FamFG).[798] Ausnahmeregelungen von diesem Grundsatz sieht der Gesetzgeber, anders als in § 1829 Abs. 4 BGB, nicht vor.[799]

Dieses Genehmigungserfordernis wird von denselben Erwägungen wie das der freiheitsentziehenden Unterbringung getragen. Es dient der gerichtlichen Kontrolle, ob die strengen Zulässigkeitsvoraussetzungen der Zwangsmaßnahme

796 *BVerfG*, Beschluss v. 26.7.2016, 1 BvL 8/15, NJW 2017, 53; *BVerfG*, Beschluss v. 23.3.2011, 2 BvR 882/09, NJW 2011, 2113 (2116).

797 *Klasen* in: jurisPK, § 1832 BGB, Rn. 49; *Kraemer*, NJW 2021, 350 (351).

798 Zur Corona-Schutzimpfung bei Hochbetagten: *Kraemer*, NJW 2021, 350 (353).

799 *Schneider* in: MüKo, § 1832 BGB, Rn. 34; *Müller-Engels* in: BeckOK, § 1832 BGB, Rn. 20.

eingehalten wurden. Als Entscheidungsgrundlage für die Einwilligung in eine medizinische Zwangsmaßnahme sind durch die Betreuer*innen ebenfalls der Wille und die Wünsche der Patient*innen maßgebend (vgl. §§ 1821, 1827, 1828 BGB).[800] Liegt eine wirksame Patientenverfügung vor, sind die beteiligten Akteur*innen bei der Entscheidung über die Zwangsmaßnahme an die antizipierte Entscheidung gebunden und haben diese im Konsens abzulehnen oder zu erteilen.[801] Ist keine wirksame Verfügung gegeben, wie in der zu untersuchenden Ausgangssituation, oder passt sie nicht auf die jeweilige Lebens- oder Behandlungssituation, werden die Behandlungswünsche oder der mutmaßlichen Willen Grundlage der Entscheidung.[802] Hinzukommend ist die Einwilligung der Betreuer*innen in die medizinische Zwangsmaßnahme nur zulässig, wenn diese aus ärztlicher Sicht indiziert und notwendig ist, um einen drohenden erheblichen Schaden abzuwenden. Dieser dürfe durch keine andere die Betreuten weniger belastende Maßnahme abgewendet werden können. Zudem solle der zu erwartende Nutzen die zu erwartenden Beeinträchtigungen deutlich überwiegen (Nr. 6) und die ärztliche Maßnahme im Rahmen eines stationären Aufenthalts in einem Krankenhaus, indem die gebotene medizinische Versorgung einschließlich einer erforderlichen Nachbehandlung sichergestellt ist, durchgeführt werden (Nr. 7).[803]

2. *Vorangegangener Überzeugungsversuch*

Für die Untersuchung der Teilnahmemöglichkeiten beim Entscheidungsfindungsprozess, wird ein Blick auf den sog. Überzeugungsversuch im Rahmen der ärztlichen Zwangsmaßnahmen genommen. Vor der Behandlung muss versucht worden sein,

---

800 *Kraemer*, NJW 2021, 350 (353).

801 *Klasen* in: jurisPK, § 1832 BGB, Rn. 49; *Marschner* in: Jürgens BtR, § 1832 BGB, Rn. 14; Aufzeigen von Konstellationen in denen sich der natürliche Wille und der in der Patientenverfügung geäußerte Wille widersprechen: *Redemacher/Leber*, MedR 2020, 830 (833 f.); zur Zwangsbehandlung bei entgegenstehender Patientenverfügung: *BVerfG*, Beschluss v. 8.6.2021, 2 BvR 1866/17, 2 BvR 1314/18, NStZ-RR 2021, 356.

802 *BGH*, Beschluss v. 29.7.2020, XII ZB 173/18, BeckRS 2020, 24018 Rn. 14; *Roth* in: Erman, § 1832 BGB, Rn. 3 ff.; *Schneider* in: MüKo, § 1832 BGB, Rn. 40; näher: *Beckmann*, FPR 2010, 278; *Lipp*, FamRZ 2017, 4 (9); BT-Drs. 17/11513, S. 7; BT-Drs. 18/11240, S. 19.

803 Näher zur ambulanten Vornahme einer medizinischen Behandlung gegen den Willen: BVerfG, Urteil v. 26.11.2024, 1 BvL 1/24; Vorlagebeschluss des BGH zur Entscheidung der BVerfG über die Vornahme der medizinischen Zwangsbehandlung unabhängig vom stationären Aufenthalt, Beschluss v. 8.11.2023, XII ZB 459/22; *BVerfG*, Beschluss v. 2.11.2021, 1BvR 1575/18; *BGH*, Beschluss v. 1.2.2006, XII ZB 236/05, NJW 2006, 1277; *BGH*, Beschluss v. 11.10.2000, XII ZB 69/00, NJW 2001, 888 (889).

die Patient*innen ernsthaft mit nötigem Zeitaufwand und ohne Ausübung unzulässigen Drucks von der Notwendigkeit der ärztlichen Maßnahme zu überzeugen (§ 1832 Abs. 1 Satz 1 Nr. 4 BGB). Diese Regelung nach § 1906 Abs. 3 Satz 1 Nr. 2 BGB a.F. wurde mit Empfehlung des Rechtsausschusses durch das „*Gesetz zur Regelung der betreuungsrechtlichen Einwilligung in ärztliche Zwangsmaßnahmen*" im Jahr 2013 eingefügt.[804] Bereits vor der ausdrücklichen Normierung verwies der Gesetzgeber darauf, dass vor der Einwilligung in die Zwangsmaßnahme das persönliche Gespräch zwischen Betreuer*innen und Betroffenen gesucht werden müsse, um diesen über die Umstände der Maßnahme adressatengerecht zu informieren und im Einvernehmen eine Entscheidung für die Behandlung zu erreichen und umzusetzen.[805] In diesem Kontext gebietet der Verhältnismäßigkeitsgrundsatz, dass die Zwangsmaßnahme das ultima ratio darstellen soll.[806]

a) Inhaltliche Anforderungen

Inhaltlich orientieren sich dessen Anforderungen am jeweiligen Einzelfall der Behandlungssituation und sind durch das Gericht festzustellen.[807] Überzeugen bedeutet in diesem Kontext die zu behandelnde Person in der Art über die Umstände der Maßnahme zu involvieren, dass sie ihren natürlichen Willen dahingehend überdenkt und ändert, die Maßnahme vornehmen zu lassen.[808] D. h. nicht dass die Betroffenen überredet werden sollen die konkrete medizinische Maßnahme vornehmen zu lassen, sondern dass sie ein Verständnis für die Therapie entwickeln, um mit natürlichem Willen einer Behandlung zuzustimmen zu können.[809] Mithin müssen die nötigen Informationen, Gründe und die Notwendigkeit bezüglich der Behandlung adressatengerecht vermittelt und ein hinreichender Diskurs geführt werden.[810] Dazu genüge es im Einzelnen, wenn im Rahmen der Visite mehrfach und regelmäßig versucht wurde die Patient*innen von der geplanten medizinischen Maßnahme zu überzeugen.[811] Die Intensität

804 Gesetz zur Regelung der betreuungsrechtlichen Einwilligung in eine ärztliche Zwangsmaßnahme, BGBl. I 2013, S. 266, in Kraft seit 26.2.2013; BT-Drs. 17/11513, S. 1; BT-Drs. 17/12086, S. 1.

805 BT-Drs. 17/11513, S. 7.

806 *BVerfG*, Beschluss v. 14.7.2015, 2 BvR 1549/14, 2 BvR 1550/14, NJOZ 2016, 593 (595); *BGH*, Beschluss v. 4.6.2014, XII ZB 121/14, NJW 2014, 2497 (2498).

807 *BGH*, Beschluss v. 12.9.2018, XII ZB 87/18, NJW-RR 2018, 1477.

808 BT-Drs. 17/12086, S. 11.

809 *Dodegge*, NJW 2013, 1265 (1267).

810 *BGH*, 2.9.2015, XII ZB 226/15, NJW-RR 2016, 256 (260).

811 *BGH*, 2.9.2015, XII ZB 226/15, NJW-RR 2016, 256 (260).

des Gesprächs orientiere sich u. a. an der Dringlichkeit bezüglich der Gefahr für die betreute Person.[812] Zusammenfassend kann der Überzeugungsversuch im Rahmen der assistierten Entscheidungsfindung als ein Austausch auf Augenhöhe verstanden werden, um die hinreichende Faktenlage für eine selbstbestimmte Entscheidung zu vermitteln und die eigene Handlungsfähigkeit, bis hin zur Einwilligungsfähigkeit, durch ein Gespräch zu fördern.[813] Dadurch wird neben der Besprechungspflicht gemäß § 1821 Abs. 5 BGB und der Aufklärung eine weitere aktive Teilnahmestärkung im medizinischen Kontext zunächst rechtlich etabliert und sollte nicht lediglich als Versuch zur Aufgabe des entgegenstehenden Willens der betreuten Person verstanden werden. Dieses Erfordernis in § 1832 Abs. 1 Satz 1 Nr. 4 BGB setzt durch ihre Anforderungen ein zusätzliches Maß an den nötigen Diskurs und die aktive Einbeziehung in den Behandlungsprozess und geht über § 1821 Abs. 5 BGB und § 630e Abs. 5 BGB hinaus.

b) Durchführende Personen

Ob der Überzeugungsversuch im Innen- oder Außenverhältnis der Betreuung stattzufinden hat, ist nicht eindeutig normiert. Für die Durchführung des Überzeugungsversuchs durch die Betreuungsperson spreche, dass diese an die Besprechungspflicht gemäß § 1821 Abs. 5 BGB anknüpfe.[814] Zudem könne die zur Betreuung bestellte Person am besten nachvollziehen, ob der Überzeugungsversuch sachgerecht stattgefunden habe, um die Zulässigkeitsvoraussetzungen der Einwilligung zu erfüllen.[815] Dafür spreche des Weiteren, dass die Betreuer*innen im Rahmen der persönlichen Betreuung die nötige Vertrauensbasis zu den Betroffenen inne haben.[816] Andererseits bedürfe ein Überzeugungsversuch einer medizinisch fundierten Fachkenntnis, um eine informierte Grundlage zu schaffen.[817] Das *BVerfG* stellt wörtlich auf eine überzeugungsfähige und bereite Person ab, ohne dies zu konkretisieren.[818] Danach bleibt offen, ob der Versuch der Therapieeinwilligung durch die Ärzt*innen, Betreuer*innen oder weitere Vertrauenspersonen

---

812 So *Spickhoff* in: Spickhoff Medizinrecht, § 1832 BGB, Rn. 10.
813 Vgl. *Marschner* in: Jürgens Betreuungsrecht, § 1832 BGB, Rn. 15.
814 So *BGH*, Beschluss v. 4.6.2014, XII ZB 121/14, NJW 2014, 2497 (2498).
815 So *BGH*, Beschluss v. 4.6.2014, XII ZB 121/14, NJW 2014, 2497 (2498).
816 Vgl. *Klasen* in: jurisPK, § 1832 BGB, Rn. 57.
817 *BGH*, Beschluss v. 4.6.2014, XII ZB 121/14, NJW 2014, 2497 (2498); *Roth* in: Erman, § 1832 BGB, Rn. 5.
818 *BVerfG*, Beschluss v. 14.7.2015, 2 BvR 1549/14, 2 BvR 1550/14, NJOZ 2016, 593 (595).

durchzuführen ist.[819] Letztlich ist diese offene Auslegung zu begrüßen, weil eine assistierte Entscheidungsfindung häufig ein Zusammenwirken mehrerer Akteur*innen bedeutet, um vertrauliche oder vermittelnde Gespräche, Verbildlichungen oder externe Beratungen zu inkludieren und aktive Beteiligung außerhalb der Betreuung zu fördern.

In der Betrachtung der Praxis zeigt der Bericht vom Januar 2024 zur „Evaluierung des Gesetzes zur Änderung der materiellen Zulässigkeitsvoraussetzungen von ärztlichen Zwangsmaßnahmen und zur Stärkung des Selbstbestimmungsrechts von Betreuten", dass die Überprüfung der Vornahme und der Umfang des Überzeugungsversuch von den Gerichten verschieden vorgenommen wird. Auch die Umsetzung in den Kliniken werde verschieden gehandhabt.[820] Insbesondere die inhaltlichen Vorgaben an die Durchführung und Dokumentation seien innerhalb der Kliniken eher unkonkret und führten zu einem unterschiedlichen „Bemühen"[821]

IV. Fazit zu den §§ 1829, 1831, 1832 BGB im Hinblick auf Gewährleistung und Stärkung von Partizipation

Die rechtlich ausgestalteten Entscheidungsprozessen im Rahmen der Gesundheitsversorgung von rechtlich betreuten Personen der §§ 1829, 1831, 1832 BGB zeigen erneut die erhebliche Relevanz der konkreten Feststellung der Einwilligungsfähigkeit als Trennlinie bei der Rechtsanwendung. Exemplarisch greifen die Genehmigungsvorbehalte, beim Vorliegen des freien Willens nicht. Obgleich wird in den besonderen Regelungen für Gesundheitsbehandlungen und der Aufenthaltsbestimmung deutlich erkennbar, dass unabhängig von der freien Willensbildung die Wünsche und Präferenzen der Betroffenen zur Entscheidungsgrundlage werden sollen und der natürliche Wille damit ebenfalls Beachtung findet. Bei den verschiedenen Gesprächsprozessen zwischen den einzelnen Beteiligten der Behandlung, welche nach dem Prinzip der assistierten Entscheidungsfindung erörtert werden, greifen die Regelungen des allgemeinen Medizinrechts und die des Erwachsenenschutzrechts ineinander (§§ 630c Abs. 2, 630e Abs. 5, 1821 Abs. 5,

---

819 *Dodegge* in: Roth/Dodegge, Praxiskommentar Betreuungsrecht, § 1832 BGB, Rn. 52; *Spickhoff* in: Spickhoff Medizinrecht, § 1823 BGB, Rn. 10; *Götz* in: Grüneberg, § 1823 BGB, Rn. 7.

820 *Henking/Junckel/Gather/Steinert*, Evaluierung des Gesetzes zur Änderung der materiellen Zulässigkeitsvoraussetzungen von ärztlichen Zwangsmaßnahmen und zur Stärkung des Selbstbestimmungsrechts von Betreuten vom 17. Juli 2017, S. 10, 11, 20.

821 *Henking/Junckel/Gather/Steinert*, Evaluierung des Gesetzes zur Änderung der materiellen Zulässigkeitsvoraussetzungen von ärztlichen Zwangsmaßnahmen und zur Stärkung des Selbstbestimmungsrechts von Betreuten vom 17. Juli 2017, S. 11, 17.

1827, 1828, 1832 Abs. 1 Satz 1 Nr. 4 BGB). Hierbei lassen sich verschiedene Stufen differenzieren.

Im Rahmen der Gesundheitsbehandlung greift zunächst die assistierte Entscheidungsfindung, um die Betroffenen bei der eigenen Handlungsfähigkeit zu unterstützen und diese zu fördern und eine Grundlage mit nötiger Einbeziehung eine eigene Entscheidung zu ermöglichen. Zur Absicherung der Einbeziehung und Subjektstellung der Person bei der Vornahme von Eingriffen mit erheblichen Risiken dient der Genehmigungsvorbehalt (§ 1829 BGB). Zur Überwindung des natürlichen Willens sind weitere Zulässigkeitsvoraussetzungen normiert, um u.a. die Partizipation zu gewährleisten (§§ 1831, 1832 BGB).

Die ausdrückliche Normierung eines vorangegangenen Überzeugungsversuchs findet sich bisher lediglich in den Regelungen zur Zwangsbehandlung gemäß § 1832 Abs. 1 Satz 1 Nr. 4 BGB. Die zur Betreuung bestellte Person oder andere Akteur*innen des Behandlungsprozesses sollen die Betroffenen über die Auswirkungen und Umstände der Behandlung adressatengerecht in Kenntnis setzen, das Gespräch suchen und eine Äußerung der Patient*innen ermöglichen. Dadurch soll eine eigene Entscheidung überdacht und unmittelbarer Zwang zur Überwindung des natürlichen Willens entbehrlich gemacht werden, um so den Grundsätzen des Art. 12 UN-BRK zu entsprechen und die Teilnahme bestmöglich zu gewähren. Zwar ergibt sich die Notwendigkeit dieses Gedankens, vorrangig eine eigene Entscheidung der Betroffenen zu befördern, aus einer konventionskonformen Auslegung der Pflichten der Betreuer*innen und der Gesetzesbegründung (§ 1821 Abs. 1, 5 BGB i.V.m. Art. 12 UN-BRK), obgleich wäre eine ausdrückliche Normierung für die freiheitsentziehende Unterbringung und freiheitsentziehende Maßnahmen wünschenswert. Denn das Ausmaß des sog. Überzeugungsversuch geht über die Anforderungen der § 1821 Abs. 5 und § 630e Abs. 5 BGB hinaus und kann zudem eine aktive Beteiligung außerhalb des Betreuungsverhältnisses darstellen. Jedoch bedarf es neben der gesetzlichen Regelung einer einheitlicheren Umsetzung sowohl in der gerichtlichen als auch der klinischen Praxis. Die Etablierung der gerichtlichen Genehmigungsvorbehalte sichert die Umsetzung und Beachtung der Grundsätze und Zulässigkeitsvoraussetzungen der Maßnahmen als Kontrollinstanz zusätzlich ab. Zudem etablieren sie ein weiteres aktives Beteiligungsrecht im Verfahren, und stärken die Selbstbestimmung der Betroffenen.

D) Schlussfolgerungen

In diesem Kapitel sind partizipationsfördernden Ansätze unabhängig von der freien Willensbildung eruiert worden und gestalten sowohl das Innen- als auch Außenverhältnis der Entscheidungsfindung im Erwachsenenschutzrecht aus.

Durch das Gesetz zur Reform des Vormundschafts- und Betreuungsrechts wurde u. a. der Assistenzgedanke der Betreuung verdeutlicht und in §§ 1821 Abs. 1, 1832 BGB zunehmend verankert. Grds. setzt dieses Rechtskonzept an eine Effektivierung der Selbstbestimmung durch Fürsorge an. Zielgedanke dieses Ansatzes ist es u. a. im Aufgabenbereich der Gesundheitssorge primär eine eigene Entscheidung und Abgabe einer wirksamen Einwilligung durch die Betreuten selbst im Rahmen des § 630d Abs. 1 BGB zu ermöglichen. Der Ansatz der vorrangigen Unterstützung durch die Betreuungsperson bei der eigenen Wahrnehmung der Angelegenheiten nimmt der Einwilligungsfähigkeit ihre Gestalt als harte Trennlinie für die Entscheidungsgewalt zur Einwilligung. Es ist eine Inanspruchnahme der Betreuung im bestehenden Betreuungsverhältnis bei Bedarf ermöglicht. Zum Beispiel zur (tatsächlichen) Durchsetzung der autonomen Entscheidung gegenüber Dritten. Zudem etabliert sie für den unsicheren Grenzbereich der Feststellung des Vorliegens der freien Willensbildung eine Möglichkeit zum Hervorbringen und Fördern der Einwilligungsfähigkeit und/oder fundierteren Einschätzung dieser. Erst nach Ausschöpfung der Unterstützungsmöglichkeiten soll die zur Betreuung bestellte Person eine Entscheidung basierend auf den Behandlungswünschen oder dem mutmaßlichen Willen der Person treffen und diese rechtlich mit Wirkung gegenüber Dritten umsetzen (vgl. §§ 1821 Abs. 1, 2; 1823 BGB). Dabei zeigt sich der zweite teilnahmefördernde Ansatz. Das Handeln und die Entscheidungsfindung der Betreuer*innen im Innenverhältnis ist gesetzlich grds. an die Wünsche der behandelten Person gebunden, wodurch das Selbstbestimmungsrecht des Einzelnen unabhängig von der freien Willensbildung Berücksichtigung findet, weil diese ebenfalls den natürlichen Willen abbilden. Im Weiteren basiert die Entscheidungsfindung über die Zustimmung oder Ablehnung eines medizinischen Eingriffs im Idealfall auf mehreren dialogischen Prozessen zwischen den beteiligten Akteur*innen des Behandlungsprozesses. Dabei ist die Reform des Vormundschafts- und Betreuungsrechts insbesondere im Kontext der Ausweitung der Besprechungspflicht auf alle Angelegenheiten gemäß § 1821 Abs. 5 BGB als autonomiestärkend zu bewerten. Schließlich erfordert eine Besprechung die Auseinandersetzung der Parteien mit dem Für und Wider einer geplanten Maßnahme, ermöglicht einen Diskurs und geht damit über eine Informationsvermittlung durch Aufklärung hinaus.

Die gesonderten Regelungen der §§ 1827, 1828 BGB für den Bereich der Gesundheitsangelegenheiten konkretisieren die allgemeinen Grundsätze des Entscheidungsfindungsprozesses im Kontext der Einwilligung und Aufklärung gemäß §§ 630d, 630e Abs. 5 BGB und gestalten ebenfalls die Besprechung zwischen den Beteiligten und die Orientierung am Willen des Einzelnen.

Der natürliche Wille kann lediglich unter strengen Zulässigkeitsvoraussetzungen und durch eine Einwilligung der zur Betreuung bestellten Person, welche gerichtlich genehmigt wurde, überwunden werden (§§ 1831, 1832 BGB). Durch das inkludierte Anhörungserfordernis im Genehmigungsverfahren wird neben der Äußerungsmöglichkeit im Betreuungsverhältnis die Chance eingeräumt, persönliche Vorstellungen und Wünsche zu äußern, sich rechtliches Gehör zu verschaffen und gewährleistet eine zusätzliche aktive Beteiligungsmöglichkeit im Außenverhältnis der Betreuung (vgl. §§ 298, 319 FamFG).

Der gemäß § 1823 Abs. 1 Satz 1 Nr. 4 BGB geregelte Überzeugungsversuch setzt an das Prinzip der assistierten Entscheidungsfindung an. Durch die vorgesehenen vorherigen Gespräche zur Überzeugung von der Notwendigkeit der Maßnahme, welche zu einer eigenen Entscheidung der betreuten Person führen sollen, ergänzt dieser die bereits angezeigten Kommunikationserfordernisse im Entscheidungsfindungsprozess und kann sowohl im Außen- als auch im Innenverhältnis der Betreuung ein Mitsprechen und Mitverstehen fördern. Dadurch ist neben der Besprechungspflicht gemäß § 1821 Abs. 5 BGB und der Aufklärung gemäß § 630e Abs. 5 BGB eine weitere Teilnahmestärkung unabhängig von der freien Willensbildung etabliert.

Kapitel 6: Familien- und medizinrechtlicher Rahmen für die Beteiligung minderjähriger Patient*innen bei Entscheidungsfindungen über Gesundheitsbehandlungen, freiheitsentziehende Unterbringungen und freiheitsentziehende Maßnahmen

Die Bearbeitung in Kapitel 5 führt zum Ergebnis, dass das Erwachsenenschutzrecht insbesondere durch das Gesetz zur Reform des Vormundschafts- und Betreuungsrechts die Beteiligung der Betroffenen an Entscheidungsfindungsprozessen umsetzt und stärkt. Dabei ist die Partizipation unabhängig von der Fähigkeit zur freien Willensbildung ausgestaltet. Erörtert wurde, dass die assistierte Entscheidungsfindung, bestimmte Besprechungsmodalitäten und die Ermittlung und Beachtung der Wünsche der Betroffenen in sie betreffenden Angelegenheiten als Beteiligungsmöglichkeiten die Autonomie der Einzelnen stärken können. Die Möglichkeit zur Äußerung von Wünschen, Ängsten und Vorstellungen über die eigenen Belange und die Unterstützung bei deren Umsetzung gilt dabei als wesentlicher Ansatz. Die Verankerung von Besprechungspflichten und gerichtlichen Genehmigungsvorbehalten sichert diese Grundsätze zusätzlich ab und gewährleistet ein Mitreden als Beteiligungsform.

In diesem Teil der Bearbeitung wird aufgezeigt, wie die Entscheidungsfindung im Rahmen der medizinischen Behandlung bei Kindern und Jugendlichen familienrechtlich ausgestaltet ist und ob die Anforderungen der Kinderrechtskonvention, insbesondere Art. 12 UN-KRK umgesetzt werden. Dabei werden zwei Kommunikationsebenen differenziert. Zum einen der innerfamiliäre Entscheidungsfindungsprozess zwischen den Sorgeberechtigten und ihren Kindern und zum anderen die Verständigung zwischen den minderjährigen Patient*innen und den Behandelnden. Dabei wird der Fokus auf die Entscheidungsfindung bezüglich medizinisch vorzunehmender Maßnahmen im Rahmen des § 630d BGB gelegt, um die Notwendigkeit gesetzlicher Änderungen zu eruieren. Eine integrierte Nutzbarmachung der Leitbilder des Familienrechts wird zeigen, ob Ansätze der assistieren Entscheidungsfindung, der Beachtung des natürlichen Willens und die Möglichkeit zur Äußerung bezüglich der eigenen Belange bereits im vierten Buch des BGB verankert sind. Zudem wird ein Blick auf die bestehenden Beteiligungsmöglichkeiten bei Entscheidungen zu freiheitsentziehenden Unterbringungen und Maßnahmen gemäß § 1631b BGB, sowie ärztlichen Zwangsbehandlungen gegenüber Kindern und Jugendlichen genommen.

A) Leitbilder des Familienrechts

Das Familienrecht ist ebenfalls von Leitbildern getragen, die sowohl beim Handeln der Sorgeberechtigten im Rahmen ihrer elterlichen Sorge als auch durch die staatlichen Institutionen zu berücksichtigen sind.

I. Der Erforderlichkeitsgrundsatz und das Familienrecht

Den im Folgenden ansatzweise vergleichenden Ausführungen zum Erwachsenenschutzrecht ist zunächst eine Unterscheidung zwischen dem Erforderlichkeitsgrundsatz der Betreuung und dem Leitgedanken des Familienrechts vorangestellt. Im Betreuungsrecht wird zunächst unterstellt, dass die Betroffenen ihr Selbstbestimmungsrecht in vollem Umfang innehaben und befähigt sind, dieses auszuüben.[822] Dieser zu Grunde liegende Erforderlichkeitsgrundsatz ermöglicht, dass die Unterstützung durch eine rechtliche Betreuung nur in den Bereichen angeordnet wird, in welchen die Besorgung der eigenen rechtlichen Angelegenheiten nicht mehr selbstständig umgesetzt werden kann und keine anderen vorrangigen Hilfen greifen (vgl. §§ 1814, 1815 BGB). Dabei wird beachtet, dass die Person zuvor häufig ein autonomes Leben nach eigenen Wünschen und Vorstellungen geführt hat und gewährleistet, dass die gerichtliche Anordnung der Betreuung nicht zur Entmündigung oder Stigmatisierung mangelnder rechtlicher Handlungsfähigkeit im Aufgabenkreis führt.[823]

Das Familienrecht hingegen ist vom Leitgedanken getragen, dass Minderjährige allmählich zur eigenständigen rechtlichen Handlungsfähigkeit befähigt und dabei von den Sorgeberechtigten im erforderlichen Maße unterstützt und beraten werden sollen (vgl. § 1626 Abs. 2 BGB).[824] Das Können des Gestaltens eines eigenen und autonomen Lebens nach individuellen Vorstellungen ist dabei die Zielebene. Mit steigendem Alter und Reife muss das Erziehungs- und Sorgerecht der Eltern angemessen zurücktreten bzw. sich wandeln und die wachsende Befähigung zum selbstbestimmten Handeln Berücksichtigung finden.[825] Dabei ist

---

822 BT-Drs. 17/10488, S. 23; *Damm*, MedR 2015, 775 (778); vgl. *Taupitz*, Gutachten zum 63. DJT 2000, A 62 f.

823 *Taupitz*, Gutachten zum 63. DJT 2000, A 62 f; vgl. *Spickhoff*, FamRZ 2018, 412 (420).

824 *Veit* in: MüKo, § 1626 BGB, Rn. 16; *Wellenhofer*, Familienrecht, § 33 Rn. 1; *Spickhoff*, FamRZ 2018, 412 (420); vgl. *Lorenz*, NZFam 2017, 782 (785).

825 *Kemper* in: HK-BGB, § 1626 Rn. 3; vgl. *Wellenhofer*, Familienrecht, § 33 Rn. 1.

das Maß der Unterstützung und Sorge ebenfalls individuell auf die Bedürfnisse des eigenen Kindes anzupassen. Allerdings ist die elterliche Sorge nicht mit der rechtlichen Betreuung gleichzustellen. Diese fokussiert nicht die Wahrnehmung rechtlicher Belange, wie das Erwachsenenschutzrecht, sondern hat einen ausgeprägten fürsorglichen Charakter.[826] Die Beziehung zwischen Eltern und ihren Kindern ist durch ein enges persönliches Naheverhältnis zur Pflege und Erziehung geprägt.[827]

II. Kindeswohl und Kindeswille

Das Familienrecht wird im Zentralen vom Leitbild des Kindeswohls geprägt.[828] Auch Art. 3 Abs. 1 UN-KRK normiert das Kindeswohl als vorrangigen Gesichtspunkt bei der Entscheidungsfindung in das Kind betreffenden Angelegenheiten. Um das Kind nicht zum bloßen Objekt im Gefüge der elterlichen Sorge zu machen, soll die Orientierung am Kindeswohl als Element dienen, um die Rechtsstellung des Kindes zu sichern.[829] Für die zentrale Fragestellung der Bearbeitung, welche Beteiligungsmöglichkeiten Minderjährigen in Entscheidungsprozessen rechtlich eingeräumt sind, wird mitunter herausgearbeitet, welchen Einfluss der Wille des Kindes auf die Ermittlung des Kindeswohls hat.

1. Ermittlung des Kindeswohls

Das Leitbild des Kindeswohls findet seinen Niederschlag im gesamten Familienrecht. Der Gesetzgeber regelt ausdrücklich, dass sich die elterliche Sorge und die gerichtlichen Verfahren vor dem Familiengericht stets am Kindeswohl zu orientieren haben (vgl. §§ 1627 und 1697a Abs. 1 BGB).[830] Dabei wird das Kindeswohl, nicht gesetzlich definiert, sondern ist auslegungsbedürftig. Auch die Maßstäbe der UN-Kinderrechtskonvention sind bei dessen Ermittlung zu berücksichtigen. Die Ermittlung dessen ist ein weitgefasster und durch viele Faktoren beeinflusster Prozess. Dabei nennt das Gesetz das körperliche, geistige und seelische Wohl des Kindes ausdrücklich als Maßstäbe (vgl. § 1666 Abs. 1 BGB). Dabei kann die Feststellung des Kindeswohls in Integritäts- und Entfaltungsinteressen differenziert

826 Vgl. BT-Drs. 13/7158, S. 33.

827 So *BGH*, Beschluss v. 7.8.2013, XII ZB 559/11, NJW 2013, 2969 (2970).

828 Vgl. *BVerfG*, Beschluss v. 14.04.2021, 1 BvR 1839/20, juris; *BVerfG*, Urt. 01.04.2008, 1 BvR 1620/04, juris; *BVerfG*, Beschluss v. 18.6.1986, 1 BvR 857/8, NJW 1986, 3129 (3130); *Dethloff*, Familienrecht, § 13, Rn. 2; *Ivantis*, NZFam 2016, 7 (11).

829 *Dethloff*, Familienrecht, § 13 Rn. 2.

830 Näher dazu: *Dethloff*, Familienrecht, § 13, Rn. 2.

werden.[831] Somit sollen zum einen die körperliche und geistige Gesundheit und zum anderen die soziale Entwicklung des Kindes in den Blick genommen werden.[832] Insbesondere Letztere beruht grundlegend auf der speziellen Erziehung der Eltern und kann nicht primär an objektiven allgemeingültigen Maßstäben gemessen werden.[833] Die Sorgeberechtigten sind grundsätzlich frei in der Wahl ihrer Erziehungsansätze und gegen unzulässige staatliche Eingriffe in diesen Bereich geschützt, weil sie gegenüber dem Staat die vorrangigen Träger der Erziehung sind.[834] Das elterliche Erziehungsrecht ist dabei jedoch nicht grenzenlos und sollte u. a. die Förderung der Eigenständigkeit des Kindes garantieren und dessen verfassungsrechtliches Selbstbestimmungsrecht unterstützen, fördern und gewährleisten (vgl. § 1626 Abs. 2 BGB).[835] Bezüglich Art. 12 Abs. 1 der UN-KRK ist zu berücksichtigen, dass diese eine altersunabhängige Einbeziehung der Kinder und Jugendlichen fordert. Dabei soll diesen die Möglichkeit zur Äußerung in sie berührenden Angelegenheiten, wie der Entscheidung über die Vornahme oder Ablehnung von Gesundheitsversorgung gegeben werden. Im Einzelnen ist das Kindeswohl und dessen Gewährleistung stets anhand der individuellen Lebensumstände und Bedürfnisse des einzelnen Kindes zu ermitteln.[836]

Das Wächteramt greift als Begrenzung der elterlichen Erziehungsfreiheit, wenn Kindeswohlinteressen betroffen sind (vgl. §§ 1666 f. BGB).[837] Ist das körperliche, geistige oder seelische Wohl eines Kindes gefährdet und sind die Eltern nicht gewillt bzw. nicht in der Lage, die Gefahr abzuwenden, ist das Jugendamt in Zusammenarbeit mit dem Familiengericht gehalten einzuschreiten.[838] Das Gericht beschließt indessen die Maßnahmen, die zur Abwendung der Gefahr erforderlich sind (vgl. § 1666 Abs. 1 BGB). Zu diesen Maßnahmen gehört u. a. die Ersetzung

---

831 So *Schwab* in: Familienrecht, § 73, Rn. 907.

832 *Schwab* in: Familienrecht, § 73, Rn. 907.

833 *BVerfG*, Beschluss v. 19.11.2014, 1 BvR 1178/14, FamRZ 2015, 112 (114).

834 *BVerfG*, Beschluss v. 21.07.2022, 1 BvR 469/20, 1 BvR 470/20, 1 BvR 471/20, 1 BvR 472/20, juris; *BVerfG*, Beschluss v. 29.7.1968, 1BvL 20/63, 31/66, 5/67, NJW 1968, 2233 (2234); *Badura* in: Maunz/Dürig, Art. 6 GG, Rn. 107; vgl. *BVerfG*, Beschluss v. 18.4.1989, 2 BvR 1169/84, NJW 1989, 2195 (2196); *Zorn*, Das Recht der elterlichen Sorge, Rn. 274.

835 Vgl. BT-Drs. 7/2060, S. 16.

836 Vgl. *Lack* in: Johannsen/Heinrich/Althammer, Familienrecht, § 1671 BGB, Rn. 46; näher *Schwab*, Familienrecht, § 73, Rn. 907 f.

837 Vgl. BVerfG, Beschluss, 24.03.2014, 1 BvR 160/14, SRa 2014, 248; *BVerfG*, Urteil v. 9.2.1982, 1 BvR 845/79, NJW 1982, 1375 (1376); *Müller-Terpitz* in: Spickhoff Medizinrecht, Art. 6 GG, Rn. 16.

838 *Dethloff*, Familienrecht, § 13 Rn. 4.

der Erklärungen der Inhaber der elterlichen Sorge (§ 1666 Abs. 3 Nr. 5 BGB), wie der Einwilligung oder Ablehnung in die Gesundheitsbehandlung.[839] Dies wird im Bereich der Gesundheitssorge z. B. bei einer durch die Eltern geplanten kontraindizierten Behandlungsmaßnahme[840] oder der Ablehnung eines indizierten medizinischen Eingriffs[841] angenommen werden können.

2. *Berücksichtigung des Kindeswillens*

Im Folgenden schließt sich eine Untersuchung der Relevanz des Willens des Kindes auf dessen Wohl, bzw. auf das Erziehungsrecht der Eltern an. Der (natürliche) Wille des Kindes wird dabei als Ausdruck seines Selbstbestimmungsrechts verstanden.[842] In Anlehnung an die oben vorgenommenen Ausführungen zu Art. 12 UN-KRK können selbst Kleinkinder diesen durch entsprechende Methoden, wie z. B. Malen oder das Mitgestalten von Geschichten zum Ausdruck bringen.[843]

Im Betreuungsrecht ist der Wille der betreuten Person der zentrale Maßstab für das Handeln der Gerichte, Behörden und Betreuungspersonen. Der zur Betreuung bestellten Person steht im Außenverhältnis, wie den Sorgeberechtigten, eine unbeschränkte Vertretungsmacht zu.[844] Allerdings wird diese Rechtsmacht im Innenverhältnis durch die Orientierung an den Wünschen der Betreuten, wie in Kapitel 5 aufgezeigt, begrenzt und soll den freien und natürlichen Willen der einzelnen Person nach außen rechtlich umsetzen bzw. dabei unterstützen (§§ 1821 Abs. 2, 1827 Abs. 2 BGB).[845] D. h., dass die Wünsche der betreuten Person eine unmittelbare Bindungswirkung für die Vertreter*innen entwickeln.[846] Im Folgenden wird untersucht, ob eine solche unmittelbare oder mittelbare Bindung an den Kindeswillen im Familienrecht ebenfalls vorgesehen ist.

---

839 Vgl. *BVerfG*, Beschluss v. 16.1.2002, 1 BvR 1069/01, FPR 2002, 264 (264).

840 *Lipp/Brauer*, GuP 2022, 205 (210).

841 Zur Verweigerung der Eltern zu einer medizinisch indizierten Bluttransfusion an einem Neugeborenen, *OLG Celle*, Beschluss v. 21.2.1994, 17 W8/94, NJW 1995, 792; keine ersetzende Entscheidung wurde bei der Ablehnung einer Cochlea-Implantation bei einem gehörlosen Kind angenommen, *AG Goslar*, Beschluss v. 28.1.2019, 12F226/17SO, FamRZ 2019, 1331.

842 Dazu näher: *Peschel-Gutzeit*, NZFam 2014, 433.

843 So *Schmahl*, KRK, Art. 12 KRK, Rn. 8.

844 *Jürgens* in: Jürgens Betreuungsrecht § 1902 BGB, Rn. 4.

845 *Brosey*, BtPrax 2014, 211.

846 Vgl. *Lipp/Brauer*, GuP 2022, 205 (209).

a) Unmittelbare Bindung an den Willen des Kindes

Z. T. sind die Sorgeberechtigten bei Entscheidungen unmittelbar an den Willen des Kindes gebunden, insofern das Gesetz eine Zustimmung durch das Kind regelt. Exemplarisch sieht § 1746 Abs. 1 BGB vor, dass zur Adoption eines Kindes, welches das vierzehnte Lebensjahr vollendet hat und nicht geschäftsunfähig ist, dessen Einwilligung erforderlich ist. § 1617a BGB regelt, dass eine Änderung des Geburtsnamens ohne Ehenamen und bei Alleinsorge neben der Erklärung des alleinsorgeberechtigten Elternteils, der Einwilligung des Kindes bedarf, insofern dieses das fünfte Lebensjahr vollendet hat.[847] Ebenso ist die Übertragung der elterlichen Sorge auf ein Elternteil, ab der Vollendung des vierzehnten Lebensjahres lediglich möglich, wenn das Kind kein Veto gegen die Entscheidung erhebt (vgl. § 1671 Abs. 1 Satz 2 Nr. 1 BGB). Diese Regelungen sehen eine direkte aktive Beteiligung des Kindes durch Mitentscheidungen, die ihre Angelegenheiten betreffen vor, und verleihen dem Selbstbestimmungsrecht in festen Grenzen unmittelbare Wirkung.[848]

b) Mittelbare Berücksichtigung des Kindeswillens

Mitunter wird der Wille des Kindes als wesentliches Element bei der Ermittlung des Kindeswohls verstanden.[849] Dabei unterscheidet die Rechtsprechung bei dessen Gewichtung nach dem Alter und der Entwicklung des Kindes und betont mitunter die Wichtigkeit der Berücksichtigung der Willens- bzw. Wunschäußerung hinsichtlich dieser betreffenden Angelegenheiten.[850] Allerdings wird er als Teil einer Gesamtbetrachtung verstanden und erhält per se keine unmittelbare Bindungswirkung bei Entscheidungen.[851]

Exemplarisch sei dafür näher auf eine gerichtliche Entscheidung über die Übertragung des gemeinsamen elterlichen Sorgerechts gemäß § 1626a BGB eingegangen. Das Kindeswohl muss vom Familiengericht unter anderem bei der Entscheidung, ob beiden unverheirateten Eltern das gemeinsame Sorgerecht

847 Vgl. auch § 1617b BGB, § 1617c BGB und § 1618 BGB zum Recht des Kindes.

848 So auch *Pöcker* in: BeckOK, § 1746 BGB, Rn. 1.

849 BT-Drs. 7/2060, S. 16; jüngst betont in: *BVerfG*, Beschluss v. 27.11.2019, XII ZB 511/18, NJW 2020, 1065 (1066); *BGH*, Beschluss v. 28.4.2010, XII ZB 81/09, NJW 2010, 2805 (2806); *BGH*, Beschluss v. 15.6.2016, XII ZB 419/15 NJW 2016, 2497 (2501); *AG Bremen*, Beschluss v. 20.7.2016, 65 F 7360/15 SO, STREIT 2016, 183 (184).

850 *BVerfG*, Beschluss v. 27.11.2019, XII ZB 511/18, NJW 2020, 1065 (1066); Anm. *Born* zu *BVerfG*, Beschluss v. 27.6.2008, 1 BvR 311/08, FD-FamR 2008, 269509.

851 *BGH*, Beschluss v. 27.11.2019, XII ZB 511/18- juris, Rn. 17; *Döll* in: Erman, § 1626 BGB, Rn. 25.

übertragen wird, beachtet werden (vgl. § 1626a Abs. 2 BGB). Danach findet durch das Gericht eine sog. Negativprüfung des Wohls statt.[852] Dabei wird zunächst unterstellt, dass die gemeinsame elterliche Sorge den Kindesinteressen nach einem beständigen Familienleben am besten entspricht.[853] Dies legt zu Grunde, dass die Kindeswohlinteressen gemeinsam durch beide Elternteile gleichberechtigt am idealsten für das Kind umgesetzt und unterstützt werden und das Verlangen des Kindes danach repräsentiert ist.[854] Die weitere Prüfung bedingt eine umfassende und individuelle Berücksichtigung der gesamten Umstände, welche die Kindeswohlinteressen negativ berühren könnten.[855] In diese Gesamtschau wird der Kindeswille mit einbezogen. Dabei kann die Übertragung der gemeinsamen elterlichen Sorge dem Kindeswohl widerstreben, wenn der Wille des Kindes dieser ausdrücklich entgegensteht.[856]

Das *AG Bremen* hatte über einen Antrag des leiblichen Vaters gemäß § 1626a Abs. 1 Nr. 3 i.V.m. Abs. 2 BGB zu entscheiden.[857] Dieser beantragte das gemeinsame Sorgerecht für den im Haushalt der leiblichen Mutter lebenden elfjährigen Sohn. Nach der Ermittlung der gesamten Lebensumstände stellte das Gericht fest, dass der Sohn sich keine stärkere Beteiligung des Vaters an seinem Leben und den zu treffenden Entscheidungen wünschte und lehnte den Antrag u. a. wegen des entgegenstehenden Kindeswillens ab.[858] Dazu verdeutlichte das Gericht, dass der Wille des Kindes insbesondere zu berücksichtigen sei, wenn dieses die geistige Reife besitzt, eine Einschätzung über das Verhalten, welches es sich in einer familiären Struktur wünscht und welches gerade nicht, vorzunehmen.[859] Die mittelbare Bindung an den Kindeswillen und dessen erhebliche Gewichtung je nach Entwicklung und Reife in der Gesamtschau der Kindeswohl beeinflussenden

---

852 BT-Drs. 17/11048, S. 17.

853 So *BGH*, Beschluss, v. 15.6.2016, XII ZB 419/15, NJW 2016, 2497 (2498).

854 BT-Drs. 17/11048, S. 17; bei der Prüfung des Kindeswohls setzt das Familiengericht die gleichen Maßstäbe, wie bei der Beantragung des alleinigen Sorgerechts gemäß § 1671 Abs. 2 BGB, *BGH*, Beschluss, v. 15.6.2016, XII ZB 419/15, NJW 2016, 2497 (2498).

855 *BGH*, Beschluss, v. 15.6.2016, XII ZB 419/15, NJW 2016, 2497 (2499).

856 *AG Bremen*, Beschluss v. 20.7.2016, 65 F 7360/15, STREIT 2016, 183 (184), bestätigt *OLG Bremen*, Beschluss v. 16.12.2006, 65F7360/15, BeckRS 2016, 122518.

857 *AG Bremen*, Beschluss v. 20.7.2016, 65 F 7360/15, STREIT 2016, 183 (184), bestätigt *OLG Bremen*, Beschluss v. 16.12.2006, 65F7360/15, BeckRS 2016, 122518.

858 Weiter zur Gewichtung der ablehnenden Haltung des Kindes gegenüber eines Elternteils *OLG* Bremen, Beschluss v. 16.12.2006, 65F7360/15

859 *AG Bremen*, Beschluss v. 20.7.2016, 65 F 7360/15, STREIT 2016, 183 (185), bestätigt *OLG Bremen*, Beschluss v. 16.12.2006, 65F7360/15, BeckRS 2016, 122518.

Umstände werden in dieser Rechtsprechung sehr deutlich. Neben der Erziehungseignung der Eltern und deren in diesem Fall vorliegenden konfliktgeladenen Beziehung untereinander, waren der Wille des Sohnes und dessen geäußerten Bedenken zentrale Ansatzpunkte der Wertung des Wohls.[860]

3. *Möglichkeit zur Äußerung des Kindes im gerichtlichen Verfahren*

Die zuvor aufgezeigte Berücksichtigung des Willens des Kindes setzt häufig voraus, dass dieses auch im außerfamiliären Bereich die Möglichkeit erhält, diesen frei zu äußern. Das Grundgesetz offeriert durch Art. 103 GG *jedermann* ein Recht auf Anhörung in gerichtlichen Verfahren. Diesbezüglich regelt das FamFG, dass das Kind im gerichtlichen Verfahren anzuhören ist (vgl. §§ 159 Abs. 1, 151 FamFG). Diesbezüglich führte das Gesetz zur Bekämpfung sexualisierender Gewalt gegen Kinder vom 16.6.2021[861] u. a. zur Änderung des § 159 FamFG. Dadurch wurde die Kindesanhörung im gerichtlichen Verfahren altersunabhängig ausgestaltet und um die Verpflichtung des Gerichts, sich einen persönlichen Eindruck vom Kind zu verschaffen, ergänzt.[862] Davon kann das Gericht lediglich in sehr begrenzten Ausnahmefällen absehen (vgl. § 159 Abs. 2 FamFG).[863] Exemplarisch kann es vorkommen, dass das Kind offensichtlich nicht in der Lage ist, seine Neigungen und seinen Willen kundzutun (§ 159 Abs. 2 Nr. 2 FamFG).[864] Insbesondere in gerichtlichen Verfahren gemäß § 1666 BGB und § 1666a BGB sind die Maßstäbe für den Verzicht des Gerichts auf die Beteiligung noch enger gefasst (vgl. § 159 Abs. 2 Satz 2 FamFG).

---

860 Vgl. *AG Bremen*, Beschluss v. 20.7.2016, 65 F 7360/15, STREIT 2016, 183 (185), bestätigt *OLG Bremen*, Beschluss v. 16.12.2006, 65F7360/15, BeckRS 2016, 122518.

861 BGBl. I 2021, S. 1810, Nr. 33, in Kraft seit 1.7.2021; BT-Drs. 19/23707.

862 BT-Drs. 19/23707, S. 25; gemäß § 159 Abs. 1 FamFG a.F. war das Kind, welches das vierzehnte Lebensjahr vollendet hat, anzuhören. Jüngere Kinder waren gemäß § 159 Abs. 2 FamFG a.F. anzuhören, wenn ihr Wille von Bedeutung für die Entscheidung war; näher *Schlünder* in: Hahne/Schlögel/Schlünder, BeckFamFG, § 159 FamFG, Rn. 1 f; bereits vor der Gesetzesänderung offerierte der *BGH*, dass von einer Anhörung des Kindes, welches das vierzehnte Lebensjahr noch nicht vollendet hat, nicht abgesehen werden kann, da die Ermittlung der Neigungen, Bindungen und der Kindeswille gewichtige Gesichtspunkte bei der Feststellung des Kindeswohls in Sorgerechtsangelegenheiten sind: *BGH*, Beschluss, v. 15.6.2016, XII ZB 419/15, NJW 2016, 2497 (2501).

863 Zum Verzicht auf die Anhörung im Sorgerechts- und Umgangsverfahren bei Einigung der Eltern: *Ivanits*, NZFam 2016, 7; *Obermann*, NZFam 2015, 1129.

864 Zum Verzicht auf die Anhörung im Sorgerechts- und Umgangsverfahren bei Einigung der Eltern: *Ivanits*, NZFam 2016, 7; *Obermann*, NZFam 2015, 1129.

Die Rechtsprechung betonte jedoch bereits vor der Gesetzesänderung die hohe Relevanz des Äußerungsrechts, insbesondere in Hinsicht auf die Ermittlung des Kindeswillens und setzte die Maßstäbe für einen Verzicht sehr eng an.[865] Es wird hervorgehoben, dass eine Entscheidung zum Wohl in Angelegenheiten, die für die weitere Lebensführung des Kindes erheblich sind, nur ergehen könne, wenn sie die Möglichkeit zur eigenen Äußerung erhalten.[866] Konkret wird verdeutlicht, dass bestimmte Neigungen und Wünsche erst durch die Vornahme in einer Anhörung ermittelt werden können.[867] Diese seien nicht nur durch verbale, sondern z. T. erst durch bestimmte Verhaltensweisen innerhalb einer Anhörung ermittlungsfähig.[868] Letztlich realisiert und stärkt die Gesetzesänderung zum altersunabhängigen gerichtlichen Anhörungsrecht gemäß § 159 FamFG die Rechte des Kindes auf Beteiligung am gerichtlichen Verfahren zusätzlich und veranschaulicht erneut die Subjektstellung des Kindes.[869] Durch dieses außerfamiliäre Recht zum Mitreden erhält es die Möglichkeit, eigene Sichtweisen dazustellen, sich zu informieren und Selbstbestimmung zu erfahren. Die ausdrückliche Normierung, den Kindern nach einer entsprechenden Information, eine Gelegenheit zur Äußerung zu geben, verdeutlicht die Abgrenzung zwischen passiver und aktiver Beteiligung (vgl. § 159 Abs. 4 Satz 2 FamFG).

4. *Zwischenfazit*

Das Kindeswohl als zentrales Leitbild des Familienrechts gewährleistet die Subjektstellung des Kindes durch die Berücksichtigung des Kindeswillens. Im Vergleich zum Betreuungsrecht bindet der Kindeswille die Beteiligten zwar nur in sehr begrenzten Fällen unmittelbar (vgl. §§ 1746 Abs. 1, 1617a BGB), allerdings ist dessen Gewichtung in der Gesamtschau von tragender Bedeutung. Dies zeigt sich deutlich darin, dass die Feststellung des Kindeswohls nicht nur die Lebensumstände im Allgemeinen bewertet, sondern der subjektive Wille des Kindes berücksichtigt und ermittelt werden soll. Das Selbstbestimmungsrecht auf Gestaltung des eigenen Lebens sollte mit steigendem Alter bzw. der Ausprägung der Wertvorstellungen von Lebensmodellen und Strukturen an Gewicht bei der Ausgestaltung

865 *BVerfG*, Beschluss v. 5.11.1980, 1 BvR 349/80, NJW 1981, 217; *BGH*, Beschluss v. 15.6.2016, XII ZB 419/15, NJW 2016, 2497 (2501); anderer Auffassung dagegen *OLG Karlsruhe*, Beschluss v. 26.3.2015, 18 UF 304/14, BeckRS 2015, 7252.

866 *BVerfG*, Beschluss v. 5.11.1980, 1 BvR 349/80, NJW 1981, 217 (218).

867 *BGH*, Beschluss v. 15.6.2016, XII ZB 419/15, NJW 2016, 2497 (2501).

868 So *BGH*, Beschluss v. 15.6.2016, XII ZB 419/15, NJW 2016, 2497 (2501).

869 BT-Drs. 19/23707, S. 25; so auch *Karle/Carl/Clauss*, NZFam 2014, 875 (876).

des Begriffs „*Kindeswohl*“ gewinnen. Mithin geht deutlich hervor, dass erst eine Beteiligung des Kindes durch die Möglichkeit zur Äußerung des Willens auch außerhalb des innerfamiliären Kontexts, eine vollumfassende Gesamtschau der Faktoren zur Ermittlung des Wohls des Kindes garantieren kann. In Umsetzung der UN-Kinderrechtskonvention ist die Beteiligung des Kindes im gerichtlichen Verfahren durch die Anhörung in Angelegenheiten bzw. Entscheidungen, die es unmittelbar betreffen, über ein Mitwissen hinaus, hin zu einem Mitreden gewährleistet. In Umsetzung der UN-Kinderrechtskonvention ist eine altersunabhängige Ermittlung des Kindeswillens, durch Äußerungsmöglichkeiten vorgesehen. Auch die reifeentsprechende Einbeziehung des Geäußerten in den Entscheidungsfindungsprozess wird beachtet.

III. Ausgestaltung der elterlichen Sorge durch § 1626 Abs. 2 BGB als Leitbild

Im Weiteren wird der Blick auf die Ausgestaltung der Beteiligungsmöglichkeiten im innerfamiliären Bereich genommen. Die elterliche Sorge ist im Grunde durch § 1626 Abs. 2 BGB ausgestaltet und stellt dabei eine Konkretisierung zu § 1618a BGB dar, welcher Eltern und Kinder zu gegenseitigem Beistand und Rücksichtnahme verpflichtet.[870] Die Norm des § 1626 BGB setzt ein Leitbild der Erziehung und Pflege und steht den gesetzlichen Regelungen im Familienrecht zur elterlichen Sorge voran.

1. *Förderung und Berücksichtigung der eigenen Handlungsfähigkeit gemäß § 1626 Abs. 2 Satz 1 BGB*

§ 1626 Abs. 2 Satz 1 BGB regelt, dass die Sorgeberechtigten bei der Ausübung ihrer elterlichen Sorge die wachsende Fähigkeit und das wachsende Bedürfnis des Kindes zu selbstständigem verantwortungsbewusstem Handeln berücksichtigen. Dabei wird aufgezeigt, dass diese nicht starr, sondern flexibel und individuell auf die jeweiligen Bedürfnisse des Kindes reagieren und diese beachten sollen.[871] Der Gesetzgeber verdeutlicht durch diese einfach gesetzliche Regelung, dass bereits Minderjährige zu eigenverantwortlichem Handeln in der Lage sein können und dies stets durch die Sorgeberechtigten gefördert und begleitet werden müsse.[872] Auf der Zielebene sollen die Kinder in ihrer Handlungsfähigkeit bestärkt werden, um Entscheidungsprozesse in eigenen Angelegenheiten eigenverantwortlich

870 *Fink* in: Heilmann Praxiskommentar Kindschaftsrecht, § 1626 BGB, Rn. 19.
871 Vgl. *Döll* in: Erman, § 1626 BGB, Rn. 22.
872 BT-Drs. 7/2060, S. 16.

gestalten zu können.[873] Die Gewährleistung und Ausübung dieser unterstützenden Sorgerechtsausübung führt dazu, dass die wachsende Handlungsfähigkeit des Kindes Berücksichtigung findet und das Elternrecht in einem angemessenen Verhältnis dazu abnimmt (vgl. § 1626 Abs. 2 Satz 1 BGB).[874] Ein formelles Verfahren zur Feststellung der Bereiche, in denen die elterliche Sorge zurücktreten muss, ist im Vergleich zum Betreuungsrecht im Familienrecht nicht vorgesehen, weil die Eltern gegenüber dem Staat die vorrangigen Träger der Erziehung sind und dem Grunde nach in der Gestaltung ihrer Erziehung frei.[875]

2. *Besprechungspflicht gemäß § 1626 Abs. 2 Satz 2 BGB*

Das Besprechen eines Sachverhaltes setzt nach der Wortbedeutung voraus, dass *„gemeinsam (beratend, erörternd, Meinung austauschend) über etwas [gesprochen]“* wird.[876] Gemäß § 1626 Abs. 2 Satz 2 BGB haben die Sorgeberechtigten Fragen der elterlichen Sorge, soweit es nach dem Entwicklungsstand des Kindes angezeigt ist, mit diesem zu besprechen und ein Einvernehmen anzustreben. Eine aktive Mitwirkung des Kindes bei der Entscheidungsfindung sollte somit bestmöglich gefördert werden.[877] Dabei gilt es den Kindern, je nach Entwicklungsstand, die sorgerechtsrelevanten Themen stets altersangemessen zu vermitteln.[878] Darüber hinaus sollte nach der Auslegung des Wortlautes ein Mitsprechen des Kindes angeregt werden, um in einem Austausch über Fragen, Ängste und Wünsche zu kommen. Diese *„Besprechungspflicht“* der Eltern statuiert ein innerfamiliäres Mitsprache- und Äußerungsrecht des Kindes und geht über eine bloße Informationsvermittlung hinaus.[879] Aus der Pflicht der Eltern, die wachsende Handlungsfä-

---

873 Vgl. *Fink* in: Heilmann Praxiskommentar Kindschaftsrecht, § 1626 BGB, Rn. 21.

874 *BVerfG*, Beschluss v. 18.4.1989, 2 BvR 1169/84, NJW 1989, 2195 (2196); vgl. *Schwab*, Familienrecht, § 67, Rn. 844.

875 Näher zur gerichtlichen Vorabklärung der Einwilligungsfähigkeit, *Taupitz*, Gutachten zum 63. DJT, A 62; *BVerfG*, Beschluss v. 18.4.1989, 2 BvR 1169/84, NJW 1989, 2195 (2196); Zorn, Das Recht der elterlichen Sorge, Rn. 274; *BVerfG*, Beschluss v. 29.7.1968, 1BvL 20/63, 31/66, 5/67, NJW 1968, 2233 (2234); *Badura* in: Maunz/Dürig, Art. 6 GG, Rn. 107.

876 *Dudenredaktion*, besprechen, Duden online.

877 *Döll* in: Erman, § 1626 BGB, Rn. 25.

878 *Döll* in: Erman, § 1626 BGB, Rn. 22.

879 So auch *Ivantis*, NZFam 2016, 7 (11); *Rothärmel*, Einwilligung, Veto, Mitbestimmung, S. 238.

higkeiten des Kindes zu beachten, ergibt sich somit ein Recht des Kindes auf aktive Beteiligung an Entscheidungsprozessen, um die Autonomie zu gewährleisten.[880]

3. Relevanz der aktiven Beteiligung der Kinder und Jugendlichen durch Äußerung im innerfamiliären Kontext

Als Form der Beteiligung wird in der vorliegenden Untersuchung neben dem Mitwissen und Mitdenken das Mitreden als aktive Form verstanden.[881] Dabei wird die Partizipation als dialogischer Prozess des Austausches zwischen Kindern und Erwachsenen unter angemessener Berücksichtigung des Geäußerten bei Entscheidungen fokussiert, um eine Umsetzung von Art. 12 Abs. 1 UN-KRK zu untersuchen. Eine aktive Mitwirkung des Kindes bei der Entscheidungsfindung ist dabei bestmöglich zu fördern und über eine reine Informationsvermittlung hinaus anzustreben.[882] Das bedeutet konkret, dass die Beteiligung aktiv über ein Aufklären und Abfragen, ob dieses verstanden wurde, hinaus gehen sollte. Schließlich erfordert eine Besprechung die Auseinandersetzung der Parteien mit dem Für und Wider einer geplanten Maßnahme.[883] Bestehende Ängste, Unsicherheiten, Verständnisprobleme und Wünsche können somit erst durch eine Äußerungsmöglichkeit des Kindes und einen hinreichenden Diskurs ermittelt werden.[884]

Diesen Gedanken greift das Erwachsenschutzrecht ebenfalls durch die erweiterte Besprechungspflicht für alle Angelegenheiten der betreuten Personen in § 1821 Abs. 5 BGB auf.[885] Dabei korrespondiert die Norm in Ansätzen mit § 1626 Abs. 2 BGB und normiert ebenfalls die Besprechungspflicht im Betreuungsverhältnis, um den persönlichen Kontakt, insbesondere das persönliche Gespräch zwischen den Beteiligten zu etablieren, sich über die jeweiligen Lebensumstände, Wünsche und Vorstellungen zu informieren, auszutauschen und den Diskurs anzuregen.[886] Dabei wird diese zur Ermittlung der Wünsche des Einzelnen als autonomiestärkende Beteiligung gewertet.[887] Z. T. wird sie sogar als *„aktivierend“*

---

880 Dazu auch *Lettmaier* in: Staudinger, § 1626 BGB, Rn. 88.

881 Vgl. die Elemente des Beteiligungsprozesses nach *Pluto*, Partizipation in den Hilfen der Erziehung, S. 53.

882 *Döll* in: Erman, § 1626 BGB, Rn. 25.

883 So *Bienwald* in: Bienwald/Sonnenfeldt/Herm BtR, § 1901 BGB, Rn. 36.

884 Vgl. *BGH*, Beschluss v. 15.6.2016, XII ZB 419/15, NJW 2016, 2497 (2501).

885 BT-Drs. 19/24445, S. 255 f.

886 BT-Drs. 11/4528, S. 68; *Hoffmann*, BtPrax 2008, 95 (95); *Loer* in: Jürgens Betreuungsrecht, § 1901 BGB, Rn. 5; das Betreuungsgericht überwacht die Einhaltung des persönlichen Kontakts im Betreuungsverhältnis, vgl. § 1862 Abs. 1 BGB.

887 *Bienwald* zitiert *Kollmer* in: Bienwald/Sonnenfeldt/Herm BtR, § 1901 BGB, Rn. 32.

eingeschätzt, da die Besprechung motivieren könne, eigene Angelegenheiten verstärkter selbstständig wahrzunehmen.[888]

4. *Durchsetzbarkeit der Beteiligungsmöglichkeiten für das Kind*

Fraglich bleibt, ob das Leitbild auf Förderung und Beachtung der eigenen Handlungsfähigkeit des Kindes und das Recht auf Mitsprache gerichtlich für das Kind durchsetzbar sind. § 1626 Abs. 2 BGB ermöglicht keinen einklagbaren Anspruch gegenüber den Sorgeberechtigten auf Mitsprache im innerfamiliären Bereich.[889] Obgleich sind keine unmittelbaren rechtlichen Folgen bei Verstößen innerhalb der Eltern-Kind-Beziehung, wie im Betreuungsrecht vorgesehen (vgl. §§ 1826; 1868 BGB). Insoweit sich das Handeln der Eltern allerdings in kindeswohlgefährdender Art und Weise gegen die Grundsätze und Leitbilder des § 1626 Abs. 2 BGB richtet, ist ein Einschreiten des Gerichts oder der Jugendämter zweifelsfrei denkbar.[890]

5. *Zwischenfazit*

Das Familienrecht ist mit § 1626 Abs. 2 BGB durch ein Leitbild geprägt, welches die Förderung der eigenen Handlungsfähigkeit der Kinder und Jugendlichen und ein Besprechen aufkommender Fragen der Personen- und Vermögenssorge im innerfamiliären Bereich vorsieht. Dabei sind die Partizipationsgedanken von Besprechen, Aufklären und der Möglichkeit zur eigenen Äußerung hinsichtlich eigener Belange bei Entscheidungsprozessen verankert. Damit setzt § 1626 Abs. 2 BGB die Erfordernisse der UN-KRK auf ein altersunabhängiges Anhörungsrecht und zum und eine angemessene Berücksichtigung des Geäußerten im Entscheidungsprozess zum anderen.[891] Diese Partizipation wird nach dem Ausschuss für die Rechte des Kindes (*Commitee on the Rights of the Child* - CRC) nicht als einseitiges Äußern, sondern als Prozess eines Austausches zwischen Kindern und Erwachsenen verstanden, der auf einem respektvollen Dialog beruht.[892] Den Heranwachsenden wird nach den familienrechtlichen Grundsätzen die Möglichkeit

888 *Bienwald* in: Bienwald/Sonnenfeldt/Herm BtR, § 1901 BGB, Rn. 33.

889 *Huber* in: MüKo, § 1626 BGB, Rn. 63; *Döll* in: Erman, § 1626 BGB, Rn. 25.

890 *Döll* in: Erman, § 1626 BGB, Rn. 25; *Schwab* in: Familienrecht, § 76, Rn. 851; vgl. *Lipp/Brauer*, GuP 2022, 205 (210).

891 Vgl. *Schmahl*, KRK, Art. 12, Rn. 4.

892 Deutsche Übersetzung des General Comment No. 12, CRC/C/GC/12, Rn. 13; *Schmahl*, KRK, Art. 12, Rn. 2.

eingeräumt, ihre Meinung auf Grundlage hinreichender Informationen frei zu äußern und dadurch ihre Sicht der Dinge beizutragen.

B) Entscheidungsfindung zwischen minderjährigen Patient*innen, ihren Sorgeberechtigten und Behandler*innen zur Einwilligung in Gesundheitsbehandlungen

Es gilt im Folgenden zunächst zu untersuchen, wie die konkrete Entscheidungsfindung zur Einwilligung in eine Gesundheitsbehandlung im Sinne des § 630d BGB zwischen den Sorgeberechtigten, Minderjährigen und Behandler*innen ausgestaltet ist und dabei die Anforderungen der UN-KRK umsetzt werden. Art. 12 Abs. 1 der UN-KRK räumt dem Kind altersunabhängig Beteiligungsrechte hinsichtlich von Angelegenheiten, die es berührt, ein. Gesundheitsbehandlungen sind als solche Angelegenheiten zu kategorisieren.[893] Aus diesen Grundsätzen schlussfolgern sich Äußerungs- und Informationsrechte des Kindes im Behandlungsprozess.[894] Im Einzelnen bedarf es nach völkerrechtskonformer Auslegung einer altersunabhängigen Äußerungsmöglichkeit der Kinder und Jugendlichen und einer reifeentsprechenden Einbeziehung des Geäußerten im Entscheidungsfindungsprozess zur Vornahme oder Ablehnung der Behandlung. Zudem wird gefordert, dass Kindern unabhängig vom Alter und der Zustimmung ihrer Eltern unter gewissen Umständen, wie Konflikten mit den Sorgeberechtigten über die Inanspruchnahme von medizinischen Leistungen, ein Beratungsanspruch zustehen sollte.[895]

Darin anschließend, wird aufgezeigt, wie die Beteiligung der minderjährigen Patient*innen am Behandlungs- und Entscheidungsprozess basierend auf dem natürlichen Willen rechtlich umgesetzt bzw. zu fördern ist, um der Einwilligungsfähigkeit die dargestellte „scharfe Trennlinie“ für Partizipation zu nehmen.

---

893 Vgl. *Klein/Ruther*, Kranke Kinder haben Rechte! - Kindermedizin im deutschen Gesundheitswesen, in: Kranke Kinder haben Rechte, S. 111.

894 Vgl. Deutsche Übersetzung des General Comment No. 12, CRC/C/GC/12, Rn. 98; näher zur medizinischen Behandlungspraxis: *Klein/Ruther*, Kranke Kinder haben Rechte! - Kindermedizin im deutschen Gesundheitswesen, in: Kranke Kinder haben Rechte, S. 111.

895 Deutsche Übersetzung des General Comment No. 12, CRC/C/GC/12, Rn. 101.

I. Innerfamiliärer Entscheidungsprozess als Ausgestaltung des Sorgerechts im Innen- und Außenverhältnis

Zunächst wird der innerfamiliäre Entscheidungsprozess betrachtet. Dieser ist rechtlich in Innen- und Außenverhältnis differenzierbar. Die fokussierte Betrachtung liegt dabei auf den rechtlichen Beteiligungsmöglichkeiten der minderjährigen Patient*innen.

1. Entscheidungsbefugnis der Sorgeberechtigten im Außenverhältnis

Gemäß § 1626 Abs. 1 Satz 1 BGB haben die Eltern die Pflicht und das Recht für das minderjährige Kind zu sorgen. Die elterliche Sorge steht grundsätzlich beiden Elternteilen ab der Geburt des Kindes zu, wenn sie zu diesem Zeitpunkt verheiratet sind (§§ 1626 Abs. 1, 1626a Abs. 1 BGB). Abweichend erlangen sie die gemeinsame Sorge, wenn sie erklären, dass sie die Sorge gemeinsam übernehmen wollen (§ 1626 Abs. 1 Nr. 1 BGB), später heiraten (§ 1626a Abs. 1 Nr. 2 BGB) oder das Familiengericht ihnen die gemeinsame Sorge überträgt (§ 1626a Abs. 1 Nr. 3 BGB).[896] Alternativ hat die Mutter das Sorgerecht inne (§ 1626a Abs. 3 BGB). Den Eltern steht die rechtliche Vertretung des Kindes im Rahmen der elterlichen Sorge als Vertretungsmacht nach außen zu (§ 1629 Abs. 1 BGB).[897] Danach sind die Sorgeberechtigten befugt, rechtsgeschäftliche und rechtsgeschäftsähnliche Einwilligungen mit Wirkung für und gegen ihr Kind (§§ 164 ff. BGB) abzugeben, soweit das Gesetz keine Teilmündigkeiten für diese vorsieht.[898]

a) Einwilligungsbefugnis der Sorgeberechtigten zum medizinischen Eingriff als Ausdruck der Personensorge

Diese elterliche Sorge umfasst die Personen- und Vermögenssorge des Kindes (§ 1626 Abs. 1 Satz 2 BGB). Im Rahmen der Einwilligung in eine Gesundheitsbehandlung

---

896 *Dethloff*, Familienrecht, § 13 Rn. 27; *Wellenhofer*, Familienrecht, § 32 Rn. 13: § 1626a Abs. 1 Nr. 3 BGB wurde eingefügt durch das Gesetz zu Reform der elterlichen Sorge nicht miteinander verheirateter Eltern (SorgRefG) v. 16.4.2013, BGBl. I 2013 in Kraft seit 19.5.2013. Nach altem Recht war die Zustimmung der Mutter zur Übertragung der gemeinsamen Sorge erforderlich. Gegen den Willen der Mutter hatte der Vater keine Möglichkeit, das gemeinsame oder alleinige Sorgerecht zu erlangen. Der *EGMR* und das *BVerfG* werteten diese Regelung als Verstoß gegen Art. 14 i. V. m. Art. 8 EMRK (EGMR, Urteil v. 3.12.2009, 22028/04, NJW 2010, 501 (501)) und Art. 6 Abs. 2 GG (*BVerfG*, Beschluss v. 21.7.2010, 1 BvR 420/09, NJW 2010, 3008 (3008)).

897 *Wellenhofer*, Familienrecht, § 33 Rn. 11.

898 *Dethloff*, Familienrecht, § 13 Rn. 10 ff.

ist die Personensorge relevant. Die Personensorge umfasst insbesondere die Pflicht und das Recht der Eltern, das Kind zu pflegen, zu erziehen, zu beaufsichtigen und seinen Aufenthalt zu bestimmen (§ 1631 Abs. 1 BGB). Dies betrifft im Gesundheitsbereich rechtlich u. a. die Befugnis, den Behandlungsvertrag abzuschließen und oder in eine medizinische Maßnahme einzuwilligen.[899] Obwohl die Einwilligung in den medizinischen Eingriff gerade keine Willenserklärung, sondern eine Gestattung bzw. Ermächtigung zum Eingriff in höchstpersönliche Rechtsgüter darstellt, wird deren Abgabe vom Recht der elterlichen Sorge ebenfalls erfasst.[900] Gemäß § 630d Abs. 1 BGB bedarf es vor der Vornahme des Eingriffs zunächst der Einwilligung der Patient*innen. Sind diese einwilligungsunfähig, ist die Einwilligung eines Berechtigten einzuholen. Die Sorgeberechtigten gelten als Berechtigte im Sinne des § 630d Abs. 1 Satz 2 BGB und sind somit grundsätzlich zur Einwilligung gegenüber den behandelnden Ärzt*innen befugt. Basierend auf den Schlussfolgerungen in Kapitel 4 ist beim Vorliegen der Einwilligungsfähigkeit der Minderjährigen von einem kumulativen Einwilligungserfordernis, wie oben aufgeführt, auszugehen.

b) *Einwilligungsbefugnis einzelner Sorgeberechtigter zum medizinischen Eingriff*

Im Grunde sind beide Eltern personensorgeberechtigt und es bedarf der Einwilligung beider Teile zur Rechtfertigung des medizinischen Eingriffs (§§ 1626 Abs. 1, 1629 Abs. 1 Satz 2 BGB). In der Rechtsprechung haben sich jedoch Abstufungen zu diesem Grundsatz entwickelt, die den Abläufen in der Praxis besser gerecht werden sollen.[901] Danach genügt ausnahmsweise die Einwilligung eines Elternteils, wenn dies für Eil- oder Notmaßnahmen geboten sei (vgl. § 1629 Abs. 1 Satz 4 BGB).[902] Der *BGH* unterscheidet weiter zwischen folgenden Konstellationen.[903] Bei sog. „*Routinefällen*" kann die behandelnde Person annehmen, dass der das Kind begleitende Elternteil allein zur Einwilligung berechtigt sei und

899 *Schwab*, Familienrecht, § 53 Rn. 659; *Gernhuber/Coester-Waltjen*, Familienrecht, § 59 Rn. 17; *Wellenhofer*, Familienrecht, § 33 Rn. 1; *Zorn*, Das Recht der elterlichen Sorge, Rn. 283.

900 *Dethloff*, Familienrecht, § 13 Rn. 15.

901 *BGH*, Urteil v. 28.6.1988, VI ZR 288/87, NJW 1988, 2946 (2947).

902 *BGH*, Urteil v. 28.6.1988, VI ZR 288/87, NJW 1988, 2946 (2947).

903 Sog. „Drei-Stufen-Theorie": *Gehrlein*, Grundwissen Arzthaftungsrecht, C VI Rn. 48 ff.

es bedarf keiner weiteren Nachfrage zur Bevollmächtigung.[904] Die Ärzteschaft könne darauf vertrauen, dass die Begleitperson durch den anderen zur alleinigen Ausübung der Personensorge in diesem Bereich ermächtigt wurde, solange ihm keine gegenteiligen Anhaltspunkte bekannt seien.[905] Wenn es hingegen um die Durchführung von Behandlungen geht, die schwere und weitreichendere Folgen für die Patient*innen haben können, wie eine Herzoperation, müssen sich die Ärzteschaft vergewissern, ob die Ermächtigung des anderen Elternteils vorliegt bzw. diese einholen.[906]

2. *Entscheidungsfindung zwischen den minderjährigen Patient*innen und ihren Sorgeberechtigten im Innenverhältnis*

Im Weiteren wird beleuchtet, wie die Entscheidung zur Einwilligung oder Ablehnung des medizinischen Eingriffs innerfamiliär unabhängig vom Vorliegen der Einwilligungsfähigkeit im rechtlichen Rahmen getroffen wird. In diesem Bereich gestaltet § 1626 Abs. 2 BGB und die Orientierung am Kindeswohl den Entscheidungsfindungsprozess aus (§ 1627 und § 1697a Abs. 1 BGB). Wie bereits dargelegt, haben die Sorgeberechtigten bei der Pflege und Erziehung die wachsende Fähigkeit und das wachsende Bedürfnis des Kindes zu einem selbstständigen verantwortungsbewussten Handeln zu berücksichtigen und dem Kind ist ein innerfamiliäres Mitsprache- und Äußerungsrecht eingeräumt (vgl. § 1626 Abs. 2 BGB). Dies gilt ebenso bei Entscheidungen über die Vornahme oder Ablehnung zu medizinischen Eingriffen unabhängig von der Fähigkeit zur freien Willensbildung. Folglich sind die Sorgeberechtigten gehalten, ihre Kinder bei der Entscheidungsfindung einzubeziehen, zu unterstützen und ihre diesbezügliche Erlangung der Einwilligungsfähigkeit zu fördern.

---

904 *BGH*, Urteil v. 28.6.1988, VI ZR 288/87, NJW 1988, 2946 (2947).; *Dethloff*, Familienrecht, § 13 Rn. 62; Leistenhernien-Operation an einem drei Wochen altem Kind als Routinefall, vgl. *BGH*, Urteil v. 15.6.2010, VI ZR 204/09, NJW 2010, 2430 (2431); str. ob eine durch die Ständige Impfkommission (STIKO empfohlene Impfung einen Routineeingriff darstellt: bejahend *BGH*, Urteil v. 15.2.2000 , VI ZR 48/99, NJW 2000, 1784 (1785), der 12. Senat bewertete die Impfung des Kindes als Angelegenheit der elterlichen Sorge, deren Regelung für das Kind von erheblicher Bedeutung ist, *BGH*, Beschluss 3.5.2017, XII ZB 157/16, NZFam 2017, 561; Vertiefung zum Vorgehen bei Coronaschutzimpfungen: *Wagner* in: MüKo, § 630d BGB, Rn. 54.

905 So *BGH*, Urteil v. 28.6.1988, VI ZR 288/87, NJW 1988, 2946 (2947).

906 So *BGH*, Urteil v. 28.6.1988, VI ZR 288/87, NJW 1988, 2946 (2947).

a) Förderung der Einwilligungsfähigkeit

Im Kontext eines unsicheren Grenzbereichs zwischen natürlicher und freier Willensbildung wird ein Blick auf den Ansatz des Erwachsenenschutzrechts zur assistierten Entscheidungsfindung genommen (vgl. Kapitel 5). Bereits *Wapler* verdeutlicht, dass die UN-BRK als Impulsgeber bei der Förderung der Handlungsfähigkeit von Kindern dienen kann.[907] Das Konzept der Assistenz stellt ebenfalls die Unterstützung zur Ausübung und Erlangung der eigenen Handlungsfähigkeit bezüglich der geplanten medizinischen Maßnahme in den Fokus.[908] Als mögliche Handlungsempfehlungen werden im Betreuungsrecht u. a. das Begleiten und Verdeutlichen der Aufklärung in leichter Sprache genannt.[909] Ebenfalls wird das Einräumen einer Bedenkzeit oder eine erneute Rücksprachemöglichkeit als fördernd betrachtet.[910] Das Familienrecht fokussiert gemäß § 1626 Abs. 2 BGB ebenfalls, dass das Kind bei der eigenen Handlungsfähigkeit zur Entscheidungsfindung unterstützt und beraten wird, um seine eigenen Interessen adäquat in den Entscheidungsprozess einbringen zu können.[911] Im vorliegenden Kontext bezieht sich die Förderung der Handlungsfähigkeit auf die der Einwilligungsfähigkeit bezüglich der konkreten medizinischen Maßnahme. Dabei können weitere Nachfragen der Sorgeberechtigten zu Verständnisproblemen hinsichtlich des Eingriffs oder das Wahrnehmen eines weiteren Aufklärungsgesprächs ebenfalls dazu führen, dass die Patient*innen die Aufklärung über den geplanten Eingriff besser verstehen und nachvollziehen können, um ihren eigenen Willen danach zu bilden. Das Besprechen von Ängsten, Sorgen, Wünschen und eine gedankliche Vorbereitung auf die ärztliche Untersuchung bzw. das Gespräch durch die Sorgeberechtigten können ebenfalls fördernd wirken.[912] Eine zeitlich gestreckte Vorbereitung durch mehrere Gespräche im innerfamiliären Kontext bezüglich umfangreicher Behandlungen kann hilfreich sein. Zudem sollten die Patient*innen durch ihre Sorgeberechtigten bestärkt werden, eigenen Unsicherheiten und Wünsche gegenüber den Behandler*innen zu äußern.

---

907 *Wapler* in: Richter/Krappmann/Wapler, Kinderrechte, 101 (104).

908 Bezug auf die Handlungsfähigkeit im Allgemeinen: *Wapler* in: Richter/Krappmann/Wapler, Kinderrechte, 101 (104).

909 *Bühler/Stolz*, BtPrax 2017, 167.

910 Darstellung von Anwendungsgebieten der Entscheidungsassistenz: *Birnbacher*, Stellungnahme der Zentralen Ethikkommission bei der Bundesärztekammer zu „Entscheidungsfähigkeit und Entscheidungsassistenz in der Medizin", Deutsches Ärzteblatt, 2016, S. A 1.

911 *OLG Hamburg*, Beschluss v. 5.3.2014, 10 UF 25/14, FamRZ 2014, 1213 (1213).

912 Vgl. dazu *Ivantis*, NZFam 2016, 7 (12).

b) Bindung an den Willen des Kindes

Obwohl dem Willen des einwilligungsunfähigen Kindes auch bei der Entscheidung über die Einwilligung oder Ablehnung einer medizinischen Maßnahme keine unmittelbare Bindungswirkung zukommt, positioniert sich der Gesetzgeber bezüglich medizinischer Eingriffe, wie der Beschneidung gemäß § 1631d BGB dahingehend, dass der natürliche Wille bei der Entscheidung berücksichtigt werden muss.[913] Es wird eine hinreichende Einbeziehung des Kindes auch unabhängig vom Vorliegen der Einwilligungsfähigkeit in die Entscheidungsfindung zur medizinischen Behandlung gefordert.[914] Dazu solle in kindgerechter Weise versucht werden, ein Einvernehmen herzustellen und geäußerte Wünsche und Neigungen im Hinblick auf §§ 1626 Abs. 2, 1631 Abs. 2 BGB zu berücksichtigen.[915] Ein entgegenstehender Kindeswille sei zwingend zu beachten.[916] Als rechtliche Konsequenz wird vom Gesetzgeber darauf abgestellt, dass sich die Eltern zumindest mit diesem „*Veto*" ernstlich auseinander setzen müssten, ohne allerdings weitere rechtliche Konsequenzen für die rechtfertigende Einwilligung aufzuzeigen.[917] Allerdings findet die elterliche Freiheit zur Sorgeausübung ebenfalls ihre Grenze in der Kindeswohlgefährdung.[918] Das Gericht hat zudem die Möglichkeit, eine ersetzende Entscheidung der Sorgeberechtigten zur Einwilligung in einen medizinischen Eingriff zu beschließen, wenn die Kindeswohlinteressen verletzt sind (§§ 1666 Abs. 3 Nr. 5, 1697a BGB). Sollten sich die Sorgeberechtigten untereinander nicht einigen können, ist im letzten Schritt ebenfalls an eine gerichtliche Entscheidung gemäß § 1628 BGB zu denken.[919] Diesbezüglich sind die grundsätzlichen Anforderungen von Art. 12 Abs. 1 UN-KRK, wonach das Geäußerte des Kindes altersentsprechend in die Entscheidungsfindung einbezogen werden soll, im Bereich der Gesundheitssorge umgesetzt.

---

913 BT-Drs. 17/11295, S. 18; *Huber* in: MüKo, § 1626 BGB, Rn. 63; *Döll* in: Erman, § 1626 BGB, Rn. 25.

914 *OLG Hamm*, Urteil v. 21.11.2017, III 5 RVs 125/17-juris, Rn. 21.

915 So *OLG Hamm*, Beschluss v. 30.8.2013, 3 UF 133/13, NJW 2013, 3662; vgl. *Veit* in: BeckOK, § 1666 BGB, Rn. 60.

916 So *OLG Hamm*, Beschluss v. 30.8.2013, 3 UF 133/13, NJW 2013, 3662 (3663).

917 BT-Drs. 17/11295, S. 18; Anm. Rathgeber zu *OLG Hamm*, Urteil v. 21.11.2017, III 5 RVs 125/17, FD-StrfR 2018, 402107.

918 BT-Drs. 17/11295, S. 18.

919 Zur Uneinigkeit der Sorgeberechtigten zur Vornahme einer Coronaschutzimpfung *OLG Frankfurt am Main*, Beschluss v. 17.8.2021, 6 UF 120/21, NJW 2021, 872; *Lipp/Brauer*, GuP 2022, 205 (210).

c) Vetorechte einwilligungsunfähiger Minderjähriger

In Spezialgesetzen, die den medizinischen Bereich betreffen, lassen sich, wie oben aufgezeigt, darüber hinaus normierte Vetorechte für die einwilligungsunfähigen minderjährigen Patient*innen eruieren. Diese werden als Beteiligungs- und Äußerungsrechte auf Grundlage des natürlichen Willens verstanden.[920] § 8a TPG normiert die Entnahme von Knochenmark bei Minderjährigen unter engen Voraussetzungen.[921] Grundsätzlich bedarf es gemäß § 8a Satz 1 Nr. 4 TPG der Einwilligung und Aufklärung der Sorgeberechtigten. Daneben sind die Minderjährigen jedoch stets adressatengerecht durch die Behandelnden aufzuklären.[922] Im Weiteren stellt das TPG auf die Beachtung eines Vetos der einwilligungsunfähigen Minderjährigen gegen die Entnahme oder Verwendung ab, um den Willen je nach geistiger Reife zu beachten.[923] Ebenso sieht § 40b Abs. 3 Satz 2 AMG[924] vor, dass eine minderjährige Person, die einwilligungsunfähig ist, erklären oder in sonstiger Weise zum Ausdruck bringen kann, nicht an der klinischen Prüfung teilnehmen zu wollen. Dies gilt nach dem Gesetzeswortlaut als ausdrücklicher Wunsch im Sinne des Artikel 31 Abs. 1 c der VO (EU) Nr. 536/2014 und ist zu beachten.[925]

3. Zwischenfazit

Im rechtlichen Rahmen des innerfamiliären Entscheidungsfindungsprozesses ist eine Beteiligung der minderjährigen Patient*innen unabhängig von der freien Willensbildung zur Einwilligung oder Ablehnung eines medizinischen Eingriffs in konventionskonformer Umsetzung von Art. 12 Abs. 1 UN-KRK vorgesehen.[926] Das Mitreden bzw. Äußern des kindlichen Willens, der Wünsche oder Sorgen bezüglich der eigenen medizinischen Angelegenheiten sind durch § 1626 Abs. 2

---

920 *Damm*, MedR 2013, 201 (207); *Ahlers*, PfarmR 2023, 7 (11).

921 BT-Drs. 16/3146, S. 30; *Scholz/Middel* in: Spickhoff Medizinrecht, §§ 8a-8c TPG, Rn. 2.

922 *Schmidt-Recla*, GesR 2009, 566 (569).

923 BT-Drs. 16/3146, S. 30; *Schmidt-Recla*, GesR 2009, 566 (569).

924 Eingefügt mit 4. Gesetz zur Änderung arzneimittelrechtlicher und anderer Vorschriften v. 20.12.2016 (BGBl. I, S. 3048 Nr. 63) in Kraft seit 27.1.2022 zur Anpassung an die Verordnung Nr. 536/2014 des Europäischen Parlaments und des Rates v. 16.4.2014 über die klinische Prüfung mit Humanarzneimitteln und zur Aufhebung der Richtlinie 2001/20/EG.

925 Zur Europarechtskonformität des Vetorechts einwilligungsunfähiger Minderjähriger: *Ahlers*, PfarmR 2023, 7 (11).

926 Näher zur Kritik an der mangelnden rechtlichen Möglichkeit zur antizipierten medizinischen Selbstbestimmung Minderjähriger: *Sternberg-Lieben/Reichmann*, NJW 2012, 257; *Spickhoff* in: Spickhoff Medizinrecht, § 1827 BGB, Rn. 6.

BGB gesichert, da dieser § 630d BGB im Innenverhältnis ausgestaltet und zwingend in diese Regelung hinein zu lesen ist. Das bedeutet, dass die Sorgeberechtigten ihre Kinder in die Entscheidungsfindung alters- und reifeentsprechend einzubeziehen haben und insbesondere deren Veto zu beachten und würdigen ist. Durch die Orientierung am Kindeswohl ist eine selbstbestimmungsfördernde Ausübung der elterlichen Sorge auch durch dieses Leitbild gesichert.

Hinsichtlich der Beteiligung des Kindes im innerfamiliären Kontext kann festgehalten werden, dass der starren Grenze der Einwilligungsfähigkeit durch die Berücksichtigung des natürlichen Willens im Entscheidungsprozess die harte Trennlinie, welche ihr z. T. hinsichtlich der Einwilligungskompetenz innewohnt, genommen ist. Eine tatsächliche Umsetzung dieser Grundsätze ist gerichtlich im Rahmen der Anhörung (§ 159 FamFG) und der Entscheidung des Gerichts nach Kindeswohlinteressen vorgesehen (§ 1697a BGB). Über das Kindeswohlprinzip wird die Berücksichtigung des Kindeswillens im angemessenen Verhältnis zur Sorgerechtsausübung gesetzt.

II. Verständigungsprozess zwischen Behandelnden und Patient*innen

Im Folgenden wird betrachtet, ob die Anforderungen der UN-KRK hinsichtlich einer Beteiligung der minderjährigen Patienten und Patientinnen im außerfamiliären Entscheidungsfindungsprozess der medizinischen Behandlung hinreichende rechtliche Berücksichtigung finden. Die Ärzt*innen-Patient*innen-Kommunikationsbeziehung wird bei der Behandlung von Kindern und Jugendlichen oder einwilligungsunfähigen Erwachsenen um zusätzliche Akteur*innen erweitert.[927] Das bedeutet in der Praxis, dass eine Teilnahme mehrerer Parteien beachtet und gewährleistet werden muss. Zunächst wird dargestellt, wie die Partizipation durch Mitwissen und Mitdenken rechtlich ausgestaltet ist, um schließlich die aktive Beteiligung des Mitsprechens zu erörtern. Dabei wird ein Äußerungsrecht als eine Beteiligung, die über das bloße Aufklären und Informieren hinausgeht, verstanden.

1. *Aufklärung und Information der einwilligungsunfähigen Patient*innen*

Das Prinzip des *informed consent* soll grds. die Basis für eine autonome und freie Entscheidung im Behandlungsprozess bilden.[928] Liegt die Einwilligungsunfähig-

927 *Wölk*, MedR 2001, 80 (80).
928 Vgl. *Katzenmeier* in: Laufs/Katzenmeier/Lipp, Arztrecht, V, A, II Rn. 6.

keit der Patient*innen vor, ist laut Gesetz die Einwilligung einer aufgeklärten berechtigten Person einzuholen (§ 630d Abs. 1, 2 BGB). Jedoch bildet die Norm des § 630e Abs. 5 BGB daneben eine Verpflichtung, einwilligungsunfähige Patient*innen in den Behandlungsprozess einzubeziehen.[929] Danach sind diesen die wesentlichen Umstände für die Einwilligung entsprechend ihres Verständnisses zu erläutern, soweit sie aufgrund ihres Entwicklungsstandes und ihrer Verständnismöglichkeit in der Lage sind, die Erläuterungen aufzunehmen und dies ihrem Wohl nicht zuwiderläuft.[930] Damit tritt die Aufklärung gemäß § 630e Abs. 5 BGB der einwilligungsunfähigen Heranwachsenden neben die der Sorgeberechtigten (vgl. § 630d Abs. 2 2. Alt. BGB). Folglich ist eine Art der Teilnahme für Patient*innen unabhängig vom Vorliegen der freien Willensbildung gesetzlich etabliert.

a) Aufklärung gemäß § 630e Abs. 5 BGB

Im Weiteren ist der Charakter der Aufklärung gemäß § 630e Abs. 5 BGB aufzuzeigen. Die Art des Aufklärungsgesprächs soll grds. den Anforderungen der § 630e Abs. 1 bis 2 BGB unter Berücksichtigung der adressatengerechten Anpassung entsprechen.[931] Grundsätzlich wird das Aufklären dabei als eine Art partnerschaftliches Gespräch zwischen Ärzteschaft und Patient*innen verstanden.[932] Demnach ist das Gespräch zur Aufklärung sowohl mit den Berechtigten als auch den Kindern und Jugendlichen zu suchen. Der Schwerpunkt liegt ausweislich auf der Vermittlung von Informationen der relevanten Umstände zu Art, Umfang, Durchführung und der weiteren gesetzlich beispielhaft benannten Faktoren der Behandlung (vgl. § 630e Abs. 1 BGB).[933] Den Patient*innen ist nach der Gesetzesbegründung auch die Möglichkeit zu Nachfragen einzuräumen, allerdings wird dies im Weiteren nicht konkretisiert.[934] Inwieweit den Heranwachsenden die Möglichkeit zur Äußerung über bestehende differenzierende Vorstellungen gegenüber der Meinung ihrer Sorgeberechtigten, Ängste und/oder zu eruierende Unterstützungsbedarfe o. ä. eingeräumt wird, ist vom Gesetzgeber nicht erwähnt. *Kölch/Lippert/Fegert* zeigen auf, dass Stu-

---

929 BT-Drs. 17/11710, S. 28; *Katzenmeier* in: BeckOK, § 630e BGB, Rn. 63; *Spickhoff* in: Spickhoff Medizinrecht, § 630e BGB, Rn. 14.

930 Auszuschließen bei Säuglingen und komatösen Patient*innen, BT-Drs. 17/11710, S. 29.

931 BT-Drs. 17/10488, S. 25; *Spickhoff* in: Spickhoff Medizinrecht, § 630e BGB, Rn. 19.

932 *BGH*, Urteil v. 15.2.2000, VI ZR 48/99, NJW 2000, 1784 (1787).

933 BT-Drs. 17/10488, S. 24; vgl. *Katzenmeier* in: Laufs/Katzenmeier/Lipp, Arztrecht, V Rn. 14 f; *Wagner* in: MüKo, § 630e BGB, Rn. 11 ff.

934 BT-Drs. 17/10488, S. 24.

dien ergeben, dass insbesondere jüngere Kinder kaum in die Aufklärung mit einbezogen würden und speziell im Bereich der Kinder- und Jugendpsychiatrie das Gespräch häufig von den Sorgeberechtigten geführt werde.[935] Zudem lassen sich keine AWMF-Leitlinien zur Aufklärung und Einwilligung im allgemein pädiatrischen Bereich eruieren. In der Praxis wird die Beteiligung der Heranwachsenden je nach internen Leitlinien der Einrichtungen[936] und Erfahrungen der Behandler*innen im Gespräch mit dieser Patientengruppe variieren. Die Aufklärungsverpflichtung gemäß § 630e Abs. 5 BGB ist ebenfalls dahingehend konkretisiert, dass diese nur vorzunehmen ist, wenn die entsprechende Reife und die Verständnismöglichkeit bei den Kindern und Jugendlichen vorliegen und deren Wohl nicht gefährdet ist (§ 630e Abs. 5 Satz 1 BGB). Zur Feststellung dieser Aspekte sind ebenfalls keine allgemeinen Handlungsempfehlungen für die beteiligten Akteur*innen vorliegend.

b) *Aufklärung gemäß § 630c Abs. 2 Satz 1 BGB*

Daneben tritt die Verpflichtung der behandelnden Person, die Patient*innen über die wesentlichen Abläufe der Behandlung zu informieren (vgl. § 630c Abs. 2 Satz 1 BGB). Diese zielt auf eine hauptsächliche Beteiligung durch Mitwissen und Mithandeln ab. Die sog. therapeutische Aufklärung dient der Vermittlung von Informationen an die Patient*innen, um den Behandlungserfolg zu sichern und deren entsprechende Mitwirkung zu ermöglichen.[937] Diese ist ebenfalls an kein bestimmtes Alter oder das Vorliegen der Einwilligungsfähigkeit gebunden, da sie zur Information über die Umstände der Behandlung und nicht als Grundlage für die Ausübung des Selbstbestimmungsrechts dienen soll.[938] Somit sind die minderjährigen Patient*innen zunächst selbst zu informieren. Mit Blick auf die Verpflichtungen gegen sich selbst auf Befolgung der Anweisungen und die möglichen Rechtsgutbeeinträchtigungen ist die Information gegenüber den Sorgeberechtigten ebenfalls weiterzuleiten, um deren Sorgerechtsausübung zu ermöglichen

---

935 *Kölch/Lippert/Fegert* Aufklärung und Einwilligung bei Kindern und Jugendlichen in: Psychiatrie und Psychotherapie des Kinder- und Jugendalters, S. 4 f.

936 Vgl. *Ethikkomitee der DRK Kliniken Berlin*, Leitlinie zur Aufklärung und Einwilligung der Patientinnen und Patienten, 2008, S. 5.

937 BT-Drs. 17/10488, S. 21; *Katzenmeier* in: Laufs/Katzenmeier/Lipp, Arztrecht, V Rn. 16; kritisch zur Differenzierung der Selbstbestimmungsaufklärung und der therapeutischen Aufklärung: *Spickhoff* in: Spickhoff Medizinrecht, § 630c BGB, Rn 11; *Wagner* in: MüKo, § 630c BGB, Rn. 14.

938 Anders *Hegerfeld* zur Informationsbefolgungsfähigkeit, MedR 2019, 710.

(vgl. Kapitel 3).[939] Den Patient*innen ist im Kontext dieser Aufklärung ebenfalls die Möglichkeit zu weiteren Nachfragen eingeräumt.[940] Allerdings zielt die Informationsvermittlung gemäß § 630c Abs. 2 Satz 1 BGB im Hauptaugenmerk auf die medizinischen Faktoren, die die Behandlung an sich betreffen ab, ohne ein aktives Äußern der Kinder und Jugendlichen hinsichtlich der weiteren genannten eigenen Belange zu fokussieren.[941]

2. *Äußerungsrecht für Kinder und Jugendliche im Behandlungsprozess*

Zu betrachten gilt, ob ein darüberhinausgehendes Äußerungsrecht im Rahmen der Behandlung für die minderjährigen Patient*innen vorgesehen ist, welches die Möglichkeit eröffnet eigene Unsicherheiten, Ängste, Verständnisschwierigkeiten und/oder Unterstützungsbedarfe zu offerieren, die potenziell losgelöst von Art, Umfang und Durchführung der Maßnahme stehen und ihre darüberhinausgehenden eigenen Belange betreffen. Aus dem Normwortlaut der §§ 630a ff. BGB ergibt sich kein ausdrückliches Äußerungsrecht. Erweiterte Regelungen zur Feststellung von Behandlungswünschen und zur Konkretisierung der Entscheidungsfindung im Falle der Einwilligungsunfähigkeit, wie sie die §§ 1827, 1828 BGB darstellen, ist für Kinder und Jugendliche im Familienrecht ebenfalls nicht zu eruieren. Für die Einwilligung oder Ablehnung einer Untersuchung des Gesundheitszustands, einer Heilbehandlung oder eines ärztlichen Eingriffs konkretisiert der Gesetzgeber im Erwachsenenschutzrecht weitere Anforderungen zur Feststellung des Willens der Patient*innen, um diesem bestmöglich Rechnung zu tragen und einen dialogischen Prozess zwischen den Beteiligten zusätzlich rechtlich zu verankern (vgl. Kapitel 5).[942]

Ein Äußerungsrecht könnte sich aus dem „*Compliance-Gedanken*" der Behandlung ergeben. Daraus abgeleitet sollen die Patient*innen zur optimalen Heilbehandlung mit den Behandelnden zusammenwirken. Die Obliegenheit des § 630c Abs. 1 BGB zielt auf ein gemeinschaftliches Zusammenwirken für das Erreichen einer idealen Behandlung ab.[943] Danach kann diese nur bestmöglich gelingen, wenn der Einzelne in seiner Person liegende medizinisch relevante

---

939 *BGH*, Urteil v. 13.1.1970, VI ZR 121/68, NJW 1970, 511 (512); *Trost* in: jurisPK, 630c BGB, Rn. 20.

940 Vgl. *BGH*, Urteil v. 17.12.1996, VI ZR 133/95, NJW 1997, 1635 (1636).

941 Vgl. *Trost* in: jurisPK, § 630c BGB, Rn. 1; BT-Drs. 17/10488, S. 21; *Wagner* in: MüKo, § 630c BGB, Rn. 16; *BGH*, Urteil v. 17.12.1996, VI ZR 133/95, NJW 1997, 1635 (1636); *Gutmann* in: Staudinger, § 630c BGB, Rn. 36.

942 BT-Drs. 16/13314, S. 20.

943 BT-Drs. 17/10488, S. 21; *Trost* in: jurisPK, § 630c BGB, Rn. 2.

Faktoren mitteilt und medizinische Hinweise und Anordnungen, wie die Einnahme von Medikamenten beachtet bzw. befolgt (*sog. Compliance*).[944] Die Norm ist vom Grundgedanken der Partizipation getragen, um die Patient*innen aus der Objektstellung zu nehmen und eine gemeinsame Entscheidungsfindung zwischen ihnen und der behandelnden Person über eine angemessene Behandlung zu fördern (vgl. *sog. share-decision-making*).[945] § 630c Abs. 1 BGB begründet ein aktives Nachfragen der Behandlungsseite bezüglich medizinisch relevanter Faktoren, wie zum Beispiel Vorerkrankungen.[946] Dabei ist zu betonen, dass die Kinder und Jugendlichen grds. altersunabhängig als aktive Parteien im Entscheidungsfindungsprozess der medizinischen Behandlung verstanden werden sollten. Auf Seiten der minderjährigen Patient*innen setzt dies vielfach voraus, dass diese die empfangenen Informationen und Fragen der Ärzteschaft über die bevorstehende Behandlung verstehen und verarbeiten können.[947] Somit erfordert das Mitwirken in diesem Kontext wiederum häufig die aktive Teilnahme und Unterstützung der Sorgeberechtigten. In der Praxis werden die Sorgeberechtigten insbesondere bei jüngeren Kindern die nötigen medizinisch relevanten Informationen beitragen und die Einhaltung der Anordnungen begleiten müssen. Zum einen sind sie im Rahmen ihrer Personensorge für das Zusammenwirken im Behandlungsprozess verantwortlich und können im Weiteren häufig eine umfassendere Gesamtschau bspw. von (Vor-)Erkrankungen abbilden.

Der Diskurs im Rahmen des „*Compliance-Gedankens*" kann die aktive Beteiligung des Kindes im Entscheidungsfindungsprozess zwischen ihnen und den behandelnden Akteur*innen im Rahmen medizinisch relevanter Faktoren steigern. Das Äußern von Sorgen, Ängsten, Verständnisschwierigkeiten oder dem Bedürfnis von zusätzlicher Unterstützung zur Willensbildung und die Ermittlung derer Wünsche ist allerdings im Rahmen des § 630c Abs. 1 BGB ebenfalls nicht fokussiert.

Bei völkerrechtskonformer Auslegung kann an die Herleitung eines Äußerungsrechts aus § 630a i.V.m. § 241 Abs. 2 i.V.m. Art. 12 UN-KRK gedacht werden. Diese Anwendung der Konvention führt zur Nebenpflicht der Behandler*innen den Kindern und Jugendlichen altersunabhängig eine Äußerungsmöglichkeit einzuräumen.

---

944 *Deutsch/Spickhoff*, Medizinrecht, IX Rn. 543; *Katzenmeier* in: BeckOK, § 630c BGB, Rn. 4; *Spickhoff*, Medizinrecht, § 630c BGB, Rn. 4; *Kern/Rehborn* in: Laufs/Kern/Rehborn, Handbuch des Arztrechts, § 46 Rn. 13; *Makowsky*, JuS 2019, 332 (334).

945 *Katzenmeier*, MedR 2012, 576 (582); *Hart*, MedR 2015, 1 (3).

946 *Spickhoff* in: Spickhoff Medizinrecht, § 630c BGB, Rn. 5 f.

947 *Hegerfeld*, MedR 2019, 710, (713).

3. *Zwischenfazit*

Die rechtliche Betrachtung ergibt, dass sich für medizinische Eingriffe im allgemeinen Medizinrecht der §§ 630a ff. BGB und im Familienrecht keine speziellen normierten Äußerungsrechte im außerfamiliären Bereich für Kinder und Jugendliche eruieren lassen. Ein Mitwissen und Mitdenken ist über §§ 630e Abs. 5 BGB und § 630c Abs. 1 und 2 Satz 1 BGB rechtlich unabhängig vom freien Willen normiert. Diese Ansätze der aktiven Beteiligung können den geforderten Äußerungsmöglichkeiten allerdings nicht genügen. Insoweit sich ein Äußerungsrecht aus der konventionskonformen Auslegung der Nebenpflichten gemäß § 241 Abs. 2 BGB herleiten lässt, bleibt eine zusätzliche ausdrückliche Kodifizierung unerlässlich.

Dies lässt sich mit dem Vergleich zum Erwachsenenschutzrecht und der verstärkten Kodifizierung der UN-BRK begründen. Die Reform des Vormundschaft- und Betreuungsrechts hat verdeutlicht, dass die Sensibilisierung der Akteur*innen und die Stärkung der eigenen Handlungsfähigkeit über die rechtliche Umsetzung gefördert und gesichert werden kann. Die Ermittlung des Willens und des diesbezüglichen Diskurses über §§ 1827, 1828 BGB zeigt ebenfalls die Notwendigkeit der Regelung materiell rechtlicher Vorgaben im Bereich der Gesundheitsversorgung zur Stärkung der Rechtstellung des Einzelnen. *Birnbacher* verdeutlicht, dass gerade einwilligungsunfähige Patient*innen einen erhöhten Bedarf an Aufmerksamkeit für die Ermittlung ihres Willens und ihrer Gedanken und zu deren Äußerung haben.[948] Den Anforderungen der UN-KRK wird hinsichtlich einer Beteiligung der minderjährigen Patienten und Patientinnen im außerfamiliären Bereich der Entscheidungsfindung zur Einwilligung oder Ablehnung medizinischer Eingriffe bisher nicht hinreichend Rechnung getragen.

C) Grenzen der Personensorge der Sorgeberechtigten

Das Personensorgerecht der Sorgeberechtigten ist im Vergleich zur Vermögenssorge geringer gesetzlich ausgestaltet, vgl. §§ 1638 ff. BGB. Exemplarisch sind im Rahmen der Vermögenssorge eine Vielzahl von Rechtsgeschäften der gerichtlichen Genehmigung unterworfen, vgl. §§ 1822 ff. BGB. Die Personensorge, welche im Rahmen der Fürsorge u. a. die Gesundheitssorge und das Aufenthaltsbestimmungsrecht umfasst, wird im Familienrecht des BGB in den §§ 1631 ff. BGB geregelt.[949] Dabei gestaltet der Gesetzgeber die Einwilligungsmöglichkeit der Sorgeberechtigten, wie bei der Beschneidung des männlichen Kindes gemäß

948 So *Birnbacher*, MedR 2012, 560 (565).

949 Vgl. *Dethloff*, Familienrecht, § 13 Rn. 59.

§ 1631d BGB aus oder minimiert diese gänzlich (vgl. Verbot der Sterilisation gemäß § 1631c BGB; Einwilligung zur Behandlung eines nicht einwilligungsfähigen Kindes mit einer Variante der Geschlechtsentwicklung zur Angleichung an das männliche oder weibliche Geschlecht, § 1631e Abs. 1 BGB[950]). Zudem ordnet er für die Entscheidung über eine freiheitsentziehende Unterbringung oder freiheitsentziehende Maßnahme gegenüber dem Kind (vgl. § 1631b BGB) sowie der operativen Behandlung von Kindern mit Varianten der Geschlechtsentwicklung (vgl. § 1631e Abs. 2 BGB) einen gerichtlichen Genehmigungsvorbehalt an.[951] Im Rahmen dieses Kapitels werden zum einen die rechtlich ausgestaltete Entscheidungsfindung zur freiheitsentziehenden Unterbringung und Maßnahme näher beleuchtet, um einen fokussierten Blick auf die Beteiligungsmöglichkeiten im Vergleich zum Erwachsenenschutzrecht nehmen zu können. Der Bezug zur Gesundheitsversorgung von Kindern und Jugendlichen lässt sich damit begründen, dass diese Maßnahmen häufig in einem engen Zusammenhang mit einer medizinischen Behandlung stehen. So ist bspw. das Legen einer PEG-Magensonde bei Jugendlichen, die an einer Magersucht leiden, häufig ihm Rahmen einer zwangsweise stationären Unterbringung notwendig. Sowohl der Eingriff in das Recht der Aufenthaltsbestimmung als auch in das Recht auf Selbstbestimmung und körperliche Unversehrtheit stehen in diesem Kontext eng beieinander. Daher wird zum anderen die medizinische Zwangsbehandlung, welche gegenüber Kindern und Jugendlichen bisher nicht normiert ist, ebenfalls in diesem Abschnitt thematisiert. Bezüglich der Einwilligung zur Beschneidung des männlichen Kindes, wurde in Kapitel 4 aufgezeigt, dass sowohl vom Gesetzgeber als auch in der Rechtsprechung verdeutlich wird, dass die Wünsche und Neigungen des Kindes unabhängig von der freien Willensbildung zu beachten sind und eine einvernehmliche Lösung in Anlehnung an §§ 1626 Abs. 2, 1631 Abs. 2 BGB anzustreben ist.[952]

I. Entscheidungsfindung bei freiheitsentziehenden Maßnahmen und freiheitsentziehender Unterbringung

Die rechtlichen Voraussetzungen für die Vornahme von freiheitsentziehenden Unterbringungen und Maßnahmen gegenüber Kindern und Jugendlichen regelt

950 Gesetz zum Schutz von Kindern mit Varianten der Geschlechtsentwicklung, v. 12.5.2021, BGBl. I S. 1082, in Kraft seit 22.5.2021; BT-Drs. 19/24686; BT-Drs. 18/11278.

951 BT-Drs. 18/11278, S. 1.

952 *OLG Hamm*, Beschluss v. 30.8.2013, 3 UF 133/13, NJW 2013, 3662 (3663); *OLG Hamm*, Urteil v. 21.11.2017, 5 RVs 125/17, FamRZ 2018, 722.

der Gesetzgeber in § 1631b BGB und ordnet jeweils einen gerichtlichen Genehmigungsvorbehalt bezüglich der Einwilligung der Sorgeberechtigten an.[953] Eine Unterbringung des Kindes außerhalb des eigenen häuslichen Bereiches, die mit einer Freiheitsentziehung verbunden ist, bedarf somit der Genehmigung des Familiengerichts (vgl. § 1631b Abs. 1 Satz 1 BGB). Darunter zählen u. a. die Aufnahme in einer geschlossenen Abteilung eines psychiatrischen Krankenhauses[954] oder die mit Freiheitsentzug verbundene Unterbringung in einer Einrichtung der Kinder- und Jugendhilfe.[955] Sie sind nur zulässig, solange sie zum Wohl des Kindes, insbesondere zur Abwendung einer erheblichen Selbst- oder Fremdgefährdung erforderlich sind (§ 1631b Abs. 1 Satz 2 BGB). Die Entscheidung der Sorgeberechtigten zur Unterbringung oder Durchführung der Maßnahme kann, wie die Vornahme einer Gesundheitsbehandlung, die verfassungsrechtlichen Güter des Kindes auf körperliche Unversehrtheit, Leben und dessen Freiheitsrechte nicht unwesentlich berühren.[956] Von Gesetzeswegen ist diese Einwilligung trotz der elterlichen Gestaltungsfreiheit der Personensorge somit rechtlich begrenzt. Im Folgenden wird der Normzweck des Eingriffs in das Recht der Sorgeberechtigten differenziert betrachtet, um vergleichende Aspekte zum Erwachsenenschutzrecht aufzeigen zu können. Des Weiteren konzentrieren sich die Ausführungen auf die Entscheidungsfindung und -kompetenz der Sorgeberechtigten und Minderjährigen. Es wird beleuchtet, wie die Beteiligung gewährleistet und deren Wille in diesem Entscheidungsprozess Beachtung findet.

1. Der Unterbringungsbegriff

Der Begriff der freiheitsentziehenden Unterbringung deckt sich im Wesentlichen mit dem des Erwachsenenschutzrechts.[957] Danach muss eine Unterbringung mit Freiheitsentzug vorliegen.[958] Diese ist zu bejahen, wenn sie auf eine gewisse Dauer angelegt ist und die Betroffenen gegen ihren natürlichen Willen am Verlassen

953 Die sachliche Zuständigkeit obliegt gemäß § 151 Nr. 6 FamFG dem Familiengericht und die Entscheidung ergeht im Wege des Beschlusses gemäß §§ 167 i.V.m. 323 ff. FamFG.

954 *Dethloff*, Familienrecht, § 13 Rn. 67.

955 *Hoffmann*, FamRZ 2013, 1346.

956 BT-Drs. 18/11278, S. 10.

957 Vgl. BT-Drs. 11/4528, S. 146.

958 Vgl. BT-Drs. 11/4528, S. 146; Abgrenzung zur freiheitsbeschränkenden Maßnahme näher: *Hoffmann*, FamRZ 2013, 1346 (1347).

eines räumlichen Bereichs gehindert werden.[959] Eine zeitliche Begrenzung auf eine bestimmte Dauer der Maßnahme steht dem nicht entgegen.[960] Am 1.10.2017 trat Abs. 2 in § 1631b BGB in Kraft.[961] Danach bedarf es ebenfalls der Genehmigung des Familiengerichts, wenn eine freiheitsentziehende Maßnahme an einem Kind, welches sich in einem Krankenhaus, einem Heim oder einer sonstigen Einrichtung aufhält, nach dem Willen der Eltern durchgeführt werden soll.[962] Als freiheitsentziehende Maßnahmen werden dabei solche verstanden, die dem Kind die Fortbewegungsfreiheit durch mechanische Vorrichtungen, Medikamente oder andere Weise entziehen und sind der Unterbringung somit gleichgestellt.[963] Damit reagierte der Gesetzgeber auf die Entscheidung des *BGH* aus dem Jahr 2013.[964] Danach sei die nächtliche Fixierung eines Kindes in einer heilpädagogischen Einrichtung keine genehmigungsbedürftige Maßnahme i.S.d. § 1631b Abs. 1 BGB und die betreuungsrechtlichen Regelungen könnten aufgrund der mangelnden planwidrigen Regelungslücke nicht herangezogen werden.[965] Der Unterbringungsbegriff müsse eng ausgelegt werden und erfasse eine Fixierung des Kindes nicht.[966] Die Entscheidung über die Vornahme dieser stand demnach gänzlich im Ermessen der Sorgeberechtigten.[967] Der Gesetzgeber musste entscheiden, ob die Anordnung eines familiengerichtlichen Genehmigungsvorbehalts das geeignete, erforderliche und verhältnismäßige Mittel ist, Kinder vor ungerechtfertigten unterbringungsähnlichen Maßnahmen zu schützen.[968] Dieser entschied sich für die Etablierung des gerichtlichen Genehmigungsvorbehaltes in § 1631b Abs. 2 BGB für freiheitsentziehende Maßnahmen und gewährleistet dadurch fortan einen vergleichbaren Regelungsgehalt wie das Erwachsenenschutzrecht in § 1831 Abs. 4 BGB.

---

959 *Damrau/Zimmermann*, BtR, § 1831 BGB, Rn. 27; vgl. BT-Drs. 11/4528, S. 146; näher zur Abgrenzung einer „Unterbringung" im häuslichen Bereich: *Spickhoff* in: MüKo, § 1800 BGB, Rn. 28 und *Veit* in: BeckOK, § 1631b BGB, Rn. 14 f.; Vertiefung zur ärztlichen Zwangsbehandlung für immobile Betreute: *Platt/Schimank*, RP Reha 2017, 34.

960 *Huber* in: MüKo, § 1631b BGB, Rn. 2. BGB.

961 Gesetz zur Einführung eines familiengerichtlichen Genehmigungsvorbehaltes für freiheitsentziehende Maßnahmen bei Kindern, v. 17.6.2018, BGBl. I 2017, S. 2424.

962 BT-Drs. 18/11278, S. 11.

963 BT-Drs. 18/11278, S. 14.

964 *BGH*, Beschluss v. 7.8.2013, XII ZB 559/11, NJW 2013, 2969.

965 So *BGH*, Beschluss v. 7.8.2013, XII ZB 559/11, NJW 2013, 2969 (2969 f.).

966 So *BGH*, Beschluss v. 7.8.2013, XII ZB 559/11, NJW 2013, 2969 (2969); BT-Drs. 18/11278, S. 14.

967 BT-Drs. 18/11278, S. 10.

968 *BGH*, Beschluss v. 7.8.2013, XII ZB 559/11, NJW 2013, 2969 (2971).

2. *Schutzzweck des gerichtlichen Genehmigungsvorbehaltes*

Der gerichtliche Genehmigungsvorbehalt stellt einen Eingriff in das elterliche Aufenthaltsbestimmungsrecht dar und zielt primär darauf ab, die Ausübung des elterlichen Sorgerechts dahingehend zu überwachen, dass diese ihr Kind nicht missbräuchlich in einer geschlossenen Einrichtung unterbringen, obwohl weniger einschneidende Maßnahmen im Rahmen des elterlichen Erziehungsrechts oder andere öffentliche Hilfen ebenfalls zielführend gewesen wären.[969] § 1631b BGB dient somit der gerichtlichen Prüfung der Ausübung der elterlichen Sorge zum Wohl des Kindes.[970] Vergleichend dazu bezweckt die gerichtliche Genehmigung einer Einwilligung in eine freiheitsentziehende Unterbringung oder Maßnahme betreuter Personen gemäß § 1831 Abs. 2, 4 BGB primär den unmittelbaren Schutz der Freiheit der Person gemäß Art. 2 Abs. 2 Satz 2 GG i.V.m. Art. 104 Abs. 2 GG.[971]

Der Staat nimmt durch den familienrechtlichen Genehmigungsvorbehalt sein staatliches Wächteramt aus Art. 6 Abs. 2 GG zur Überwachung der elterlichen Sorge wahr, um ebenfalls die Rechte des Kindes auf Freiheit der Person, deren allgemeine Handlungsfreiheit und körperliche Unversehrtheit mittelbar zu schützen und einer potenziellen Gefährdung der Kindesrechte zu entgegnen.[972] Insbesondere das Recht der Freiheit der Person ist ein Gut mit hohem Schutzbedarf (vgl. Art 104 Abs. 1 GG).[973]

3. *Entscheidungsfindung zur Unterbringung oder Vornahme einer unterbringungsähnlichen Maßnahme*

Sehen sich die Sorgeberechtigten z. B. aufgrund einer Suizid- und Selbstgefährdungsgefahr[974] ihres Kindes veranlasst, dieses in einer geschlossenen Einrichtung zur stationären Behandlung unterzubringen, obliegt ihnen die Entscheidung im Rahmen ihres elterlichen Aufenthaltsbestimmungsrechts.[975] Das Gesetz basiert somit dem Grunde nach auf einem Entschluss der Sorgeberechtigten für die

---

969 BT-Drs. 8/2788, S. 38; dazu ausführlich *BGH*, Beschluss v. 7.8.2013 - XII ZB 559/11, FGPrax 2013, 280 (282); BT-Drs. 18/11278, S. 10.

970 *BGH*, Beschluss v. 7.8.2013, XII ZB 559/11, NJW 2013, 2969 (2970).

971 *BVerfG*, Beschluss v. 10. 2. 1960, 1 BvR 526/53, 29/58, NJW 1960, 811 (811); *BGH*, Beschluss v. 7.8.2013 - XII ZB 559/11, FGPrax 2013, 280 (282).

972 *Veit* in: BeckOK, § 1631b BGB, Rn. 4 f; BT-Drs. 18/11278, S. 18; BT-Drs. 8/2788, S. 37 f.

973 *BVerfG*, Beschluss v. 14.6.2007, 1 BvR 338/07, NJW 2007, 3560 (3561).

974 *OLG Hamburg*, Beschluss v. 28.8.2019, 2 UF 118/19, BeckRS 2019, 39351.

975 BT-Drs. 18/11278, S. 16.

Einwilligungsentscheidung in die freiheitsentziehende Unterbringung und stellt diese anschließend unter gerichtlichen Vorbehalt.[976] Die gerichtliche Entscheidung im Rahmen des § 1631b Abs. 1 BGB prüft zusätzlich, ob die Maßnahme gerechtfertigt ist und wird von Amtswegen eingeleitet.[977]

Die vorangegangene innerfamiliäre Entscheidungsfindung findet wiederum auf Grundlage der §§ 1626 ff. BGB statt. Demnach haben die Sorgeberechtigten ihre Kinder adäquat in die Entscheidungsfindung einzubeziehen. Diesbezüglich fordert § 1626 Abs. 2 Satz 2 BGB, dass die Sorgeberechtigten, soweit es nach dem Reifegrad angezeigt ist, eine geplante freiheitsentziehende Unterbringung mit ihrem Kind zu besprechen haben und ein Einvernehmen anzustreben sein sollte. Dabei gilt es den Kindern, je nach Entwicklungsstand, die Möglichkeit der Unterbringung altersangemessen zu vermitteln.[978] Es sollte ein alters- und reifeentsprechender Austausch über Fragen, Ängste und Wünsche angeregt werden, um das innerfamiliäres Mitsprache- und Äußerungsrecht des Kindes hinreichend zu berücksichtigen. Diese aktive Mitwirkung des Kindes bei der Entscheidungsfindung ist dabei bestmöglich zu fördern.[979] Zudem hat sich die Entschließung der Sorgeberechtigten am Wohl des Kindes zu orientieren. Folglich ist der Wille unweigerlich im Entscheidungsprozess angemessen zu berücksichtigen, um der wachsenden Handlungsfähigkeit gerecht zu werden. Allerdings ist keine unmittelbare Umsetzung des Kindeswillens maßgebend, sondern eine kindeswohlorientierte Entscheidung zur Abwendung der konkreten Gefahr als ultima ratio geboten.[980]

4. *Beachtung des Willens des Kindes zur Unterbringungsentscheidung*

Das Gesetz erwähnt in § 1631b BGB nicht, welche Relevanz der Wille des Kindes bezüglich der Vornahme der Unterbringung hat. Auch das Erwachsenenschutzrecht nimmt diesbezüglich keine ausdrückliche Regelung in § 1831 BGB vor. Allerdings unterstellt der enge Unterbringungsbegriff des *BGH*, dass eine freiheitsentziehende Unterbringung gegeben ist, wenn die Betroffenen ohne oder gegen ihren Willen am Verlassen eines räumlichen Bereichs gehindert sind.[981] Dabei wird im Erwachsenenschutzrecht auf die natürliche Willensfähigkeit abgestellt,

---

976 Vgl. BT-Drs. 18/11278, S. 11; *BVerfG*, Beschluss v. 14.6.2007, 1 BvR 338/07, NJW 2007, 3560 (3561).

977 BT-Drs. 18/11278, S. 11, 16.

978 Vgl. im Allgemeinen *Döll* in: Erman, § 1626 BGB, Rn. 22.

979 *Döll* in: Erman, § 1626 BGB, Rn. 25.

980 *Vogel*, NZFam 2019, 1041 (1043); *Hoffmann*, FamRZ 2013, 1346 (1350).

981 *BGH*, Beschluss v. 11.10.2000, XII ZB 69/00, NJW 2001, 888 (889).

weil gegen den freien Willen keine Unterbringung angeordnet werden kann.[982] In diesem Kontext ergibt sich die Fragestellung welche rechtliche Relevanz der freie und der natürliche Wille Minderjähriger im Entscheidungsfindungsprozess hat. Erklärt sich das Kind im Co-Konsens mit den Sorgeberechtigten zu einer Unterbringung in einer geschlossenen Einrichtung bereit, resultiert die Frage, ob eine gerichtliche Genehmigung der Einwilligung notwendig ist.

a) Meinungsstand zur Einwilligung in die Unterbringung durch Kinder und Jugendliche

Im Erwachsenenschutzrecht liegt bei der Einwilligung der betreuten Person auf Basis des natürlichen oder freien Willens keine genehmigungsbedürftige Unterbringung vor, weil sie die Rechtswidrigkeit des Eingriffs entfallen lässt.[983] Parallel dazu wird bezüglich der familienrechtlichen Unterbringung z. T. angenommen, dass die natürliche Willensbildungsfähigkeit hinsichtlich der Tragweite des Grundrechtseingriffs, wie im Betreuungsrecht genüge, um das Genehmigungserfordernis des Gerichts dem Grunde nach entbehrlich zu machen.[984] Die Minderjährigkeit ergebe keinen höheren Schutzbedarf und rechtfertige keine Differenzierung zum Erwachsenschutzrecht.[985] Zumindest beim Vorliegen der nötigen Einwilligungsfähigkeit sei grds. kein gerichtliches Genehmigungserfordernis geboten.[986] Allerdings wird dazu einschränkend vorgetragen, dass die Feststellung der hinreichenden Fähigkeit zur Einwilligung in die Maßnahme bei Kindern und Jugendlichen schwierig sein könne.[987] *Salgo* betont, dass insbesondere bei potenziell Unterbringungsbedürftigen eine Beeinträchtigung der Einsichts- und Urteilsfähigkeit wohl gerade nahe liegen muss.[988] Die gerichtliche Kontrolle habe einen Fürsorgecharakter inne, um einen rechtlichen Schutz vor der Beschränkung der Freiheitsrechte zu gewährleisten und sollte nicht entfallen.[989] Auch

---

982 *Götz* in: Grüneberg, § 1906 BGB, Rn. 6; *BayObLG*, Beschluss v. 14.2.1996, 3 Z BR 15/96, FamRZ 1996, 1375. BT-Drs. 11/4528, S. 147; anders *Schneider* in: MüKo, § 1906 BGB, Rn. 20.

983 *Schneider* in: MüKo, § 1906 BGB, Rn. 19; *BayObLG*, Beschluss v. 14.2.1996, 3 Z BR 15/96, FamRZ 1996, 1375.

984 *Hoffmann*, FamRZ 2013, 1346 (1346); *Döll* in: Erman, § 1631b BGB, Rn. 3a; *Vicari* in: jurisPK, § 1631b BGB, Rn. 7.

985 *Hoffmann*, FamRZ 2013, 1346 (1346).

986 *Vicari* in: jurisPK, § 1631b BGB, Rn. 7; anders *Salgo* in: Staudinger, § 1631b BGB, Rn. 8.

987 *Vicari* in: jurisPK, § 1631b BGB, Rn. 7; *Salgo* in: Staudinger, § 1631b BGB, Rn. 8.

988 *Salgo* in: Staudinger, § 1631b BGB, Rn. 8; *Fink* in: Heilmann Praxiskommentar zum Kindschaftsrecht, § 1631b BGB, Rn. 3.

989 So *Vogel*, NZFam 2019, 1041 (1043); *Salgo* in: Staudinger, § 1631b BGB, Rn. 8.

der Bericht zur Evaluation des „Gesetzes zur Einführung eines familiengerichtlichen Genehmigungsvorbehaltes für freiheitsentziehende Maßnahmen bei Kindern" vom 06.11.2023 zeigt, dass die interviewten Personen als Akteur*innen bei der Umsetzung der Regelung (z.B. Kinder, Eltern, Familienrichter*innen, Verfahrensbeistände, Verantwortliche der Jugendämtern) die Einführung des familiengerichtlichen Genehmigungsvorbehaltes als eines Steigerung der Subjektstellung der Kinder und Jugendlichen wahrnehmen, weil Lern- und Reflektionsprozesse im Handlungsalltag mobilisiert werden. Bezogen auf die Voraussetzungen des Genehmigungsprozesses wurde jedoch ein Bedarf an weitere Sensibilisierung und Konkretisierung der materiellen Rechtsbegriffe gefordert.[990]

b) Eigene Stellungnahme

Es ist zu konstatieren, dass den Minderjährigen ein hoher Schutzbedarf hinsichtlich der Unterbringungsentscheidung der Sorgeberechtigten aufgrund der Beeinträchtigung ihres Freiheitsrechts zukommt. Die Eltern nehmen ihren Fürsorgeauftrag im Rahmen des Aufenthaltsbestimmungsrechts wahr, um zum Wohl des Kindes, insbesondere zur Abwendung einer erheblichen Selbst- oder Fremdgefährdung zu handeln. Nach den rechtlichen Vorgaben zum innerfamiliären Entscheidungsfindungsprozess gemäß § 1626 Abs. 2 BGB sind die Kinder dabei an der Einwilligungsentschließung zu beteiligen. Allerdings zielt die Entscheidungsfindung nicht auf eine unmittelbare Umsetzung des Willens der Betroffenen ab, sondern auf eine am Wohl des Kindes orientierte Entscheidung, die zur Gefahrenabwendung dient. Dieser gesamte Entscheidungsprozess zur Unterbringung birgt ein hohes Konfliktpotenzial und eine gefestigte Meinungsbildung ist häufig ambivalent.[991] Der Genehmigungsvorbehalt ermöglicht somit als verfahrensrechtliche Instanz, dass die Grundrechte der Betroffenen zusätzlich durch den Staat geschützt werden. Im gerichtlichen Genehmigungsverfahren ist das Kind anzuhören (vgl. §§ 167 Abs. 1 Satz 1 i.V.m. § 319 Abs. 1 FamFG). Es erhält dadurch die Möglichkeit, seine Ängste, Sorgen oder Wünsche bezüglich der eigenen Angelegenheiten zusätzlich außerfamiliär zu äußern.[992] Dadurch wird ihre Beteiligung am Entscheidungsprozess erheblich gestärkt, weil ein Mitreden außerhalb des familiären Bereichs gewährleistet ist und die Einwilligungsent-

---

990 *Beetz/Böttcher/Düring/Winge*, Schlussbericht zur Evaluierung des Gesetzes zur Einführung eines familiengerichtlichen Genehmigungsvorbehalts für freiheitsentziehende Maßnahmen bei Kindern, 28.06.2023, S. 288.

991 Vgl. dazu auch *Hoffmann*, FamRZ 2013, 1346 (1347).

992 Vgl. *BGH*, Beschluss v. 15.6.2016, XII ZB 419/15, NJW 2016, 2497 (2501); *Salgo* in: Staudinger, § 1631b BGB, Rn. 103.

scheidung trotz der Freiwilligkeit auf Basis des freien oder natürlichen Willens einer Kontrolle unterliegt. Der Minderjährigenschutz rechtfertigt diesbezüglich eine Differenzierung zum Erwachsenenschutzrecht.

5. *Schlussfolgerungen zur Partizipation*

Im Vergleich zum Erwachsenenschutzrecht entfaltet der Wille des Kindes keine unmittelbare Bindungswirkung im Rahmen der Unterbringungsentscheidung, sondern das Kindeswohl in der Gesamtbetrachtung (§ 1697a BGB). Selbst eine Zustimmung des Kindes in den Freiheitsentzug auf Basis der natürlichen oder freien Willensbildung schafft keine Entbehrlichkeit gerichtlicher Kontrolle der elterlichen Entscheidung. Der staatliche Schutz- und Fürsorgecharakter für das Wohl des Kindes rechtfertigt die Überwachung der elterlichen Sorgerechtsausübung bei der Unterbringung von Kindern und Jugendlichen und ist der zentrale Maßstab für die Notwendigkeit der Abweichungen. Allerdings gewährleistet § 1626 Abs. 2 BGB auch im Entscheidungsfindungsprozess über die Vornahme einer freiheitsentziehenden Unterbringung oder Maßnahme eine Beteiligung des Kindes unabhängig von der Einwilligungsfähigkeit. Der Entscheidungsprozess zur Unterbringung des eigenen Kindes wird jedoch meist eine erhebliche Stress- und Konfliktsituation im innerfamiliären Kontext darstellen, die alle Beteiligten vor kommunikative Schwierigkeiten stellt und Unterstützungsbedarfe offerieren kann. Die praktische Umsetzung der partizipativen Entscheidungsfindung verlangt ein hohes Maß an Empathie und Vertrauen auf allen Seiten. Über das innerfamiliäre Äußerungsrecht des § 1626 Abs. 2 BGB hinaus sind keine materiell rechtlichen Äußerungs- oder Aufklärungsmodalitäten des Kindes in den § 1631b BGB normiert. Die Norm des §§ 630e Abs. 5 BGB zur Aufklärung gegenüber einwilligungsunfähigen Minderjährigen findet keine Anwendung, weil die Unterbringung als solche nicht unmittelbar mit einer medizinischen Maßnahme verbunden ist und die Einwilligungen in die Rechtsgutbeeinträchtigungen separat voneinander vorliegen und bewertet werden müssen. Der gerichtliche Genehmigungsvorbehalt kann Basis für eine Möglichkeit der freien Meinungsäußerung außerhalb der Familie sein. Diesbezüglich ist im Weiteren ein Blick auf die Zwangsbehandlung minderjähriger Patient*innen zu richten.

II. Medizinische Behandlungen gegen den Willen minderjähriger Patient*innen

Zunächst bleibt zu definieren, wann eine medizinische Zwangsbehandlung bei Kindern und Jugendlichen vorliegt. In Übereinstimmung zum Betreuungsrecht ist diese bereits gegeben, wenn die zu behandelnde Person ausschließlich zur natürlichen Willensbildung fähig ist und einen Eingriff, in den die Sorgeberechtigten eingewilligt haben, ablehnt (vgl. § 1832 Abs. 1 Satz 1 BGB).[993] Im Gegensatz zum Erwachsenenschutzrecht ist die Konstellation der medizinischen Behandlung gegen den Willen der Minderjährigen nicht gesetzlich geregelt. Im Folgenden gilt es aufzuzeigen, welche Entscheidungs- und Beteiligungskompetenzen sich in diesem Rechtsfeld für die Patient*innen ergeben.

1. *Rechtliche Ausgangssituation*

Diese Arbeit basiert auf der Annahme der Erforderlichkeit eines Co-Konsenses zwischen einwilligungsfähigen Minderjährigen und ihren Sorgeberechtigten zur Rechtfertigung eines medizinischen Eingriffs. Wird im Behandlungsprozess die Diagnose einer Erkrankung gestellt oder eine weitere diagnostische Maßnahme, die mit einem medizinischen Eingriff verbunden ist, von den Behandelnden als indiziert erachtet, bedarf es zur Vornahme der Einwilligung gemäß § 630d BGB. Als Ausgangssituation der Betrachtung ist zugrunde gelegt, dass die Sorgeberechtigten der Vornahme der Maßnahme zustimmen und die minderjährige Tochter keine Zustimmung, z. B. zur Bluttransfusion, erteilt. Die Auswirkungen dessen können verschieden systematisiert werden.

a) Ablehnung mit freiem Willen gegen die Einwilligung der Sorgeberechtigten

Aufgrund der angenommenen Erforderlichkeit des Co-Konsenses ist eine medizinische Behandlung gegen den Willen der einsichtsfähigen Tochter rechtlich nicht ohne weiteres möglich, weil dieser Ausdruck ihres verfassungsrechtlichen Selbstbestimmungsrechts ist.[994] Zudem wäre die Wirksamkeitsvoraussetzung zur Rechtfertigung des Eingriffs nicht gegeben. Der *BGH* billigt Minderjährigen in bestimmten Fällen bei ausreichender Urteilsfähigkeit ebenfalls ein Vetorecht gegen die Entscheidung der Personensorgeberechtigten zu.[995] Dieses Recht besteht nach der höchstrichterlichen Rechtsprechung allerdings eingeschränkt bei relativ indizierten Eingriffen mit der Möglichkeit erheblicher Folgen für ihre künftige

---

993 *Hoffmann*, NZFam 2015, 985 (986); *Veit* in: BeckOK, § 1631b BGB, Rn. 30.

994 *Lorenz*, NZFam 2017, 782 (787); *Hoffmann*, NZFam 2015, 985 (986); *Simon* in: Zwangsbehandlung bei Selbstgefährdung, S. 60; *Nienke*, Die medizinische Zwangsbehandlung Minderjähriger im Spannungsfeld nationaler Grund- und internationaler Menschenrechte, S. 35.

995 *BGH*, Urteil v. 10.10.2006, VI ZR 74/05, NJW 2007, 217 (218), *LG München II*, Urteil v. 22.9.2020, 1 O 4890/17, RDG 2021, 36.

Lebensgestaltung.[996] Eine konkrete rechtliche Konsequenz wird dabei nicht ausdrücklich aufgezeigt.

Die normativen Durchsetzungsmöglichkeiten für die Beteiligten bei Ablehnung des Eingriffs durch die Patientin auf Basis des Co-Konsenses sind die Folgenden. Der einwilligungsfähigen Patientin, den Eltern und den Behandlern obliegt es, eine gerichtliche Entscheidung gemäß §§ 1666, 1666a BGB anzuregen.[997] Im Rahmen dessen wäre die Beachtung des Kindeswohls (§ 1697a BGB) und die Umsetzung der Voraussetzungen des § 1626 Abs. 2 BGB im Entscheidungsfindungsprozess geprüft.[998] Die Missachtung der Äußerung des freien Willens des Kindes im Rahmen der Entscheidungsfindung der Sorgeberechtigten kann eine Verletzung des Kindeswohls darstellen und wird z. T. als indiziert erachtet, um dem hohen Stellenwert des Persönlichkeitsrechts gerecht zu werden.[999] Sollte keine Kindeswohlgefährdung angenommen werden, offeriert *Lorenz*, dass das Gesetz keine rechtliche Handhabe zur Vornahme des Eingriffs am einwilligungsfähigen Kind vorsieht.[1000]

b) *Ablehnung mit natürlichem Willen gegen die Einwilligung der Sorgeberechtigten*

Wird im Folgenden die Einwilligungsunfähigkeit der Patientin unterstellt, wird die Behandlung ohne deren Einwilligung als rechtlich zulässig und die Einwilligung der Berechtigten sowohl in indizierte als auch nicht indizierte Eingriffe z.T. als wirksam erachtet (vgl. § 630d Abs. 1 Satz 2 BGB).[1001] Für die Vertreter*innen, die ab dem Vorliegen der Einsichtsfähigkeit der Minderjährigen eine alleinige Einwilligungsbefugnis einräumen, kann die Zwangslage eines Eingriffs ausschließlich in diesem Kontext entstehen.[1002] Die Einwilligung der Sorgeberech-

996 *BGH*, Urteil v. 10.10.2006, VI ZR 74/05, NJW 2007, 217 (217).

997 *Lorenz*, NZFam 2017, 782 (787).

998 Vgl. *Lettmaier* in: Staudinger, § 1626 BGB, Rn. 299.

999 So auch *Veit* in: BeckOK, § 1666 BGB, Rn. 29.

1000 *Lorenz*, NZFam 2017, 782 (787).

1001 *Veit* in: BeckOK, § 1626 BGB, Rn. 69; BT-Drs. 17/11295, S. 14.

1002 *Hoffmann*, NZFam 2015, 985 (986); für die Annahme eines Alleinentscheidungsrechts: *u. a. Rouka*, Das Selbstbestimmungsrecht des Minderjährigen bei ärztlichen Eingriffen, S. 119; *Wölk*, MedR 2001, 80 (84 f.); *Duttge* in: Patientenautonomie, 77 (80); *Belling*, FuR 1990, 68 (76); *Lippert*, Probleme der Einwilligungsfähigkeit Minderjähriger in ärztlichen Behandlungen, S. 176, 178; vgl. *Spickhoff* in: Spickhoff Medizinrecht, § 630d BGB, Rn. 8; *Brückner*, Das medizinische Selbstbestimmungsrecht des Minderjährigen, S. 76; *LG München II*, Urteil v. 22.9.2020, 1 O 4890/17, RDG 2021, 36.

tigten unterliegt bisher keinem gerichtlichen Genehmigungsvorbehalt, wie es das Erwachsenenschutzrecht in § 1832 BGB zur sog. Zwangsbehandlung betreuter Personen vorsieht. Insofern angenommen wird, dass im Prüfungsverfahren des § 1631b Abs. 1, 2 BGB mittelbar die Vornahme einer in diesem Kontext geplanten medizinischen Maßnahme geprüft wird, ist dies umstritten.[1003]

2. *Innerfamiliärer Diskurs und der sog. Überzeugungsversuch*

Im Rahmen der Entscheidung zur Vornahme des Eingriffs sind die Sorgeberechtigten allerdings unabhängig von der gerichtlichen Prüfung nicht gänzlich frei. Sie haben sich an den Leitbildern des Familienrechts zu orientieren. Danach müssen sie sich nach den rechtlichen Voraussetzungen des § 1626 Abs. 2 BGB ebenso mit dem durch natürlichen Willen geäußerten Wünschen des Kindes bei der Entscheidungsfindung auseinandersetzen und haben die geplante Behandlung mit diesen zu besprechen.[1004] Die Neigungen und Wünsche müssen hinreichend zur Entscheidungsgrundlage hinzugezogen und ein Einvernehmen angestrebt werden.[1005] *Simons* betont, dass die Vornahme einer Behandlung gegen den Willen des Kindes mitunter weitreichende Folgen für dessen persönliche psychische Entwicklung haben könne und diese Folgen in die Abwägung mit einbezogen werden sollten.[1006] Die Ablehnung hat somit eine mittelbare Auswirkung auf die Einwilligungsentscheidung der Sorgeberechtigten. Kommt es zu keiner Übereinkunft, kann durch das Kind wiederum eine gerichtliche Entscheidung gemäß § 1666 BGB angeregt werden, wobei ebenfalls die Kindeswohlgefährdung als Grenze des elterlichen Handelns verstanden wird.[1007]

Diese Herangehensweise eines hinreichenden Diskurses im Entscheidungsfindungsprozess ist mit dem in § 1832 Abs. 1 Satz 1 Nr. 4 BGB vorgesehenen sog. Überzeugungsversuch zu vergleichen.[1008] Dieser gilt als materielle Zulässigkeitsvoraussetzung für die Vornahme der Zwangsbehandlung bei betreuten Personen. Danach muss vor der Behandlung versucht worden sein, die zu behandelnde Person ernsthaft mit nötigem Zeitaufwand und ohne Ausübung unzulässigen Drucks

---

1003 *Hoffmann*, ZRP 2016, 242 (243); *Götz* in: Zwangsbehandlung bei Selbstgefährdung, S. 71 f; zur analogen Anwendung des Erwachsenenschutzrechts: *BGH*, Beschluss v. 7.8.2013, XII ZB 559/11, NJW 2013, 2969.

1004 BT-Drs. 17/11295, S. 18; *Peschel-Gutzeit*, NZFam 2014, 433 (435).

1005 *OLG Hamm*, Beschluss v. 30.8.2013, 3 UF 133/13, NJW 2013, 3662.

1006 *Simons* in: Zwangsbehandlung bei Selbstgefährdung, S. 60.

1007 BT-Drs. 17/11295, S. 18.

1008 Zum Überzeugungsversuch als Rechtmäßigkeitsvoraussetzung: *Genske*, Gesundheit und Selbstbestimmung, S. 307.

von der Notwendigkeit der ärztlichen Maßnahme zu überzeugen. Die Betroffenen sollen ein Verständnis für die Therapie entwickeln, um mit natürlichem Willen einer Behandlung zuzustimmen und eine Zwangsbehandlung dadurch umgänglich zu machen. Dieser Ansatz des Überzeugungsversuchs soll die Handlungsfähigkeit fördern und Beteiligung durch Mitwissen und Mitreden ermöglichen und geht dabei über die Anforderungen an eine Aufklärung i.S.d. § 630e Abs. 5 BGB hinaus.[1009] Zudem bleibt offen, durch wen dieser Überzeugungsversuch vorzunehmen ist. Das *BVerfG* stellt wörtlich auf eine überzeugungsfähige und bereite Person ab, ohne dies zu konkretisieren.[1010] Um keinen Eingriff in das elterliche Erziehungsprimat vorzunehmen, könnte ein außerfamiliärer Überzeugungsversuch z. B. durch die Behandelnden als materiell rechtliche Zulässigkeitsvoraussetzung angedacht werden. Ein rechtlich verankerter Überzeugungsversuch vor der Vornahme der Zwangsbehandlung kann einen Ansatz zur Partizipationsförderung im außerfamiliären Bereich erzeugen und ist neben weiteren Zulässigkeitsvoraussetzungen dringend gefordert.[1011]

3. *Rechtliche Entwicklung zur Zwangsbehandlung im Betreuungsrecht*

Neben dem Überzeugungsversuch sieht das Erwachsenenschutzrecht weitere differenzierte Zulässigkeitsvoraussetzungen für die Behandlung gegen den Willen der Betroffenen vor. Erst an dieser Stelle wird ein kurzer Blick auf die gesetzliche Entwicklung der Normierungen zur Zwangsbehandlung im Betreuungsrecht genommen, um die Dynamik in diesem Rechtsfeld aufzuzeigen und einen Vergleich zur Situation von Kindern und Jugendlichen besser zu verbildlichen.

Ursprünglich wurde § 1906 Abs. 1 Nr. 2 BGB a.F.[1012] (nunmehr § 1831 BGB) vom *BGH*, unter Wahrung des Verhältnismäßigkeitsgrundsatzes als hinreichende Befugnis für die Vornahme medizinischer Zwangsbehandlungen im Rahmen einer gerichtlich genehmigten freiheitsentziehenden Unterbringung für betreute Personen verstanden, obwohl diese nicht separat geregelt waren.[1013] Die Beschlüsse des *BVerfG* aus dem Jahr 2011 verdeutlichten jedoch, dass die Vornahme einer medizinischen Zwangsbehandlung einen erheblichen Eingriff

---

1009 *Spickhoff*, FamRZ 2017, 1633 (1636 f.).

1010 *BVerfG*, Beschluss v. 14.7.2015, 2 BvR 1549/14, 2 BvR 1550/14, NJOZ 2016, 593 (595).

1011 Normierungsvorschlag zum Überzeugungsversuch im Kindschaftsrecht: *Nienke*, Die medizinische Zwangsbehandlung Minderjähriger im Spannungsfeld nationaler Grund- und internationaler Menschenrechte, S. 212.

1012 Gesetz zur Reform des Rechts der Vormundschaft und Pflegschaft für Volljährige (Betreuungsgesetz-BtG), BGBl. I 1990, S. 2002, in Kraft seit 1.1.1992.

1013 *BGH*, Beschluss v. 1.2.2006, XII ZB 236/05, NJW 2006, 1277.

in die verfassungsrechtlich geschützte körperliche Integrität und das diesbezügliche Selbstbestimmungsrecht darstellt und demnach eigenständiger klarer und bestimmter gesetzlicher Grundlagen bedarf.[1014] Anschließend daran betonte auch der *BGH*, dass der Gesetzgeber gehalten sei, eine entsprechende Ermächtigungsgrundlage für die medizinische Behandlung gegen den natürlichen Willen der betreuten Person zu schaffen, da es bisher an einer den verfassungsrechtlichen Anforderungen entsprechenden Norm fehle.[1015] Mit „*Gesetz zur Regelung der betreuungsrechtlichen Einwilligung in ärztliche Zwangsmaßnahmen*“ wurde die Zwangsbehandlung vorerst in § 1906 durch Abs. 3 und Abs. 3a BGB a.F. definiert und deren Voraussetzungen festgelegt.[1016] Dabei wurde die medizinische Behandlung gegen den natürlichen Willen gesondert normiert, aber an die freiheitsentziehende Unterbringung gekoppelt.[1017] Bisher war eine medizinische Zwangsmaßnahme für stationär in einer nicht geschlossenen Einrichtung Versorgte, die an der Fortbewegung faktisch gehindert sind oder sich nicht fortbewegen wollen (Immobile) und ambulant versorgte Personen, für die eine Betreuung angeordnet ist, nicht vorgesehen.[1018] Das *BVerfG* setze sich 2016 mit der Frage auseinander, ob es einer gesonderten Regelung für nicht freiheitsentziehend untergebrachte (immobile) Betreute bedarf.[1019] Es konstatierte, dass es die Schutzpflicht des Staates (Art. 2 Abs. 2 Satz 1 GG) zur Abwendung eines drohenden erheblichen gesundheitlichen Schadens gebiete, eine Zwangsbehandlung als ultima ratio auch für stationär untergebrachte immobile Personen vorzusehen.[1020] Letztlich wurde die medizinische Zwangsbehandlung gesondert von der freiheitsentziehenden Unterbringung in § 1906a BGB a.F. (nunmehr in § 1832 BGB) geregelt, um diese

1014 *BVerfG*, Beschluss v. 23.3.2011, 2BvR 882/09, NJW 2011, 2113 (2114, 2118 f.); *BVerfG*, Beschluss v. 12.10.2011, 2 BvR 633/11, FamRZ 2011, 1927 (1928).

1015 *BGH*, Beschluss v. 20.6.2012, XII ZB 99/12, FGPrax 2012, 270 (272).

1016 Gesetz zur Regelung der betreuungsrechtlichen Einwilligung in eine ärztliche Zwangsmaßnahme, BGBl. I 2013, S. 266, in Kraft seit 26.2.2013; BT-Drs. 17/11513, S. 1.

1017 BT-Drs. 17/11513, S. 7.

1018 *BVerfG*, Beschluss v. 26.7.2016, 1 BvL 8/15, NJW 2017, 53 (59); vgl. *Spickhoff*, FamRZ 2017, 1633 (1634 f.).

1019 *BVerfG*, Beschluss v. 26.7.2016, 1BvL 8/15, m. Anm. *Dodegge*, NJW 2017, 53; zur Vereinbarkeit von medizinischen Zwangsbehandlungen mit der UN-BRK: Anm. *Platt/Schimank*, RP-Reha 2017, 34.

1020 *BVerfG*, Beschluss v. 26.7.2016, 1BvL 8/15, m. Anm. *Dodegge*, NJW 2017, 53 (55); BT-Drs. 18/11240, S. 13; dazu auch: *Spickhoff*, FamRZ 2017, 1633 (1634 f.).

Schutzlücke zu schließen.[1021] Mit Urteil vom 26.11.2014 konstatierte das BVerfG nunmehr, dass die geltende Norm zur Zwangsbehandlung in Bezug auf die Nichtanwendbarkeit im ambulanten Bereich nicht mit der Verfassung vereinbar sei (vgl. § 1832 Abs. 1 Nr. 7 BGB).[1022]

4. *Notwendigkeit einer gesetzlichen Regelung der medizinischen Zwangsbehandlung von Kindern und Jugendlichen*

Vielfach wird die gesetzliche Regelung für die Zwangsbehandlung von Kindern und Jugendlichen gefordert und deren Notwendigkeit verdeutlicht.[1023] Mit Blick auf Art. 12 Abs. 1 UN-KRK ist die Annahme einer Zulässigkeit der Behandlung gegen den natürlichen Willen der Patientin ohne formell und materiell rechtliche Grundlage nicht konventionskonform. Dabei wird u. a. das Erfordernis eines gerichtlichen Genehmigungsvorbehaltes und die Normierung der materiellen Voraussetzungen zu deren Vornahme, wie es das Erwachsenenschutzrecht vorsieht, zwingend gefordert, um einer Ungleichbehandlung entgegenzuwirken und dem Minderjährigenschutz gerecht zu werden.[1024] Die Vornahme der Behandlung gegen den natürlichen Willen eines Kindes stellt einen erheblichen Grundrechtseingriff dar, welcher weitreichende Folgen für die körperliche und geistige Entwicklung haben kann und sollte der Rechtsunsicherheit entzogen werden, um den verfassungsrechtlichen Positionen des Kindes Rechnung zu tragen. Die normative Dynamik im Rahmen freiheitsentziehender Maßnahmen zeigen bereits autonomiestärkende Bestrebungen des Gesetzgebers.

1021 BT-Drs. 18/11240, S. 2, 13; Gesetz zur Änderung der materiellen Zulässigkeitsvoraussetzungen von ärztlichen Zwangsmaßnahmen und Stärkung des Selbstbestimmungsrechts von Betreuten, BGBl. I 2017, S. 2426, in Kraft seit 21.7.2017.

1022 BVerfG, Urt. vom 26.11.2024, 1 BvL 1/24; BT-Drs. 18/11240, S. 15; *Spickhoff* in: Spickhoff Medizinrecht, § 1832 BGB, Rn. 16; *Schneider* in: MüKo, § 1906a BGB, Rn. 31; die Verfassungsbeschwerde zum Ausschluss der ambulanten Möglichkeit der Zwangsbehandlung und verdeckten Medikamentengabe wurde nicht zur Entscheidung angenommen, *BVerfG*, Beschluss v. 2.11.2021, 1BvR 1575/18; Vorlagebeschluss des *BGH* zur Entscheidung der *BVerfG* über die Vornahme der medizinischen Zwangsbehandlung unabhängig vom stationären Aufenthalt, Beschluss v. 8.11.2023, XII ZB 459/22.

1023 *Grotkopp*, BtPrax 2013, 83; *Götz*, Zwangsbehandlung bei Selbstgefährdung, S. 84; *Genske*, Gesundheit und Selbstbestimmung, S. 311; *Nienke*, Die medizinische Zwangsbehandlung Minderjähriger im Spannungsfeld nationaler Grund- und internationaler Menschenrechte, S. 216.

1024 So auch *Hoffmann*, ZRP 2016, 242 (243).

D) Schlussfolgerungen

§ 1626 Abs. 2 BGB gestaltet zentral das Innenverhältnis der Entscheidungsfindung hinsichtlich der Vornahme medizinischer Maßnahmen oder freiheitsentziehender Unterbringungen zwischen Kindern und ihren Sorgeberechtigten aus. Dabei korrespondiert die Norm dem Grunde nach mit § 1821 BGB des Erwachsenenschutzrechts. Gemäß § 1626 Abs. 2 BGB wird gefordert, dass die elterliche Sorge und Erziehung dynamisch zur wachsenden rechtlichen Handlungsfähigkeit der Minderjährigen zurücktritt und die Kinder bei der Erlangung der eigenen rechtlichen Handlungsfähigkeit unterstützt werden sollen. Folglich soll durch Fürsorge ein bestimmtes Maß an Selbstbestimmung im Entscheidungsprozess über die Maßnahme gefördert werden. Damit enthält § 1626 Abs. 2 BGB den Grundgedanken der assistierten Entscheidungsfindung, wie ihn das Betreuungsrecht zu Grunde legt. Ebenfalls werden die Wünsche der Minderjährigen im Rahmen des § 1626 Abs. 2 BGB im innerfamiliären Entscheidungsfindungsprozess, unabhängig vom Vorliegen der freien Willensbildung, berücksichtigt und deren Selbstbestimmungsrecht Rechnung getragen. Die Möglichkeit zur Verbalisierung des Willens wird durch das innerfamiliäre Mitsprache- und Äußerungsrecht des Kindes gemäß § 1626 Abs. 2 Satz 2 BGB gewährleistet, die Beteiligung durch Mitreden gesichert und der Diskurs angeregt. Dies rückt die wachsende Autonomie in den Vordergrund und ermöglicht die Individualität in Entscheidungsprozessen unabhängig vom Vorliegen der Einwilligungsfähigkeit. Der gesamte Entscheidungsfindungsprozess über die eigenen Belange ist an eine alters- und reifeentsprechende Beteiligung der Kinder und Jugendlichen im Rahmen des Kindeswohls geknüpft, wobei der Wille des Kindes in die Gesamtwürdigung einzubeziehen ist. Mithin ist eine Beteiligung zur Ausübung der Selbstbestimmung im Innenverhältnis der Eltern-Kind-Beziehung über § 1626 Abs. 2 BGB gewährleistet.

In der Kommunikationsbeziehung zwischen der behandelnden Person, Patient*innen und Sorgeberechtigten lassen sich Beteiligungsrechte auf Mitdenken und Mitwissen in den §§ 630e Abs. 5 und 630c Abs. 2 BGB eruieren. Ein darüberhinausgehendes Äußerungsrecht im außerfamiliären Bereich bezüglich allgemeiner medizinischer Behandlungen über Ängste, Wünsche, Vorstellungen oder einen erhöhten Unterstützungsbedarf, welches völkerrechtliche Anforderungen umsetzen könnte, ist bisher lediglich durch völkerrechtskonforme Auslegung zu ermitteln. Die rechtliche Ausgestaltung der Ermittlung des Willens und des diesbezüglichen Diskurses über §§ 1827, 1828 BGB im Erwachsenenschutzrecht zeigt die Notwendigkeit, den natürlichen Willen und letztlich die Selbstbestimmung rechtlich neben den bestehenden Normierungen nach § 1626 Abs. 2 BGB und §§ 630e, 630c BGB zu stärken.

Bei Entscheidungen der Sorgeberechtigten mit erheblichem Eingriffspotenzial in die Rechte des Kindes, wie der freiheitsentziehenden Unterbringung, offeriert der gerichtliche Genehmigungsvorbehalt des § 1631b Abs. 2 BGB die Äußerungsmöglichkeit des Kindes im außerfamiliären Bereich im Rahmen der gerichtlichen Anhörung und die Überprüfung der elterlichen Entscheidung zu Gunsten des Kindeswohls. Die formellen und materiellen Voraussetzungen stärken die Subjektstellung und die Wahrnehmung der Akteur*inne für die Rechte des Kindes. Eine darüberhinausgehende Notwendigkeit der gesetzlichen Regelung zur Zwangsbehandlung minderjähriger Patient*innen ist dringend aufgezeigt. Insbesondere die Normierung eines sog. Überzeugungsversuchs vor der Vornahme einer Behandlung gegen den Willen als materielle Zulässigkeitsvoraussetzung, kann die Beteiligung der Patient*innen im außerfamiliären Bereich stärken.

Kapitel 7: Rechtliche Ansätze zur Stärkung der Beteiligung minderjähriger Patient*innen in Entscheidungsprozessen über Gesundheitsbehandlungen

Nach den Ergebnissen der Bearbeitung ist es notwendig, die Beteiligungsmöglichkeiten der minderjährigen Patient*innen unabhängig vom Vorliegen der Einwilligungsfähigkeit zu stärken bzw. deren Umsetzung im medizinischen Praxisalltag zu fördern. Die Bearbeitung hat ergeben, dass die UN-KRK das Recht zur Meinungsäußerung aus Art. 12 zweigliedrig versteht. Zum einen soll die Äußerungsmöglichkeit der Kinder gefördert werden und zum anderen muss diese Äußerung angemessen im Entscheidungsprozess Berücksichtigung finden.[1025] In diesem Kontext wurde das Rechtskonzept der assistierten Entscheidungsfindung und eine Teilnahme unabhängig vom freien Willen, wie es das Erwachsenenschutzrecht vorsieht, vergleichend für die Minderjährigenkonstellation betrachtet. Grundsätzlich setzt die Assistenz des Erwachsenenschutzrechts an eine Effektivierung der Selbstbestimmung durch Fürsorge an.[1026] Im Zuge dessen greift es weiter als das reine *informed consent Prinzip*.[1027] Die Assistenz verbindet die Gewährleistung der Selbstbestimmung durch Information und Aufklärung mit einer darüberhinausgehenden aktiven Partizipation in Form von unterstützender Erörterung und der Möglichkeit zur Äußerung.[1028]

Als Teilaspekt der assistieren Entscheidungsfindung wurde neben der Förderung der eigenen rechtlichen Handlungsfähigkeit und Unterstützung und/

1025 *Schmahl*, KRK, Art. 12, Rn. 4.

1026 *Damm*, Zeitschrift für Rechtssoziologie 2017, 337 (363); *Birnbacher*, Stellungnahme der Zentralen Ethikkommission bei der Bundesärztekammer zu „Entscheidungsfähigkeit und Entscheidungsassistenz in der Medizin", Deutsches Ärzteblatt, 2016, S. A 3.

1027 *Birnbacher*, Stellungnahme der Zentralen Ethikkommission bei der Bundesärztekammer zu „Entscheidungsfähigkeit und Entscheidungsassistenz in der Medizin", Deutsches Ärzteblatt, 2016, S. A 1; zu den Grenzen des informed consent: *Dorneck/Gassner/Kersten/Lindner/Linoh/Nebe/Rosenau/Schmidt am Busch*, MedR 2019, 431 (431 f.).

1028 So auch *Birnbacher*, Stellungnahme der Zentralen Ethikkommission bei der Bundesärztekammer zu „Entscheidungsfähigkeit und Entscheidungsassistenz in der Medizin", Deutsches Ärzteblatt, 2016, S. A1 (A 3).

oder Beratung im Entscheidungsfindungsprozess die aktive Beteiligung durch Äußerungsmöglichkeiten betrachtet. Dabei wurden u. a. die Besprechungspflicht (§ 1821 Abs. 5 BGB) und der sog. Überzeugungsversuch (§ 1832 Abs. 1 Satz 1 Nr. 4 BGB) im Rahmen der medizinischen Zwangsbehandlung als kommunikative Partizipationsmöglichkeiten im Innen- als auch im Außenverhältnis der Betreuung beleuchtet.

Vergleichend wurde festgestellt, dass eine Art Besprechungspflicht zwischen den Sorgeberechtigten und ihren Kindern durch §§ 1626 Abs. 2, 1618a BGB verankert ist. Als Assistenz zur Förderung der eigenen rechtlichen Handlungsfähigkeit betrachtet, räumt diese den Heranwachsenden ein Mitsprache- bzw. Äußerungsrecht im Rahmen innerfamiliärer Entscheidungsprozesse ein und gewährleistet die Möglichkeit, durch das Gespräch Einfluss auf die Entscheidung nehmen zu können. Im Weiteren ist festgestellt, dass durch das in dieser Arbeit zu Grunde gelegte Erfordernis des Co-Konsenses, zur Rechtfertigung des medizinischen Eingriffs i.S.d. § 630d BGB, den einwilligungsfähigen Kindern und Jugendlichen ein Äußerungsrecht im außerfamiliären Bereich des Behandlungsprozesses gewährleistet ist, um ihre Zustimmung oder Ablehnung kundzutun. Allerdings offeriert sich im Rückschluss, dass für einwilligungsunfähige Heranwachsende im außerfamiliären Bereich diese Möglichkeit nicht ausdrücklich rechtlich verankert vorgesehen ist und zeigt erneut die harte Trennlinie der Einwilligungsfähigkeit.

Ein Mitwissen und Mitdenken ist über § 630e Abs. 5 BGB und § 630c Abs. 1 und 2 Satz 1 BGB rechtlich unabhängig vom freien Willen normiert. Durch eine völkerrechtskonforme Auslegung lässt sich zudem ein Äußerungsrecht bzw. das Einräumen einer Äußerungsmöglichkeit als vertragliche Nebenpflicht über § 241 Abs. 2 BGB eruieren. Die Ansätze der aktiven Beteiligung, welche sich in diesen finden, können den zu gewährleistenden Äußerungsmöglichkeiten allerdings nicht genügen. Es bedarf zusätzlich eines ausdrücklichen Äußerungsrechts für Kinder und Jugendliche im Behandlungs- und Entscheidungsprozess, unabhängig vom Vorliegen der freien Willensbildung, um die Möglichkeit einzuräumen ihre Meinung auf Grundlage hinreichender Informationen frei zu äußern, den Diskurs zu fördern, ein Mitsprechen zu ermöglichen und völkerrechtlichen Standards zu entsprechen. Die Reform des Betreuungsrechts hat gezeigt, dass über eine völkerrechtsfreundliche Auslegung des Erwachsenenschutzrechts, die gesetzliche Normierung der Rechte aus Art. 12 BRK notwendig war, um die beteiligten Akteur*innen zu sensibilisieren und die Rechte des Einzelnen zu stärken.

Durch ein normiertes Äußerungsrecht in den §§ 630a BGB ff. wird die Beteiligung über ein Mitwissen und Mitdenken hinaus zu einem Mitreden zusätzlich gefördert, um u. a. bestehende Ängste, Unsicherheiten, Unterstützungs- und

Beratungsbedarfe zu aufzuzeigen. Im Folgenden wird der rechtliche Ansatz zur Verankerung eines Äußerungsrechts in den §§ 630a BGB ff. untersucht. Anschließend erfolgt eine punktuelle Darstellung über diverse Rechtskonzepte, welche die Umsetzung und Etablierung des Äußerungsrechts in der medizinischen Praxis fördern können.

A) Etablierung eines Äußerungsrechts zur Stärkung der Selbstbestimmung und Förderung der Kommunikation im Entscheidungsfindungsprozess der Behandlung - *„Mitwissen, Mitdenken, Mitsprechen“*

Diese Arbeit verfolgt den Ansatz, dass die Selbstbestimmung der Heranwachsenden basierend auf der UN-KRK unabhängig vom Vorliegen der Einwilligungsfähigkeit durch verstärkte Partizipation im Behandlungs- und Entscheidungsfindungsprozess gesteigert werden kann. Die Partizipation beschreibt einen dynamischen Prozess, der über ein Mitwissen und Mitdenken des § 630e Abs. 5 BGB hinaus geht und den minderjährigen Patient*innen die aktive Teilnahme am Gesprächsprozess ermöglichen soll.[1029]

I. Wirkungsweisen von Äußerungsrechten

Die Kodifizierung von Äußerungs-, Beschwerde- und Anhörungsrechten Minderjähriger ist dem Recht immanent. Im Kinder- und Jugendhilferecht findet die Beteiligung u. a. gemäß §§ 8 Abs. 1, § 8a Abs. 1 und § 36 SGB VIII[1030] ihren Niederschlag. Danach ist das Jugendamt dem Kind gegenüber in besonderem Maße zur Beteiligung in sie betreffenden Angelegenheiten verpflichtet.[1031] Die Normen bezwecken, Kinder und Jugendliche unabhängig vom Vorliegen einer eigenen rechtlichen Handlungsfähigkeit hinreichend zu integrieren, um ihren grundrechtlich geschützten Positionen gerecht zu werden.[1032] Die letzte Reform des Kinder- und Jugendschutzgesetzes zielte darauf ab, die Selbstbestimmung des Kindes durch eine erweiterte Teilnahme zu stärken.[1033] Die Partizipation sollte u. a. durch erweiterte Beratungsmöglichkeiten, eine umfassende adressatengerechte Aufklärung

---

1029 Vgl. die Elemente des Beteiligungsprozesses nach *Pluto*, Partizipation in den Hilfen der Erziehung, S. 53.

1030 Gesetz zur Stärkung von Kindern und Jugendlichen (Kinder- und Jugendstärkungsgesetz KJSG), v. 9.6.2021, BGBl. I, S. 1444, in Kraft seit 10.6.2021.

1031 *Heußner* in: jurisPK, § 8 SGB VIII, Rn. 7.

1032 BT-Drs. 5/21, S. 1.

1033 BT-Drs. 5/21, S. 3.

des Kindes und die erhöhte Würdigung von Willensäußerungen gestärkt werden (vgl. § 36 Abs. 5 SGB VIII).[1034] Im Verfahrensrecht finden sich ebenfalls Beteiligungsrechte des Kindes (vgl. §§ 159, 192, 167 Abs. 1 Satz 1 i.V.m. 319 FamFG). Nach *Wapler* können Beteiligungsrechte dort ansetzen, wo den Kindern gerade noch keine vollständige rechtliche Handlungsfähigkeit zuteilwird.[1035] Dabei werden sie als die Ausbalancierung fehlender Handlungsfähigkeit im Verhältnis zur Selbstbestimmung verstanden, um dieser gerecht zu werden.[1036] Eine Entscheidung, welche die Rechtsgüter der Minderjährigen unmittelbar auch für die künftige Lebensgestaltung betreffen kann, muss diesen die Möglichkeit geben, ihre eigenen Eindrücke und Wünsche unabhängig von der eigenen rechtlichen Handlungsfähigkeit zu äußern und einzubringen.[1037] Insbesondere Anhörungen ermöglichen somit eine Informations- und Darlegungsoption der eigenen Belange für das Kind und erhöhen deren Mitgestaltung an Entscheidungsprozessen.[1038] Das Verlangen nach Autonomie impliziert nicht zwangsläufig das Verlangen nach Entscheidungsfreiheit, sondern häufig das Bedürfnis nach Teilnahme an Prozessen.

1. Die Äußerungsmöglichkeit bei der Behandlung von Kindern mit Varianten der Geschlechtsentwicklung gemäß § 1631e Abs. 5 BGB

Aktuell zeigt der Gesetzgeber erneut Bestrebungen, die Selbstbestimmung im medizinischen Bereich bei Kindern und Jugendlichen durch aktive Teilnahme zu stärken. Mit der Einfügung des § 1631e BGB, welcher seit 22.5.2021 in Kraft[1039] getreten ist, hat der Gesetzgeber eine weitere Einschränkung des Personensorgerechts geschaffen. Das Gesetz soll u. a. dem Schutz des Kindes auf geschlechtliche Selbstbestimmung dienen.[1040] Die Regelung erfasst die Behandlungen, die dazu erfolgen, das körperliche Erscheinungsbild des einwilligungsunfähigen Kindes mit einer Variante der Geschlechtsentwicklung an das männliche oder weibliche

1034 BT-Drs. 5/21, S. 5 f.

1035 *Wapler*, in: Richter/Krappmann/Wapler, Kinderrechte, S. 111, vgl. *Damm*, MedR 2015, 775 (785).

1036 *Wapler*, in: Richter/Krappmann/Wapler, Kinderrechte, S. 111; dazu auch *BVerfG*, Urteil v. 27.6.2008, 1 BvR 311/08, Beck RS 2008, 39042, Rn. 40; *Rohmann*, FPR 2013, 464 (465).

1037 *Rohmann*, FPR 2013, 464 (465).

1038 Vgl. *Karle/Carl/Clauss*, NZFam 2014, 875 (876); *Wapler* in: Richter/Krappmann/Wapler, Kinderrechte, S. 85; *Rohmann*, FPR 2013, 464 (465).

1039 Gesetz zum Schutz von Kindern mit Varianten der Geschlechtsentwicklung, v. 12.5.2021, BGBl. I S. 1082, in Kraft seit 22.5.2021.

1040 BT-Drs. 19/24686, S. 15.

Geschlecht anzugleichen.[1041] Vertiefende Ausführungen zu diesem speziellen Behandlungsgebiet erfolgen in dieser Arbeit lediglich unter dem Aspekt der Normierung von aktiven Beteiligungsmöglichkeiten, um dessen Wirkungsweisen bzw. die Intention des Gesetzgebers zu eruieren. Grundsätzlich bedarf die Einwilligung in operative Eingriffe an den inneren oder äußeren Geschlechtsmerkmalen des nicht einwilligungsfähigen Kindes im Sinne des § 1631e Abs. 2 BGB der Genehmigung des Familiengerichts. Diese ist zu erteilen, wenn der geplante Eingriff dem Wohl des Kindes entspricht (§ 1631e Abs. 3 Satz 2 BGB). In diesem Kontext ist es den Sorgeberechtigten ermöglicht, die Stellungnahme einer interdisziplinären Kommission einzuholen, wodurch das Verfahren vereinfacht werden solle.[1042] Der Gesetzgeber gestaltet in diesem Bereich die inhaltlichen Anforderungen der abzugebenden Stellungnahme konkret aus und normiert die aktive Beteiligung der Kinder und Jugendlichen unabhängig von der freien Willensbildung ausdrücklich (vgl. § 1631e Abs. 5 Satz 1 BGB).

a) Aufklärung und Beratung gemäß § 1631e Abs. 5 Satz 1 BGB

§ 1631e Abs. 5 Satz 1 BGB regelt dabei, dass das Votum enthalten soll, in welchem Umfang ein Gespräch mit den Eltern und dem Kind durchgeführt und inwiefern diese aufgeklärt und beraten wurden. Damit soll sichergestellt werden, dass ein dynamischer Dialog zur Entwicklung eines Therapiekonzepts sowohl mit den Eltern als auch dem Kind über eine Aufklärung gemäß § 630e BGB hinaus geführt wird.[1043] Die Beschlussempfehlung zum Gesetzesentwurf weist nachdrücklich die Wichtigkeit der reifeentsprechenden aktiven Beteiligung des Kindes durch eine Einbeziehung in die Gespräche aus und vermittelt dadurch die Äußerungsmöglichkeit außerhalb des innerfamiliären Bereichs.[1044] Dabei wird nochmals verdeutlicht, dass die Kindeswohlermittlung durch das Gericht ebenfalls die Wünsche und Vorstellungen der Heranwachsenden als zentrales Element abbilden soll. Im Rahmen der Gesundheitsbehandlung normiert § 1631e Abs. 5 BGB somit nachdrücklich die Notwendigkeit einer Teilnahme der minderjährigen Patient*innen am Behandlungs- und Entscheidungsprozess für diesen speziellen Bereich der Personensorge.

1041 BT-Drs. 19/24686, S. 24.

1042 So BT-Drs. 19/24686, S. 29; kritisch zur Wahlmöglichkeit der Inanspruchnahme einer interdisziplinären Kommission: *Coester-Waltjen/Henn*, FamRZ 2021, 1589 (1594).

1043 BT-Drs. 19/27929, S. 28; BT-Drs. 19/24686, S. 30.

1044 BT-Drs. 19/27929, S. 28.

b) Willensäußerung gemäß § 1631e Abs. 5 Satz 1 Nr. 7 BGB

Gemäß § 1631e Abs. 5 Satz 1 Nr. 7 BGB soll das Votum zudem dokumentieren, inwieweit das Kind in der Lage ist, sich eine Meinung zu bilden, zu äußern und ob der geplante Eingriff seinem Willen entspricht. Dadurch soll die Notwendigkeit der aktiven Einbeziehung neben der Aufklärung und Beratung durch das „*Abfragen der Meinung des Kindes*" verdeutlicht werden.[1045] Dabei verweist der Gesetzgeber darauf, dass diese Beteiligung nach den Grundsätzen der Leitbilder des Familienrechts und den Vorgaben der UN-KRK geregelt ist, hält ihre ausdrücklich Normierung für den speziellen Bereich der Gesundheitssorge jedoch offensichtlich für geboten.[1046] Dadurch wird die aktive Partizipation im Rahmen dieser speziellen medizinischen Behandlung außerhalb der innerfamiliären Entscheidungsfindung ausdrücklich normiert. Mithin bleibt trotz des vereinfachten Verfahrens das Anhörungserfordernis des Kindes für das Gericht grds. bestehen und bildet eine danebenstehende Beteiligungsmöglichkeit (vgl. §§ 167b, 159 FamFG).[1047]

2. Wirkung eines außerfamiliären Äußerungsrechts im Behandlungsprozess

Durch aktive Beteiligungsrechte erhalten Kinder und Jugendliche die Möglichkeit die eigenen Wünsche bezüglich des Behandlungsprozesses zu erläutern und sich dadurch in das Gespräch und letztlich in den Entscheidungsprozess einzubringen.[1048] Die Möglichkeit zur Äußerung gegenüber Dritten außerhalb des innerfamiliären Bereichs kann die Subjektstellung fördern und u. a. eigene Sichtweisen offerieren und den Sorgeberechtigten einen neuen Ansatz der Bedürfnisse zeigen.[1049] Die behandelnde Person kann dadurch im Zweifel besser als Kommunikationsförderer*in oder Vermittler*in bei differenzierenden Vorstellungen und Interessen dienen. Die Möglichkeit zum Äußern im Rahmen der bestehenden Aufklärungs- und Informationspflichten der §§ 630a ff. BGB fokussiert medizinisch relevante Faktoren, welche für die adäquate medizinische

---

1045 BT-Drs. 19/24686, S. 33.

1046 BT-Drs. 19/24686, S. 33; dazu auch *Deutschen Institut für Menschenrechte/Monitoring-Stelle UN-Kinderrechtskonvention*, Stellungnahme zum Entwurf eines Gesetzes zum Schutz von Kindern mit Varianten der Geschlechtsentwicklung, 2021, S. 6.

1047 BT-Drs. 19/24686, S. 34.

1048 Vgl. *Karle/Carl/Clauss*, NZFam 2014, 875 (876).

1049 Zum Sinn und Zweck der Kindesanhörung im Verfahren: *Karle/Carl/Clauss*, NZFam 2014, 875 (876).

Behandlung erforderlich sind.[1050] Diese Fakten werden in der Praxis, insbesondere bei jüngeren Kindern, häufig von den Sorgeberechtigten beigetragen werden.[1051] Das darüber hinaus notwendige ausdrücklich im Gesetz zu etablierende Äußerungsrecht nimmt insbesondere das Mitteilen eigener Vorstellungen, Fragen aber auch Ängste und Missverständnisse der minderjährigen Patient*innen in den Blick. Die sich daraus eventuelle ergebene längere Behandlungsdauer muss im Blickwinkel von Art. 4 KRK betrachtet werden. Danach haben die Vertragsstaaten alle geeigneten Gesetzgebungs-, Verwaltungs- und sonstigen Maßnahmen zur Verwirklichung der nach der KRK anerkannten Rechte zu treffen. Unter dem Blickwinkel hätten die Kostenträger diese Mehrkosten zu tragen.

Die geäußerte Meinung des Kindes bedarf anschließend keiner unmittelbaren Umsetzung, sondern einer adäquaten Würdigung im Entscheidungsprozess oder Einräumung einer Bedenk- oder Beratungszeit.[1052] *Michel* zeigt auf, dass Entscheidungsprozesse häufig nicht nur den indizierten Eingriff, wie eine Blutentnahme umfassen, sondern auch weitere Maßnahmen, bei denen der Wille des Kindes durch Äußerung Beachtung finden kann.[1053] So stellt sie exemplarisch dar, dass auch die Mitwirkung bei der Entscheidung über die Seite des Armes bei der Blutentnahme oder eine Vornahme im Sitzen oder Liegen eine Beteiligung bereits jüngerer Patient*innen gewährleisten kann.[1054] Diese Art der Äußerung des natürlichen Willens könne das Wohlbefinden im gesamten Behandlungsprozess erheblich steigern.[1055] Zudem gewährleistet ein Äußerungsrecht im außerfamiliären Bereich ein Fragerecht für die Ärzteschaft. Im Gespräch mit dem Behandelnden, außerhalb der elterlichen Kommunikationsbasis, äußert die zu behandelnde Person eventuell eher eigene bisher unberücksichtigte Umstände und erhält eine stärkere Gesprächsposition im Diskurs.[1056] Die Erfahrungen über die Abwägungen, welche mit der Entscheidungsfindung in einem Behandlungsprozess einhergehen,

---

1050 *Deutsch/Spickhoff*, Medizinrecht, IX Rn. 543; *Katzenmeier* in: BeckOK, § 630c BGB, Rn. 3.

1051 Vgl. *L. Damm/U. Habeler/W. Habeler/ U. Leiss*, Paediatr Paedolog 2014, 36 (37).

1052 Vgl. *Heußner* in: Schlegel/Voelzke, jurisPK, § 8 SGB VIII, Rn. 17; *Michel*, undKinder 2016, 59 (62).

1053 *Michel*, undKinder 2016, 59 (61).

1054 *Michel*, undKinder 2016, 59 (61).

1055 Vgl. *Rothärmel*, Einwilligung, Veto, Mitbestimmung, S. 232.

1056 *Karle/Carl/Clauss*, NZFam 2014, 875 (876); vgl. L. *Damm/U. Habeler/W. Habeler/ U. Leiss*, Paediatr Paedolog 2014, 36 (37).

können hilfreich sein, um ein späteres eigenständiges Entscheidungsmanagement zu erlernen.[1057]

II. Rechtliche Durchsetzbarkeit des Äußerungsrechts

Das Äußerungsrecht steigert die aktive Beteiligung und Mitwirkung am Behandlungsprozess, weil sich für die behandelnde Person daraus eine Fragepflicht gegenüber den Heranwachsenden unabhängig vom Vorliegen der Einwilligungsfähigkeit ergibt. Wird dieser nicht entsprochen, kann dies zu einer Pflichtverletzung gemäß § 280 Abs. 1 BGB führen.[1058] Bezüglich der Kausalität zwischen der Pflichtverletzung und dem Schadenseintritt stellen sich ähnliche Konstellationen, wie bei der Aufklärungspflichtverletzung gemäß § 630e Abs. 5 BGB.[1059] Dazu müsste im Verfahren für materielle Schadenersatzansprüche eruiert werden, welchen Einfluss der geäußerte Wille bzw. Fragen, Ängste, Unsicherheiten o. ä. der Heranwachsenden auf die Einwilligungsentscheidung gehabt hätten.[1060] Dem Grunde nach besteht die Möglichkeit immateriellen Schadenersatz gemäß § 253 Abs. 2 BGB wegen der Verletzung des Selbstbestimmungsrechts geltend zu machen.[1061] Das Äußerungsrecht soll im Weiteren nicht als Wirksamkeitsvoraussetzung der Einwilligung i.S.d. § 630d Abs. 2 BGB ausgestaltet werden.[1062] Dies könnte zu einer unnötigen Drucksituation für das Kind führen, von seinem Äußerungsrecht Gebrauch zu machen. Die Dispositionsbefugnis zur Ausübung des Beteiligungsrechts soll den Kindern und Jugendlichen verbleiben.

III. Konkrete gesetzliche Ausgestaltung der Beteiligungsrechte

1. § 630d Abs. 1 BGB in der geltenden Fassung[1063]

„Vor Durchführung einer medizinischen Maßnahme, insbesondere eines Eingriffs in den Körper oder die Gesundheit, ist der Behandelnde verpflichtet, die Einwilligung des Patienten einzuholen. Ist der Patient einwilligungsunfähig, ist

---

1057 Vgl. *Ivanits*, NZFam 2016, 7 (11).

1058 Vgl. *Spickhoff* in: Spickhoff Medizinrecht, § 630e BGB, Rn. 19.

1059 Dazu *Kreße*, MedR 2015, 91 (94 f.).

1060 Dazu *Kreße*, MedR 2015, 91 (95); *Gutmann* in: Staudinger, § 630e BGB, Rn. 171.

1061 Vgl. zum immateriellen Schadenersatzanspruch bei der Verletzung des Aufklärungsanspruchs gemäß § 630e Abs. 5 BGB: *Kreße*, MedR 2015, 91 (95); *Gutmann* in: Staudinger, § 630e BGB, Rn. 171.

1062 Anders *Rothärmel*, Einwilligung, Veto, Mitbestimmung, S. 236.

1063 Abs. 1 zuletzt geändert mit Wirkung v. 1.1.2023 durch Gesetz zur Reform des Vormundschafts- und Betreuungsrechts v. 4.5.2021, BGBl. I 12.5.2021, S. 882.

die Einwilligung eines hierzu Berechtigten einzuholen, soweit nicht eine Patientenverfügung nach § 1827 Absatz 1 Satz 1 die Maßnahme gestattet oder untersagt. Weitergehende Anforderungen an die Einwilligung aus anderen Vorschriften bleiben unberührt. Kann eine Einwilligung für eine unaufschiebbare Maßnahme nicht rechtzeitig eingeholt werden, darf sie ohne Einwilligung durchgeführt werden, wenn sie dem mutmaßlichen Willen des Patienten entspricht."

2. § 630d Abs. 1 BGB de lege ferenda

„Vor Durchführung einer medizinischen Maßnahme, insbesondere eines Eingriffs in den Körper oder die Gesundheit, ist der Behandelnde verpflichtet, die Einwilligung des Patienten einzuholen.

Ist der Patient fähig, seinen natürlichen Willen zu bilden, ist ihm die Möglichkeit einzuräumen, seine Meinung frei zu äußern. Ist der Patient minderjährig und in der Lage, Wesen, Bedeutung und Tragweite der medizinischen Maßnahme zu erkennen und seinen Willen hiernach auszurichten, ist seine Einwilligung neben der des Berechtigten erforderlich. Im Konfliktfall sind der Patient und der Berechtigte auf Beratungsmöglichkeiten hinzuweisen.

Ist der Patient einwilligungsunfähig, ist die Einwilligung eines hierzu Berechtigten einzuholen, soweit nicht eine Patientenverfügung nach § 1827 Absatz 1 Satz 1 die Maßnahme gestattet oder untersagt. [...]"

3. § 630e Abs. 5 BGB in der geltenden Fassung[1064]

„Im Fall des § 630d Abs. 1 Satz 2 sind die wesentlichen Umstände nach Abs. 1 auch dem Patienten entsprechend seinem Verständnis zu erläutern, soweit dieser aufgrund seines Entwicklungsstandes und seiner Verständnismöglichkeiten in der Lage ist, die Erläuterungen aufzunehmen, und soweit dies seinem Wohl nicht zuwiderläuft. Absatz 3 gilt entsprechend."

4. § 630e Abs. 5 BGB de lege ferenda

„[...] *Daneben ist der Patient durch den Behandelnden auf Beratungsmöglichkeiten hinzuweisen.*"

1064 Eingeführt mit Gesetz zur Verbesserung der Rechte von Patienten und Patientinnen v. 20.2.2013, BGBl. I 2013, S. 277, in Kraft seit 26.2.2013.

IV. Praktische Etablierung des Äußerungsrechts

Neben der gesetzlichen Manifestierung des Äußerungsrechts in den §§ 630a ff. BGB bedarf es seiner Etablierung in der medizinischen Praxis, um die Regelung für die Beteiligten auf Seiten der Elternschaft und der medizinischen Akteur*innen transparent und umsetzbar zu gestalten und die Subjektstellung des Kindes im Behandlungsprozess zu stärken. Dabei werden drei denkbare Ansätze aufgezeigt.

1. Beratung zur Subjektstellung des Kindes in den G-BA Richtlinien

Im Kontext der vertragsärztlichen Versorgung sind die Richtlinien des gemeinsamen Bundesausschusses (G-BA) zu beachten (vgl. § 72 Abs. 2 SGB V). Bezüglich der Behandlung von Kindern und Jugendlichen finden sich u. a. die G-BA Kinder-Richtlinie zu den ersten Früherkennungsuntersuchen U1 bis U9 bei Kleinkindern[1065] und eine weitere Richtlinie zur Jugendgesundheitsuntersuchung zwischen dem dreizehnten und vierzehnten Lebensjahr.[1066] Darin sind die genaueren Bestimmungen zur Durchführung von Früherkennungsuntersuchen bei Kindern und Jugendlichen für die Behandelnden geregelt (vgl. § 26 SGB V). Dabei stehen der Schutz und die Fürsorge des Kindes im Mittelpunkt. Mitunter sollen mögliche Gefahren für die körperliche, geistige und soziale Entwicklung der Heranwachsenden rechtzeitig diagnostiziert und abgewendet werden.[1067] Neben den Anamnese- und Untersuchungsinhalten für die Kontrollen sind in den Richtlinien jeweils Beratungsschwerpunkte zur Durchführung für die Ärzte und Ärztinnen gegenüber den Sorgeberechtigten und den Jugendlichen aufgelistet. Diese Beratungen umfassen je nach Alter verschiedene Schwerpunkte, wie die Ernährung, Medienkonsum, Kariesprophylaxe oder Hilfen zur Vermeidung gesundheitsschädlicher Verhaltensweisen.[1068] Zudem sollen Eltern auf regionale

---

1065 *Gemeinsamer Bundesausschuss*, Kinder-Richtlinie, Richtlinie zur Früherkennung von Krankheiten bei Kindern, in Kraft seit 13.7.2023.

1066 *Gemeinsamer Bundesausschuss*, Richtlinie zur Jugendgesundheitsuntersuchung, in Kraft seit 1.1.2017.

1067 *Gemeinsamer Bundesausschuss*, Kinder-Richtlinie, Richtlinie zur Früherkennung von Krankheiten bei Kindern, in Kraft seit 13.7.2023, S. 6, *Gemeinsamer Bundesausschuss*, Richtlinie zur Jugendgesundheitsuntersuchung, in Kraft seit 1.1.2017, S. 3.

1068 *Gemeinsamer Bundesausschuss*, Kinder-Richtlinie, Richtlinie zur Früherkennung von Krankheiten bei Kindern, in Kraft seit 13.7.2023, S. 12; *Gemeinsamer Bundesausschuss*, Richtlinie zur Jugendgesundheitsuntersuchung, in Kraft seit 1.1.2017, S. 4.

Unterstützungsangebote hingewiesen werden.[1069] Dieses niederschwellige Beratungsangebot seitens der Mediziner*innen könnte dahingehend erweitert werden, dass den Sorgeberechtigten die Subjektstellung des Kindes im Behandlungsprozess früh verdeutlicht und die Sensibilität bezüglich des Grundrechtseingriffs der medizinischen Behandlung geschärft wird. Das Aufzeigen von Handlungsempfehlungen, um eine gelebte Beteiligung im Familienalltag hinsichtlich von Entscheidungsfindungsprozeesen zu integrieren, ist denkbar. Dabei ist es möglich, den Eltern zum Beispiel anzuraten, bereits vor der U-Untersuchung ihr Kind in einer altersgerechten Art und Weise auf die Behandlung vorzubereiten, die Inhalte zu besprechen und sie auf ihr Äußerungsrecht im Rahmen der Behandlung hinzuweisen. Im Rahmen der Jugendgesundheitsuntersuchung könnten die Mediziner*innen neben den Hinweisen zur Gesundheitsprävention das Äußerungsrecht ebenfalls betonen und die minderjährigen Patient*innen ermutigen, Fragen und Emotionen im Behandlungsprozess offen zu kommunizieren.[1070] Das Auslegen von Informationsmaterial in den kinderärztlichen Praxen und pädiatrischen Bereichen der Kliniken wäre gleichermaßen als niederschwellige Hinweismöglichkeit hilfreich, um das Kind bereits früh aus der Objektstellung zu nehmen, zur aktiven Beteiligung zu motivieren und innerfamiliäre dialogische Prozesse zu fördern.

2. Pädiatrische Leitlinie zur kindgerechten Beteiligung der Patient*innen im Behandlungsprozess

Eine kindgerechte Beteiligung im Behandlungsprozess sollte sich stets individuell anhand der jeweiligen Bedarfe gestalten und stellt alle Beteiligten vor Herausforderungen.[1071] Neben der Feststellung der Einwilligungsfähigkeit und alters- und reifeentsprechenden Einbeziehung der Minderjährigen bedarf es einer unterstützenden Kommunikation im gesamten Behandlungs- und Entscheidungsfindungsprozess. Die Umsetzung in der Praxis setzt die nötige Qualifikation der behandelnden Mediziner*innen diesbezüglich voraus.[1072] Im Rahmen der medizinischen Behandlung schulden die Mediziner*innen ein Handeln nach den

---

1069 *Gemeinsamer Bundesausschuss*, Kinder-Richtlinie, Richtlinie zur Früherkennung von Krankheiten bei Kindern, in Kraft seit 13.7.2023, S. 12.

1070 Vgl. *Gemeinsamer Bundesausschuss*, Richtlinie zur Jugendgesundheitsuntersuchung, in Kraft seit 1.1.2017, S. 4.

1071 Dazu auch Besonderheiten in der Kommunikation mit Kindern und Jugendlichen: *L. Damm/U. Habeler/W. Habeler/ U. Leiss*, Paediatr Paedolog 2014, 36 (37).

1072 Vgl. auch L. *Damm/U. Habeler/W. Habeler/ U. Leiss*, Paediatr Paedolog 2014, 36 (40); *BMFSFJ/DBJR*, Qualitätsstandards für Kinder- und Jugendbeteiligung, S. 35.

fachlich anerkannten Standards (§ 630a Abs. 2 BGB). Diese sind nicht gesetzlich definiert, sondern bedürfen einer Konkretisierung anhand der konkreten Behandlungssituation im maßgeblichen Zeitpunkt. Dabei bilden Leitlinien der Fachgesellschaften eine Orientierung bzw. Anhaltspunkte zur Beurteilung der Standards und gewährleisten eine Art Qualitätssicherungsfunktion ärztlicher Behandlung.[1073] Sie können den Mediziner*innen strukturierte Handlungsvorgänge aufzeigen und dadurch zur Rechtssicherheit für die Akteur*innen beitragen.[1074] In diesem Bereich könnte eine Leitlinie die Behandelnden bei der Umsetzung zur Einbeziehung der minderjährigen Patient*innen unterstützen und angemessene Handlungsanweisen im Rahmen der Aufklärung, Information, Assistenz und Gewährleistung des Äußerungsrechts aufzeigen, um die Kommunikation zu verbessern. Vorbildgeber im Bereich der genetischen Diagnostik sind die Handlungsempfehlungen der EURAT zur Weitergabe genetischer Zusatzbefunde Minderjähriger.[1075] Damit werden Empfehlungen für den Bereich der medizinischen Behandlung bezüglich der Gewährleistung der Selbstbestimmung von Kindern und Jugendlichen im Verhältnis zum Elternrecht und Abwägungskriterien zur Feststellung des Kindeswohls gegeben. Ein starkes Gewicht liegt mitunter auf der Partizipation des Kindes durch Mitwissen und Mitreden unabhängig vom Vorliegen der freien Willensbildung als ethischer Rahmen für die Gestaltung von Entscheidungsprozessen.[1076]

Als verbindliche Handlungsempfehlungen für den medizinischen Standard dienen Leitlinien der Arbeitsgemeinschaft der Wissenschaftlichen Medizinischen Fachgesellschaften (AWMF).

a) Interdisziplinäre S2k-Leitlinie *„Einwilligung von Menschen mit Demenz in medizinische Maßnahmen“*

Die interdisziplinäre S2k-Leitlinie für die medizinische Praxis der AWMF) mit Stand 31.10.2019 dient als Handreichung bei der Sicherung der Handlungsfähigkeit

---

1073 *Laufs/Katzenmeier/Lipp*, Arztrecht, X Rn. 10; näher: *Damm*, Zeitschrift für Rechtssoziologie 2017, 337 (349); zur Indizwirkung von Leitlinien: *Spickhoff* in: Spickhoff Medizinrecht, § 630a BGB, Rn. 40; BT-Drs. 17/10488, S. 19.

1074 *Klasen/Klasen*, jM 2020, 398 (402).

1075 *EURAT*, Stellungnahme zur Weitergabe genetischer Zusatzbefunde Minderjähriger, 2023.

1076 *EURAT*, Stellungnahme zur Weitergabe genetischer Zusatzbefunde Minderjähriger, 2023, S. 59.

von Menschen mit Demenz.[1077] Darüber hinaus gibt sie den Behandelnden u. a. Empfehlungen zur Gestaltung von Entscheidungsprozessen unter der hinreichenden Partizipation der Patient*innen und Assistenz.[1078] Die Leitlinie zielt darauf ab, die Autonomie der Patient*innen zu stärken und die ethische und rechtliche Qualität der Entscheidungen bezüglich der Einwilligung in den medizinischen Eingriff zu fördern.[1079] Den Akteur*innen in der medizinischen und pflegerischen Versorgung werden dazu u. a. studienbasierte Handlungsempfehlungen im Umgang und zur Unterstützung der Patient*innen im Entscheidungsprozess aufgezeigt.[1080] So wird das Gestalten einer wertschätzenden Kontextgestaltung als beteiligende Maßnahme anhand von konkreten Verhaltensweisen thematisiert.[1081] Dabei werden das persönliche Ansprechen der Patient*innen oder das Fragen nach Wünschen und Bedürfnissen genannt. Das Setting wird als weiterer Einflusspol des Kommunikationsprozesses zwischen den zu behandelnden Personen und den Medizinier*innen dargestellt.[1082] Dazu wird ausgeführt inwiefern sich soziale Umwelten, z. B. die Anwesenheit von Vertrauenspersonen oder die räumliche Umwelt auswirken können.[1083] Die interdisziplinäre S2k-Leitline offeriert die Möglichkeiten von Einflussfaktoren auf den Kommunikationsprozess in der Behandlung und kann Impulsgeber für den pädiatrischen Bereich sein, um das rechtlich zu etablierende Äußerungsrechts in der praktischen Umsetzung zu fördern.

1077 *DGGG/DGPPN/DGN*, S2k-AWMF-Leitlinie 108-001 „Einwilligung von Menschen mit Demenz in medizinische Maßnahmen“, 2019, gültig bis 30.10.2024, S. 11, S. 53 ff.

1078 *DGGG/DGPPN/DGN*, S2k-AWMF-Leitlinie 108-001 „Einwilligung von Menschen mit Demenz in medizinische Maßnahmen“, 2019, gültig bis 30.10.2024, S. 70 ff.

1079 So *DGGG/DGPPN/DGN*, S2k-AWMF-Leitlinie 108-001 „Einwilligung von Menschen mit Demenz in medizinische Maßnahmen“, 2019, S. 11.

1080 *DGGG/DGPPN/DGN*, S2k-AWMF-Leitlinie 108-001 „Einwilligung von Menschen mit Demenz in medizinische Maßnahmen“, 2019, S. 13 f.

1081 *DGGG/DGPPN/DGN*, S2k-AWMF-Leitlinie 108-001 „Einwilligung von Menschen mit Demenz in medizinische Maßnahmen“, 2019, S. 73.

1082 *DGGG/DGPPN/DGN*, S2k-AWMF-Leitlinie 108-001 „Einwilligung von Menschen mit Demenz in medizinische Maßnahmen“, 2019, S. 77; dazu näher *Haberstroh/Tesky/Pantel*, Zeitschrift für Gerontologie und Geriatrie 2021, 167.

1083 *DGGG/DGPPN/DGN*, S2k-AWMF-Leitlinie 108-001 „Einwilligung von Menschen mit Demenz in medizinische Maßnahmen“, 2019, S. 77 ff.; dazu näher *Klasen/Klasen*, jM 2020, 398 (400).

b) S3-Kinderschutzleitlinie

Die Kinderschutzleitlinie[1084] zeigt ebenfalls Handlungsempfehlungen bei der Etablierung und Ausübung von Partizipation minderjähriger Patient*innen. Dem Grunde nach zielt die Leitlinie aus dem Jahr 2019 darauf ab, verschiedene Versorgungsbereiche über die Medizin hinaus anzusprechen und den Akteur*innen Handlungsempfehlungen zum Schutz und zur Förderung von Kindern und Jugendlichen zu geben.[1085] Dabei stehen das Erkennen, Feststellen und Sichern von Kindesmisshandlung, -vernachlässigung und sexuellem Missbrauch unter Einbindung der Jugendhilfe und Pädagog*innen im Fokus. Für diese Bearbeitung wird lediglich der Ansatz der Partizipation der Minderjährigen im Kinderschutzverfahren aufgegriffen.

Im Rahmen des medizinischen Kinderschutzes sollen die minderjährigen Patient*innen bei Entscheidungen im Kontext einer potenziellen Kindeswohlgefährdung beteiligt werden.[1086] Dazu sollen sie u. a. die Möglichkeit erhalten, mitzudenken und mitzureden.[1087] Im Konkreten bedeutet dies nach Nr. 3 der evidenzbasierten Handlungsempfehlungen mit Empfehlungsgrad A und einem Konsens von 100%:

> *„Kinder und Jugendliche sollen* die Möglichkeit bekommen, ihre Gefühle, Meinungen oder Wünsche in Bezug auf eine Behandlung, Unterbringung, polizeiliche Anzeige und darauf, welche nächsten Schritte während des Kinderschutzverfahrens auftreten, äußern."*

Die Leitlinie zeigt dazu Anregungen für Fachkräfte im Gespräch mit den Minderjährigen auf, um ihnen eine Beteiligung zu ermöglichen. Dazu gehören u. a. das

---

1084 *DGKJ/DGKCH/DGSPJ*, S3- Leitlinie Kindesmisshandlung, -missbrauch, -vernachlässigung unter Einbindung der Jugendhilfe und Pädagogik (Kinderschutzleitlinie) zuletzt geändert am 3.1.2022 aufgrund des in Krafttretens des Gesetzes zur Stärkung von Kindern und Jugendlichen, gültig bis 31.1.2024 (derzeit in Überarbeitung).

1085 *DGKJ/DGKCH/DGSPJ*, S3- Leitlinie Kindesmisshandlung, -missbrauch, -vernachlässigung unter Einbindung der Jugendhilfe und Pädagogik (Kinderschutzleitlinie), S. 11.

1086 *DGKJ/DGKCH/DGSPJ*, S3- Leitlinie Kindesmisshandlung, -missbrauch, -vernachlässigung unter Einbindung der Jugendhilfe und Pädagogik (Kinderschutzleitlinie), S. 52.

1087 *DGKJ/DGKCH/DGSPJ*, S3- Leitlinie Kindesmisshandlung, -missbrauch, -vernachlässigung unter Einbindung der Jugendhilfe und Pädagogik (Kinderschutzleitlinie), S. 57.

aktive Zuhören, das Verwenden lassen der eigenen Sprache, das Zeitlassen beim Sprechen und das Vorbereiten des Kindes auf das weitere Vorgehen.[1088]

3. Qualitätsstandards für Kinder- und Jugendbeteiligung im medizinischen Bereich

Im Weiteren kann das Formulieren von Qualitätsstandards für die Beteiligung von Kindern und Jugendlichen an Entscheidungsprozessen im Rahmen der medizinischen Behandlung zur Förderung der Gewährleistung von Partizipation beitragen. Das Bundesministerium für Familie, Senioren, Frauen und Jugend (BMFSFJ) und der deutsche Bundesjugendring (DBJR) haben 2022 erneut Qualitätsstandards für die Kinder- und Jugendbeteiligung zur Weiterentwicklung in Theorie und Praxis für pädagogische Handlungsfelder entwickelt.[1089] Darin werden neben allgemeinen Qualitätsstandards praxisorientierte Beiträge für pädagogische Handlungsfelder, die digitale Beteiligung und die Partizipation von Kindern und Jugendlichen auf kommunaler, Landes-, Bundes- und europäischer/internationaler Ebene betrachtet. Dadurch sollen Beteiligungsprozesse ermöglicht und eine Weiterentwicklung dieser in der Gesellschaft angeregt werden.[1090] Bezogen auf die Förderung von Beteiligung im innerfamiliären Bereich konzentrieren sich die Qualitätsstandards auf die Anwendung durch Fachkräfte und die Ausgestaltung einer adäquaten Etablierung und Sensibilisierung von Partizipation in ausgeübten und zur Verfügung zu stellenden Beratungs- und Unterstützungsangeboten für Eltern.[1091] Hinsichtlich der einzelnen Handlungsfelder werden für die Fachkräfte konkrete Handlungsempfehlungen zur Umsetzung von Beteiligung aufgezeigt. Für das Personal von Schulen wird dargelegt, dass Fort- und Weiterbildungsmaßnahmen zu Beteiligungsformaten für Schulleiter*innen und Lehrkräfte verbindlich sind.[1092] Diese wissenschaftsbasierte Herangehensweise könnte auf den medizinischen Bereich hinsichtlich praxisorientierter Handlungsanweisungen und Weiterbildungsmöglichkeiten für eine kindeswohlgerechte Rechtsgewährleistung übertragen werden.

1088 So *DGKJ/DGKCH/DGSPJ*, S3- Leitlinie Kindesmisshandlung, -missbrauch, -vernachlässigung unter Einbindung der Jugendhilfe und Pädagogik (Kinderschutzleitlinie), S. 208.

1089 *BMFSFJ/DBJR*, Qualitätsstandards für Kinder- und Jugendbeteiligung, 2023.

1090 So *BMFSFJ/DBJR*, Qualitätsstandards für Kinder- und Jugendbeteiligung, S. 12.

1091 *BMFSFJ/DBJR*, Qualitätsstandards für Kinder- und Jugendbeteiligung, S. 46.

1092 *BMFSFJ/DBJR*, Qualitätsstandards für Kinder- und Jugendbeteiligung, S. 61.

B) Zusammenfassung und Darstellung des Entscheidungsfindungsprozesses – unabhängig von der Einwilligungsfähigkeit – zur Einwilligung nach § 630d BGB

Eine Beteiligung bedarf einer hinreichenden passiven und aktiven Partizipation am Entscheidungsfindungs- und umsetzungsprozess zwischen allen Beteiligten. Es soll den Heranwachsenden die Möglichkeit gegeben werden, ihre Sichtweisen und Gefühle bezüglich der bestehenden Behandlungssituation über den innerfamiliären Raum hinaus mitzuteilen und somit gestaltenden Einfluss auf die Entscheidung nehmen zu können.[1093] Durch die Normierung des Äußerungsrechts im Behandlungsprozess in § 630d Abs. 1 BGB kann das Selbstbestimmungsrecht von Kindern und Jugendlichen unabhängig von der eigenen rechtlichen Handlungsfähigkeit hinreichend gewährleistet werden und Berücksichtigung finden.[1094] Die geäußerte Meinung des Kindes bedarf dazu keiner unmittelbaren Umsetzung, sondern einer adäquaten Würdigung im Entscheidungsprozess.[1095]

Dieses Abrücken vom Gedanken eines Dilemmas zwischen Fremd- und Selbstbestimmung kann auch ein angemessenes Rangverhältnis zwischen Art. 6 GG und dem Selbstbestimmungsrecht der minderjährigen Patient*innen fördern. Die Kompetenzen zur Mitwirkung der Kinder und Jugendlichen sind dabei im Spiegel des § 1626 Abs. 2 BGB zu bewerten. Eine höhere Einbeziehung in die Entscheidungsfindung ersetzt zwar keine rechtfertigende Einwilligung gemäß § 630d BGB, führt jedoch zu einer Gewährleistung einer höheren Privatautonomie und nimmt der Einwilligungsfähigkeit ihre Gestalt als harte Trennlinie. Sowohl die Aufklärung gegenüber den Sorgeberechtigten über die Subjektstellung des Kindes und dessen Anspruch auf Mitwirkung in den ersten Vorsorgeuntersuchungen als auch die Handreichung von Handlungsempfehlungen für die praktizierenden Akteur*innen kann das Selbstbestimmungsrecht neben der gesetzlichen Etablierung des Äußerungsrechts stärken. Vertiefte Lehrinhalte zum Thema Mitbestimmung in der medizinischen Ausbildung könnten den Umgang und das Selbstverständnis für die Teilnahme von Kindern und Jugendlichen im Entscheidungsfindungsprozess über die Vornahme der medizinischen Maßnahme fördern und dessen Etablierung voranbringen.[1096] Eine Finanzierung dieser rechtsstärkenden Ansätze ist nach Maßgabe von Art 4 KRK geboten.

1093 Vgl. *Ivanits*, NZFam 2016, 7 (11).

1094 Vgl. *Rohmann*, FPR 2013, 464 (465).

1095 Vgl. *Heußner* in: Schlegel/Voelzke, jurisPK, § 8 SGB VIII, Rn. 17; *Michel*, undKinder 2016, 59 (62).

1096 So auch *L. Damm/U. Habeler/W. Habeler/ U. Leiss*, Paediatr Paedolog 2014, 36.

Abbildung 1: Bestehende Äußerungsmöglichkeiten im Gesetz und mögliche rechtliche und praktische Ansätze zur Umsetzung von Art. 12 UN-KRK, 15.10.2024.

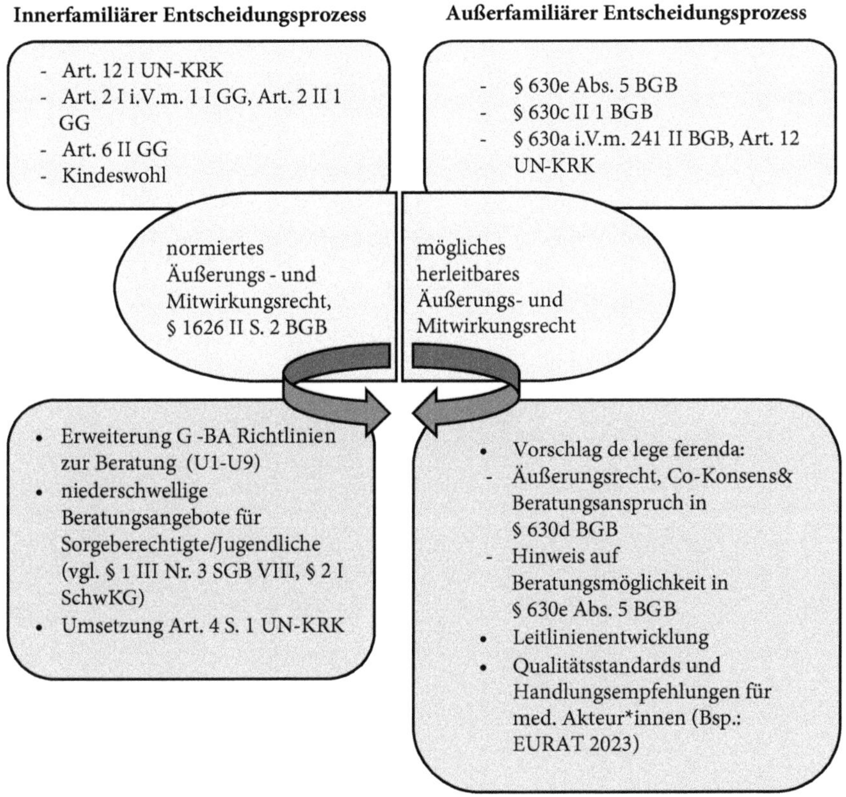

Quelle: Eigene Darstellung.

Kapitel 8: Fazit, Schlussthesen, Forschungsbedarf

A) Fazit

Die Einwilligungsfähigkeit als medizinrechtliche Handlungsfähigkeit kann nicht als alleiniges Kriterium für die Beteiligung von Kindern und Jugendlichen an den Entscheidungsprozessen der Gesundheitsversorgung während und vor der Behandlung herangezogen werden. Insbesondere die Schwierigkeiten und Unsicherheiten bei deren Feststellung führen in der Praxis häufig zum Abstellen auf eine Entscheidung der Sorgeberechtigten, ohne die Selbstbestimmung der minderjährigen Patient*innen hinreichend zu achten. Um den Druck von dieser strikten Trennlinie als Autonomiegeberin zur Entscheidungskompetenz zu nehmen, bedarf es partizipativer Ansätze, welche unabhängig von der Fähigkeit zur freien Willensbildung gesetzt sind.

Der Begriff Beteiligung verdeutlicht einen dialogischen Prozess des Austausches zwischen Kindern und Erwachsenen unter angemessener Berücksichtigung des Geäußerten und dessen Einfluss auf das Kindeswohl. Die UN-KRK sieht dabei in Art. 12 Abs. 1 ausdrücklich die altersunabhängige Beteiligung von Kindern und Jugendlichen in Angelegenheiten, die sie berühren, vor, wobei die medizinische Behandlung als solche kategorisiert wurde. Ihnen muss grundsätzlich die Möglichkeit eingeräumt werden, in Entscheidungsprozessen u. a. ihre Meinung, Gefühle, Wünsche und Ängste auf Grundlage hinreichender Informationen frei zu äußern. Nur auf diesem Weg können sie erlernen, wie ein bewusster, selbstbestimmter und reflektierter Umgang mit der eigenen Gesundheitsversorgung umzusetzen ist.

Damit ist sowohl völker- als auch verfassungsrechtlich eine rechtliche Verankerung der Beteiligung minderjähriger Patient*innen unabhängig von deren Einsichts- und Urteilsfähigkeit in den Kommunikationsprozessen hinsichtlich medizinischer Behandlungen geboten.

Im Weiteren ergibt sich aus den Erörterungen, dass die vollständige Verdrängung des Elternrechts ab Vorliegen der Einwilligungsfähigkeit verfassungsrechtlich nicht angemessen ist und dem familiären Beziehungskonstrukt nicht gerecht wird. Basierend auf einem kumulativen Einwilligungserfordernis sollte der innerfamiliäre Dialog durch die Beachtung der Wünsche des Kindes und dessen Unterstützung in der eigenständigen Entscheidungsfindung gefördert werden. Innerhalb dessen muss mit steigendem Alter und Reife das Erziehungs- und

Sorgerecht der Eltern angemessen zurücktreten und die wachsende Befähigung zum selbstbestimmten Handeln Berücksichtigung finden. Eine Assistenz im Sinne einer Unterstützung im Entscheidungs- und Gesprächsprozess über die Konstellation zwischen Sorgeberechtigten und Minderjährigen hinaus kann sowohl bei Konflikten als auch bei Unsicherheiten hilfreich sein und die Autonomie stärken. Darüberhinausgehende diverse Beratungsmöglichkeiten sollten durch die Behandelnden aufgezeigt werden. Durch den kumulativen Ansatz ergibt sich zudem ein Gleichlauf zum in dieser Arbeit gesetzten Verständnis des Abschlusses des Behandlungsvertrages, wonach dieser grds. sowohl für gesetzlich als auch privatversicherte Patient*innen nur mit Zustimmung der Sorgeberechtigten möglich ist.

Die Analysen des Erwachsenschutzrechts dienten in dieser Arbeit als Impulsgeber für die Stärkung der Rechte von Kindern und Jugendlichen auf Grundlage des natürlichen Willens sowohl im Innen- als auch im Außenverhältnis der Entscheidungsfindung. Um Art. 12 UN-BRK gerecht zu werden, wurden die Beachtung der Wünsche der Betroffenen und der Assistenzgedanke zum zentralen Maßstab des dargestellten Reformvorhabens des Betreuungs- und Vormundschaftsrechts. Eine konventionskonforme Umsetzung erfordert dabei, dass die rechtliche Handlungsfähigkeit des Einzelnen gefördert und durch Unterstützung im Rahmen einer assistierten Entscheidungsfindung gewährleistet wird. Zielgedanke ist es, die Betroffenen an eine eigenständige Entscheidungsfindung im Rahmen der medizinischen Behandlung heranzuführen und damit Assistenz vor Vertretung umzusetzen und Selbstbestimmung durch Fürsorge zu effektivieren. Die Orientierung an den Wünschen der Betroffenen beim Handeln der Betreuungsperson vermittelt dem natürlichen Willen grds. unmittelbare Umsetzung. Diese Ansätze nehmen der Einwilligungsfähigkeit ihre Gestalt als harte Trennlinie für die Entscheidungsgewalt zur Einwilligung in die medizinische Maßnahme. In diesem Kontext zeigen sich insbesondere die Besprechungspflicht des § 1821 Abs. 5 BGB und der sog. Überzeugungsversuch gemäß § 1832 Abs. 1 Satz 1 Nr. 4 BGB als aktive Beteiligungsformen zur Stärkung von Autonomie und schaffen den Zugang zum Dialog. Gerichtliche Genehmigungsvorbehalte im Rahmen freiheitsentziehender Maßnahmen und medizinischer Zwangsbehandlungen etablieren zusätzliche gerichtliche Kontrollmöglichkeiten im Erwachsenenschutzrecht, ob dem Willen der erkrankten Person durch die Entscheidung der Betreuer*innen hinreichend Rechnung getragen wurde. In diesem verfahrensrechtlichen Kontext wird die aktive Beteiligung der Betroffenen durch die Anhörung im Unterbringungsverfahren außerhalb des Betreuungsverhältnisses zusätzlich gewährleistet und die Selbstbestimmung im Weiteren gestärkt (§§ 312, 319 FamFG).

Zur Feststellung, ob die Partizipation der Heranwachsenden im Entscheidungsprozess unabhängig von der Einwilligungsfähigkeit bezüglich des medizinischen Eingriffs bereits rechtlich hinreichend Berücksichtigung findet, wurden in dieser Arbeit im Weiteren zwei verschiedene Kommunikationsbereiche betrachtet. Zum einen der innerfamiliäre zwischen den Sorgeberechtigten und den Minderjährigen und zum anderen der außerfamiliäre zwischen Patient*innen und den Behandelnden. Die Untersuchungen haben ergeben, dass der innerfamiliäre Bereich durch die Regelung des § 1626 Abs. 2 BGB eine Beteiligung der Kinder und Jugendlichen reifeentsprechend und kinderrechtskonventionskonform vorsieht. Dabei ist die innerfamiliäre Besprechungspflicht zwischen den Sorgeberechtigten und ihren Kindern, welche aus §§ 1626 Abs. 2, 1618a BGB hergeleitet wurde, als Assistenz zur Förderung der eigenen Handlungsfähigkeit betrachtet worden. Damit enthält § 1626 Abs. 2 BGB den Grundgedanken der assistierten Entscheidungsfindung, eröffnet gleichermaßen die Möglichkeit zur Verbalisierung und Berücksichtigung des Willens durch Mitsprache und Äußerung gegenüber den Eltern. Die Sorgeberechtigten sind damit im Entscheidungsfindungsprozess bezüglich der Einwilligung oder Ablehnung der Vornahme eines medizinischen Eingriffs nicht unmittelbar an die Wünsche des Kindes gebunden, obgleich haben sie diese zu ermitteln und hinreichend bei der Entscheidungsfindung im Gesundheitsbereich zu berücksichtigen (§§ 1626 Abs. 2, 1631 BGB). In der Kommunikationsbeziehung außerhalb des familiären Bereichs lassen sich Beteiligungsrechte auf Basis des natürlichen Willens der Kinder und Jugendlichen mit dem Fokus auf Mitdenken und Mitwissen wiederum in den §§ 630e Abs. 5 und 630c Abs. 2 BGB eruieren und ein Äußerungsrecht in völkerrechtskonformer Auslegung aus § 241 Abs. 2 BGB herleiten. Bei Entscheidungen der Sorgeberechtigten mit erheblichem Eingriffspotenzial in die personenbezogenen Rechte des Kindes, wie der freiheitsentziehenden Unterbringung, offerieren ebenfalls gerichtliche Genehmigungsvorbehalte die Äußerungsmöglichkeit des Kindes im gerichtlichen Verfahren und die Überprüfung der elterlichen Entscheidung zu Gunsten des Kindeswohls (vgl. § 1631b Abs. 1 BGB; § 167 Abs. 1 Satz 1 i.V.m. § 319 FamFG). Die Einwilligung in operative Eingriffe an den inneren oder äußeren Geschlechtsmerkmalen des nicht einwilligungsfähigen Kindes i.S.d. § 1631e Abs. 2 BGB bedarf der Genehmigung des Familiengerichts. Hervorgehoben wurde für diesen speziellen medizinischen Bereich § 1631e Abs. 5 Satz 1 BGB. Dieser regelt in Nr. 7, dass das Votum der zum operativen Eingriff an Kindern mit Varianten der Geschlechtsentwicklung stellungnehmenden Kommission abbilden soll, inwieweit das Kind in der Lage ist, sich eine Meinung zu bilden und zu äußern und ob der geplante Eingriff seinem Willen entspricht. Dadurch ist eine aktive Beteiligung der Heranwachsenden auf

Basis des natürlichen Willens außerfamiliär ausdrücklich gefordert und zeigt die Intension des Gesetzgebers, die Teilnahme von Kindern und Jugendlichen rechtlich zusätzlich zu betonen. Der Blick in die medizinischen Spezialgesetze zeigte, dass diese ebenfalls aktive Teilnahmemöglichkeiten außerhalb des familiären Bereichs und unabhängig von der Einwilligungsfähigkeit vorsehen (§ 40b Abs. 3 Satz 2 AMG, § 8a Satz 1 Nr. 4 TPG). Das Familienrecht und die §§ 630a ff. BGB sehen darüber hinaus für die allgemeine medizinische Behandlung keine ausdrücklichen Äußerungsrechte im Außenbereich gegenüber den behandelnden Personen für Kinder und Jugendliche unabhängig von der freien Willensbildungsfähigkeit vor. Getragen von dem Grundgedanken, die Sorgeberechtigten nicht als Alleinentscheider und andererseits die Jugendlichen nicht stets vollständig autonom zu betrachten, entwickelt sich ein Verständnis der Sorgeberechtigten und Behandler*innen als Begleiter*innen in einem Kommunikations- und Entscheidungsfindungsprozess, um der wachsenden Autonomie des Kindes gerecht zu werden. Dabei wurde für die betrachteten rechtlichen Grundkonzepte zur Beteiligung auf Basis des natürlichen Willens die rechtliche Normierung eines Äußerungsrechts in § 630d BGB gesetzt, um die völkerrechtlichen Anforderungen für die beteiligten Akteur*innen zu verdeutlichen und eine Gewährleistung zu sichern. Dadurch erfolgt über ein Mitwissen und Mitdenken ein Mitreden in konventionskonformer Umsetzung. Durch die Äußerung können Ängste, Unsicherheiten, Erfahrungen und/oder ein nötiger Unterstützungsbedarf eruiert und aufgezeigt werden. Dabei tritt die aktive Beteiligung durch die Möglichkeit zur Äußerung neben die der Information (vgl. dazu auch § 159 Abs. 4 FamFG).

Im besonderen Maße wurde aufgezeigt, wie die Etablierung dieses Äußerungsrechts in der pädiatrischen Praxis umgesetzt werden kann. Im Idealfall basiert die Entscheidungsfindung über die Zustimmung oder Ablehnung eines medizinischen Eingriffs somit auf mehreren dialogischen Prozessen unter aktiver und passiver Teilnahme zwischen den Heranwachsenden, Sorgeberechtigten und den weiteren beteiligten Akteur*innen des Behandlungsprozesses.

B) Schlussthesen

1. Der Begriff Beteiligung verdeutlicht im Rechtlichen einen dialogischen Prozess des Austausches zwischen Kindern und Erwachsenen unter angemessener Berücksichtigung des Geäußerten bei zu treffenden Entscheidungen. Das Mitreden als Äußerungsrecht stellt dabei eine aktive Beteiligungsform dar.

2. Verfassungsrechtlich ist Kindern als Rechtssubjekt ein Selbstbestimmungsrecht bezüglich ihrer persönlichen Belange aus Art. 2 Abs. 1 GG und der

Achtung der Menschenwürde gemäß Art. 1 Abs. 1 GG eingeräumt und gewährleistet dabei für die Minderjährigen ein Recht auf angemessene Beteiligung bei sie berührenden Angelegenheiten.

3. Art. 12 Abs. 1 UN-KRK sichert Kindern altersunabhängig ein Recht auf Beteiligung durch die Möglichkeit der freien Meinungsäußerung in allen das Kind berührenden Angelegenheiten zu und statuiert, dass die Meinung angemessen im Entscheidungsprozess berücksichtigt werden soll. Die medizinische Behandlung ist als solche Angelegenheit zu kategorisieren.

4. Der Abschluss des Behandlungsvertrages ist sowohl für privat- als auch gesetzlich versicherte Minderjährige nicht lediglich rechtlich vorteilhaft i.S.d. § 107 BGB. Die Obliegenheit gemäß § 630c Abs. 1 BGB stellt einen rechtlichen Nachteil für die Heranwachsenden dar. Diese Verpflichtung gegen sich selbst konstruiert ungeprüft, dass minderjährige Patient*innen die nötige geistige Reife und Urteilsfähigkeit besitzen, die Notwendigkeit und den Umfang des „*Compliance-Gedankens*" zu überblicken und ihr Handeln daran anzupassen. Diese Herangehensweise wird dem Minderjährigenschutz der §§ 106 ff. BGB nicht hinreichend gerecht.

5. Die Abgabe der Willenserklärung zum Abschluss des Behandlungsvertrages (§§ 104 ff. BGB) und die Willensäußerung zur Rechtfertigung des medizinischen Eingriffs (§ 630d BGB) sind deutlich voneinander zu trennen und müssen gesondert vorliegen. Allerdings stehen diese gleichwohl in einem engen Verhältnis zueinander, welches eine Gesamtbetrachtung bezüglich der rechtlichen Folgen im Rahmen des § 107 BGB erfordert. Die unmittelbar bevorstehende Rechtsgutbeeinträchtigung der körperlichen Unversehrtheit (Art. 2 Abs. 2 GG), der freien Entfaltung der Persönlichkeit (Art. 2 Abs. 1 GG) und Achtung der Würde (Art. 1 Abs. 1 GG) im Kontext des Abschlusses des Behandlungsvertrages stellen einen rechtlichen Nachteil für die zu behandelnde Person dar.

6. Eine teleologische Reduktion des § 110 BGB als Ausschluss der Anwendung auf den Abschluss des Behandlungsvertrages ist nicht geboten, da er seine Grenzen bereits im Erziehungsrecht der Sorgeberechtigten und den Schutzgedanken der §§ 106 ff. BGB findet.

7. Die Feststellung der Einwilligungsfähigkeit von Kindern und Jugendlichen kann nicht an starre Altersgrenzen oder an altersorientierte Vermutungsregelungen geknüpft werden. Diese können der Individualität der medizinischen Maßnahme, der Ausprägung der geistigen Entwicklung der

Patient*innen und der sozialen und emotionalen Einflussfaktoren, wie z. B. Angst, Unsicherheit, Erfahrung oder Unterstützung nicht gerecht werden. Die Einzelfallentscheidung/-betrachtung kann die angemessene Beurteilung bestmöglich gewährleisten.

8. Kriterien zur Beurteilung der Einwilligungsfähigkeit (z. B. Dringlichkeit, Intensität des Eingriffs) können als Orientierungshilfen herangezogen werden. Eine Leitlinie zur Ermittlung der Einwilligungsfähigkeit in der konkreten Behandlungssituation, wie sie für die Behandlung Demenzerkrankter geschaffen wurde, um die ethische und rechtliche Qualität der Entscheidungen bezüglich der Einwilligung in den medizinischen Eingriff zu fördern, könnte diese inkludieren (vgl. S2k-AWMF-Leitlinie 108-001 *„Einwilligung von Menschen mit Demenz in medizinische Maßnahmen“*, 2019, gültig bis 30.10.2024).
9. Bei vorliegender Einwilligungsfähigkeit der minderjährigen Patient*innen ist ein kumulatives Einwilligungserfordernis zwischen ihnen und ihren Sorgeberechtigten zur Rechtfertigung des Eingriffs i.S.d. § 630d Abs. 1 BGB erforderlich.
10. Aus dem kumulativen Ansatz ergibt sich bei Vorliegen der Einwilligungsfähigkeit ein Äußerungsrecht der heranwachsenden Patient*innen im außerfamiliären Bereich gegenüber der behandelnden Person.
11. In Konfliktsituationen zwischen den einwilligungsberechtigten Patient*innen und Sorgeberechtigten oder Unsicherheiten ist ihnen ein Zugang zu Beratungsangeboten und/oder einer Beratungszeit durch die Behandelnden aufzuzeigen.
12. Das Erwachsenenschutzrecht dient als Impulsgeber, der Einwilligungsfähigkeit die *„scharfe Trennlinie“* zur Beachtung und Gewährleistung von Selbstbestimmung zu nehmen und eine davon unabhängige Beteiligung am Entscheidungsprozess für Kinder und Jugendliche zu gewährleisten.
13. Das Modell der assistierten Entscheidungsfindung stärkt die Autonomie der betreuten Personen durch Partizipation am Entscheidungsprozess und Förderung der eigenen rechtlichen Handlungsfähigkeit durch Anhörung und Diskurs.
14. Die Besprechungspflicht gemäß § 1821 Abs. 5 BGB und der sog. Überzeugungsversuch gemäß § 1832 Abs. 1 Satz 1 Nr. 4 BGB fördern den Diskurs unabhängig von der freien Willensbildung als aktive Teilnahmeformen.

15. Die Orientierung der Entscheidung der Betreuer*innen an den Behandlungswünschen auf Basis des freien und natürlichen Willens fördert die Gewährleistung des Selbstbestimmungsrechts (vgl. §§ 1821 Abs. 2, 1827, 1828 BGB).
16. Aus §§ 1626 Abs. 2, 1618a BGB lässt sich ein innerfamiliäres Äußerungs- und Mitwirkungsrecht der Kinder und Jugendlichen unabhängig vom freien Willen im Entscheidungsfindungsprozess ableiten.
17. Im familienrechtlichen Leitgedanken des § 1626 Abs. 2 BGB ist ebenfalls eine assistierte Entscheidungsfindung angelegt. Er normiert eine Beratung und Unterstützung durch die Sorgeberechtigten bei der Informationsermittlung und -verarbeitung, um Minderjährigen eine eigene Entscheidungsfindung zu ermöglichen und sie zur freien Willensbildung zu befähigen.
18. Gemäß § 630e Abs. 5 BGB tritt die Aufklärung der Einwilligungsunfähigen neben die der berechtigten Person. Damit ist eine Art der Teilnahme durch Mitwissen und Mitdenken der Patient*innen unabhängig vom Vorliegen der freien Willensbildung bereits gesetzlich etabliert.
19. Ein rechtlich verankertes außerfamiliäres Äußerungsrecht, welches in § 630d BGB gesetzt wird, kann die Rechte der Minderjährigen zusätzlich fördern, innerfamiliäre Dialoge anregen, Unterstützungsbedarfe aufzeigen und als von der konkreten Handlungsfähigkeit unabhängige Beteiligung den verfassungs- und völkerrechtlichen Anforderungen gerecht werden.
20. Die praktische Etablierung des Äußerungsrechts kann durch eine Erweiterung der Beratungsschwerpunkte in den bestehenden pädiatrischen G-BA Richtlinien (Kinder-Richtlinie zu den ersten Früherkennungsuntersuchungen U1 bis U9 bei Kleinkindern; Richtlinie zur Jugendgesundheitsuntersuchung zwischen dem dreizehnten und vierzehnten Lebensjahr) erreicht werden. Dabei sind die Subjektstellung und das Mitspracherecht der Heranwachsenden fokussiert.
21. Das Entwickeln von Leitlinien und Formulieren von Qualitätsstandards für die praktizierenden Akteur*innen zur Kinder- und Jugendbeteiligung im medizinischen Bereich können die Subjektstellung fördern.

C) Forschungsbedarf

De facto zeigt die aktuelle Diskussion in Wissenschaft und Praxis über die Verbesserung der Stellung von Patienten und Patientinnen im Rahmen eines „*Patientenrechtegesetzes 2.0*“ deutlich, dass stets ein Anpassungsbedarf des Rechts an sich wandelnde gesellschaftliche und auf die ärztliche Praxis bezogene Prozesse geboten ist.[1097] Das Hauptaugenmerk liegt in diesem Kontext bisher allerdings hauptsächlich auf dem Haftungs- und Entschädigungsrecht.[1098]

Ein Forschungsbedarf ist, über diese Arbeit hinaus im Bereich der Förderung der Subjektstellung des Kindes im innerfamiliären Bereich gegeben. Untersuchungsinhalt könnte u. a. die Förderung einer kommunikativen Eltern-Kind-Beziehung zur Stärkung der Selbstbestimmung der Heranwachsenden sein. Eine langfristige Beobachtung von Kindern- und Jugendlichen, die im Rahmen der Gesundheitsversorgung entsprechend den Anforderungen in Entscheidungsprozesse einbezogen wurden, könnten Ausblicke auf den eigenen Umgang mit Körper und Psyche geben. Die Forderung nach einer Verbesserung und Ausweitung der unabhängigen Patientenberatung Deutschland (UPD) zeigt die enorme Relevanz von Beratungs- und Informationsmöglichkeiten im Behandlungsalltag.[1099] Dahingehend eruiert sich ein Forschungsbedarf bezüglich der Beratung und Assistenz im Entscheidungsfindungsprozess zwischen Kindern und Sorgeberechtigten. Dabei nennt diese Arbeit lediglich einige Beratungsmöglichkeiten innerhalb des klinischen Bereichs, ohne deren konkrete Mobilisierungswirkungen und Arbeitsweisen zu untersuchen. Ob die Berater*innen als neutrale Dritte oder Unterstützer*innen einzelner Parteien auftreten, bleibt dabei ebenfalls offen.

Im Rahmen des Assistenzmodells des Erwachsenenschutzrechts wurde mitunter erörtert, wie die eigene Handlungsfähigkeit mittels Entscheidungsunterstützung durch Dritte hergestellt werden kann. Es kann ergründet werden, wie die Teilnahme und Unterstützung zur Erlangung der Handlungsfähigkeit und Meinungsbildung der Patient*innen durch zusätzliche externe Beratungsmöglichkeiten gesteigert werden können.

1097 Siehe dazu ausführlich *Voigt*, Tagungsbericht zum 7. Kölner Medizinrechtstag-Patientenrechtegesetz 2.0? -, MedR 2023, 40; *Reinhardt*, MedR 2023, 94.

1098 Vgl. *Voigt*, Tagungsbericht zum 7. Kölner Medizinrechtstag-Patientenrechtegesetz 2.0? -, MedR 2023, 40; *Reinhardt*, MedR 2023, 94; *SPD/Bündnis 90/Die Grünen, FDP*, Koalitionsvertrag 2021 bis 2025, S. 68.

1099 *Reinhardt*, MedR 2023, 94 (97); *SPD/Bündnis 90/Die Grünen, FDP*, Koalitionsvertrag 2021 bis 2025, S. 68.

Literaturverzeichnis

Ahlers, Henning, Die Teilnahme Minderjähriger an klinischen Prüfungen nach der Neuregelung durch die Verordnung (EU) Nr. 536/2014, in: PharmR 2023, S. 7-13

Aichele, Valentin, Das Menschenrecht auf gleiche Anerkennung vor dem Recht. Artikel 12 der UN-Behindertenrechtskonvention, Baden-Baden 2013

Akademie für Ethik in der Medizin e.V., Standards für Ethikberatung im Gesundheitswesen, in: Ethik in der Medizin 2023, S. 313-324

Amelung, Knut, Über die Einwilligungsfähigkeit (Teil I), in: ZStW 1992, S. 525-558

Amend-Traut, Anja / Bongartz, Joseph, Der Schwangerschaftsabbruch bei Minderjährigen-rechtliche Perspektiven zwischen Selbstbestimmung und elterlicher Verantwortung, in: FamRZ 2016, S. 5-12

Bartelheimer, Peter / Behrisch, Birgit / Daßler, Henning / Dobslaw, Gudrun / Henke, Jutta / Schäfers, Markus, Teilhabe - eine Begriffsbestimmung, Wiesbaden 2020

Becker, Walter, Die Eigenentscheidung des jungen Menschen. Gedanken zur Emanzipation im Kindesrecht, in: Festschrift für Friedrich Wilhelm Bosch 1976, S. 37-63

Beckmann, Rainer, Wünsche und Mutmaßungen. Entscheidungen des Patientenvertreters, wenn keine Patientenverfügung vorliegt, in: FPR 2010, S. 278-281

Beetz, Claudia,

- Stellvertretung als Instrument der Sicherung und Stärkung der Patientenautonomie. Ein Beitrag zur Komplementarität von Zivil- und Sozialrecht, 2013
- Reform des Betreuungsrechts - die Änderungen im Lichte von Art. 12 UN-BRK, in: RP-Reha 2021, S. 5-12

Beetz, Claudia / Böttcher, Sabine / Düring, Diana / Winge, Susanne, Schlussbericht Evaluierung des Gesetzes zur Einführung eines familiengerichtlichen Genehmigungsvorbehalts für freiheitsentziehende Maßnahmen bei Kindern v. 28.06.2023; Zentrum für Sozialforschung Halle e.V. (2023)

Belling, Detlev W., Die Entscheidungskompetenz für ärztliche Eingriffe bei Minderjährigen, in: FuR 1990, S. 68-77

Belling, Detlev W. / Eberl, Christina / Michlik, Frank, Das Selbstbestimmungsrecht Minderjähriger bei medizinischen Eingriffen. Eine rechtsvergleichende Studie zum amerikanischen, englischen, französischen und deutschen Recht, 1994

Benassi, Günter / Eichholz, Reinald, Grundgesetz und Kinderrechte, in: DVBl. 2017, S. 614-620

Bender, Albrecht, Das Verhältnis von ärztlicher Schweigepflicht und Informationsanspruch bei der Behandlung Minderjähriger, MedR 1997, S. 7-16

Benecke, Martina, Minderjährigenschutz bei unentgeltlicher Übertragung von Grundstücken: Gesamtbetrachtung, Gefährdungspotential und die „bloß theoretische Möglichkeit", in: ZJS 2008, S. 217-223

Bergmann, Karl Otto / Pauge, Burkhard / Steinmeyer, Heinz-Dietrich, Gesamtes Medizinrecht, 4. Auflage, Baden-Baden 2022

Bichler, Christian, Der Minderjährige und sein Recht auf Einwilligung in ärztliche Maßnahmen, GesR 2014, S. 208-212

Bienwald, Werner / Sonnenfeld, Susanne / Bienwald, Christa / Harm Uwe et al. (Hrsg.), Betreuungsrecht Kommentar, Materielles und Verfahrensrecht, Vergütungsrecht, Betreuungsorganisationsrecht, 7. Auflage, Bielefeld 2023

Birck, Leon / Solscheid, Tobias, Einwilligungszuständigkeit bei der Behandlung Minderjähriger, in: MedR 2021, S. 970-976

Birnbacher, Dieter, Stellungnahme der Zentralen Kommission zur Wahrung ethischer Grundsätze in der Medizin und ihren Grenzgebieten (Zentrale Ethikkommission) bei der Bundesärztekammer „Entscheidungsfähigkeit und Entscheidungsassistenz in der Medizin", Deutsches Ärzteblatt 2016, S. A1-A6

Böhmer, Gustav, Zum Problem der „Teilmündigkeit" Minderjähriger. Bemerkungen zu dem Urteil des IV ZS. des *BGH* v. 5.12.1958, in: MDR 1959, S. 705-707

Born, Winfried, Anmerkung zu *BVerfG*, Beschluss v. 27.06.2008, 1 BvR 311/08, in: FD-FamR 2008, S. 269509

Brauer, Daniel / Lipp, Volker, Patientenautonomie und Familie, in: MedR 2016, S. 231-236

Brosey, Dagmar,

- Der Wunsch des Betreuten-Umsetzung und Einschränkung, in: BtPrax 2010, S. 16-18
- Der General Comment No. 1 zu Art. 12 der UN-BRK und die Umsetzung im deutschen Recht, in: BtPrax 2014, S. 211-215
- Reform des Betreuungsrechts: § 1821 BGB-E: Konsequente Stärkung des Selbstbestimmungsrechts betreuter Menschen?, in: BtPrax 2020, S. 161-165

Brox, Hans / Walker, Wolf-Dietrich, Allgemeiner Teil des BGB, 47. Auflage, München 2023

Brückner, Sarah, Das medizinische Selbstbestimmungsrecht Minderjähriger, 2014

Bühler, Ernst / Stolz, Konrad, Ärztliche Behandlung und „unterstützende Entscheidungsfindung“ - Betreuung entbehrlich?, in: BtPrax 2017, S. 167-172

Bundesministerium für Familie, Senioren, Frauen und Jugend / Deutscher Bundesjugendring, Qualitätsstandards für Kinder- und Jugendbeteiligung, 2023, abrufbar unter: https://www.bmfsfj.de/resource/blob/204010/d9be11a11f810ea712d5d650b3fc62b6/mitwirkung-mit-wirkung-qualitaetsstandards-fuer-kinder-und-jugendbeteiligung-data.pdf (Stand: 31.12.2024)

Bundesrepublik Deutschland, zweiter und dritter Staatenbericht zum Übereinkommen der vereinigten Nationen über Rechte von Menschen mit Behinderungen, 2019, abrufbar unter: https://www.bmas.de/SharedDocs/Downloads/DE/Internationales/staatenbericht-un-behindertenrechtskonvention.pdf?__blob=publicationFile&v=2 (Stand: 30.6.2023); UN-Fachausschuss für die Rechte von Menschen mit Behinderung, abschließende Bemerkungen zum ersten Staatenbericht Deutschlands, 2015, https://www.institut-fuer-menschenrechte.de/publikationen/detail/crpd-abschliessende-bemerkungen-ueber-den-ersten-staatenbericht-deutschlands#:~:text=Der%20UN%2DFachausschuss%20f%C3%BCr%20die,und%20formuliert%20Empfehlungen%20an%20Deutschland (Stand: 31.12.2024)

Clausen Tillmann / Schroeder-Printzen, Jörn (Hrsg.), Münchener Anwaltshandbuch Medizinrecht, 3. Auflage, München 2020

Coester, Michael, Kindeswohlgefährdung: Anforderungen an die Gefährdung aus juristischer Sicht, in: NZFam 2016, S. 577-580

Coester-Waltjen, Dagmar, Reichweite und Grenzen der Privatautonomie von Jungen und Alten - Ein Vergleich, in: MedR 2012, S. 553-560

Coester-Waltjen, Dagmar / Henn, Wolfram, Das Gesetz zum Schutz von Kindern mit Varianten der Geschlechtsentwicklung, in: FamRZ 2021, S. 1589-1595

Coester-Waltjen, Dagmar / Gernhuber, Joachim, Familienrecht. 7. Auflage, München 2020

Cremer, Hendrik, Kinderrechte und der Vorrang des Kindeswohls, in: Anwaltschaft für Menschenrechte und Vielfalt. Zwölf Beiträge zur anwaltlichen Praxis, Bonn 1014, abrufbar unter: https://www.institut-fuer-menschenrechte.de/fileadmin/Redaktion/PDF/Sonstiges/Aufsatz_Anwaltspraxis_Kinderrechte_und_der_Vorrang_des_Kindeswohls.pdf (Stand: 31.12.2024)

Damm, Lilly / Habeler, U. / Habeler, W. / Leiss, U., Mit Kindern und Jugendlichen reden, in: Paediatr. Paedolog. Austria 2014, S. 36-41

Damm, Reinhard,

- Imperfekte Autonomie und Neopaternalismus. Medizinrechtliche Probleme der Selbstbestimmung in der modernen Medizin, in: MedR 2002, S. 375-387
- Vulnerabilität als Rechtskonzept?, in: MedR 2013, S. 201-214
- Einwilligungs- und Entscheidungsfähigkeit in der Entwicklung von Medizin und Medizinrecht, in: MedR 2015, S. 775-785
- Einwilligungsunfähige Personen - Rechtskonzept der Einwilligungsfähigkeit und Teilhaberecht, in: Bundesgesundheitsblatt-Gesundheitsforschung-Gesundheitsschutz 2016, S. 1075-1085
- Assistierte Selbstbestimmung als normatives und empirisches Problem des Rechts – am Beispiel von Einwilligungs- und Entscheidungsfähigkeit Assisted self-determination as a normative and empirical problem of the law - the example of capacity for consent and for decision-making, in: Zeitschrift für Rechtssoziologie 2017, S. 337-376

Damrau, Jürgen / Zimmermann, Walter (Begr.), Betreuungsrecht, Kommentar zum materiellen und formellen Recht, 5. Auflage, Stuttgart 2023

Deinert, Horst, Betreuungszahlen 2016, in: BtPrax 2018, S. 14-16

Department for the Execution of judgments of the European Court of the Human Rights, Thematic Factsheet, Children`s Rights, 2021, abrufbar unter: https://rm.coe.int/thematic-factsheet-children-eng/1680a14a43 (Stand: 31.12.204)

Der Deutsche Verein für öffentliche und private Vorsorge e.V., Stellungnahme des Deutschen Vereins zum Gesetzentwurf der Bundesregierung eines Gesetzes zur Reform des Vormundschafts- und Betreuungsrechts vom 25.09.2020, abrufbar unter: https://www.deutscher-verein.de/empfehlungen-stellungnahmen/detail/stellungnahme-des-deutschen-vereins-zum-gesetzentwurf-der-bundesregierung-eines-gesetzes-zur-reform-des-vormundschafts-und-betreuungsrechts-vom-25-september-2020/ (Stand: 31.12.2024)

Dethloff, Nina, Familienrecht, 33. Auflage, München 2022

Dethloff, Nina / Machwitz, Alexandra, Kinderrechte in Europa - wo stehen wir? in: FPR 2012, S. 190-194

Deuring, Silvia, Arzthaftungsrecht. Teil 2: Selbstbestimmungsaufklärung und Einwilligung, in: JuS 2020, S. 637-641

Deutsch, Erwin / Spickhoff, Andreas, Medizinrecht. Arztrecht, Arzneimittelrecht, Medizinprodukterecht und Transfusionsrecht, 7. Auflage, Berlin 2014

Deutsche Gesellschaft für Gerontologie und Geriatrie / Deutsche Gesellschaft für Psychiatrie und Psychotherapie, Psychosomatik und Nervenheilkunde / Deutsche Gesellschaft für Neurologie, S2k-AWMF-Leitlinie 108-001 „Einwilligung von Menschen mit Demenz in medizinische Maßnahmen“, 2019, gültig bis

30.10.2024, abrufbar unter: https://register.awmf.org/assets/guidelines/108-001l_S2k_Einwilligung_von_Menschen_mit_Demenz_in_medizinische_Ma%C3%9Fnahmen_2020-10_01.pdf (Stand: 31.12.2024)

Deutsche Gesellschaft für Kinder- und Jugendmedizin / Deutsche Gesellschaft für Kinderchirurgie / Deutsche Gesellschaft für Sozialpädiatrie und Jugendmedizin et al., S3- Leitlinie Kindesmisshandlung, -missbrauch, -vernachlässigung unter Einbindung der Jugendhilfe und Pädagogik (Kinderschutzleitlinie), 2019, gültig bis 31.1.2024 (derzeit in Überarbeitung), abrufbar unter: https://register.awmf.org/de/leitlinien/detail/027-069 (Stand: 31.12.2024)

Deutschen Institut für Menschenrechte/Monitoring-Stelle UN-Kinderrechtskonvention, Stellungnahme zum Entwurf eines Gesetzes zum Schutz von Kindern mit Varianten der Geschlechtsentwicklung, 2021, abrufbar unter: https://www.bundestag.de/resource/blob/816910/9ef1eb47e5d5954c6164ee9dec3a3bb8/stellungnahme-kittel_dim-data.pdf (Stand: 31.12.2024)

Diederichsen, Angela, Aspekte des Selbstbestimmungsrechts Minderjähriger bei medizinischer Behandlung, in: Festschrift für Günter Hirsch zum 65. Geburtstag 2008, S. 355-363

Diekmann, Andrea,

- Die Aufgaben des Betreuers im Aufgabenkreis Gesundheitssorge – ein Überblick, in: BtPrax 2010, S. 53-57
- Der betreute Mensch als Patient -Wer entscheidet was und wer übernimmt welche Aufgaben im Rahmen der Gesundheitssorge?, in: BtPrax 2018, S. 23-27

Dodegge, Georg,

- Ärztliche Zwangsmaßnahmen und Betreuungsrecht, in: NJW 2013, S. 1265-1270
- Anmerkung zu *BVerfG*, Beschluss v. 26.7.2016, 1 BvL 8/15, in: NJW 2017, S. 53-60
- Die Entwicklung des Betreuungsrechts bis Anfang Juli 2019, in: NJW 2019, S. 2665-2671

Dodegge, Georg / Roth, Andreas, Systematischer Praxiskommentar Betreuungsrecht, 6. Auflage, Köln 2023

Dorneck, Carina / Gassner, Ulrich M. / Kersten, Jens / Lindner, Josef Franz / Linoh, Kim Philip / Nebe, Katja / Rosenau, Henning / Schmidt am Busch, Birgit, Contextual Consent, in: MedR 2019, S. 431-439

Dörner, Heinrich / Ebert, Ina / Schulze, Reiner et al., Bürgerliches Gesetzbuch, Handkommentar, 12. Auflage, Baden Baden 2024

Dudenredaktion (Hrsg.),

- besprechen, Duden online, abrufbar unter: https://www.duden.de/rechtschreibung/besprechen (Stand: 31.12.2024)
- Partizipation, Duden online, abrufbar unter: https://www.duden.de/rechtschreibung/Partizipation (Stand: 31.12.2024)

Duttge, Gunnar, Patientenautonomie und Einwilligungsfähigkeit, in: Patientenautonomie 2013, S. 77-90

Dürig, Günter (Begr.) / *Herzog, Roman* (Hrsg.) / *Scholz, Rupert* (Hrsg.) et al., Grundgesetz-Kommentar, Band I, München 2023

Epping, Volker / Hillgruber, Christian (Hrsg.), Beck`scher Online-Kommentar Grundgesetz, 56. Edition, Stand: 15.8.2023

Erb, Volker / Schäfer, Jürgen (Hrsg.), Münchener Kommentar zum Strafgesetzbuch, Band 4, §§ 185-262 StGB, 4. Auflage, München 2021

Erb, Volker / Schäfer, Jürgen / Mansdörfer, Marco (Hrsg.), Münchener Kommentar zum Strafgesetzbuch, Nebenstrafrecht I, Band 7, 4. Auflage, München 2022

Ethikkomitee der DRK Kliniken Berlin, Leitlinie zur Aufklärung und Einwilligung der Patientinnen und Patienten, 2008, abrufbar unter: https://ethikkomitee.de/downloads/leitlinien_drk_auf.pdf (Stand: 31.12.2024)

EURAT, Stellungnahme zur Rückmeldung genetischer Zusatzbefunde Minderjähriger, Heidelberg 2023

Fegert, Jörg M., Psychiatrie und Psychotherapie des Kindes- und Jugendalters, 2. Auflage, Berlin 2012

Gehrlein, Markus, Grundwissen Arzthaftungsrecht, 4. Auflage, München 2022

Gemeinsamer Bundesausschuss,

- Kinder-Richtlinie, Richtlinie zur Früherkennung von Krankheiten bei Kindern, in Kraft seit 13.7.2023, abrufbar unter: https://www.g-ba.de/downloads/62-492-3190/Kinder-RL_2023-05-12_iK-2023-07-13.pdf (Stand: 31.12.2024)
- Richtlinie zur Jugendgesundheitsuntersuchung, in Kraft seit 1.1.2017, abrufbar unter: https://www.g-ba.de/downloads/62-492-1270/RL-JUG_2016-07-21_iK-2017-01-01.pdf (Stand: 31.12.2024)

Genske, Anna, Gesundheit und Selbstbestimmung. Voraussetzungen und Folgen der Einwilligungs(un)fähigkeit von Patienten, 2020

Gietl, Andreas, Atypische Freiheitsentziehung bei Einwilligungsunfähigen zur Abwehr von Eigen-, Fremd- und Infektionsgefahren, in: NZFam 2020, S. 959-967

Gleixner-Eberle, Elisabeth, Die Einwilligung in die medizinische Behandlung Minderjähriger. Eine arztrechtliche Untersuchung im Rechtsvergleich mit

Österreich und der Schweiz sowie mit Blick auf das Internationale Privat- und Strafrecht, 2014

Götz, Isabell, Anmerkung zu *OLG Frankfurt/M.*, Urteil v. 16.07.2019, 8 U 228/17, in: FamRZ 2020, S. 339-340

Grotkopp, Jörg, Medizinische Zwangsbehandlung untergebrachter Personen - in Grenzen - wieder möglich. Anwendungsbereich des Gesetzes zur Regelung der betreuungsrechtlichen Einwilligung in eine ärztliche Zwangsmaßnahme, in: BtPrax 2013, S. 83-91

Grüneberg, Christian / Ellenberger, Jürgen / Götz, Isabell et al. (Bearb.), Bürgerliches Gesetzbuch mit Nebengesetzen, Kommentar, 81. Auflage, München 2022

Haberstroh, Julia / Tesky, Valentina A. / Pantel, Johannes, Einwilligungsfähigkeit von Menschen mit Demenz. Einblicke in die S2k-AWMF-Leitlinie 108 – 001, in: Zeitschrift für Gerontologie und Geriatrie 2021, S. 167-175

Hahne, Meo-Micaela / Schlögel, Jürgen / Schlünder, Rolf (Hrsg.), Beck`scher Online-Kommentar FamFG, 28. Edition, Stand: 1.10.2018

Hart, Dieter, Kongruenz und Kontinuität in der Entwicklung von Medizin und Medizinrecht, in: MedR 2015, S. 1-11

Haslach, Jasmin, Rechtlich nachteilhafte Grundstücksübertragung an einen Minderjährigen ohne die Mitwirkung eines Ergänzungspflegers?, in: JA 2017, S. 490-495

Hau, Wolfgang / Poseck, Roman (Hrsg.), Beck`scher Online-Kommentar BGB, 72. Edition, Stand: 1.11.2024

Hauck, Ronny, Der Schutz von Minderjährigen bei Eingriffen in höchstpersönliche Rechte und Rechtsgüter, in: NJW 2012, S. 2398-2401

Hebecker, Raphael / Lutzi, Tobias, Omnis definitio periculosa est. Wer ist Patient i.S. der Legaldefinition des § 630a Abs. 1 BGB beim Behandlungsvertrag zugunsten Dritter?, in: MedR 2015, S. 17-21

Heger, Martin / Kühl, Kristian / Lackner Karl, Strafgesetzbuch. Kommentar, 30. Auflage, München 2023

Hegerfeld, Nicola, Die Informationsbefolgungsfähigkeit – das Pendant zur Einwilligungsfähigkeit, in: MedR 2019, S. 710-714

Heidel, Thomas / Hüßtege, Rainer / Mansel, Heinz-Peter / Noack, Ulrich (Hrsg.), Bürgerliches Gesetzbuch Kommentar, Allgemeiner Teil, Band I, 4. Auflage. Baden-Baden 2021

Heilmann, Stefan (Hrsg.), Praxiskommentar Kindschaftsrecht, 2. Auflage, Saarbrücken 2020

Henking, Tanja / Juckel, Georg / Gather, Jakov / Steinert, Tilman, "Evaluierung des Gesetzes zur Änderung der materiellen Zulässigkeitsvoraussetzungen von ärztlichen Zwangsmaßnahmen und zur Stärkung des Selbstbestimmungsrechts von Betreuten vom 17. Juli 2017", Kurzbericht vom 31.1.2024

Henning, Lysann, Tattoos, Piercings, Schönheitsoperationen. zur rechtlichen Problematik nicht indizierter Eingriffe bei Minderjährigen, 2011

Henrich, Dieter / Johannsen, Kurt H. (Hrsg.), Familienrecht. Scheidung, Unterhalt, Verfahren, Kommentar, 7. Auflage, München 2020

Henssler, Martin / Krüger, Wolfgang (Hrsg.), Münchener Kommentar zum Bürgerlichen Gesetzbuch, Schuldrecht Besonderer Teil II, Band 5, §§ 535-630h, 9. Auflage, München 2023

Hirsch, Christoph, BGB Allgemeiner Teil, 10. Auflage, Baden-Baden 2020

Hoffmann, Birgit,

- Persönliche Betreuung im Betreuungsrecht. Begriffsbestimmung aus juristischer Sicht, in: BtPrax 2008, S. 95-99
- Freiheitsentziehende Unterbringung in Einrichtungen der Kinder- und Jugendhilfe. - in gemeinsamer Verantwortung von gesetzlichem Vertreter, Jugendamt und Familiengericht -, in: FamRZ 2013, S. 1346-1352
- Zwangsbehandlung Minderjähriger vor dem Hintergrund der jüngeren Rechtsprechung des *BVerfG* und des *BGH*, in: NZFam 2015, S. 985-989
- Genehmigungsvorbehalt für Zwangsbehandlung Minderjähriger, in: ZRP 2016, S. 242-244
- Freiheitsentziehende Unterbringung in einer Einrichtung der Kinder- und Jugendhilfe. Sozialrechtliche Rahmenbedingungen und sich aus diesen ergebenden Besonderheiten im familiengerichtlichen Verfahren, in: FamRZ 2017, S. 337-344

Hofmann, Rainer / Donath, Philipp B., Gutachten bezüglich der ausdrücklichen Aufnahme von Kinderrechte in das Grundgesetz nach Maßgabe der Grundprinzipien der UN-Kinderrechtskonvention in Auftrag gegeben vom deutschen Kinderhilfswerk, 2017, abrufbar unter: https://kinderrechte-insgrundgesetz.de/wp-content/uploads/2018/02/DKHW_Gutachten_KRiGG_Hofmann_Donath.pdf (Stand: 31.12.2024)

Hohmann-Dennhardt, Christine, Kinderrechte ins Grundgesetz – warum?, in: FPR 2012, S. 185-187

Holzner, Claudia, Datenschutz, Dokumentations- und Organisationspflichten in der ärztlichen Praxis, 2020

Ivanits, Natalie, Keine Beteiligung des Kindes bei elterlichem Einvernehmen?, in: NZFam 2016, S. 7-12

Janda, Constanze, Medizinrecht, 5. Auflage, München 2022

Janda, Constanze / Wagner, Mathieu, Diskriminierung von und wegen Kindern. Eine rechtliche Betrachtung des jungen Alters, 2022

Jansen, Scarlett, Der Schutz der Patienten und Probanden bei klinischen Prüfungen nach den geplanten Neuerungen im Arzneimittelrecht, in: MedR 2016, S. 417-423

Jarass, Hans D., Das allgemeine Persönlichkeitsrecht im Grundgesetz, in: NJW 1989, S. 857-862

Jarass, Hans D. / Pieroth, Bodo (Begr.), Grundgesetz für die Bundesrepublik Deutschland Kommentar, 17. Auflage, München 2022

Jox, Rolf / Fröschle, Tobias (Hrsg.), Praxiskommentar Betreuungs- und Unterbringungsverfahren. 4. Auflage, Köln 2020

Junker, Markus / Beckmann, Roland Michael / Rüßmann, Helmut (Hrsg.), Praxiskommentar BGB, Schuldrecht, Band II, 10. Auflage, Saarbrücken 2023

Jurgeleit, Andreas (Hrsg.), Betreuungsrecht, Handkommentar. 5. Auflage, Baden-Baden 2023

Jürgens, Andreas (Hrsg.), Jürgens Betreuungsrecht, Kommentar, 7. Auflage, München 2023

Kaeding, Nadja / Schwenke, Laura, Medizinische Behandlung Minderjähriger-Anforderungen an die Einwilligung, in: MedR 2016, S. 935-940

Kalscheuer, Fiete / Bünger, Felix, Zur Tätowierung Minderjähriger-Urteilsbesprechung zu *AG München*, Urteil v. 17.3.2011, 213 C 917/11, in: Jura 2012, S. 874-875

Karle, Michael / Carl, Eberhard / Clauss, Marianne, Kindesanhörung aus psychologischer Sicht, in: NZFam 2014, S. 875-880

Kassenärztliche Bundesvereinigung, Individuelle Gesundheitsleistungen vom 25.1.2013, abrufbar unter: https://www.kbv.de/html/igel.php (Stand: 31.12.2024)

Katzenmeier, Christian,

- Die Rahmenbedingungen der Patientenautonomie, in: MedR 2012, S. 576-583
- Der Behandlungsvertrag-neuer Vertragstypus im BGB, in: NJW 2013, S. 817-823

Katzenmeier, Christian / Lipp, Volker / Laufs, Adolf, Arztrecht. 8. Auflage, München 2021

Kern, Bernd-Rüdiger

- Die Bedeutung des Betreuungsgesetzes für das Arztrecht, in: MedR 1991, S. 66-71
- Arzt und Betreuungsrecht, in: MedR 1993, S. 245-251

– Fremdbestimmung bei der Einwilligung in ärztliche Eingriffe, in: NJW 1994, S. 753-759

– Einwilligung und Aufklärung Minderjähriger. Anmerkung zu *BGH*, Urteil v. 10.10.2006, VI ZR 74/05, in: LMK 2007, S. 220412

Kirchhof, Gregor, Die Kinderrechte des Grundgesetzes. Sollte die Verfassung zugunsten von Kindern geändert werden?, in: NJW 2018, S. 2690-2693

Kirchhof Paul, Kindermedizin und Kinderrecht-Analyse aus der Sicht des Staatsrechts, S. 67-82, in: Münch, Ursula / Klein, Christoph / Ruther, Carolin / Siegmund, Jörg, Kranke Kinder haben Rechte! Bilanz des 1. Deutschen Kindergesundheitsgipfels, Baden-Baden 2021

Klasen, Bernd / Klasen, Christine, Einwilligung von Menschen mit Demenz in medizinische Maßnahmen: interdisziplinäre S2k-Leitlinie für die medizinische Praxis. Eine juristisch-medizinische Praxisbetrachtung, in: jM 2020, S. 398-404

Klein, Christoph / Ruther, Carolin, Kranke Kinder haben Rechte! – Kindermedizin im deutschen Gesundheitswesen, in: Münch, Ursula / Klein, Christoph / Ruther, Carolin / Siegmund, Jörg, Kranke Kinder haben Rechte! Bilanz des 1. Deutschen Kindergesundheitsgipfels, Baden-Baden 2021

Klie, Thomas / Vollmann, Jochen / Pantel, Johannes, Autonomie und Einwilligungsfähigkeit bei Demenz als interdisziplinäre Herausforderung für Forschung, Politik und klinische Praxis, in: informationsdienst Altersfragen 2014, S. 5-15

Klose, Martin / Straub, Marvin, Willensmängel bei der Einwilligung in eine ärztliche Behandlung, in: MedR 2019, S. 714-721

Knöpfel, Gottfried, Zur Neuordnung des elterlichen Sorgerechts, in: FamRZ 1977, S. 600-609

Kohte, Wolfhard, Die rechtfertigende Einwilligung, in: AcP 1985, S. 105-159

Kölch, Michael / Fegert, Jörg M., Patientenautonomie - Minderjährige als Patienten, FPR 2007, S. 76-78

Komp, Lennart / Thrun, Felix, Impfzwang als verfassungsrechtlich zulässiges Mittel gegen Masern?, in: JA 2020, S. 195-201

Koziol, Helmut, Fehlende Einwilligung des Patienten und Haftung in Österreich - Notwendigkeit neuer Lösungen?, in: MedR 2019, S. 105-110

Kraemer, Jörg, Die Corona-Schutzimpfung von hochbetagten Patienten. Was Ärzte, Betreuer und Bevollmächtigte hierbei beachten müssen, in: NJW 2021, S. 350-354

Kreße, Bernhard,

– Aufklärung und Einwilligung beim Vertrag über ärztliche Behandlung einwilligungsunfähiger Patienten, in: MedR 2015, S. 91-96

- Anmerkung zu *OLG Frankfurt*, Urteil v. 16.7.2019, 8 U 228/17, in: MedR 2020, S. 387-390

Kügel, J. Wilfried / Müller, Rolf-Georg / Hofmann, Hans-Peter (Hrsg.), Arzneimittelgesetz, Kommentar, 3. Auflage, München 2022

Künast, Renate, Kinderrechte in die Verfassung! Wie sonst? In: FPR 2008, S. 478-481

Kuntze, Joachim, Anmerkungen zum neuen Sorgerechtsentwurf, in: JR 1973, S. 273-277

Lauf, Niclas / Birck, Leon, Minderjährige als Partei des Behandlungsvertrags, in: NJW 2018, S. 2230-2235

Laufs, Adolf (Begr.) / Kern, Bernd-Rüdiger / Rehborn, Martin (Hrsg.), Handbuch des Arztrechts, 5. Auflage, München 2019

Leipold, Klaus / Tsambikakis, Michael / Zöller, Alexander (Hrsg.), AnwaltKommentar StGB, 3. Auflage, Heidelberg 2020

Leutheusser-Schnarrenberger, Sabine, Das Betreuungsgesetz - eine rechtsstaatliche Weichenstellung, in: BtPrax 1992, S. 3-4

Lilie, Hans / Orben, Steffen, Verfahrenswirklichkeit des Arzthaftungsrechts, in: ZRP 2002, S. 154-159

Lipp, Volker,

- Aufklärung bei der Behandlung Minderjähriger. Anmerkung zu *BGH*, Urteil v. 10.10.2006, VI ZR 74/05, in: MedR 2008, S. 289-293
- Erwachsenenschutz und Verfassung – Betreuung, Unterbringung und Zwangsbehandlung. Erweiterte und mit Nachweisen versehene Fassung des am 31.5.2013 auf der Jahrestagung der Wissenschaftlichen Vereinigung für Familienrecht in Göttingen gehaltenen Vortrags, in: FamRZ 2013, S. 913-923
- Die medizinische Indikation-ein „Kernstück ärztlicher Legitimation"?, in: MedR 2015, S. 762-766
- Der rechtliche Schutz vulnerabler Patienten – Zum Zusammenspiel von Erwachsenenschutzrecht und Medizinrecht, in: MedR 2016, S. 843-850
- Assistenzprinzip und Erwachsenenschutz. Zur Kritik des Fachausschusses zur UN-Behindertenrechtskonvention am Betreuungsrecht, in: FamRZ 2017, S. 4-11

Lipp, Volker / Brauer, Daniel, Übertherapie und „Futility", in: GuP 2022, S. 205–211

Lipp, Volker / Güttler, Gesa, Betreuungsrechtliche Unterbringung: Nur in der Psychiatrie?, in: BtPrax 2017, S. 94-99

Lippert, Lars, Probleme der Einwilligungsfähigkeit Minderjähriger in ärztliche Behandlungen, 2016

Locher, Matthias, Die neuen Regelungen zur Patientenverfügung, in: FamRB 2010, S. 56-64

Lorenz, Annegret, Das Selbstbestimmungsrecht des einsichtsfähigen Minderjährigen bei Eingriffen in die körperliche Integrität, in: NZFam 2017, S. 782-788

Lorenz, Stephan, Übertragung eines mit Rücktrittsrechten belasteten Grundstücks an einen Minderjährigen als lediglich rechtlich vorteilhaftes Geschäft. Anmerkung zu *BGH*, Beschluss v. 25. 11. 2004, V ZB 13/04, in: LMK 2005, S. 25-26

Ludyga, Hannes, Die Schweigepflicht von Ärzten bei der Behandlung Minderjähriger, in: NZFam 2017, S. 1121-1126

Makowsky, Mark, Grundzüge des Behandlungsvertragsrechts, in: JuS 2019, S. 332-337

Marschner, Rolf / Lesting, Wolfgang / Stahmann, Rolf et al. (Bearb.), Kurzkommentar, Freiheitsentziehung und Unterbringung, Materielles Recht und Verfahrensrecht, 6. Auflage, München 2019

Matta, Vanita / Engels, Dietrich / Köller, Regine et al., Abschlussbericht v. 28.11.2017 zur Qualität in der Betreuung, herausgegeben vom Bundesministerium für Justiz und Verbraucherschutz, 2018

Medicus, Dieter / Petersen, Jens, Allgemeiner Teil des BGB, 11. Auflage, Heidelberg 2016

Michel, Margot, Partizipation im Gesundheitsbereich-eine rechtliche Perspektive, in: undKinder 2016, S. 59-63

Mittenzwei, Ingo, Anmerkung zur gerichtlichen Untersagung eines Schwangerschaftsabbruchs, *AG Celle*, VormG, Beschluss v. 9.2.1987, 25 VII K 34705 SH, in: MedR 1988, S. 41-45

Mudgan, Benno (Hrsg.), Die gesamten Materialen zum Bürgerlichen Gesetzbuch für das deutsche Reich, Band I, Berlin 1899

Nebe, Katja, Die elterliche Personensorge, in: Festschrift für Armin Höland 2015, S. 685-710

Nebendahl, Mathias, Selbstbestimmungsrecht und rechtfertigende Einwilligung des Minderjährigen bei medizinischen Eingriffen, in: MedR 2009, S. 197-205

Nolting, Hans-Dietrich / Zich, Karsten / Tisch, Thorsten / Braeseke, Grit, Abschlussbericht Band I und II zur Umsetzung des Erforderlichkeitsgrundsatzes in der betreuungsrechtlichen Praxis im Hinblick auf vorgelagerte „andere Hilfen“, herausgegeben vom Bundesministerium für Justiz und Verbraucherschutz, 2018, abrufbar unter: https://www.bmj.de/SharedDocs/Downloads/DE/Fachpublikationen/IGES_Abschlussbericht_Erforderlichkeitsgrundsatz_BandI_II.pdf?__blob=publicationFile&v=1 (Stand: 31.12.2024)

Obermann, Torsten, Kindesanhörung bei Einigung der Eltern?, in: NZFam 2015, S. 1129-1134

Oldenburger, Marko, Entscheidungsbefugnis des einsichts- und urteilsfähigen Minderjährigen über medizinisch indizierte, gravierende, Eingriffe. Anmerkung zu Urteil *LG München II*, v. 22.9.2020, 1 O 4890/17, in: NZFam 2020, S. 1123

Opitz, Ulrike, Sorgerechtliche Aspekte der COVID-19-Impfung für Kinder und Jugendliche. Die jüngste Diskussion über das Für und Wider einer Impfung von Kindern und Jugendlichen im Alter zwischen 12 und 17 Jahren gegen eine SARS-CoV-2-Infektion gibt Anlass für eine Betrachtung unter dem Aspekt sorgerechtlicher Fragestellungen, in: NZFam 2021, S. 767-769

Peschel-Gutzeit / Lore Maria, Die Bedeutung des Kindeswillens, in: NZFam 2014, S. 433-437

Peyerl, Katrin / Züchner, Ivo, (Hrsg.), Partizipation in der Kinder- und Jugendhilfe. Anspruch, Ziele und Formen der Partizipation von Kindern und Jugendlichen, Weinheim 2022

Piras, Gabriella / Stieglmeier, Henry, § 110 BGB im Zeichen der Zeit, in: JA 2014, S. 893-896

Platt, Patricia, Nierentransplantation-Lebendspende innerhalb eines gesetzlichen Betreuungsverhältnisses, in: RP-Reha 2021, S. 34-40

Platt, Patricia / Cindy Gast-Schimank, Ärztliche Zwangsbehandlung für immobile Betreute. Anmerkung zu *BVerfG*, Beschluss v. 26.7.2016, 1 BvL 8/15, in: RP-Reha 2017, S. 34-40

Pluto, Liane, Partizipation in den Hilfen zur Erziehung. Eine empirische Studie, München 2007

Preis, Ulrich / Schneider, Angie, Das Patientenrechtegesetz - eine gelungene Kodifikation, in: NZS 2013, S. 281-288

Prütting, Dorothea (Hrsg.), Medizinrecht Kommentar. 6. Auflage, Hürth 2022, zitiert als: *Bearbeiter* in: Prütting, MedR-Komm

Prütting, Hanns / Wegen, Gerhard / Weinreich, Gerd (Hrsg.), Bürgerliches Gesetzbuch, Kommentar, 18. Auflage, Hürth 2023

Quaas, Michael / Zuck, Rüdiger / Clemens, Thomas / Gokel, Julia Maria, Medizinrecht, 4. Auflage, München 2018

Rademacher, Friederike / Leber, Florian, Ärztliche Zwangsmaßnahmen im Betreuungsrecht: Vom Nutzen und Nachteil des § 1906a BGB, in: MedR 2020, S. 830-837

Rathgeber, Christian, Anmerkung zu *OLG Hamm*, Urteil v. 21.11.2017, 5 RVs 125/17, in: FD-StrafR 2018, S. 402107

Ratzel, Rudolf / Luxenburger, Bernd (Hrsg.), Handbuch Medizinrecht, 4. Auflage, Heidelberg 2021

Raucher, Thomas (Hrsg.), Münchener Kommentar zum FamFG, Band 1, §§ 1-270, 3. Auflage, München 2018

Rehmann, Wolfgang A. / Greve, Kai (Bearb.), Arzneimittelgesetz, Kommentar, 5. Auflage, München 2020

Reinhardt, Klaus, Patientenrechtegesetz 2.0 - aus Sicht der Ärzteschaft, in: MedR 2023, S. 94-97

Reipschläger, Christiane, Die Einwilligung Minderjähriger in ärztliche Heileingriffe und die elterliche Personensorge, 2004

Renner, Thomas, Anmerkung zu *BGH*, Beschluss v. 6.7.2016, XII ZB 61/16, in: DNotZ 2017, S. 199-214

Reuter, Marcel, Der Abschluss des Arztvertrages durch einen minderjährigen Patienten, 2018

Richter, Ingo / Krappmann, Lothar / Wapler, Friederike, Kinderrechte. Handbuch des deutschen und internationalen Kinder- und Jugendrechts, Baden-Baden 2020

Riedel, Anette / Stolz, Konrad, Behandlungswünsche und mutmaßlicher Wille von Menschen mit geistiger Behinderung - ethische, pflegewissenschaftliche und juristische Aspekte, in: BtPrax 2013, S. 9-12

Rixen, Stephan, Das Gesetz über den Umfang der Personensorge bei einer Beschneidung des männlichen Kindes, in: NJW 2013, S. 257-262

Robert-Koch-Institut, Beschluss und Wissenschaftliche Begründung der Ständigen Impfkommission für die Aktualisierung der Influenza-Impfempfehlung für Personen im Alter von ≥60 Jahren, in: Epidemiologisches Bulletin, 1/2024, abrufbar unter: https://gpk.de/downloadp/STIKO_2024_Bulletin_KW_04_Empfehlungen-der-Staendigen-Impfkommission-beim-Robert-Koch-Institut-2024.pdf (Stand: 24.10.2024)

Rohmann, Josef A., Anhörung des Kindes und der Eltern sowie die Bekanntgabe der Entscheidung an das Kind als kommunikativer Prozess, in: FPR 2013, S. 464-470

Rolfs, Christian / Gießen, Richard / Meßling, Miriam / Udsching, Peter (Hrsg.), Beck`scher Online-Kommentar Sozialrecht, 70. Edition, Stand: 1.9.2023

Rothärmel, Sonja, Einwilligung, Veto, Mitbestimmung. Die Geltung der Patientenrechte für Minderjährige, 2004

Rothärmel, Sonja / Wolfslast, Gabriele / Fegert, Jörg Michel, Informed consent, ein kindesfeindliches Konzept? Von der Benachteiligung minderjähriger Patienten durch das Informed consent - Konzept am Beispiel Kinder- und Jugenpsychatrie, in: MedR 1999, S. 293-298

Rouka, Stella, Das Selbstbestimmungsrecht des Minderjährigen bei ärztlichen Eingriffen, 1996

Saalfrank, Valentin, Handbuch des Medizin- und Gesundheitsrechts, Band 1, Stuttgart 2020

Sachs, Michael (Hrsg.), Sachs Grundgesetz Kommentar, 9. Auflage, München 2021

Schlegel, Rainer / Voelzke, Thomas, Juris Praxiskommentar SGB VIII, 3. Auflage, Saarbrücken 2022

Schlereth, Erik, Die COVID-19-Schutzimpfung Minderjähriger - Mehr Freiheit als gedacht?, in: FamRZ 2022, S. 668-673

Schmahl, Stefanie, Kinderrechtskonvention, Handkommentar, 2. Auflage, Baden-Baden 2017

Schmidt am Busch, Birgit, Intersexualität und staatliche Schutzpflichten bei geschlechtszuweisenden Operationen. Konsequenzen der Entscheidung des Bundesverfassungsgerichts vom 11.1.2011 zur Transsexualität, in: AöR 2012, S. 441-458

Schmidt, Christopher, Covid-19-Immunisierung von Kindern und Jugendlichen. Wessen Einwilligung ist erforderlich?, in: NJW 2021, S. 2688-2691

Schmidt-Recla, Adrian,

- Kontraindikation und Kindeswohl. Die „zulässige" Knochenmarkspende durch Kinder, in: GesR 2009, S. 566-572
- Anmerkung zu *BGH*, Beschluss v. 29.1.2014, XII ZB 330/13, in: FamRZ 2014, S. 649-652

Schnellenbach, Anette: 25 Jahre nach der Reform. Rechtliche Betreuung erneut auf dem Prüfstand, in: BtPrax 2017, S. 3-5

Schönke, Adolf (Begr.) / Schröder, Horst / Eser, Albin (Hrsg.), Strafgesetzbuch Kommentar, 30. Auflage, München 2019

Schröder, Daniela, Auskunftsanspruch der Eltern minderjähriger Kinder gegen den Arzt, 2011

Schroth, Ulrich / König, Peter / Gutmann, Thomas / Oduncu, Fuat (Bearb.), Transplantationsgesetz, Kommentar, München 2005

Schubert, Claudia (Hrsg.), Münchener Kommentar zum Bürgerlichen Gesetzbuch, Allgemeiner Teil, Band 1, §§ 1-240, 9. Auflage, München 2021

Schwab, Dieter (Hrsg.), Münchener Kommentar zum Bürgerlichen Gesetzbuch, Familienrecht II, Band 10, §§ 1589-1921, SGB VIII, 9. Auflage, München 2024

Schwab, Dieter,

- Das neue Bild der rechtlichen Betreuung und das Freiheitsproblem, in: FamRZ 2023, S. 1-8

– Familienrecht, 31. Auflage, München 2023

Schwerdtner, Eberhard, Mehr Rechte für das Kind - Fluch oder Segen für die elterliche Sorge?, in: NJW 1999, S. 1525-1527

SPD / Bündnis 90 / Die Grünen / FDP, Koalitionsvertrag 2021 bis 2025, 19. Legislaturperiode, Berlin, abrufbar unter: https://www.spd.de/fileadmin/Dokumente/Koalitionsvertrag/Koalitionsvertrag_2021-2025.pdf (Stand: 31.12.2024)

Spickhoff, Andreas,

– Autonomie und Heteronomie im Alter, in: AcP 2008, S. 345-415

– Patientenrechte und Patientenpflichten - Die medizinische Behandlung als kodifizierter Vertragstypus, in: VersR 2013, S. 267-282

– Nach der Reform ist vor der Reform: Zur Neuregelung der Zwangsbehandlung im Zivilrecht, in: FamRZ 2017, S. 1633-1639

– Einwilligungsfähigkeit und Geschäftsfähigkeit von Minderjährigen im Kontext medizinischer Behandlungen, in: FamRZ 2018, S. 412-425

Spickhoff, Andreas (Hrsg.), Medizinrecht Kommentar, 4. Auflage, München 2022

Stadler, Astrid, Allgemeiner Teil des BGB. 21. Auflage, München 2022

Stamer, Nienke, Die medizinische Zwangsbehandlung Minderjähriger im Spannungsfeld nationaler Grund- und internationaler Menschenrechte. Zulässigkeit und Grenzen ärztlicher Maßnahmen gegen den Willen von Kindern und Jugendlichen, 2020

Stange, Waldemar, Was ist Partizipation?. Definitionen und Systematisierungen, abrufbar unter: https://www.spielmobil-bayreuth.de/wp-content/uploads/2016/06/Baustein_A_1_1partizipation-dkhw.pdf (Stand: 31.12.2024)

Staudinger, Julius (Bgrd.),

– Kommentar zum Bürgerlichen Gesetzbuch, Allgemeiner Teil, Buch 1, §§ 90-124 BGB, §§ 130-133 BGB, Neubearbeitung Berlin 2021

– Kommentar zum Bürgerlichen Gesetzbuch, Familienrecht, Buch 4, §§ 1626-1633 BGB, 16. Auflage, Berlin 2020

– Kommentar zum Bürgerlichen Gesetzbuch, Recht der Schuldverhältnisse, Buch 2, §§ 630a-630h BGB, 16. Auflage, Berlin 2020

– Kommentar zum Bürgerlichen Gesetzbuch, Familienrecht, Buch 4, §§ 1896-1921 BGB, Neubearbeitung Berlin 2017

Steindorff-Classen, Caroline, Europäischer Kinderrechtsschutz nach dem EU-Reformvertrag von Lissabon, in: EuR 2011, S. 19-39

Sternberg-Lieben, Detlev / Reichmann, Philipp C., Die gesetzliche Regelung der Patientenverfügung und das medizinische Selbstbestimmungsrecht Minderjähriger, in: NJW 2012, S. 257-262

Straßburg, Hans Michael / Zimmer, Klaus Peter in: Deutsches Ärzteblatt 2018, S. A 2110-2113

Stürner, Rolf, Der lediglich rechtliche Vorteil, AcP 1973, S. 402-449

Taupitz, Jochen,

- Medizinische Forschung an jungen und alten Patienten, in: MedR 2012, S. 583-588
- Empfehlen sich zivilrechtliche Regelungen zur Absicherung der Patientenautonomie am Ende des Lebens?: Gutachten A zum 63. Deutschen Juristentag, Leipzig 2000

Thar, Jürgen, Zum Vorrang der Wünsche des Betreuten vor dessen objektiven Wohl. Anmerkung zum Urteil des *BGH*, v. 22.7.2009, XI ZR 77/06, in: BtPrax 2010, S. 12-15

UN-Fachausschuss für die Rechte der Menschen mit Behinderung, Deutsche Übersetzung des General Comment Nr. 1, Allgemeine Bemerkungen, Art. 12 UN-BRK, 2014, abrufbar unter: https://www.institut-fuer-menschenrechte.de/menschenrechtsschutz/datenbanken/datenbank-fuer-menschenrechte-und-behinderung/detail/crpd-2014-allgemeine-bemerkung-nr-1-gleiche-anerkennung-vor-dem-recht (Stand: 31.12.2024).

UN-Fachausschuss für die Rechte der Menschen mit Behinderung, Abschließende Bemerkungen zum zweiten und dritten deutschen Staatenbericht v. 03.10.2023, abrufbar unter: https://www.institut-fuer-menschenrechte.de/publikationen/detail/crpd-abschliessende-bemerkungen-zum-kombinierten-zweiten-und-dritten-periodischen-bericht-deutschlands (Stand: 31.12.2024)

UN-Fachausschuss für die Rechte des Kindes, Deutsche Übersetzung des General Comment Nr. 12, Allgemeine Bemerkungen, Art. 12 UN-KRK, Das Recht des Kindes auf Gehör, 2009, abrufbar unter: https://www.institut-fuer-menschenrechte.de/fileadmin/user_upload/Publikationen/Information/Information_GC12_barrierefrei_geschuetzt.pdf (Stand: 31.12.2024)

Viefhues, Wolfram, Juris Praxiskommentar BGB, Familienrecht, Band IV, 10. Auflage, Saarbrücken 2023

Vieweg, Klaus (Hrsg.), Juris Praxiskommentar BGB, Allgemeiner Teil, Band I, 10. Auflage, Saarbrücken 2023

Vogel, Harald, Die Unterbringung/die unterbringungsähnlichen Maßnahmen Minderjähriger nach § 1631b BGB in materieller Hinsicht, in: NZFam 2019, S. 1041-1046

Voigt, Tobias, Tagungsbericht zum 7. Kölner Medizinrechtstag, in: MedR 2023, S. 40-42

Vollmann, Jochen, Aufklärung und Einwilligung in der Psychiatrie. Ein Beitrag zur Ethik in der Medizin, 2000

Walter, Christian, Die Stellung Minderjähriger im Verfassungsbeschwerdeverfahren, in: FamRZ 2001, S. 1-7

Wellenhofer, Marina, Familienrecht. 7. Auflage, München 2023

Wever, Carolin, Rechtsprechung kurz berichtet, in: MedR 2021, S. 98-99

Wölk, Florian, Der Minderjährige Patient in der ärztlichen Behandlung. Bedingungen für die Wahrnehmung des Selbstbestimmungsrechts von Minderjährigen bei medizinischen Eingriffen, in: MedR 2001, S. 80-89

Zahn, Matti, Der Einwilligungsunfähige in der Medizin. Zu den Problemen bei medizinischer Behandlung und Forschung, 2012

Zorn, Dagmar, Das Recht der elterlichen Sorge, 3. Auflage, 2016

www.ingramcontent.com/pod-product-compliance
Ingram Content Group UK Ltd.
Pitfield, Milton Keynes, MK11 3LW, UK
UKHW021933290926
8980IPUK00016B/1603

9 783631 933602